献给白明，愿你逝去如归

万物的绝望在何处终结

左梨——著

10位×欧陆哲学家×虚拟访谈

人民东方出版传媒
東方出版社

图书在版编目（CIP）数据

万物的绝望在何处终结 / 左梨 著 . — 北京：东方出版社，2020.7
ISBN 978-7-5207-0121-1

Ⅰ. ①万… Ⅱ. ①左… Ⅲ. ①哲学思想—思想评论—世界 Ⅳ. ① B1

中国版本图书馆 CIP 数据核字（2020）第 030810 号

万物的绝望在何处终结
（WANWU DE JUEWANG ZAI HECHU ZHONGJIE）

作　　者：左　梨
策　　划：陈　卓
责任编辑：袁　梦
责任审校：曾庆全　金学勇
出　　版：东方出版社
发　　行：人民东方出版传媒有限公司
地　　址：北京市朝阳区西坝河北里 51 号
邮　　编：100028
印　　刷：北京联兴盛业印刷股份有限公司
版　　次：2020 年 7 月第 1 版
印　　次：2020 年 7 月第 1 次印刷
开　　本：710 毫米 ×1000 毫米　1/16
印　　张：31.25
字　　数：443 千字
书　　号：ISBN 978-7-5207-0121-1
定　　价：79.00 元
发行电话：（010）85924663　85924644　85924641

未经审查的人生不值得度过。

——苏格拉底，《申辩篇》(38a5－6)

精神能够从一切外在的东西和它自己的外在性、它的定在本身抽象出来；它能够忍受对其个体的直接性的否定，忍受无限的痛苦，就是说，能够在这个否定中肯定地保持自己，而且能够自为地是同一的。

——黑格尔，《精神哲学》第382节

自由是一个能指。

——罗蛋塔，《意行》

目录

第 3 章 | 魏宁格

天才是每个人的义务

第 4 章 | 科耶夫

主奴辩证中的人类现象学

第 5 章 | 阿伦特

现代人与利维坦巨灵

绪论　何为祖师西来意

被死感折磨的夜晚是一个人的矿藏，他必能从中挖掘出独属自己的虚无。人对哲学的兴趣往往肇始于此，至少我是这样。童年时，我曾看着一只麻雀睁着惊恐的眼睛，浑身战栗，慢慢死去。它之前受伤折了翅膀，被我救活，却又因我的不慎，在喂食时卡住了气管，窒息而亡。在负罪和绝望中度过麻雀之死的那一夜，成为成年之后，我一旦触及人生终极问题便会时常返回的起点。

人之生死，固然重于麻雀，但作为人的标示而超出的部分究竟是什么？面对死亡这个普遍而绝对的否定，人能否获得意义，人是否只能捕捉虚空？每一只麻雀都可以是另一只，而人何以成为“一个人”，在人机互嵌的时代，个体的人应该是什么样子？人，作为意识存在者，与物质的相爱相杀在何处完结？所谓人的解放，是否意味着对物质的超越？人抵抗物质，抵抗的是什么？超越物质，超越的又是什么？人，能否在物质中获得自由？

2014 年，为撰写毕业论文，我开始了“大乘佛教思想与解构主义”的专题研究。部分笔记与论文无关，却切中以上诸多追问。起初，我只想将其中的引言语录作为文摘发布于个人公众号，权作资料留存，也让它们从鸿篇巨制中探出头角，一现峥嵘。但这些文字的代入感极强，使我忍不住与之辩论、探讨，又在随后章节中看到它们的重申、释疑和反驳，由此激荡而出的思想，竟变成了脑海中不断趋向幽远之境的排浪，持续不息。因此，我放弃了原本简易的文摘计划。我期望重现这个过程，记载每一朵浪花。可如何实现呢？无论择要撰写论文，还是汇作系列随笔，都要以话题和概念为中心，遵循基本的文体结构，形成某一种论证的思考结论，从而失去进行时的在场感，难以还原即时的思辨状态。

哲学著作中总是隐现着对话的痕迹，哲学家都潜在或明确地以这种形式进行思考和创作，对谈者可能是学生、朋友、论敌，或时刻省察中的自我意识。释迦牟尼与须菩提，孔子与子路、子贡、曾参，苏格拉底与美诺、斐多、色拉叙马霍斯，张栻与朱熹，笛卡尔与伊丽莎白，黑格尔与谢林……精神的对话超越时空，此刻仍在进行。

何不将思维中的探析过程，以及那些虚拟对话直接呈现出来？我忽发灵感，这难道不是恢复在场感的最佳方式吗？对话发生在我与他们的著作之间，发生在现代读者与诸位思想家之间，更发生在我之内——提问者是我，回答内容虽摘自对谈者的作品，却在彼此的思想交锋中，为我所沥选。最终，脑海中的虚拟对话变成了文本上的“虚拟访谈”。

这些来自 20 世纪上半叶的思想者，成长于知识大众化初期，亲历经济大萧条及两次世界大战，曾对现在这个信息过盈的数据时代作出预估，其中有公认的大师、纯粹的异端、神秘的隐者、不羁的怪杰。魏宁格 23 岁自杀；薇依 34 岁死于极度营养不良；阿尔托疑似因服药过量致死；阿伦特、梅洛－庞蒂和科耶夫均因心脑血管疾病突然离世；孔慈实践禅定——75 岁寿终，人生长度与患胰腺癌的德里达基本相同；常年神经衰弱的齐奥朗倒是享有 84 岁高龄；马利坦 91 岁在图卢兹的修道院中长眠主怀；列维－斯特劳斯创造了法兰西学术院的长寿纪录——101 岁。死亡用各种方式带走他们，他们则用各自的方式挥洒着警醒世界的思想生命。

齐奥朗、马利坦、魏宁格、科耶夫、阿伦特、孔慈、阿尔托、列维－斯特劳斯、梅洛－庞蒂、德里达、薇依，他们或偶然或必然地走向我，每一位都给我带来惊愕、挑战和深思。而我，就像是一个秘密从事考古的灵媒，穿越于一座座精神遗迹之间，面对种种身心问题，进行发掘和考辨。

意识世界的路标

因为天性中的怀疑主义基因，我首先选择了齐奥朗。他那语义明确却含义难明的“万物的绝望在何处终结，上帝的绝望在何处开始”，成为我思绪中挥之不去的天问。正是由他的语录体著作开始，我决定进行这场“虚拟访谈”。

在齐奥朗眼中，人与死亡的客观距离都是相等的，即人人都可能随时死去，但主观距离大相径庭，“有些人离死亡近得几乎浑然一体，有些人永远不会与死亡相遇”。在对圣徒求索永生之路，圣女自诩基督新娘的好奇中，他判定受难是他们隐秘的淫欲！耶稣，就像天堂里的唐璜，倾听圣女的全部心事，悦纳她们毫无节制的爱欲，对每一个人承诺“这一切都是为了你”，“天国所有圣徒里我只爱你”……何以每一个圣女对基督的爱都极致癫狂？“未遂的神秘主义者”齐奥朗认为，“只因她们生来具有对永恒的瘾病”。（泪[①]70）这个东正教祭司之子，以亵神的表达将死亡、永生、孤独、信仰、圣徒、苦行这些概念再次拉回思域，从现代角度重审中世纪的宗教狂热，并以自身思想的矛盾状态揭示了信仰的个体性特征，使批评者认为他在以反上帝的方式承认上帝。

实际上，就齐奥朗的引文而言，这些教会敕封或公认的圣女，代表了一种超出熟知常识的生命状态，她们的生活并非臆想所能概括。在某种高峰体验中，意向之物可以统摄意识、心理、感官，形成一个不现实－超现实却真实于个体的知觉世界，并使所有现实都转化为这个世界的融合意象。由于精神的高峰体验持续发生，官能、意向与想象已成互为凭据的合一之物，因此信仰变成了极端感性的实体。由此出发，意向目标直接成了现实体验。是的，在她们的生命里，耶稣发出了声音，显现了面容，甚至将胸口打开，将心取走……

在我的认识里，信仰至多归于荒诞，却不能归于谬误。信仰不能在理解中证否，要么无法理解，要么理解并接受。无论外在的所指如何具有普遍性的统一，但信仰的事实只属于“一个人”，这使之超越了理性，甚至作为“这个人”的存在，呈现出违和群体的荒诞。荒诞，常常只是远离了群体的熟知常识。因此，圣

---

① ［法］齐奥朗：《眼泪与圣徒》，沙湄译，商务印书馆2014年版。

徒所体现的生命，并非无差的统一，而是更为纯粹的个体。人能够，也必须与神－精神建立私交，这是认识真理、获取自由的唯一方式。

马利坦将这种方式命名为诗性直觉。关于想象力与理性，他提出了一种全新的关系：理性不是想象力的审查者和限定者，反而是它的涵纳者和开拓者。理性的工作，是去除限制想象的藩篱，为之提供更为广阔的运动平台。在无意识领域，马利坦的发现堪比荣格而胜于拉康，他对精神前意识与自动无意识作出了区分：前者是诗性直觉的发源地，“隐藏着灵魂全部力量的根源——存在着智性和想象，以及欲望、爱和情感的力量共同参与其中的根本性活动”；（创[①]89）而“人在寻求他自己的内在领域而踏上错误的道路时”就会走进后者的世界，“在某个虚假的自我内部徜徉，在那儿只有荒凉和自动性的模仿的自由”。（创 81）

我曾在一种巫术式的文学写作中，进入到自动无意识的小雷音寺：面对白纸，让偶然出现的词语带动意识，任凭惯性完成篇章。最终，汉字只是完成了意识的布朗运动，在满篇无规则的词组之中，竟没有任何诗意的影迹。当年，凯鲁亚克所热衷的自动化写作，要求放弃思维－理性对意识流的管理，使之无碍地转为文字，“从你心底源源不断地写出你所想”，绝非让词语带动联想自动成篇。凯鲁亚克的“自动化”是从心底写出，是意识流去除逻辑修整、直现自身的自动化，某种程度上更接近“精神前意识”。

马利坦在无意识之域立下新路标，引发了新的二元对立——精神前意识与自动无意识，前者来自虚无，后者来自虚有。物质未被意识触及之时，即是虚有，作为被规定的部分，并不关联存在，即使化入意识本身，它们也依然从属于惯性，隔绝精神，将所及一切转为机械反射。依物性凝固而成的意识，就会成为这种“自动无意识”，其中每一念都以一种惯性运动，形成内部的死循环，从不为意识主体所觉知，还以为这就是自我。物质将一切纳入惯性，那里只有往复重复的荒凉，但没有人。

无意识是后现代哲学的宿营地。在那里，我遇到了一位因生命短暂而常被忽

① ［法］雅克·马利坦：《艺术与诗中的创造性直觉》，刘有元、罗选民等译，生活·读书·新知三联书店 1991 年版。

略的怪杰——魏宁格。这个天才只留下一部半著作，却构成我们之间近四万字的对谈。他重新定义了性别，依照他的观点，大脑不仅是性器官，而且是第一性征："女人的思维和感觉是同一的，男人的思维和感觉则是互相对立的。"（性[①]105）他用"涵拟"一词表示心灵活动的初始状态，这是"一种发展程度较低的意识"，模糊无明，无法描述，"只能意识到它的存在，不可能以绝对的形式发生"。（性 104）女性更多地存在于"涵拟"之中，并期待男性澄清她们的心灵活动，这是一种性需求。

魏宁格认为，人与动物、男人与女人之间最大的区别，是所具天才性的差异。天才的意识距离"涵拟"最远，因此最清晰、最澄澈、最分明。据此，可以得出这样的升幂排序：动物，女人，男人，天才。这既是自觉性递增的意识序列，也是从自然到自我的生命序列。自觉性决定了意识主体的自我程度，没有自觉，即无自我，动物存在于"自动无意识"，几乎没有自觉，植物则又在其下。天才以最澄澈的意识状态，使自我获得完全显现－彻底解放，同时，也向下兼容并澄清了其他形态的意识。"天才对其他生命的理解是常人无法比拟的"，（性 112）他们是最具人性的人。比巴尔扎克的名言"天才像一切人，而没有人像他"更进一步，魏宁格这样描述天才：他"通过自己去揭示一切人，将一切人融合成一个整体，而那个整体就是他自己"。（性 113）这些从时间里解放出来的人，三重地超越了时间："在他的经验中逝去的每个瞬间都能够永远存留；他的诞生不依赖时代；他的作品永远不会死亡。"（性 146）在我看来，只要意识体实现完全的自我创造，就将以绝对的个体性成为永恒。

人的彻悟，是意识之光彻照无意识的地下王国；人的救赎，是意识对无意识的认识和接受；人的自由，是摆脱无意识的捆缚，让意识称王。

---

① ［奥地利］奥托·魏宁格：《性与性格》，肖聿译，中国社会科学出版社 2006 年版。

历史终结后的孤独者

魏宁格计划由深海动物的生理研究进入无意识，却在实施前四个月举枪自杀。也许，死亡更直接地通向他的考察标的。天才对时间的超越，令我想到精神发展的停滞，这也许是人类真正的终点。

本质的人类历史是精神发展史，只要精神上没有增量和进展，就没有历史的发展，无论物质和科技更新发达到何种程度，并非“日光之下无新事”，而是“精神之外无历史”。“时间是外在的、被直观的、没有被自我所把握的纯粹自我”（精下[①]268）——与科耶夫对谈时，我真正面对了黑格尔的时间命题。时间就是精神自我的发展，如同车身与发动机同步前行。这几乎与罗蛋塔的定义互为译体：简言之，时间即思维中的意识刻度，它是精神外化过程的自我计量。（意[②]227）科耶夫进一步指出，黑格尔定义的时间是“以将来的优先地位为特征”。“运动在将来产生，并经由过去走向将来……由将来产生的运动，就是产生于欲望的运动。根据欲望行动，就是根据还不存在的东西，也就是根据将来行动。”（黑[③]436）这一解读揭示了海德格尔的时间概念对黑格尔的继承，同时推导出时间的结点：“与其所是一致的人，不再超越给定的实在事物。他因而不再创造历史，换句话说，他不再是时间。”（黑 456）

科耶夫将人类史理解为欲望的发现与实现历程，并以此提出他著名的历史终结论，认为法国大革命和拿破仑战争之后，人类历史即已终结，其后不过是之前的衍生、模仿和重复，包括两次世界大战。因为拿破仑之后，人类自我意识中的主奴对立已然消失，亦即人类自我的内部矛盾消失，从此人类的自我不再发展，特征不再有所改变。甚至之后，人可能退回动物状态——文明的动物。

我不同意他的历史终结说，如果历史终结于绝对概念的个体生命实现，那么耶稣道成肉身时即已终结；如果历史终结于神学与哲学的统一，那么《精神现象学》

---

① ［德］黑格尔:《精神现象学（上下卷）》，贺麟、王太庆译，商务印书馆 1983 年版。

② 罗蛋塔:《意行 | 人的时间》，公众号“一千减”（53）2016: 222—232。

③ ［法］亚历山大 · 科耶夫:《黑格尔导读》，姜志辉译，译林出版社 2005 年版。

诞生之际即已终结；而对社会形态而言，那个科耶夫所说人人得到承认、人人得到满足的自由国家——类似于“自由人联合体”的共产主义社会，则还没有到来。历史的终结即人类自身的完成，它是人类自我意识由内至外的客观化过程，必将由一个人的证悟扩展为全人类的解放。但人不会因为历史终结而向动物退化，与其所是一致的人，必将纯化为某种持续外化自身的精神向度，“专事爱与创造”。神也在进化之中，如罗蛋塔所说，“精神的无穷动使其永在现存之外”。（意[①]358）

作为3H一代的孵化者，科耶夫哲学的理论基础是黑格尔《精神现象学》的主奴辩证，后者虽然也是我的主要思想来源，我们于此谈锋甚健，但科耶夫带给我最具刺激性的观点却来自个体与现实的关系：现实敌对个体。他使我认识到个体的悲剧现实：“没有体验到死亡焦虑的人……不知道给定的自然世界是与他敌对的，不知道这个世界倾向于杀死他、消灭他，本质上不准备实在地满足他。”（黑30）现实是要杀人的！这确定了俄罗斯精神的西方底色。而在东方精神中，个体与必然之间没有不可调和的矛盾。孙悟空道体初成，天降雷灾、阴火、鸹风，夺其性命，自然对个体性发起全面围剿，但终以叛逆者的皈依告终。

这惊醒了我——上帝会喂饱不劳作的麻雀，必然世界却容不下一个自我意识。个体性自产生那一刻起，就是非自然的叛逆。为对抗个体性的消亡，“主人意识”唯有放弃自我主权，服从于意向目标，为其付出自身，才能融入现实的普遍性，安身立命。“奴隶意识”唯有以主人意向为指令，通过劳动对客观世界作出有向度的否定，完成意识显现，才能融入生命的个体性，拥有自我。

尽管希特勒在《桌边谈话》中否定了黑格尔，但战后依然存在一种论调，视黑格尔主义为纳粹的理论基石之一，认为他关于时代精神与民族精神的思想为纳粹的种族主义提供了合理化证明。与此不同，汉娜·阿伦特将极权的渊源归为全民性的孤独。作为制造者的人（homo faber）存在于生产关系，他们倾向于在生产中将自身隔离，也通过生产行为链接群体，一旦其制造能力被摧毁，就会陷入置身社会性真空的孤独，正是这种孤独“使非极权世界中的人们准备接纳极权统治”。（T[②]478）制造者作为个体，一从生产链条上摘除，就失去了个人连接人群整体的社

① 罗蛋塔：《意行｜神的方式》，公众号“一千减”（88）2017: 353—400。

② Arendt, Hannah. *The Origins of Totalitarianism*, Harcourt Brace & Company, 1976.

会接口。虽然身体言行还处于人群之中，却无法以职业功能实现为合作者，仅能以生存样貌显现于日常生活，因此成为现代社会的边缘人－原始人。简言之，不能以劳动的社会方式接入人群的人，即是被隔离者。如果某一生产链条整体从社会化大生产中移除，就会产生数以万计的现代原始人。他们的孤独将越过社会理性，直接造就可以解脱个体被隔离状态的极权，并无视后者的荒谬，甚至罪恶。

在我看来，这个渊源也只是现代社会的一种深层次现象。极权，实际源于个体性对特殊性，即类别性的臣服。精神一旦被抽取为标准化的观念，便异化成物性内容，再通过权力在人群中复制，则是物质的类别性强制统一意识的个体性，这是施于人的本质的暴力。若其出于系统自觉，同时失去约束，没有抵抗，就会发展为极权。在历史和现实中，极权都有其人性基础。当处于死亡威胁，无从实现个体意义，有人便试图用类的特殊性来延续自我，竭力以类别的形式存在下去，从此成为极权的俘虏。权力，代表真正的普遍性，自然会形成宪政国家。当且仅当它代言特殊性，才会形成极权。个体通过权力复制自身，即沦为特殊性，而其他个体接受复制，即接受了自我的被褫夺。

作为权力的最高级暴力，死亡不仅是一种威胁，也是一种同化。当它从人生的远景推至近景，进而变成现实背景，也就是说，在死亡成为日常事件的处境下，自我意识通常会降低为生存意志。纳粹集中营不以任何收益为目的，尽管战时严重缺乏物资，仍辗转运输几百万人，进入造价高昂的杀人工厂。这场死亡巡展削平了人的自我，连普通市民都将葬尸沟视为人体废料库，坦然从亡者嘴中拔出尚能利用的牙齿。向极权核心的坍缩中，人会迅速沦为凭借本能维系生命的动物，甚至自动反射的机器。极权常使一人成神，而使万众仅次于人，这个悠久的人类传统，造成了之于自我存在的一种不均衡的社会结构，曾推进过历史，但不属于现代文明，即使它依然存在于当今世界。

对个体性和特殊性的混淆，导致阿伦特无法分清精英与天才，小众与个体。不过，她对庸众的认识领先于同时代的政论家。她发现“要构建用于统治和灭绝的无情机器，步调一致的庸众是更好的原料，他们有能力比所谓职业罪犯完成更大的罪行，只要这些罪行组织良好、类似一种日常工作”。（T337）他们“从未意识到自己在做什么。这种‘不思’所导致的灾难，甚于人类与生俱来的所有罪恶本能汇

聚之所行——事实上，这才是我们真正应该从耶路撒冷得到的教训”。（E①287）

神话：无器官之身与现象之身

特殊性是个别事物的标签，属于局限中的普遍性，而非标示自我的个体性，它还是以物质性的本质凝固着人。在人的实现历程中，普遍性的物质自身与个体性的精神自我，始终争夺着意识主体的选择。二者的矛盾能否调和？二者能否成为合一之物？或者说，如何从特殊性的物质生命中提炼出个体性的精神自我？这个秘密或许隐藏于佛教之中。自18世纪起，近乎无神论的佛教以最具异质性的哲学体系，强烈冲击着西方思想界，影响了叔本华、尼采、弗洛伊德，乃至胡塞尔、海德格尔等几代哲人。其中，自称唯一进行禅修实践的西方学者是孔慈，我试图与他探讨这个问题：谁是精神真正的敌人？

正是在这场讨论中，我发现：唯心与唯物拥有同一个敌人——意识中的物质部分，或称之为物质化的意识，一种产生了惯性、被思维异化的意识。这也是业力的来源。传说，释迦牟尼证悟前，魔主摩罗认为释迦没有权利立足于被其否定并超脱的现实世界，要取消释迦禅定的立锥之地，反而是地母为之辩护：累世布施和牺牲的佛陀有权立足于现实。这可以视为一组概念隐喻：地母代表物质，释迦代表精神，摩罗代表意识中的物质 - 惯性、思维与业力。作为精神显现自身的材料，物质是一种自然给予，它不是敌人。敌人来自内部，那被思维同化的意识，以自身的惯性运动不断否定精神的自由运行，屏蔽精神面向现实的显现。因此，每当精神自我即将成就，不是物质自身，而是逻辑化的执念会成为破坏力量。

在黑死病的大幕前，“最后的幸存者走向了疯狂：恭顺的儿子杀死父亲，禁欲者鸡奸邻人，色鬼复归纯洁，守财奴将黄金大把大把扔向窗外，战斗英雄将他赴汤蹈火守卫的城市付之一炬，世家子弟身着盛装在停尸房前游荡。而对于那些不相信死亡将会终止一切的人，不论失去法律约束还是人之将死，都不足以促动这样无意

① Arendt, Hannah. *Eichmann in Jerusalem, A Report on the Banality of Evil*, The Viking Press, 1968.

义的荒谬行径”。（D[①]24）通过人类在瘟疫灾难中的反常行为，阿尔托察觉到灵魂的可疑，并称之为一个寄生者，而他所看到的“无器官之身”，却无人觉察，除非在某一种世界末日，人才有机会重新认识这个必死的身体。

就哲学史而言，近现代是主体大发现的时代，命运的共谋者、先验主体、自我、本我、大我、此在，都代表着不同视角下的主体。尼采将身体确定为最高理性，认为灵魂只是身体某种特性的专名。阿尔托拒绝承认灵魂，这个可疑的寄居者极有可能是经过伪装的集体意识。那位在死亡逼迫下才会显露面目的真君，是注定在死亡中消逝的欲望。这具欲望与本能合构的“无器官之身”，才是人唯一的本有之物，才是主体。负责去死的唯有身体——那被驾驭、被统领、被埋没的身体。在整体灭绝中，人不能再以任何方式寄存自身，却无人放弃呈现意识的最后机会，恍若突获自由，纷纷去实现绝望之际的欲望——那经历了死亡筛选的生命冲动。他要求残酷戏剧化作一场虚拟瘟疫，击碎一切先在禁忌，让一切非本真的意念都在绝望中烟消云散，接受残酷赠送给人类的大礼。

尽管早已接受了黑格尔对精神的描述——“能够忍受对其个体的直接性的否定，忍受无限的痛苦”，（精哲[②]382 节）但我总在顾左右而言他，试图绕过这种考验。阿尔托则在思想中踏上刑架，展示皮开肉绽的身体，咆哮怒骂着接受酷刑，逼我直视鲜血——直视这种宿命。每个人都有自己那 7 小时的电刑，每个人都应该在其中发现本真欲望，看到自己的“无器官之身”。

对于身体的领悟，一直伏线于 20 世纪哲学的某一条思路之中。作为海德格尔最为关注的法国哲学家，梅洛－庞蒂寄以主客体合一的“现象之身”来超越传统的身心二元论，他认为“世界的问题，可以从身体的问题开始”。在我看来，他为身心对立的解决走出了关键一步。在胡塞尔未发表的作品中，他关注到“我能”这个关键词。意识的首要属性并不是“我思”，而是“我能”。（PP[③]159）如他所说，弗洛伊德解释了身体的精神性，指出其中的心理意义——它隐蔽或潜在的逻辑，因此我们

---

① Artaud, Antonin. *THE THEATER AND ITS DOUBLE*, Translated by Mary Caroline Richards. New York: Grove Press, Inc., 1998.

② ［德］黑格尔：《精神哲学》，杨祖陶译，人民出版社 2006 年版。

③ Merleau-Ponty, Maurice. Phenomenology of Perception. Routledge & Kegan Paul, 1962.

无法再将身体仅仅当作一团物质或一种终极起因。（S[1]229）他所研究的“现象之身”是身体在世界中的“能积”，即其认识世界、拥有世界、建立世界的包括潜能在内的能力总和。它形成意识的最初结构，同时感知环境，将感觉素材汇聚为知觉世界，并通过行为及反馈进行校准，使之成为理性和意向的先行基础。这具“现象之身”既是身体，也是意识，既是客观的先在之物，又是自身改造的结果。精神与物质，自我与世界，主体与客体，意图与意义在其中展示出它们的一元性。尽管身体缺陷会影响认知，但只要在自省中变换视角，缺陷非但不会作为障碍，还将成为自我领受世界的个体性途径。

物质只有普遍性和特殊性，没有个体性。个体性是精神的本质特征，纯粹的意识活动可以为之体现。文明初民的意识活动集中表现于神话。神话，如同民族意识的硬盘。列维－斯特劳斯致力于考察原始族群中最基本的社会构造——家庭。其中，“神性的舅舅”是最具意味的关系符号。在很多语言中，“舅舅”与“神”词根相同。如果男性象征精神，女性象征物质，那么舅舅则意味着物质之中蕴含的精神——那个统治自然界的必然性。然而精神的实体是自由。（精哲382节）人，必将对舅父的神性进行抗争，寻找各自虚空中的父亲。这条精神进化之路是由类的特殊性走向人的个体性。不知是有意回避，还是力所不及，列维－斯特劳斯始终没有将他的理论推进为一种真正的哲学，最终将其留在了人类学领域。

我认为，真实的神话，来自那个肉体死亡所形成的“精神白洞”：精神与身体即将诀别，潜意识与无意识却在理性失权的时刻，得以展露真身，作出最终陈词，申诉欲望、身体、历史乃至物质世界的全部真相。在这个时间消失的瞬间，爆发难以计数的信息，形成了一个喷涂一切的白洞。这个白洞，就是调和物质自身和精神自我的所在，物质、精神、物质中的精神、精神中的物质都于其中成为被揭示之物，呈现出生命结成中的各自所由。人的个体进化，可以以此实现，但不必在死亡之际，而就在有生之年。也就是说，人在获得自我意识之后，就可以在意识与身体的分离实践中，提炼意识和肉身的各自本质，明心见命，从而实现人的主动进化。死亡预习会带来生命觉解，这正是佛道两家修行之道多出于此的原因。

---

① Merleau-Ponty, Maurice. Signs. Northwestern University Press, 1964.

死亡失去了主人

在所有参访对象中，德里达是我真正的起点。这个胡塞尔最极端的继承者，试图通过一系列解构行动取消意识的主体性。我们的对谈始于动物——关于动物，笛卡尔视之为机器，海德格尔视之为存而不在之物，他们都从主体的角度上，否定动物的精神性。这就在认识中将精神彻底隔离在人之内，甚至隔离于人非动物的那部分。而德里达认为，一个人，只要曾被动物注视，就会知道它们绝非存而不在，而是切实地与人发生着关联。在这种关联中，两者都是主体，也都是客体。这种感受和观点，来自他与一只猫在浴室中的真实遭遇。

探究动物的精神性，实际是在探究精神之于生命的普遍性，从而揭示其始源。如果动物具有精神，那么，于人而言，精神即是与肉身同始共存的本源内容，先于语言，先于一切文明和理性。后二者能够完善思维、深化观念、改变社会，却无法增进精神。一个现代人，并不比一个封建人臣、农耕先民、部落祭司，乃至一个原始人，更具有精神性。同时，精神会带来个体性，这意味着动物也存在拥有自我的可能。自我世界，不仅只有人类的，还有来自其他存在者的。这样，所谓人类的主体地位，也不再具有绝对意义。而精神的普在流通，甚或连主体和客体都一并模糊混融了。

通过对意识的解构，德里达颠覆了传统本体论的中心主义，取消了所有二元对立中的等级差异。在解构主义的体系中，无所谓主体，无所谓客体，在传统看来由意识所形成的在场－存在，不过是持存－记忆和预存－期待的及物效应，二者的交互先于“当下”缔结了“在场”，使感知成为一种现场之外的即时彩排。其间的及物结果，也就是外在于意识的踪迹，就其形式上的普遍性和可重复性而言，它在自然和文化、动物性和人性对立之前，具有一个原始性的前身。踪迹，如同母版上的拓印，而这个承载踪迹的母版，先于文字、语言，甚至先于人类历史和生命发育，它是意识－存在的母体，也是其全部世界。踪迹相互踏覆，层层叠叠，形成了各种意义上的历史。存在，只是意识显影中的痕迹，一种因时间推延和空间变化而与原本具有差异的痕迹。

德里达将意识的外化视为书写，将其外化结果视为文本，又为文本－踪迹在个体意识中持续产生的读取差异，生造了一个新词“différance”，即“延异”。而意义毫无规则地“播撒”在文本之间，引发意义分离，进而构成一个无中心的意向世界。只要意识不绝，文本就是流动的织体，就是播撒的种子。“延异”，作为属人世界的本质，成为解构意识主体性和形而上学中心确定性的关键概念。

时空中发生着绝对的延迟与差异：感觉延迟并变异为知觉；直觉认识延迟并变异为概念；思想延迟并变异为语言；自然延迟并变异为文化；一切自然规律的他者，技术、准则、社会规范等等，都是自然规律在意识中的延迟和差异。他者一为意识摄取，便发生延异。延异的总合，结成了人类世界。而形而上学正是为约简延异作出的努力，因此，德里达拒绝一切二元论。他采用一种类似佛教中观派的“双否表达式”进行解构，认为延异既非主动也非被动，既非自由也非被迫，所以既非主体也非客体，它不过来自一个踪迹。

延异取消主体的特权，也赦免了主体的责任。既然没有主体，自我失去着落，死亡就变成了一个失去主人的痕迹。然而，一切踪迹都来自共有的母版，人又如何实现个体性？或者说，人是否还能拥有个体性？所谓死亡，实为意识的消逝，消逝本身便是生命。简言之，生命即进入死亡的方式，人生即抵达死亡的痕迹。“被赠予的正是死亡本身”，德里达认为人在死亡中奉献个体，才能获得“一种新的死亡意义，一种新的死亡领悟，一种将死亡交予自己，或使自己进入死亡的新方式”。（GD[①]31）这就是人所能实现的个体性，亦即不存在个体的实有，只存在个体的消逝，一个人因独有的消逝，而标识自身。各自进行的死亡拓印，那一处处独具形式的生命痕迹，倾诉出一个个个体的人。意识必须外化自身，进行拓印，才能留下踪迹。马克思强调个体性要在劳动中客观化，我们可以将个体意识脱离自身、转入普遍他者的过程视为劳动，视为踪迹，其间必因联结物质世界，而改变现实。罗蛋塔将物质的产生，归源于意识对自身的遗弃，他说意识怎样弃留自身，就会形成怎样的物质。意识创造自己的尸身，留下了世界。这些拓印就是人的创造，就是生命的书写。

---

① Derrida, Jacques. *The Gift of Death*. The University of Chicago Press, 1995.

摆脱物的运动

访谈接近尾声时，我非常清楚自己一直试图绕过一个人，一个答案般的存在——西蒙娜·薇依。然而，唯有经过她，我才能坦然地返回齐奥朗的绝望之巅，告诉他圣女的秘密，使虚拟访谈达成一种形式上的圆满。经过内心的踌躇之后，我还是将访谈延续到了薇依。

作为思想者，她态度鲜明，无视权威，敢于发表近乎异端的见解；作为一个人，她质朴谦卑，勇于牺牲，在苦行带来的虚空中与神交会，这使她看来类似臆想狂。我惧怕访谈的片段会引起或加重人们对她的误解；我常对她产生一种类似母亲也类似爱人的依止，同时，她对黑格尔的攻击又令我感觉自己分裂于两种相互矛盾的真理，亟须重构自我。

薇依关注机械化大生产中的人，探访纺织女工、矿工，深入最贫困的渔村、山区，在人们习以为常的工作中，感察人性的被压抑。她发现工人时常发生意识性眩晕：一种自我不再存在的感觉。不是没有存在感，而是感觉到不再存在。长时间的惯性运动取消了时态，使人融于物，使一个活着的人被植入了死感。人融于物，成为惯性的一部分，即是死亡。而物酬无法抵偿在劳动中消失的存在感。

存在感的消失是人作为自我意识载体的丧失，这是比失去意义更为本质的失去。人，不是器官的集合，而是意识的流体，后者最根本的特征是，它需要在自我向度上才能体会到自身，区分出他者，从物的无别中解脱。自我出现之后，意义才成为应有之事。当自我不再呈现，也就是当意识被惯性运动裹挟之时，物质的同一性便如暗夜降临，将每一个人都变成了不辨彼此的黑暗。薇依所看到的被融于机械的劳动者，他们的眩晕，他们的死感，源自自我在工作中的缺席。而阿伦特所定义的运行平庸之恶的常人，则是因生存需求而放弃自我的人群，他们在被支配中，将自身如同物一样的存在当作一种保护色，蒙蔽良知，遵循强权。

薇依将“善”定义为“摆脱物的运动”——多么精准简洁的概括！那么，“恶”就可视作“将人沦为物的运动”。薇依认识到，劳动与死亡，是必然之事，唯有在深入物又超脱物的过程中，人才能将自身转化为世界的现实，当今时代的使命则是

“构建一种基于劳动之神性的文明”。这种文明使劳动不但不再作为桎梏，反而因直接带来意义和灵性，成为人的尊严。劳动者需要诗歌更甚于面包。他们需要生命成为一首诗，因为生命本是一首首超越惯性的诗。

诗是存在超出物质的那一部分。作为物质性之外的绝对无用者，诗存在于意识的自身运动，没有惯性，也不指向意义，它的每一次出现，都带来一片虚空，虚空之下，被物质所凝固的意识纷纷解放而出，重返自由。而人，以超出物质的那一部分，作为意识体，只有处于从属自身的运动中，自我才成为可能，才会成就涌现而出的生命。反之，在标准化的物动之中，人只在经历不同程度的死亡。每一个都是“这一个”，是意识的标准，也是诗和生命的标准。薇依是体察到活死亡的人，对于那些处于死感之中的生命报以最深切的同情，在她的字典里，诗是生命的同义词，而真正的人道主义就是让人从物中解放，获得诗的自由。

字节造人的原始时代

1200 年来，东亚的禅师们一直在参念这个话头：如何是祖师西来意？

追问达摩自西而来的动机，其实是在探求存在的意义。何为祖师西来意，何为你我东南西北来意，何为这群碳基化合物日日夜夜的意义？那位号称禅宗二十八祖的波斯或天竺人，历经海上漂泊，奔赴震旦，似乎只得到了一块可以面对的山壁。而我们又得到了什么？

达摩为何而来？为征服新法域？为传播真理？为利益众生？赵州和尚答：庭前柏树子；宗彻禅师答：磨骨头；道吾宗智禅师答：东土不曾逢；义忠禅师答：龟毛兔角。前两者诉说无关意向的本能冲动，后两者一个指向莫须有，一个指向不存在。

梅洛－庞蒂觉察到抽象运动的创世性。与固定螺丝、吃饭、掩护伤口等行为不同，抽象运动不指向具体目标，没有功用，它在空间中标定原点，为自身创造对象，向其施以动作，这是在本能之外使用身体。打哈欠与张大嘴巴吸气、瞄准射击目标与闭上一只眼睛、敬礼与将手举至头顶之上，从外观上看，两者完全一样，之于运动主体却截然不同。一种是为某个目的实施一个动作，而另一种只是单纯地张开嘴巴、闭上一只眼睛、将手臂举过头顶。那些不关联物质目标、动因仅内在于意识联想的动作，作为种群性行为之外的意象，标示出身体运用的个体性，同时在身心－形意的联合上，也揭示了一种可能，给出了一种自由。当一个人作出抽象运动，以主观意志使不存在的客体在形式上发生出来，现实就出现新的方向和刻度。就像演员在舞台上前后移动弯曲的前臂，并不断弯曲膝盖以使上半身起起伏伏，观众就想象出角色在惊涛骇浪中划动小舟。

身体与意识，不是只能在实用需求中，还可以在形式的虚空中自由联结，在本能之外，身体书写意识，意识塑造身体。而行动一旦超越本能和功用，往往因其趋向创造，常常成为一个新世界的起源。抽象运动不受理现实，它给予我们的不是身体结果，而是借由经验与想象拓展而出的体验世界。在此，梅洛再次使用圣经级修辞，“将灵吹入其中，令众多的体验系统化，集中于一个可理解的核心”。本质的人存在于抽象运动，他从纯粹意识出发，以现实为素材，以物质为工具，让虚空中的自身现形于世。

生命当是一场场意识现形于世的抽象运动，一如达摩自西而来，无关众生，无关法域，只是要释现自身的个体冲动使然。这种自然不是现实的自然，而是一个人的自然；这种冲动不是类属的本能，而是一个人的欲望。就像每一首诗，它们的出现不是为了什么，只是欲来而即在，只是意识正要显现。

21 世纪已经过去五分之一，人类的最大改变不是维利里奥所指的远程在场和主体幽灵化，而是存在主场的彻底改变——意识直接呈于数字空间，并拥有多个分身。每一种网络场域都是一个现实时空，同一主体可以在各种时空中拥有多个彼此独立的载体，即登录 ID。而一个 ID 就是一种投生，一次登录就是一次存在，人类的自我在网络界面中，以从未有过的便捷方式，得以降临、显现、分裂，乃至消除。拥有符号之身以后，人的身体和社会身份反而沦为隐私。

同时，一种新的剥削形式——存在度剥削，也随之产生。身体曾是生命的唯一主场，初民时代，强者剥夺弱者的生存机会，包括繁衍。拥有社会人格之后，强者剥夺弱者的发展空间，将他们限定于低难度高强度的劳动中。世界信息化之后，人作为意识体，更多的是以符号之身存在于信息网络，无数 ID 以身体缺席而意识在场的方式联结成一种新场域，并使之持续趋向于成为人类社会的主场。在这里，ID 既是主体，也是资源，一个 ID 的资源支配力等于对其他 ID 的调动能力。这体现了人类世界的本质特征，意识各为主体，又互为资源。同样地，剥削甚至压迫并未消失，强者的存在可以完全显现，被粉丝充分读取、放大、传递，其言行会直接变成一个 ID 群落的神经反应，引发社会性或群体性关注；弱者则成为背景，被压缩于 25 个字节之内，就像一种无名的像素。曾经，人消失于地平线上的没影点；而现在，人与人可以面对面地消失。即使在亲缘关系之中，如果作为字节没有存在度，那么，自我就没有存在度。人的存在空间已迥异从前，一个处于没影点的 ID，它后面的人，虽然仍有心跳和呼吸，却每分每秒都在体验死感。

"文本之外，别无他物"，德里达这句语录的狭义也预言了一个曾经的未来。互联网时代的人类，将生命持续赋予乃至转化为字符，共同以个体运动编织着 Web2.0，Web3.0……WebN.0 的文本世界，这种意识响应直接呈现于公共领域，自我的字符分身持久保持在场的存在者图景，竟然使物质现实慢慢从主场变成了镜像，变成了虚拟世界的虚有原身。人类文明穿越了古典时代，中世纪，以及以现代性为归束的启蒙时代，现代，后现代，如今已经步入了一个经验相对失效，理性等待重审的新阶段。

我们正在进入生命符号化的原始时代。这是用字节造人的"数生时代"，数据和字符一道承接意识体生命的流存，生育－生产着一切对应人类意向的信息现实。我们或许失去人的躯体、人的感觉、人的文明，但只要意识依然存在，依然以各种方式外化自身，遗留自身，自我就会显现，人就依然存在。将有一天，"达摩祖师西来意"会变成某段字节的生成意。无论以何种形式出现，实际上，生命真的能够以无数形式出现，但其意识本质不会改变。有意识，就有人，就有世界。

第*1*章　齐奥朗

没有痛苦的东西没有名字

埃米尔·齐奥朗（Emil Cioran，1911—1995），又译为萧沆、齐奥兰，罗马尼亚裔旅法哲人、诗人、20世纪虚无主义重要思想家。有人称他为“法国的尼采”，有人称他为“月之暗面的萨特”，苏珊·桑塔格评价他是“当今思想最精细，写作最具力量的人之一”；1960年诺贝尔文学奖得主、法国诗人圣琼·佩斯赞誉母语非法语的他“足令法文增辉”。

他生于1911年，卒于1995年。国内某些百科介绍中误将他的卒年写为1997年，那是对齐奥朗墓碑图片的错误解读——1997是与他合葬的终身伴侣西蒙娜·博埃的卒年。

齐奥朗出生在哥特小说中的圣地特兰西瓦尼亚——曾是奥匈帝国领地，后归属于罗马尼亚。凭借喀尔巴阡山脉的天然阻隔，16、17世纪的匈牙利贵族在这里躲避土耳其人。东正教、天主教、新教和伊斯兰教相继主政这个地区，护教者多是酷刑发明家，他们总是以无法遏制的创作激情和灵感在人间示现异教徒的地狱。弗拉德三世便是其中的佼佼者，因为布拉姆·斯托克的同名小说，这个疯狂暴虐的龙骑士成为吸血鬼的鼻祖。

父亲是东正教祭司，母亲出身于奥匈帝国贵族，作为家庭最优秀的孩子，齐奥朗22岁时获奖学金赴柏林大学留学，之后成为希特勒主义者，认为“没有哪个在世的政治家比希特勒更值得同情与崇拜”。1934年，《在绝望之巅》出版，并获罗马尼亚委员会奖与青年作家处女作奖。1936年，他回国做高中哲学教师，次年拿到布加勒斯特研究会的奖学金赴法留学。此后，除了一次短暂停留，他再也没有回过祖国。

在巴黎，他将亲纳粹思想、母语和曾经的自我一并抛弃，转而使用法文进行思考和写作。1949年，其第一部法文著作《解体概要》出版，随即获得专门颁发给非母语法语作家的里瓦罗尔奖。

他隐居于巴黎拉丁区的小公寓，足不出户，拒绝社交，一生只接受过两次采访。其作品在小众范围传播，却不乏拥趸，直到20世纪80年代，由苏珊·桑塔格的力荐才为大众所知。这些多为断章体的思想随笔，像不分行的哲理诗，又像关于精神成长的回忆录，或者更准确地说，就是20世纪的微博，通过主题性整理后结集出版。或许正因如此，他坚称自己不是作家。

主要著作

罗马尼亚语：《在绝望之巅》《欺瞒之书》《罗马尼亚的变革》《思想的黄昏》《着魔的指南》《眼泪与圣徒》。

法语：《解体概要》《苦涩三段论》《存在之诱惑》《历史与乌托邦》《坠入时间》《新神》《诞生之不便》《撕裂》《诅咒与赞美》《齐奥朗作品集》《笔记1957—1972》。

把自己杀个片甲不留

左梨：齐奥朗先生，很抱歉在蒙帕纳斯公墓打扰您。这些天，我流连于您的出生地勒西纳里、柏林和您在巴黎奥德翁大街21号的家，如此迫切，是因为您是我最想倾谈的一位自由主义者。

齐奥朗：在我血液中有一种取之不竭的醋汁：难道是我亏欠了哪位仙子？［Writing at Risk（以下简称WR）2］

左梨：是的，也许我就是那位讨债鬼。离世二十年，您如何评价生前的自己？

齐奥朗：我曾经是雅典的怀疑主义者，罗马失去理性的疯子，西班牙的圣徒，北欧的思想家，英国诗人们的炭火灰烬的同道——无用的激情的浪荡子，一切灵感的孤独和落魄的崇拜者。［《着魔的指南》（以下简称"魔"）33］

左梨：好全面！那么，如果有来世，也许您现在已经了解了这至高的秘密，您希望来世如何度过？

齐奥朗：我不想再做一个人……我想要另一种失败。［*The Trouble With Being Born*（以下简称TB）Lc123/156］

左梨：生而为人，终生为人绝望，这种贯穿身心的虚无，有时竟然让人感到了一种力量。死去的这些年，您对人生，有什么新的看法吗？

齐奥朗：我六十岁所知道的，在二十岁即已知道。其间的四十年是漫长而多余的验证劳动。人无法在道德或智慧层面凭年迈取胜——这与人们的常识相反，人不会从时间中获得任何东西。（TBLc10/286）

左梨：如果人没有从时间中有所获得，要么是人的原因，要么是时间的问题。

摄于齐奥朗留在罗马尼亚的最后一段时光。1947 年，他永久移居巴黎，再也没有回到祖国

而时间有什么问题呢？它不必然赋予人什么，是这样吗？

齐奥朗：我们的生命，若不是有消解它的力量慢慢渗入了我们身上，则什么也不可能改变。它没有哪种新的元素，是来自我们成长中的意外，或是我们天赋的繁荣。这些对它来说，都只是自然而已。而自然的东西，就没什么能把我们变成不是我们自己。[《解体概要》(以下简称“解”) 17]

左梨：时间只是让生命自然长成，而不存在什么获得和改变，改变只能来自“消解它的力量”。

齐奥朗：有那么一种东西是来自我们自身的，它就是我们自己，一种看不见但在内心中却可以得到印证的存在，一种异乎寻常却又时时常在的东西，人随时可以想象它，却永远也不敢承认它，而它也只在成为事实之前才真实有效：那就是死亡，这一真正的标准。(解 17) 一切预示着死亡的征状都会为生命添上一分新的质性，会改变它，拓展它。(解 18)

左梨：这是说在死亡迫使我们认识自己之前，我们一直在虚待自己。

齐奥朗：只有在命悬一线的时候你才真正活着。[《眼泪与圣徒》(以下简称“泪”) 103]

左梨：确实，命悬一线的时候，人才全神贯注地与生命在一起，面对里面那个“自我”，察觉这个意识体意识到的一切，而不是思维到或者说是理性中的一切，浮现出最真实的欲望。与本真欲望在一起，人才算真正活着。

齐奥朗：生命与自我是两条平行线，直至死亡时才相交。[《思想的黄昏》(以下简称“思”) 36] 死亡太过精确；一切道理都在它那一边。对我们的本能来说，它是神秘的……生命一再堆积无效的秘密，独占了天下的无意义，结果它所勾起的恐惧比死亡多：它才是真正的未知数。(解 16)

左梨：如果说生命属于各种书写及其记忆存储，那死亡就是一键格式化。不知道您晚年是否接触过电脑，我所说的是一种标准化的清零。死亡足够精确，但真的能清零吗？其实，我最想了解的就是人能在死亡中剩下什么。

齐奥朗：生存的堆积层缺乏厚度；心灵与存在的考古学家，挖掘它们，找到最后，就只会面对一片空虚的深渊。上古的奥秘，那些所谓至高的秘密所给的启示，也就是这样，并没有传给我们什么真正的知识。实际上，所谓秘密根本就是子虚乌有；曾经存在的只是仪式和战栗。撩开了帷幕，他们除了一些无谓的深渊以外又能发现什么呢？人能够循序入门的只有虚无——与身为活人的可笑。（解 19）

左梨：那么，此刻，我正作为一种灵媒，像一个考古学家那样，在挖掘你们的生命遗址，我希望挖掘到每一个的虚无和深渊，希望我们可以分享你们的深渊……

齐奥朗：我再没有什么可跟人分享了。除非跟上帝，还能再多耗一小会儿而已。（泪 203）

左梨：对于人际交流及他者的理解，您不抱以希望吗？

齐奥朗：既然自己的生命看起来已经几乎不可思议了，又如何能够去想象他人的生命？遇上一个人，只见他陷在一个深不可测又无法证真的世界里，四围的信念与欲望跟现实重叠在一起，仿佛一幢怪异的建筑。由于他建造了一套谬误系统，所以他只好为一些蠢得惊人的原因而痛苦，同时又向一些可笑之至的价值投怀送抱。（解 28）对于一个旁观者来说，每个生命的绝对，都裸裎为可以互相替换的东西，而每个命运，虽然在其本质上都不可动摇，却依旧是专横无理的。（解 29）

左梨：每个命运都是专横无理的，就难以交流？

齐奥朗：若是一位朋友或是一位陌生人向我们倾吐出知心话，讲出来的秘密往往让我们错愕不已。是该把他的苦痛视作悲剧还是闹剧呢？每一次在跟他们当中某一位分手的时候，都总是会有同一个问题冒出来：他怎么没去自杀呢？（解 29）这个世界可以抢走我们的一切，可以禁止我们的一切，可是没有谁能够阻止我们消灭自我。（解 58）这份无，这个一切，无法赋予生命一种意义，但它却使生命可以继续是其所是，即一种未自杀状态。（解 29-39）

左梨：加缪关于自杀的主题不会在思想者中打烊，只是您似乎过于举重若轻。如果自杀之于某些人被视为自然而然，甚至一个领会，一种自觉，那么他们所处于的这种“未自杀状态”，就必然是另一个领会，另一种自觉。而这也许正是生命的意义和理由。

齐奥朗：只有乐观主义者才会自杀，当他们无法继续乐观的时刻。而其他人，活着都没有理由，怎么可能拥有去死的理由。[*All Gall is Divided* Lc61/103]

左梨：中国在2016年时失去了两个年轻学人：一个是哲学学者，一个是史学天才少年。[①]一个说“尚未开始就结束的恶果是最小的”，而后选择了自缢；一个说“仅就世俗生活而言，我能想象到我能努力到的一切，也早早认清了我永远不能超越的界限。活着太苍白了，活着的言行让人感到厌烦，包括我自己的言行，我不屑活着”，最终选择了跳楼。他们似乎都同意您这个观点，认为剩余的人生不值一过。

齐奥朗：自杀远比苟活有为得多。（思80）

左梨：而您，尽管悲观，却算得上最长寿的悲观主义者……

齐奥朗：不把自己杀个片甲不留，我是不会死的。（泪181）

左梨：说得好！

齐奥朗：每个人身上都有一个未遂的刽子手。（泪166）尼采在某部作品里写道：“你一直在寻找最沉重的负担，结果找到了你自己！”（泪189）迄今为止，没有哪一家教堂、哪一个政府发明了任何一条反对自杀的有效理由，对一个再也无法忍受生命的人，该说些什么呢？谁也无法将他人的重荷担在自己身上。（解60）

左梨：每一次有人死去，都是第一次有人死去。死亡无法替代，也无法分担。在今年武汉大疫期间，有人引用了北野武那个著名的句子，“什么是灾难？灾难并不是死了两万人这样一件事，而是死了一个人这件事，发生了两万次”。

齐奥朗：我听见尸骨在他们的棺材里咯咯作响，一种为最后审判欢呼传报的声音。（泪182）

左梨：可是自杀是一种什么声音呢？我还在想着那两位自杀的年轻学人……

齐奥朗：犯不着为自杀费心，因为你总是动手太晚。（TB Lc36/286）在一本关

---

① 指2016年2月，江绪林、林嘉文相继自杀离世，其后引文源自二者的遗书。

于青年帕斯卡尔的书中，你知道，帕斯卡尔抱疾终身，离世甚早，享年 39 岁。他的姐姐皮埃尔夫人回忆说，有一天帕斯卡尔告诉她，自 17 岁起，他便知道没有一天可以没有痛苦。我当时在罗马尼亚布加勒斯特的公共图书馆阅读这段话时，被它强烈打动。我想号哭，我把手塞在自己嘴里才没有哭出来。（WR10）

左梨：这是人存在的事实！“人活着还能怎样 / 痛苦的间隙 / 你会笑”（《张稀稀吃圣约翰草》，203），痛苦就是活着本身。

齐奥朗：痛苦先于万物，甚至先于上帝。（泪 191）我告诉自己这是我生命之中即将发生的事情。这是对某种灾难的预感，但依然处于灾难之外。（WR10）

左梨：那么您怎样看待死亡？

齐奥朗：死亡毫无意义，除非对于热烈地恋慕过生命的人。没有任何东西可供抛却的人怎么能死呢？超然物外是对生与死的双重否定，谁克服了死亡的恐惧，就连生命也一并打败了。因为生命无非是这种恐惧的另一个称谓。（泪 26）关于死亡，我不停游弋于“神秘”与“无关紧要”之间，游弋于金字塔与太平间之间。（TB Lc22/286）叔本华断言，我们若是邀请死者复活，他们会拒绝。（泪 187）

左梨：无关紧要？除了反讽的轻松语气，我实在看不出死亡对于齐奥朗而言的“无关紧要”和“毫无意义”。事实上，您的一个“除非”就将死亡提升到了赋予生命意义的境地，而且将“神秘”与金字塔的意象给予了死亡。来吧，更现实地谈一谈这个“金字塔”。

齐奥朗：倘若你天生具有对死亡的强烈预感，生命就会向诞生时刻逆行。它在一种次序颠倒的演化进程中重拾生命的所有阶段：你死去，然后你生活、受苦，最后你出生。或者，那是诞生于死亡废墟的一次新生？只有亲身体会过死亡之后，一个人才会想要去爱、去受难，并且再次降生。唯一的生命是死后的生命。（泪 22）

左梨：一个多发性硬化症的朋友曾说，死亡就是她的 safe word（安全暗号），当生命这场 SM 游戏过于痛虐，她可以凭借这个词退出。我想，这或许是死亡可以带给人类的最大慰藉。

齐奥朗：对于死亡的悦纳，是那些企图逃离死亡恐惧的人捏造出来的。（泪 41）

一个不知道沉寂多久的朋友突然写道，她已经没有欲望继续活着，准备“进入那种未知……”，这种陈词滥调给了我一个起点，我发现很难看到一个人步入死亡之所见。在这一领域，任何确定对我来说都是一种妄想。死亡不是一个城市，或许也不是一个通道。（TB Lc87-88/286）

左梨：突然想到，死亡，不仅仅对人，是绝对神秘的，甚至对于神，也是一样……神体验过死亡吗？

齐奥朗：以耶稣为典范的崇高，来源自“永恒”在时间中踯躅，他在我们中间路过只是“完美”的下意识的死亡体验。（思 14）耶稣是极不成功的诗人，理解不了死亡的快感。但是，上帝并非对这种快感那样陌生。（思 143）

左梨：哈哈，你总能把神圣拖下水，在你这里，耶稣是你曾经熟悉而长大后又陌生的发小，上帝则是古怪的邻家大叔。

齐奥朗：耶稣最大的幸运是死得早。要是他活到六十岁，给我们的肯定不是十字架，而是他的回忆录。（泪 51）人接受死亡，但绝不在他死亡那一刻；可以在任何时候赴死，除了他不得不死那一刻。（TB Lc156/286）从客观角度看，所有凡人都和死亡等距离。芸芸众生随时处在死亡之下。从主观角度看——唯一要紧的角度——有些人离死亡近得几乎浑然一体，有些人则永远不会与死亡相遇。（泪 42）

左梨：人也可以在任何层次、任何程度上接受死亡。死亡不只是一种质变，它无孔不入，不断渗透。常人接受死亡，但总是企图逃避死亡带来的威胁，最终他们选择了一种渐死的存在方式。

齐奥朗：对一个明白人来说，与凡夫俗子为伍纯粹是折磨。假如你完全清醒地在同侪中生活过，却没有因流血过多而死，就说明你还没看懂我们人类的悲剧。（泪 189）基督教教导我们要垂下眼睛——看低处——这样死亡就会来得平静而柔和。长达两千年的训练使我们习惯于一种安静、谦恭、有把握的死法。我们死得低，我们没有在最后一刻直视太阳的勇气。（泪 76）

左梨：对死亡的顺服，在唯物者那里，如同向自然律的致敬；在唯心者那里，可当作与自然律的道别。而抵抗死亡——力求不死或追求永生，它们导向的结果大

特兰西瓦尼亚某处的墓地，从中我们或可感受到齐奥朗成长环境中的那种氛围

不相同。

齐奥朗：并非外来之物，死亡在本质上同于生命，因为没有不依赖生命的死亡。[*On the Height of Despair*（以下简称 HD）23]我承认我崇拜死亡的消极性，这是我唯一崇拜而不热爱的东西。它的宏伟和无限令我钦佩，但绝望如此浩瀚，以致我无法藏匿于死亡的希望之中。（HD42）对于作家来说，他的大学是死亡。（WR16）

左梨：这也是所有艺术家的大学，死亡开掘了生命的个性，米开朗琪罗认为，“我们依靠那种会使他人丧命之物活着”。

齐奥朗：在我出生的山区小镇，有一个花园临近墓地，这个墓地在我一生中有着很重要的意义。我有个朋友是掘墓人，为此我总是盘桓于墓地周围，总能看到陈尸、骷髅、残肢。自此，死亡鲜明可见，它是我日常生活的一部分。不是为了带入哈姆雷特，但我的确自那时开始着迷骷髅乃至死亡现象，失眠由此加剧。这意味着人一旦迷恋死，就已然感受到生的非真实性。死亡就在那里，在生的进程之中。迷恋死亡，使你发现的，并非生活的不真实，而是生活并无本质，它什么都不是，只是幻觉，死亡执念占据了它。我要告诉你一个逸事，是我人生中很重要的一幕。那时我二十二岁，正处在一种糟糕的状态中。当时我住在锡比乌，特兰西瓦尼亚大区的一个城市，在那里我度过了整个青年时代，我父亲是那座城市的祭司。那一天，只有母亲和我在家，我能精确地回想起这件事情的所有细节，甚至准确到时刻，真是匪夷所思——那时大约下午两点，所有人都出门了。有那么一瞬，我陷入一阵奇特的绝望，我把自己扔在沙发里，说：“我再也无法承受了！”我母亲却说了这样一句话：“早知如此，我真该去做流产手术。”这句话对我产生了非常特别的影响。它没有伤害我，完全没有。但之后我要说：“这至关重要：我只是一个意外。何必如此严阵以待？”因为，事实上，生活毫无实质。（WR9）

在绝望之巅

左梨：这事发生在您大学刚毕业，准备奔赴柏林留学的那个阶段吧。拿到柏林大学全奖是家庭的骄傲，也意味着一个闪光的学业未来，您为什么反而感到绝望？

齐奥朗：我在光天化日下折磨自己。（魔 88）我想起了一个朋友在喀尔巴阡山的天知道哪个山脚下所说的话："你是不幸的，因为生命不是永恒的。"（魔 31）

左梨：最终是一场可能发生的死亡解放了您，使您获得了自由？那是一场未实施的谋杀，计划杀人者却是生命给予者——您的母亲，目的是使您死于出生之前。这件事堆积着这么多时态与人称的悖论。

齐奥朗：是啊，而且是我母亲说的！在那时，流产是非法的。但这证明了个体生命只是一场意外。是的，你可以说，"这一点尽人皆知"。尽人皆知，但偶尔思及于此与对此朝思暮想是截然不同的两码事，后者是使人发疯的原因。因此，当我们谈及它，我们必须谈及发生的频率和持久度。对我而言，它是一种持续的心绪。（WR9–10）

左梨：不知道是否因此，您拒绝生育，拒绝制造生命这场意外，成了没有肉体子嗣的精神浪子。基督徒不会认同"这个意外"，人不是神的计划吗？每个人不是都拥有神所赋予的使命吗？"天赋使命说"使生存看起来不像一种权利，而像一种徒刑，一种必须完成某项工程才能获释的劳役。

齐奥朗：人们为了忘记自己的存在，相信某种东西。（魔 93）而我只喜欢事物的爆发与坍塌，还有引起事物的火种和吞没它的火焰。（解 199）

左梨：好吧，无论是意外还是计划，在获知自己没有必行使命的一刻，您觉得虚无还是自由？或者，您认为虚无和自由就是同一种东西。

齐奥朗：自由是一种伦理原则，却具备一种魔鬼本质。（解 87）从虚无到上帝不足一步之遥，因为上帝就是虚无的正面表达。（泪 107）草木的乡愁与大地的懊悔不可抵挡，我愿变成植物，每天死于日落时。（泪 190）

左梨：对抗上帝的齐奥朗，疯狂的神秘主义者齐奥朗，选择成为温顺于死亡的植物，这才是意外！青年的齐奥朗不是吸满绝望的大力神吗，难道大力神衰老之后，会变成植物？

齐奥朗：黎明充满理想，而黄昏只有理念。（泪 156）当我从阿尔迪亚尔城堡下来时，不知在傍晚的何时和在青春的哪一年，只觉得自己很不幸，而且渴望不幸，过分相信自己思念太阳。（魔 7）人们不知自己一无所用。他们有继续要走的路，有需要达到的目的地……（魔 5）

左梨：在我看来，使命倒是打发时光的利器。失去使命的人生显得过于漫长，也过于无聊。或许，对于一条河流来说：奔流至海比在戈壁中蒸干消失更为圆满，它实现了贯通，回到了潜在的起点。源头不是河流真正的起点，大海才是。我认为人生也是如此，出生不是起点，在精神中找到归宿才是。

齐奥朗：每个人的深处都在承受人这个灾难个体。时间唯一的意义，就是繁衍这些个体，无限地加大这些依靠着一丁点物质、一个名字的骄傲和一种无可挽回的孤独、直立起来的痛苦。（解 41）儿童令我望而生畏，他们眼睛里有太多不幸的应许。他们为何要长大成人呢？（泪 215）

左梨：意识体进入物质现实，就是磨难，而每个人的存在都意味着一种独特的灾难。

齐奥朗：没有痛苦的东西没有名字。（思 128）人类被造是一场宇宙灾难，其后的余震变成了上帝的梦魇。人是自然的悖论，背离上帝也背离自然。自从意识被创造出来，天地万物的秩序已面目全非。上帝随之出现在祂的真光中，成为又一份虚无。（泪 126）

左梨：难道就没有在灾难中幸存的人？

齐奥朗：能逃掉的只有怀疑的人，或是懒虫和逸士，这些人类真正的恩人——他们只管摧毁成见，只管解析谵妄。我感觉自己在一个皮浪身边比在一个圣保罗身旁要安全些。在任何炽烈的精神中，总能找出伪装起来的野兽，再怎么防范一个先知伸来的魔爪都不为过。（解 5）他们什么也不信仰，所以不会搜查你的心灵，翻找你不可告人的想法；他们把你扔在你的懒散、你的绝望、你的无用当中，人类多亏了他们才有了那么一点过往的繁荣——是他们解救了被狂热之徒折磨、被“理想分子”摧毁的人民。（解 6–7）

左梨：懒散、绝望、无用，它们难道不是指向一个更为现实而艰难的人生？

比劳作更可怕，懒散以倦怠凝固人，引发焦虑，使人陷于无力。我曾认为怀疑主义者所需的勇气甚于信徒，后来发现人是天生的怀疑者，而相信更需要勇气。

齐奥朗：堕落，如果不是追逐一种真理，并坚信已握它在手，如果不是热爱一套信条，在一套信条中建立一切，那又是什么呢？（解 5）

左梨：当然，我依旧认为，那些自觉的绝望者几乎等于圣徒。只要他们返回此岸，就会为身后的万家灯火拜为新神。旧版传说已经失效，大众期待荒诞世界的新解，回归者可以从此开始自欺欺人又歌舞升平的人生。圣徒般的绝望者行走在无尽的黑暗中，却不曾因痛苦点燃一盏鬼火。无用、无为与无望，常作为人的真实处境——现实对意识个体形成的“三无包围圈”，令精神濒临窒息，发出嘶吼。但绝望不是道路，更不可能成为归宿。

齐奥朗：我只需听到一个人诚恳地谈及理想、未来、哲学，听他以充满信心的语气说起“我们”，听他提到“他者”，并以担当他们的代言人为己任——就足以把他看成我的敌人。我在他身上看到的是一个未得逞的暴君、一个半吊子的刽子手，跟那些暴君、那些高雅的刽子手一样可憎。（解 6）

左梨：好，此时此刻，就把我当作敌人吧！您还常常与自己为敌呢。

齐奥朗：你是否曾经有过那种残酷而奇特的满足感，在镜子中，看到那个历经无数不眠之夜的自己？你遭受过失眠的煎熬吗？当你整夜读秒，当你感到独立于世界，当你的戏剧似乎在历史中至关重要但历史却终止了意义终止了存在……当最可怕的火焰在你身上燃起，你的存在独一无二，遗世独立，而这一切只是为了让你的痛苦得以圆满。你必将感受到那个瞬间，无数又无限的折磨只是为了让你在镜中看到自己时，拥有一张绝望之魔的大图。（HD18）

左梨：这样的自我审视不只属于您这个“未遂的神秘主义者”！给您看一段我刚发在个人公众号上的年度总结：如果用一句话形容 2019，那就是同自己的“恶”与“无能”苦守。其实无能与恶是普遍的，无法据为己有，但它们却牢牢与我相关，几乎构成了我。如弗洛姆所说，考虑到人在世界上的处境，精神病学真正关注的问题不是“为什么有些人走向疯狂”，而是“为什么大多数人居然没疯”。人，要么质变，要么变质。我选择前者，希望我的恶与无能也一样。

齐奥朗：人类学是动物学和精神病学的混合。（思 105）要是信仰上帝，你就是疯的，但没有发疯。类似于有病，但没有确切的病征。（泪 211）这种怪诞的绝望表达是否像一个悬崖？那深不可测的无尽漩涡，全部的魅惑，蕴含着永恒，我们臣服于它，就像臣服于死亡。如果一个人能死于将自身抛入永恒的虚无，这有多好！这诞生于绝望的怪物又是如此复杂，因为它拥有这样一种潜力，既指示出内在的永恒，又产生阵发的极度紧张。这怪物将不为人知的不幸隐藏于各种形式的内在戏剧之中，任何人，只要看过自己那张怪异丑陋的脸就再也无法忘记，因为他将永远惧怕自己。（HD19）

左梨：人，惧怕自己，有时就像恐惧一个突然从里面走出来的访客。你用钥匙打开家门，这时从里面走过来一个陌生人……

齐奥朗：从不思索上帝的人永远是自己的异客。（泪 144）我知道，在我心里的某个地方有一个魔鬼不能死。（魔 15）对天才而言，绝对者和他的私人恶魔刚好重合。（泪 128）

左梨：虽然本性厌世，我却力图活得像一个热情乐观的人，这么做毫无用处，只是使人心神不宁、手脚冰凉。

齐奥朗：你木然站着和等待着。你等待着自己。但对自己怎么办？你是在思考自己将成为什么？（魔 15）我们之中的每一个人皆是固有个性的天真的康复者。由于你没有恢复个性，依然是无药可救的你自身，从而是普通人。（魔 18）

左梨：后来，我看到了我的能量，它们不是暴雨，而是山洪，四面倾泻。纯粹的绝望几乎就是一种信仰，而混杂的绝望才是绝望，我被这巨流同化，释放阵发性的极度紧张。可是后来，爱出现了，我的洪水开始有了河道。您从不把爱当作对死亡的最后抵抗吗？

齐奥朗：我们只能通过爱来检测与世界的距离。（思 70）我有过爱并且爱过我自己。（魔 82）对我而言，爱的典型形式是男女之爱，不仅是性吸引，还是一个密集丰富的情感网路。（HD75）爱不正是独特性与普遍性的合一吗？唯有通过个体才能带来真正的交融，我爱上某个人，但因她是万物的象征，我无意之间又自然地分享了万物的本质。（HD84）我不知道为什么在爱中有曾经是圣徒的感觉……（思 75）

1984年亨利·卡蒂埃－布列松在巴黎寓所为齐奥朗拍摄的肖像

左梨：在我看来，爱就是生命迹象，精神的本职，或者说，爱就是神的示现。一个活的精神，不去爱是不可能的，被爱经历的物质也都成为神的遗迹。

齐奥朗：爱有诸多面孔，诸多方面，诸多变形，以至无法说哪种是爱的本质。（HD75）一个人不可能同时爱着上帝和女人而不被撕裂于两者之间：他们彼此不共戴天。一个女人足以让我们摆脱上帝，而上帝能让我们抛开所有女人。（泪 141）

左梨：有点绕，但不难理解。一个女人的个体生命，足以让人摆脱上帝的概念，而上帝的概念又能让人摆脱女人的概念。这是一以贯之的齐奥朗，存在高于哲学，生命超越概念。

齐奥朗：在一切爱的形式中，宗教狂热最缺少性欲，比神秘之爱更甚，后者无法摆脱性的象征意义。性欲在人类悲剧中担任重要角色，宗教狂热者屏蔽了由此产生的焦虑。《圣经》中知识即原罪这个神话，是所有神话中最深刻的一个。狂热者的狂喜基于这样一个事实，他们从未察觉知识的悲剧……真知是一种最晦涩的黑暗。（HD77）在与不可知论斗争的紧张和对立中，生命保持着它的生机和活力。宗教狂热者克服了这种状态，满足于没有悲剧的生活和没有性欲的爱。（HD78）

左梨：爱要超越概念，进入并成为实体，爱必须具身。但有一点我们存在分歧：在您看来，爱与其说是一种能力，倒更像是一种无知，一种无能，对绝望体验的无能。

齐奥朗：一切不幸皆是缺乏爱。（思 128）与没有生命的事物和它们的尘埃相比，我们离自己的尘埃更近，我们会死在它们面前，在俨然坚不可摧的星星们的注视下，奔赴自己的命运。然而，星星也会碎去……（解 63）

左梨：您似乎活在一种绝对的分裂之中，没有统一之机。但死亡有一个特权，在它面前，人的精神性和身体性就不再彼此矛盾。物质的衰变揭示了人无法改变的身体现实，客观精神必须面对死亡，而主观精神必须超越死亡才能——

（我被打断了）

齐奥朗：好吧，首先我要告诉你，在我还年轻的时候，也曾受到这种德国黑话的影响。哲学黑话给你带来一种超越众生的优越感。哲学的傲慢是最糟的傲慢，

它传染性极强。人们从此没法简单地说事了。（WR2）

左梨：又到了德法互怼时段了吗？我依稀记得海德格尔说过，“当法国人开始思考，会用德语言说”。所谓的哲学黑话不过是一种工具，这些词语由思想者打造磨制，凝结着人类劳动。如果进行外科手术，伽马刀比一块旧石器时代的黑曜石刀强一万倍。为什么进行思考时，我们要放弃更精确的语言工具呢？

齐奥朗：显然是萨特，凭借他巨大的影响力，促成了这种风格的产生。还有海德格尔，他的影响也很大。当他谈论死亡，就是用复杂的语言说十分简单的事情。在法国驻留之后，我这种自负的黑话病完全治愈了。哲学语言造就自大狂，使一个人建造一个人造世界并自立为王。哲学风格的危险是它会使人与现实完全失去联系。（WR2-3）

左梨：但更深度地联系了思维。我依然认为这是直接、准确的表达方式，每个人都应该经历这种基本训练。既然您了解这套黑话，我就继续了。

齐奥朗：……（魔 3）

左梨：肉体有一种处理自然现实的具身性智慧，它是身体的精神性；而人的意识侵染身体－身份内容之后，开始以后者为轴心和归宿，遵循物质原则，直至转为循行于惯性的肉身化意识，形成自我之相——这是精神的固化。身体的精神性体现生存意志，时刻揭示死亡，使以身体－身份为归宿的自我意识时刻处于恐惧丧失自身的痛苦之中。

齐奥朗：在意识中，最后审判似乎是一个暧昧不明且无法预测的时刻。尽管如此，它不过是一个焦虑的阶段。（泪 163）

左梨：死亡迫使身体和意识分别进行提炼：身体的精神性主要体现物种、种族、家族的共性，本无个体性，唯有融入主观精神，以自我意识为属主，使利己的自动反应拥有超越生存的向度，它才能从普遍的、本能的动物性动机转入个体意志，成为生命精神的一部分，并且必要之时，为追求自我，放弃自身－牺牲身体，去实现精神的显现；肉身化的意识必须去除身体－身份的滤镜，最大限度地透过客观精神返察自身，洞悉欲望，发现自我，同时将现实从臆想还于理性，才能拥有个体意志，并使之避免夭折于自然法则，进而将精神镌刻于物质世界。

齐奥朗： 每一个个体都是在绝对中活出他的价值或是他的平庸……于是我们出现了。就如同生命取代了虚无，又进而也被历史取代一样：存在便如此开始了一场异端的循环，摧毁着虚无的正宗地位。（解 241）

左梨： 一个人的进化应该如此：将“身体的精神”诉诸普遍性的能力转配于个体性，将“肉身化的意识”诉诸个体性的追求适应于普遍性，使自然法则－客观精神与自我意识－主观精神实现统一。“上帝的归上帝，恺撒的归恺撒”，在此可引申为“自我归于精神，现实归于理性”。但是，精神要在肉身－理性之上，作为真主，书写生命。

齐奥朗： 真相是，只有我和上帝，祂的沉默令我们双双作废。（泪 132）

左梨： 这个一统自然与自我的意识主体，消除了意识的物质化部分——自我之相，得以沟通他者的世界，同时招安了身体的精神性部分——自然之道，将之转入个体意志。是者作为对精神存在具有全面体认的觉悟者，必以精神的意向性呈现自我，以精神的无限性连通万物，而在这个自我－万物的关联中，必产生超越物性种属的同体大悲。

齐奥朗： ……（魔 83）

左梨： 因此，他才成为真理的示现，意义的化身，生命的道路。

齐奥朗： 见过上帝的人必死！（泪 134）

痛苦，圣徒的淫欲

左梨： 这样的诅咒就像一道雷电！圣徒头顶的雷电！

齐奥朗： 圣徒活在火焰之中；智者活在火焰之侧。（泪 22）圣徒是不可知的。只有当我们唤醒沉睡于深处的泪水，透过它们去认识，才会渐渐明白何以一个人会

弃绝为人。（泪 3）

左梨：何以叫弃绝为人，她们难道不是一种更为纯粹的人的存在？"一个人为肉体的痛苦而哭泣，在他身边，另一个则因想到上帝而哭泣。尽管眼泪是一种如此普通的现象，一个圣人在沉思时的眼泪也是超自然的。"（薇依 191）

齐奥朗：诗才和圣洁都有隐秘的自毁倾向。（泪 128）圣徒都患了病，所幸并非病人都是圣徒。对圣徒而言，苦难终结等于恩典失落。疾病带来恩典，因为它滋养了不属于此世的激情。我们透过疾病领会圣徒，又透过圣徒领会天国。（泪 75）

左梨：意识体在石头里过活，有谁不曾患病，有谁不是病人？激情，是否属于此世又有什么区别，只要它正在驱动此世的生命，只要它还在凝聚自我意志，那么，它就是恩典，就在此世。

齐奥朗：圣徒会有强力意志吗？他们的世界会是帝国主义的吗？答案是肯定的，但必须考虑方向的改换。我们枉费精力为暂时所得而挣扎，而圣徒的远大抱负使他们志在拥有绝对的财富。对于他们，有待征服的空间是天空，所用的武器是苦难。人，永远都是个业主，就连圣徒也不能免俗。他们的癫狂将天国分割成大小不等的份额，按照每人在苦难中所持的骄傲来分配。圣徒将帝国主义的方向改为垂直，令大地升到了它至高的表面：天国。（泪 78）

左梨：我认识你所说的这种圣徒，他们凭苦难建立行业标准，将爱看作一种专利，在物质世界大肆施舍，却在精神世界横征暴敛。为了证明他们的爱纯粹而普遍，他们总在下意识地指控所爱的对象根本不值如此——唯有如此，爱罪人并为此受伤，才能使一个人攀上道德的云端。

齐奥朗：他们那至高无上的漠然简直令人讨厌。（泪 90）不同形式则构织了一系列顽固的表象，诱使每一个生命都以为自己是第一个如此痛苦的人。这种自觉独一无二的骄傲促使他爱上自己的疼痛，去忍耐。在这样一个满是痛苦的世界上，每一个痛苦都唯我独尊，全然无视别的痛苦的存在。（解 30-31）要不是上帝成了他们野心的边界，他们肯定会在终极事物上一争长短，每一位圣徒都会声称他找到了天外之天。（泪 78）

《眼泪与圣徒》封面，图为罗吉尔·维登的《下十字架》局部，这位圣女是革罗罢的妻子马利亚。基督受难时，除约翰外，门徒们四散逃走。只有圣母马利亚，抹大拉的马利亚和这位马利亚等几个妇女簇拥其下，听到了“十架七言”

左梨：不，这种人绝非圣徒，圣徒是纯然的精神之子，而他们只是一群在精神与物质之间买空卖空的道德贩。

齐奥朗：莎士比亚对疯狂的定义是：精神从对生命的憎恶中裂变出来。（泪209）

左梨：圣徒就是疯子？

齐奥朗：伦理加神秘主义，诞生了圣徒状态这种令人着迷的现象。神秘主义者与圣徒之间的区别在于，前者停留于内在的异象，而后者将它付诸实践。（泪 9）许多圣徒，尤其是女圣徒，告白了一种安息于耶稣之心的欲望。他们全都如愿以偿。（泪 4）每当圣女的父母哀求她们结婚，她们的回答总是千篇一律，因为已经把童贞许给了耶稣，所以不能嫁人。（泪 70）我理解马格德堡的麦赫蒂尔德，她哀叹说，除了耶稣和他的心，什么也无法安慰她。（泪 10）

左梨：圣女大德兰"六岁那年她读了圣徒传，心中激起了'永恒，永恒'的呼喊（泪 5）。耶稣以未婚夫形象向她现身的那天，她飞奔到隐修院中庭，狂乱地手舞足蹈，敲着鼓，邀请修女姊妹共赴她出神的喜乐"。（泪 4）

齐奥朗：耶稣并不配得到这许多自我弃绝的疯狂。这么多年轻的生命被钉上十字架，只因她们生来具有对永恒的瘾病，追随了一位半人半神的好榜样！（泪 70）耶稣对这么多苦难负有责任。在追随者身上，他的神圣受难成了一种病毒。我想不出还有什么罪比耶稣的更深重。（泪 17）耶稣的父亲约瑟是史上最怂的人。基督徒把他晾到一边，让他成为所有人的笑柄。但凡他说出真相哪怕只有一次，他儿子就会仍是个寂寂无名的犹太佬。（泪 52）

左梨：真有意思，你在嫉妒耶稣？您血液里的醋味，原来是来自耶稣。约瑟看来无光无热无声，是因为他在一个巨大的存在之侧。这个存在能自证一切。那些只认肉身的，即便上帝开口，他们也只肯相信耶稣只是约瑟或邻居老王的儿子；认识灵魂的，即使医院开具亲子鉴定，也不会动摇他们的信仰。

齐奥朗：唯一让我嫉妒的人是圣女的告解神父和传记作者，她们的秘书就更不用说了。要是我知道那些内容，我将会成为圣女全部秘密的体己人，独享那些会强化圣洁之奇异氛围的违碍细节。要是我们能在圣女的怀疑时刻接近她们，以完美施虐狂的心态玩赏她们的痛楚，那该多好！（泪 84）

左梨：齐奥朗，够变态！耶稣的精神占有了圣女的身心，不需要任何指令，便使她们可以苦难获取属灵的喜乐。这些圣女一心在灵修中生出伸向耶稣却独属个人的触角，使自身得到精神唯一的确认，以"这一个"的身份得到由灵至身的认可。这种高潮基于灵魂又带动肉体，因此隔绝了尘世之爱，精神凭借她们显示了超越肉身的可能。这种纯粹的爱如果有指向，或许，您认为也应该指向你?

齐奥朗：我爱圣徒是因为他们烂漫的天真，这为他们的形象平添了一种表情：孩童般的率直和无端蒙难的痛苦。（泪 35）

左梨：不要谦虚了，您渴望成为的就是基督，您所谓的天堂的唐璜。这或许是你梦想中的自我，ecce homo[①]，不是上帝，而是耶稣，因为上帝没有具身性。奇怪，你这种咸湿的言论让我体会到一种悸动。痛苦确有它淫乐的一面，它满足着某种野心更大、峰值更高的快感，又以一种谦卑受难的形式将自我崇高化。因此，祈祷可以成为手淫。

齐奥朗：若无受难的淫乐，圣洁不会比中世纪某个偏远小镇上的政治阴谋激起我们更多兴趣。苦难是世人仅有的传记，其中的淫乐属于圣徒。（泪 16）一旦你尝过苦难的喜乐，就永远都无法摆脱。正如圣玛加利大·亚拉高所言："没有苦难，生活是难以忍受的。"（泪 172）

左梨：追求真理的过程与性交确有相似之处，很多邪教教主与女信众滥交也潜在地利用了这一点。

齐奥朗：作为走出自身的唯一方式，性爱是令我们暂时脱离兽界的拯救。对每种生物来说，性交都超乎其生物机能。（泪 33）

左梨：当外来的精神引起灵魂内部的剧烈共鸣，人会感到类似性交的欲望，也就是，迫不及待要与这个精神合一。然而，无论正确还是错误的处理方式，都是将其落实于肉身。《华严经》中，求道者善财向淫女婆须弥多求法，在我看来，就

① 拉丁语"看这个人！"，语出《圣经·约翰福音》，犹太巡抚彼拉多问众人，耶稣究竟犯了什么罪？

是学习一种与真理滥交的方式。

齐奥朗：出神替代了性爱。圣徒并非无性，而是超性。他们不再需要性爱的启示。成为圣徒，意味着永远在自身之外。性爱还能为此添加什么呢？圣徒那出神的恍惚令性高潮相形失色。（泪 33）

左梨：而你，最大的问题也许是没遇到你的婆须弥多。圣女是你的解药，但一旦她们解救你，就失去了圣女的身份。除非你是基督，否则无可救药。

齐奥朗：假如出神之外的所有时刻既无关痛痒也微不足道，圣徒状态就会是一种无价的恩赐。但那些时刻不单沉闷，更有一种冰冷而绵延不绝的苦涩，它吸干了灵魂，并报之以爱无能。（泪 71）我离圣徒越近，离祂就越远，而每当我对圣女心生常人的怜惜之情，就势必痛恨祂。（泪 72）一切伟大的皈依经验都来自对生命之无意义的顿悟。没有什么能比存在之虚空的这份突然领会更感人也更难忘。（泪 73）

左梨：与存在越切近，意识与物质现实的摩擦就越切实、越剧烈，人越容易进入理性网目之间的虚空，因为理性代表了现实规则，而理性之间、之外，则是心灵意识的自由地，那里是存在的本源。所以圣徒们常常不循理性，与现实冲突，同时总是带有一种瑟瑟震颤的生命感，他们的心灵与存在同频，随时都会陷入那种强烈共鸣导致的昏厥中。

齐奥朗：昏厥的圣徒有一种感人的魅力。他们证明我们无法以直立姿势来领受启示，无法承受站着面对终极真理。圣徒的昏厥不啻他们与世界的一种决裂。但他们是坠入天国。（泪 66–67）

左梨：启示和真理是一个庞然大物，常带来一个人无法承受之重，而存在本身，那些突然被意识照见又深深覆盖，甚至吞噬意识的存在，则是更高一级的庞然大物，令人消逝于自身之外，就像爱因斯坦当年的理论预言，“光在大质量客体处弯曲”，连光都会弯曲！佛家的禅宗修行者，很多人在觉悟之中，会变得疯癫狂放，也是因为在自我与存在的相互照见和彼此吞噬中，人超越了常态模型，进入了一种个体的超然境界。

齐奥朗：能够为不存在之物受苦的动物，这就是人。（魔 68）佛陀想必是个乐观主义者。否则他怎么会没看出来，不单是存在的一切皆苦，不存在的一切也是苦？存在与虚无只有凭借苦难才得以生存。涅槃代表了空灵的苦难，一种形式更为精致的苦恼。空，意味着存在的缺乏，但不意味着痛苦的缺乏。（泪 192）

左梨：意识所及，身体所感，才有苦，不存在的一切，何苦之有？逻辑混乱和自相矛盾，难道是齐奥朗式表述的风格吗？

齐奥朗：这一切都只不过是语词的繁殖，精致的意义挪移……只有因为绝望，人才会去下定义。存在是一个哑巴，而精神却极为饶舌。我们身陷一个满是冗言的世界，疑问与回答在其中完全是同一回事。我们真正开始生活，只能在哲学的尽头，在它的废墟上。（解 77–78）

左梨：真正开始生活？圣徒的生活，不属于存在这个哑巴的吗？

齐奥朗：我深信不疑，十字架上的耶稣羡慕那些庸常之辈，并希望能够寂寂无名，退回到这世上最为暗昧的角落，那无人乞求他施与希望或拯救的地方。我可以想象到他孤独地与罗马士兵在一起，哀求他们把他从十字架上放下，拔出所有的钉子，并且放他走，直到人类苦难的回声永远不再触及他。（HD95）

左梨：圣子蒙难的一生，与平安而终的人生，哪一种更值得度过？既然有死亡这个共同的终点，我们不是获取了充分的自由吗？您，作为一个终极意义的质疑者，真的将世俗主义的伦常作为归宿吗？您离群索居，从不社交，又为什么在巴黎这么高调地隐居和孤独？

齐奥朗：创世的唯一合理解释是上帝对独处的恐惧。换句话说，取悦造物主就是我们的用途。我只有用另一种孤独来与上帝对峙才能抵抗他。若没有那份孤独，我就无非是又一个小丑。（泪 90）

左梨：独自幽居的那些时日，每天都在做什么？

齐奥朗：忍受我自己！（TB Lc24/156）

与宗教史家米尔恰·伊利亚德（右），荒诞派剧作家欧仁·尤内斯库（中）在一起，这三位或许可以并称旅法罗马尼亚三杰。摄于巴黎福斯滕贝格广场，1977年

爱上帝的唯一方式是恨祂

左梨：你曾是锡比乌妓院的常客，为什么内心却羡嫉那位被圣女的血泪供养，引发她们狂热单向之爱的耶稣？

齐奥朗：只有妓院或天使之泪能让我们暂时摆脱死亡的恐惧。（泪 52）

左梨：前面你曾提及性爱不是兽界之事，而是“令我们暂时脱离兽界的拯救”，那么天使之泪就是令我们脱离人界的救赎吧。我倒觉得你一直保存着一种超离俗理常识的纯洁。

齐奥朗：我总是热爱眼泪、天真和虚无主义；爱那些无所不知的人，也爱无知而有福的人；爱失败者和孩童。（泪 173）我既没有愁苦到足以成为诗人，又没有冷漠到像个哲学家。但我清醒到足以成为一个废人。（泪 190）

左梨：这个“废人”耐人寻味。

齐奥朗：真不知道一个人要失去了什么，才有勇气冲撞一切约定俗成的规矩，真不知道第欧根尼失去了什么，才成为那样一个肆无忌惮的人。他如同一位知识之神，既纯洁又放浪，以一种超自然的不逊，把他最深层次的思想也变成了行动。（解 103）

左梨：这就自然说到了第欧根尼。你也清楚他的肆无忌惮，不是因为拥有特别的创造力，而是因为失去。冲撞一切规矩固然需要勇气，却不具难度。第欧根尼找到了他的个体性，却很戏剧地作为亚历山大的第二选择被标记于历史。鸟也被束缚于天空，自由主义者被束缚于散漫之中。

齐奥朗：没有自我毁灭的神秘冲动，人不能创造任何东西。（思 128）梅尼普在他题为《第欧根尼的美德》这本书中告诉我们，第欧根尼曾经被俘虏，然后被放到市场上卖，别人问他他会做什么。他回答说：“发号施令。”然后还对司仪官大吼一声：“问问他们谁想买一个主子。”（解 104）

左梨：这是现实的绝妙寓言。主人，其实是奴隶市场最紧俏的商品，张嘴发令的一刻，就是人代行神责的一刻。我就是一个愿意投入全部生命买一个主人的顾客。主人购买并驯服奴隶，有悖人性，最理想的主奴结合方式是主人在市场上出售自己，而由奴隶选择购买，选举制近似于此。但我怀疑一个自由主义者能否完成此事，因为做主常常是人最想逃避的义务。

齐奥朗：“疯掉的苏格拉底”，柏拉图是这样称呼他的——可柏拉图或许本该称呼他“真诚起来的苏格拉底”，一个放弃了善，放弃了说辞，放弃了城邦的苏格拉底，一个终于成为纯粹心理学家的苏格拉底。（解 104）

左梨：他是一个做自由落体运动的苏格拉底。

齐奥朗：他的态度根源于一种恶心，就是对做人之可笑的恶心。（解 105）

左梨：谁不恶心呢？他们的自渎不正源于这种可以原谅的洁癖吗？这群不甘心做奴隶，又不情愿做主人的犬儒自由主义者！他们所放任的天性，是类的天性，而非人的天性。

齐奥朗：从来不曾藐视上帝的人注定要被奴役。只因我们令上帝蒙羞，所以我们才是我们。（泪 170）对人理解最深的专家被称作犬，这足以证明，从来没有人有过足够的勇气，去接受人真正的形象。（解 105）犬儒主义者既非“超人”，也非“亚人”，而是“后人”。当你从自我缺失的痛苦中摆脱对于你自己或者任何人的陈述时，终于能够理解甚至喜欢他们：我曾经是人，但现在不再是。（思 120）

左梨：不，专属类别的本能不是人的真理，戈尔茨坦说，人类可能是唯一一种在机体内部拥有孤立潜能的生物。第欧根尼或许发现了那种独属自我的本能，才发起对文明世界的冲撞，但留下的只是一片废墟。

齐奥朗：每一个真理的萌芽都好似将我们的血肉之躯放进压榨机里。（思 22）我们每个人身上都带着一大堆可耻的信仰和真理——仿佛它们是一种无可争辩的宝藏。（解 94–95）

左梨：只有压榨过我们血肉的，才可能成为我们的真理！齐奥朗先生，难道你的血肉未曾经历过压榨，你不是在自己的真理中陈词？

齐奥朗：我的真理，都只是我的激情或哀伤的万般诡辞。我不曾期望的现在正在展开，在展开我；因为无法号令它，所以我只能评述它；作为自己思想的奴隶，

我只好与他们嬉戏，就仿佛宿命面前的小丑一个……（解158）

左梨：真理是心底那个难辨神魔的声音，当足以抵挡死亡的恐惧时，它才为自己盖上封印。圣徒对人间最大的奉献，是他们证明了：人与神之间能够，也必须建立一种私交。圣女正是凭这种终极的个体性成了耶稣的新娘，还有比夫妻更纯粹的私交吗？没有这种私交，神不是真的，人不是活的。

齐奥朗：祂就是置身事外的绝对者！这世界只配拥有一位年老力衰的上帝。（泪169）这样一位孤独、悲伤、居丧中的上帝……对上帝的怜悯是人类最后的幽独。（泪142）只有古人，那些属于亚历山大时期的古人，才懂得如何心存怀疑。他们怀疑得有格调。他们对世界的沉思中充满肃穆的秋意，流露出省悟后的幸福，一种不带怨怼的温和捐弃。（泪89）当年第欧根尼打着灯笼要找的，是一个淡漠的人。（解6）

左梨：格调、温和、淡漠，这些心虚的词语啊。神秘主义留给世界一个疯狂的背影，一种以生命去背书的希望；怀疑主义却只能留下一种古怪的姿态，一些令人分裂的段子。就连你自己也认为，“神秘主义是对知识的一种逃避，怀疑主义则是一种无望的知识”。

齐奥朗：生命之所以是一场绵延不断的宗教危机，原因即于此：对虔信者来说过于肤浅，对怀疑者来说过于破碎。（泪199）

左梨：我真是留恋那位每一次落向大地都重新吸满绝望的罗马尼亚大力神。

齐奥朗：我是绝望之大力神。与大地的任何接触都徒增我的绝望。要是能安睡在上帝之中让自己消亡，该有多好！（泪49）但我身上一切属于生命的成分都敦促我放弃上帝。（泪204）

左梨：将生命与上帝对立起来，是这样吗？

齐奥朗：上帝乃是我们离弃生命的最顺利的方式。（思120）一切宗教的终极目的：把灵魂的磨灭当作生命。（泪202）人怎能不痛恨天使、圣徒和上帝？这个来自天堂的团伙害我们如此强烈地渴望别样的庇护和别样的诱惑。（泪96）除了祂就是一切绝望的源头，我们还知道什么呢？万物的绝望在何处终结，上帝的绝望就从何处开始。（泪36）迈向虚无主义的最后一步是在上帝之中消失。（泪124）因此，一个神秘主义者的灵魂除上帝之外没有其他仇敌。上帝是必须攻克的最后一个堡垒。（泪 199）“不是上帝死，就是我死。”（魔 70）

左梨：你终于还是处于绝望之巅，不曾俯身……

齐奥朗：某个瞬间会在生命中来临，届时你会将万事万物置入与上帝的关联。任何不及于此的事物都显得太过渺小。然而，惧怕上帝不再是核心主题的恐慌还是会时时攫住你，将万事万物与祂关联也毫无用处。（泪 67）神的无限，等于万物所忍受的全部孤独时刻。没有上帝的孤独是彻头彻尾的疯狂。上帝就像一根避雷针。因为祂是悲伤与幻灭的良导体。（泪 50）

左梨：原来万物的全部孤独，就是神的无限，令我惊异的是，万物的孤独是如此绝对的浩瀚，竟然成了神的对等词，也就是，神的无限从未超过万物的孤独，祂置身并限身于万物的孤独所在。神，本是没有对等词的位格！

齐奥朗：因为生命只能在个体化中完成，每个存在便必然是孤独的，它是一个个体——这正是孤独最终的基础所在。所有个体的孤独方式不同，程度也有异，每个人都处于孤独阶序中的不同级别：在极端处就是叛徒，因为他把他的个体性推到了极致。在这个意义上，犹大乃是基督教史上最孤独的人，但并不是孤独史上最孤独的。他只是背叛了一个神，他知道他背叛了什么。（解 89）

左梨：存在者的个体性集合约等于神的无限！万物有多少种个体，就有多少种孤独？实际上，我认为个体性不但不是孤独的根源，反而是其连通他者的凭借。

齐奥朗：一颗星星将通过虚空发现上帝，而另一颗星星将通过上帝发现虚空。（思 129）一个人开始认识孤独，是在他听到万物的沉默之际。（泪 94）

左梨：万物的沉默是否就是神自身不被显示的在场？

齐奥朗：上帝的最大优势在于，人们怎么谈论祂，怎么设想祂都可以。越是不去整合思想、听任它们处于矛盾状态，就越是冒险接近了真理。上帝从逻辑的末梢获利。（泪 68）

左梨：万物的沉默是否就是神自身不被显示的在场？

齐奥朗：上帝的降临与孤独的初次震颤同时发生。（泪 50）上帝存在于意识的边界。当我们将现世挥霍一空，只余下孑然一身，上帝就会从虚无的帷幕背后浮现，有如最后的诱惑。（泪 58）魏宁格曾说，癫痫病是罪犯最后的独处之道，他与世界再无瓜葛，剩下的全部就是这颓然一坠。（泪 67）

左梨：这颓然一坠惊心动魄！作为有原罪的人，在绝望的缝隙之中，在生命的回光返照下，也许每一个都有过这朝向“最后诱惑”的搏命一跃。

齐奥朗：让上帝为两手空空不足一死的人祈祷吧！（泪 218）

左梨：我能将你对于“上帝”持续一生的关注、否决、愤怒、嘲讽，这终生纠缠，视为一种爱吗？

齐奥朗：爱上帝的唯一方式是恨祂。（泪 68）

左梨：你这样的怀疑者真是可爱，就像那些揪着头发企图离开地球的人。他们没法离开地球，就像你最终只是证明了恨上帝如爱上帝。请相信我，必有一位圣女在阅读你的作品时，经受了你想施与她的那种精神虐待，而她最终也如你所愿，依然是一个圣女。您必将与她一同称圣。谢谢您，补齐您生前缺失的睡眠吧。

附记

关上巴赫，我感到齐奥朗在以某种方式重新融化。在采访他的这段时间中，BWV910、BWV913 总是传出男人的哼唱声，甚至小舌音。拷贝复制的文字中也多出一句“countless sleepless nights? Have you su...”[①] 我把这，视为齐奥朗来过的痕迹。

参考资料

- Cioran, E M. *The Trouble with Being Born*，New York: Seaver Books, 2011.

① “无数的不眠之夜？你是否已经……”

- Cioran, E M. *On the Height of Despair*，Chicago:The University of Chicago Press, 1992.

  Cioran，E.M. *All Gall is Divided.* Arcade Publishing, 2012.
- Weiss, Jason. *Writing at Risk: Interviews in Paris with Uncommon Writers*. University of Iowa Press, 1991.
- ［法］萧沆:《解体概要》，宋刚译，浙江大学出版社 2010 年版。
- ［法］齐奥朗:《眼泪与圣徒》，沙湄译，商务印书馆 2014 年版。
- ［罗马尼亚］齐奥朗:《思想的黄昏》，陆象淦译，花城出版社 2019 年版。
- ［罗马尼亚］齐奥朗:《着魔的指南》，陆象淦译，花城出版社 2019 年版。
- ［法］西蒙娜·薇依:《在期待之中》，杜小真、顾嘉琛译，生活·读书·新知三联书店 1994 年版。
- 罗蛋塔:《张稀稀吃圣约翰草》，作家出版社 2011 年版。

第2章　马利坦

母亲黑夜里的创造性直觉

雅克·马利坦（Jacques Maritain，1882—1973），生于巴黎，逝于图卢兹。法国哲学家，新托马斯主义领军人物，他影响了《世界人权宣言》的起草制定，被视为托马斯·阿奎那在20世纪的诠释者。作为长期的密友和导师，他被教宗保罗六世称作世上最谦卑智慧的人。其研究领域横跨哲学、美学、政治理论、科学哲学、教育及宗教。

他出生在一个母强父弱的离异家庭，外公是法兰西第三共和国的缔造者之一，母亲是罗曼·罗兰的挚友，也是新教活动家。如同叔本华对待歌德，男孩天生对母亲强势的男闺蜜有种逆反——尽管马利坦始终在罗曼·罗兰执教的大学读书，却并没有追随他及其所热衷的东方哲学。

与逃亡法国的俄籍犹太裔女诗人莱伊莎·奥曼科夫相遇之后，他找到了终身的爱人、战友、伴侣和知音，从此开启彼此互为外挂的激越人生。这对爱侣的第一个约定竟然是：一年后一起自杀——如果仍未找到生命的终极意义。作为一种答案，他们走上了另一条信仰之路：自由派新教徒雅克与犹太无神论者莱伊莎一起改信天主教。1920 年，《艺术与经院哲学》的出版奠定了他的美学体系以及国际性知名度。1930 年，他与艾蒂安·吉尔森一起，成为圣托马斯·阿奎那宗座大学首次授予的哲学荣誉博士。1945—1948 年，他成为最重要的天主教国家——法国驻梵蒂冈大使，其“完全人道主义”的观念对《世界人权宣言》的起草和建立产生了深远影响。

他是欧洲现代艺术界的精神导师，被艾略特称为“当代哲学中最强大的力量”。20 世纪现代音乐的传奇人物伊戈尔·斯特拉文斯基、法国诗人导演让·谷克多、未来主义画家吉诺·塞维里尼，都因他而皈依天主教。爱尔兰诗人布莱恩·科菲则考取了他的博士，认定“现代艺术需要一个神学概念框架”。

主要著作

美学类：《艺术与经院哲学》《艺术与诗中的创造性直觉》《艺术家的职责》《现代美学的意义》

哲学类：《知识的程度》《形而上学导言》《理性的边界》《伦理哲学》《存在与存在者》《柏格森哲学与托马斯主义》

政治学：《完全的人道主义》《人与共同之善》《自然法则与人权》《现代世界的自由》《文明之光》《人的权力与自然法则》《基督教与民主》《人与国家》

神学类：《近神之路》《神与邪恶的许可》《不属恺撒之物》《仪式与沉思》《加龙河的农民》《笔记》

精神失格

左梨：看到您的大学专业，我有些吃惊，在大学甚至包括在海德堡念研究生期间，您攻读的竟然是化学、生物和物理，我也是生物化工专业的学生，而后也转向了文学与哲学。自然科学的知识和训练给您带来了什么帮助？您为什么后来完全转向了哲学？

马利坦：生物学家逐渐发现，纯粹的物质分析方法使他们陷于手头的片段信息。如同歌德所说，“就是少了生命自身的精神性纽带”，fehlt leider nur dasgeistige Band [①]。当他们试图对生命组织作出更深层次的理解时，就开始在研究中转向哲学。[Science and Wisdom（以下简称 SW）64]

左梨：这是《浮士德》中的台词，您在暗喻科学家们是梅菲斯特的同党吗？

马利坦：科学与艺术一样，都是自在的善，但人们能够使其发挥恶的作用，实现恶的目的。而一旦运用智慧，人只能将其运用于善的目的。（SW32）

左梨：智慧具有指向善的自为性，恶必将破坏智慧的本质。

马利坦：十字架约翰说，当灵魂达到智慧上的圆满，也就是说达成了统一时，会非常了解善与恶，却无法在其关注的任何事物中发现恶的意义，因为他与恶已不再有任何共性，闭上了对恶的眼睛。（SW3）

左梨：非常了解善恶，但闭上了对恶的眼睛……看到恶的同时，他洞察到恶的动机，那不过是人性自身的欠缺、压抑、冲突或回缩。这种洞察力才是智慧。

马利坦：亚里士多德提出三种知识的主要类型：机动和可感世界的原则律法领域，即物理世界；量的领域，即数学世界；是其所是的领域，针对可理解的对象，

---

① 《浮士德》第一部分，第 1369 句：“只是，糟糕，我们还缺精神的纽带！”

马利坦与保罗六世。这位教宗赞誉马利坦为“思想、生命、祈祷之艺术的大师”，甚至在 1967 年有意任命他为枢机主教，但被马利坦谢绝

不以物质作为实现条件，即形而上学的世界。（The Degrees of Knowledge166）奥古斯丁曾教导说，智慧是在神圣秩序的日光下，通过更高理解所获知的东西；科学则是在受造物的星光之下，凭借较为低级的理性所获知的东西，两者之间存在一种灵魂与文明必须抉择偏好或反对的顺序。（SW18）

左梨：灵魂、智慧、善恶、神圣，这些词语都已经显得古老了。不过，我和齐奥朗也是在这些古老的词语中交谈的，我们继续。智慧带着灵魂的日光，科学则是文明的星光，文明无法了解灵魂，反之则不然。帕斯卡尔将数学心智与直觉心智区别开来，认为前者不擅观察，后者不擅推论，如果数学家具有洞察力则会充满直觉，而将洞察力转向规则的直觉者会成为数学家。亚里士多德所说的前两种知识，似乎都是数学心智的研究对象；而第三种，也很难说就是直觉心智所属的内容，都没有超出奥古斯丁所谓的科学范畴。

马利坦：我们都知道，面对最高精神实在，亚里士多德是有多么顾虑重重，而且闭上了双眼。（SW13）希腊智慧是未完成的作品，而且这个作品无法完成。（SW12–13）根据圣托马斯的经典教义，存在三种本质各异、层次递差的智慧：自上而下的智慧或说神恩的智慧、神学的智慧以及形而上学的智慧。第一种智慧凭借其自身的神性，以个体生活中超人的实验方式去抵达神，又因受造之物参照上帝而抵达万物。这是爱与统一的智慧。（SW22）第二种智慧关于理性和信仰，关于运用理性的信仰。第三种是形而上学的智慧，其研究对象不是神的神性，而是在自身特有的神秘之中的存在。这是一种理性的智慧，其特质是自然，只需自然与理性的证据就能完全解决它的问题。（SW23–24）

左梨：第一种智慧可遇而不可求，类似禅宗的顿悟；第二种智慧则在期待神恩的同时，通过理性去推导论证真理，类似渐悟。这两种法门曾经在唐朝的中国引起一场决定民族精神走向的方法论争端。

马利坦：后一种智慧的形式符合我们的劳动天性，它凭耕耘的汗水获得食粮。（SW23）

左梨：只有自然与理性的证据，才处于公共思维领域内，这可能是我们所能获得的唯一确定的知识。

马利坦：有些人对此无法承受，是因为他们了解也更喜欢神性事物的宁静，其他人则就是因为他们懒惰，不喜劳作。（SW23）

左梨：因劳动而得，这种正义反而会被忽略、轻慢，甚至诋毁。有一种人……怎么说呢，不知道可不可以称之为投机的理想主义者？他们怀有理想，超越现实的理想，但从不将理想建立于物工和自律之上，在现实中一旦遭到阻力，就会转为一个泛禅宗分子，去追求一夜暴富又一劳永逸的顿悟成果，而在修行中一旦遭遇诱惑，又会代言人性的自然，将欢愉和利益尽收囊中。他们左右摇摆，尽享丝滑。

马利坦：灵魂本具的精神动力，使之渴望更高的智慧。不是因为对于相应对象无能为力，而是因为，它越是抵达其对象，越能唤醒它对更高级知识的渴望，越是在这一意义上形成那种次级智慧因其特质无法填充的虚空。形而上学越是了解存在，越发想要知道存在的原因。（SW24）神学越是隔空了解神，越想以直接体验知晓祂。这并非一种强迫原则，而是一种自然且自发的运动，如同潮汐和季节变换。（SW25）

左梨：那种无法填充的虚空是否会引发绝望？尤其这逐级而上的追问，必须由可遇而不可求的神恩来回答。您妻子莱伊莎在日记中提到，你们初相遇时曾经有一个著名的自杀约定——不能发现存在的意义，宁可死掉，是这样吗？

马利坦：可怜的现代人，不懂生命有这样一个秘密：只有我们失去，才能获得我们的灵魂；在我们发现自己之前，必经一次彻底的死亡。［Three Reformers（以下简称 TR）26］

左梨：你们像战士一样走向死亡本身，要在那里对生命发问。最终是什么答案，让你们觉得人生值得继续？

马利坦：他所承受的一切痛苦来自自身，而非工作、过去、现有和未来。而他的永恒痛苦，是由岁月带来的身体桎梏，那是来自上帝的哀痛。他将属于上帝，他的自由是完整的。上帝所赐的一切，他欣喜接收。如果有一天上帝相信他如祂所想，召唤他，他将前往。如此，他死了，但他的生命几乎没有发生任何改变，不论他的行为，还是他的幸福，一切如故。［Notebooks（以下简称 NB）19］

左梨：这令我想到了《金刚经》，“过去心不可得，现在心不可得，未来心不可得”。鸠摩罗什未将“pratyutpannam cittam（梵文的罗马化拼写）”译为“现有心”，而是译作“现在心”。pratyutpannam 既有现在、即刻之义，也有已备、重现、重生之义。现有不是现在，它是已经物化的当下，是即将离席的在场。因此，“只有我们失去，才能获得我们的灵魂”。只有我们失去我们的，才能获得上帝的？如果不属于上帝，我们是否还能获得智慧？

马利坦：印度通过一种源于灵魂深处的绝望冲动去奋力达到智慧。这种发自绝望的极度渴望是一种遍及宇宙而又集中于人的神性能量的潮涌。（SW7-8）

左梨：绝望冲动，多么矛盾的偏正词组！印度的绝望似乎来自对身体的绝望，在他们的观念传统中，身体是虚幻之物，它作为生命的载体，就是用来被否定的。毛姆曾提及一位托钵僧，为了证明肉体并非实有，在英国总督面前，亲手剜下了自己的眼球。中国的虚云法师为报母恩，也曾当众燃指供佛，不是焚烧切下来的手指，而是点燃身体的一部分。

马利坦：我认为，印度智慧以及一般意义上的东方智慧，首先而且首要的本质特征是，它是一种上升运动，在这种运动中，人致力于达到超人的境界，进入神性的自由。据此，我们才能理解那些诀窍与手法繁多的冥想与圆满法，理解那些禁欲实践和苛刻苦行，理解它们的全部意义。（SW9）

左梨：还有下降运动吗？光是智慧天然的喻体，抬头仰望星空和太阳，渴求与之一体，这种上升运动不是普遍的吗？

马利坦：《旧约》的拯救智慧和神圣智慧不是由人获取，而是由神给予的。本质上，他不是来自受造物的上升运动，而是来自创造精神的下降运动。（SW16-17）以色列的心灵知道，任何苦行和神秘的努力都无法强求那种智慧。智慧必须自己打开大门，从天国降临。（SW14）

左梨：在黑格尔看来，正是在犹太人那里出现了“东方和西方分道扬镳的一点”。这种东方精神，是沉没在自然中的精神，而只有发展到犹太人这个临界点上，精神才开始超越自然，“在犹太人当中，‘精神’却完全净化了，成了‘思想’纯粹的产物。自我思想达到了意识，‘精神’的发展在极端的决定中反对自然，反对和自然统一。‘自然’——它在东方是最初的东西和基础——现在没落而成为一个单纯的生物，‘精神’现在占据了第一的地位”。（历哲 239）关于这种精神对自然的压制，黑格尔给予了真诚的“迎接精神黎明的欢呼”。下降的、期待神恩降临的智慧，最终使一个民族拥有对抗自然的勇气；上升的、渴求成神的智慧，却使一个民族遵循自然的一切，只想做现实世界的偷渡者。

马利坦：东方艺术是西方的个人主义直接的对立物。东方艺术家总是羞于想到他的自我，羞于在他的作品中表现他自己的主观性。他首要的责任是忘掉他自己。他观察事物，对它们的外在形体的奥秘及其隐藏着的生命力的奥秘进行沉思；东方艺术只专注于事物；但是，像所有真正的艺术那样，它厌恶现实主义。它离开人转而去寻找由事物所暗示出的圣物和反映在世间的圣貌——一个与人、超人，有时甚至是残忍的非人无关的神秘世界。［《艺术与诗中的创造性直觉》（以下简称“创”）22］相反，就审美情感而言，某种程度上永远存在一种人对自然的侵入。（创 17）

左梨：伽达默尔曾提及一个观点，审美经验是一种自我理解的方式，但是所有自我理解都是在某个于此被理解的他物上实现的。我们其实是在他物中学会理解我们自己。（伽达默尔 124）东方人正是从物质——这个他物中去理解自己。我认为自我中，就有神恩，因为人是神依据自己的样子所造，只是神恩又为自我所遮蔽了。东方的观念，其实，是将物质自然中的必然律，当作了神本身，这就使自我的精神性受到了否定，因为精神是与物质本质不同，甚至相反的存在，结果为了契合必然律这个神，自我要就范于自然，尽力化为物质本身。

马利坦：印度艺术是以怎样一种方式完全地专注于事物的呢？我要说这种艺术做了事物的俘虏；就是说它把自己的灵魂让给了寓于事物之中并成为感觉惊人的精美的传神的狂热性。（创 23）中国艺术也完全专注于事物……它反倒俘虏了那些事物，这种艺术潜心于在事物中发现并力求从事物中将事物自身被束缚的灵魂和关于动力和谐的内原则，即其被想象为一种来自宇宙精神的不可见的幽灵的精神，揭示出来，并赋予它们生命和运动的典型形式。（创 25）

左梨：您是在用“哲学黑话”来描述中国人所谓的道吗？

马利坦：（笑）请原谅我这类概略的陈述和稍稍有点令人不快的学院式教学的

唐突。（创 83）在中国有广大无边的信仰，是一种对于“道”——最初的本原——和对于天的神圣崇拜。在这种信仰中，全部精神明显地形成前存在，精神则自这种前存在中降到并隐藏在事物之中，从内部来塑造和推动事物。（创 25）

左梨：这不是一种较为隐晦的宿命论吗？中国人对客观精神——道有一种共振般的接受，从直觉上就将其视为本原和归宿。道，无可辩驳，无从对抗，中国人放弃了主观的个体性而追随客观的普遍性，所以这里既没有人格化的唯一神，也不可能诞生一位与神角力的雅各——与神斗与人斗都能得胜的人。这个民族陷落于物质的自然性，沦为物质的阐释者，乃至推崇者。中国和印度所代表的东方，为了逃避精神与物质的痛苦摩擦，以节制欲望为代价，回缩精神，表现为一种物性的超然，实则是尊物质 - 自然律为王的精神失格。

马利坦：是啊，中国艺术仍然被那种事物高于自我的东方艺术特点所支配，根据这种朝向纯客观性的倾向，生命的精神不得不成为永远用于各类事物的典型公式，这同我们的艺术一样令人厌烦：梅花因为在寒冬开放而总是刚强的，菊花因为具有隐士的心灵而总是高尚的……（创 27–28）

遵循诗的本能

左梨：艺术创作者经常置身于这样的矛盾，之于审美惯性，他们既制造，又利用，还在竭力超越它。事物一经艺术呈现，不可避免地成为一种意象，实际上，事物只要进入意识，就因意向的附加，而成为意象。意识里不存在纯粹自身的事物。这是必然的，也是正当的，糟糕的结果是，艺术形象往往为某一种接受向度反复确认，最终在审美惯性中被进一步抽象为意义符号，使梅花等同于坚强，兰花等同于静逸，菊花等同于孤高。事物，从自身到意象，再到符号，就是从自然到意识，再到思维的过程。思维同于物质规则，它以逻辑凝固意识，因此，这也是从自然存有到意识存在，再到思维异化存在的过程。思维对意识的同化使艺术沦为惯性的一部分。艺术不与存在一起成为生命，就要与逻辑一起变成尸体。真正的创作每一刻都在对抗这种符号化的惯性，使创作对象回归存在本身。

马利坦：圣托马斯说“艺术以各种行动模仿自然”。（创 310）在创造性行动的本源中，一定存在一个十分特殊的智性发展过程，一种无逻辑理性上的对等物的经验和认识，通过这一认识，事物和自我一道被隐约地把握。（创 95）这些奥秘之一是无规律，大艺术家们为不违背基本的无规律规则而非常细心。甚至在几何学原理基础上建立起的建筑物，例如法兰西一世在王后宫廷中修建的小楼房“圣马可”，以及所谓的哥特式教堂，它们也并不含有完全的直线。而且我们发现，那些易于精确的圆形、方形以及椭圆等形式，绝不精确。（创 310）

左梨：无逻辑理性！对内在规律的洞悉，中国人称之为得法，张大千曾说“得笔法易，得墨法难；得墨法易，得水法难”，笔法尚有迹可循，墨法水法则更像无规律的规则。它存在，却无法言说，这不是专利保护措施，或出于神秘主义理由不能示众。语言之网过于粗放，它是注定从网目中流逝的潜流。

马利坦：我们也许能从文艺复兴那些事物伟大而壮丽的错觉以及失败中，吸取特别有益的教训，特别是从阿尔布雷特·丢勒身上吸取有益的教训。丢勒认为，数学和几何这种优越的知识一定能使艺术家在其独特而确定的典型中获得美——似乎美不是超然物，包括他们作品中的本质……青年时代，当他准备雕刻《亚当和夏娃》时，他希望借助直尺和圆规来捕捉绝对美。（创 321-322）

左梨：丢勒希望从被科学揭示的自然规则中获得艺术。规则可以造就量产，也因此远离创造。而无规律的规则就像是负规则，面对它们在运用中发生的各种变形，得法者明察秋毫，却难以对其作出程序性的规定。实际上，每个曾与存在独处的人，都有得法的一刻。

马利坦：在创作《忧郁》之前不久，他被迫承认：“但绝对美是什么，我却不知道。除了上帝，没有谁知道它。”（创 322）一个乡村铁匠，如果他的灵魂中和手中有敏感性，那么，他创作的一些东西比美术学校的学生所创作的大多数作品要美，因为他遵循诗的本能。（创 145）

左梨：什么是诗的本能？

马利坦：以自己的方式继续神的创造性劳动。（创 61）本质上的诗，作为精神的自由创造，既无对象又无主子，而且它并不处在为任何应完成的作品的服务上，除了诗性直觉，它什么规则也不知道。（创 143）

左梨：诗就是精神的自由创造。“艺术经验不应被伪造成审美教化的所有物。所有与艺术语言的接触就是与某种未完成事物的接触，并且这种接触本身就是这种事物的一部分”，（伽达默尔 127）如果乡村铁匠代表了审美世界的原始人、野蛮人，那么，他们确实要比那些呆守在审美模式和文化符号中的文明人，更有能力去创造。其实，艺术家，本质上就应该是一个有灵感的原始人，应该借由他未被文明驯化的灵魂去创造。

马利坦：被诗性认识所捕获的事物永不停息地超越自身，给出比自身所有要丰富的含义，是因为它们的各个方面都为第一因的驱动之流所渗透。它不是它的存在事实中的偶然之物，而是对于存在的丰富性无限开放中的事物。（创 103）

左梨：诗性直觉的靶心是一个无穷小的点。那个射向靶心的箭永不停息，行驶于指向无穷小的进度上。“犹如存在本体在存在者中无穷动，诗在语言中无穷动，每一次进入其中的意识，皆于当下的转化中，生成新的自身。从具有绝对本质的诗里，意识可以无数次转化，无数种生成。这是诗的无限性，诗不是结论，没有止境。由于时刻处于更新之中，诗具有测不准原理。”（意 52）

马利坦：在精神的无意识中，这样一种非理性的理性活动在诗的起源和灵感中起着基本的作用。（创 85）由于它出自最自然的智能，所有人都潜在地拥有诗性直觉。（创 100）所有伟大的数学著作都蕴含着诗，在赫拉克利特、柏拉图、亚里士多德、托马斯·阿奎那、普罗提诺、斯宾诺莎和黑格尔最初的哲学见解中皆有神奇的诗性直觉在起作用；没有诗的帮助，亚里士多德不可能凭经验完成他关于菱形基本定义的推断；在托马斯·霍布斯整个思想的狂热性背景中，有些东西是诗教给的，他意识到自己是恐惧的孪生兄弟。诗帮助了圣方济各，帮助了哥伦布，帮助了拿破仑，也帮助了克格莱斯特罗……但是我要说，在灵魂的劳作中被捕捉到又纠缠不清的诗性直觉，已被这种外部活动的特殊意图和特殊规律所抑制。（创 185–186）

左梨：诗性直觉，它出没于一切创造性劳动中。当盖尔曼决定用脑海中海鸟

莱伊莎·马利坦（1883—1960），诗人、哲学家，雅克·马利坦之妻。两人在巴黎大学相识，1904 年结婚

的叫声称呼他的粒子，他是个诗人，他在命名。可以说，诗性直觉是一种被遮蔽、被抑制或被冻结的自由本能。

马利坦：诗超越艺术，当它像担当创造世界的重任那样被交付给艺术时。（创 144）谈到诗，我指的不是存在于书面诗行中特定的艺术，而是一个更普遍更原始的过程，即事物的内部存在与人类自身的内部存在之间的相互联系，这种联系是一种预言。在这一意义上，诗是所有艺术的神秘生命。（创 15）

左梨：可能就是受到您的影响吧，罗蛋塔认为，诗不是艺术，而是艺术的目的。诗在行动上，同于上帝创世；在语言上，同于亚当命名。因此，诗自带一种无中生有、耳目一新的初始感，“诗呈现的事物，是否被带入了第一次被揭示的关系，就成了诗的标准。多大限度上拥有这种‘第一次’，就多大限度上兑现了诗意。本质的诗，是始终不丧失‘第一次’的文字，其中有存在本体的不朽示现。真诗，不参与衰变”。（意 53）同时，他还认为诗人要揭示世界的潜意识，后者可能就出现于“事物的内部存在”与“人类自身的内部存在”的相互联系之中。

马利坦：在诗人，它是自由的，包含无数可能的实现。在这一点上，诗人像是一个神。（创 91）诗人是一位可怜的神……依靠已被历代人所使用的，他从现成的语言中所得到的符号代码。然而，尽管如此，诗人还是因为让所有这些外部成分屈从于他自己的目的，因为在创作中表现他自己的本质而受到责难。（创 92）正如最危险的罪犯是神志清醒的狂人一样，最完美的诗人也是利用无穷无尽的理智的疯子。（创 194）

左梨：他们像行驶在理性和直觉双轨上的快车，不断撕裂却从未分裂。中国人对灵感和诗性直觉有双重误解，一方面，认为灵感只可能从某种特殊状态中得到，因此认为深思与灵感无关；另一方面又夸大了偶然性，将灵感降临视为彩票中奖。经过这种两面包抄，艺术家的主动性和主体性被消解。

马利坦：诗性直觉源于无意识，但它是在意识中出现的，正如柏格森所说“它处在无意识的边界上”。（创 78）存在着两大类无意识：处在生命线上的精神无意识和由肉体、本能、倾向、情结、被压抑的想象和愿望、创伤性回忆所构成的物力论整体的前意识。（创 79）

左梨：自我中的确有两个更为本质的部分被我们的思维，甚至是感受隔绝了，一个是未经察觉并认知的那部分意识，一个是未经感知和运用的那部分身体。它们封存于体内，化作死火山，进一步坐实为官能性的失认和无能。就像足部中间的三根脚趾正逐步退化为一根，还有很多未被我们发现的知觉已经退化完毕。

马利坦：我要把第一类无意识称作精神的无意识或前意识，而把第二类无意识称作自动的无意识或聋的无意识——它对智性充耳不闻，并离开智性建造它自己的世界。这两类无意识同时发生作用……但它们在本质上是有区别的，在性质上完全不同。（创 79）当人在寻求自己的内在领域而踏上错误的道路时，他就走进了聋的无意识的内在世界，而当相信自己走进了精神的内在世界时，他会忽然发现自己是在某个虚假的自我内部徜徉，在这儿只有荒凉和自动性的模仿的自由。这就是超现实主义者的历险。（创 81）

左梨：这似乎是一场冒险，柏格森的冒险，“不冒险，我们就不能打乱意识对于无意识的正常关系”。而打乱之后，他也认为神经紊乱和神秘主义有时一道出现。两种无意识引领人走向截然不同的世界，您所说的精神前意识和自动无意识是否就是荣格的个体无意识和集体无意识？

马利坦：精神的前意识与自动无意识之间的这种区别，全然不同于荣格的个人无意识与集体无意识之间的区别——由于它们都进入智性或意志的前意识生命领域，所以它们都是精神无意识的一部分，并都被赋予精神上的意义；由于它们都被幽闭在动物的世界而与智性和意志的生命无涉，因而它们都是自动无意识的一部分。（创 313）

左梨：也就是说，这是两种截然不同的区分方式。荣格从个体性和普遍性的角度对其进行区分，而您主要是从源头和性质进行区分。

马利坦：我乐于使用图表。（创 87）在灵魂的活动中，愈完善的力量愈加萌发于其他力量之前……因为那些更为完善的力量是其他力量的原则或存在的依据。（创 86）第一个圆圈代表理性的概念化外形：一个概念的、逻辑的和推论的理性活动世界。第二个圆圈代表处于一个清晰又明确的组合状态中的意象世界，这是想象获得成功的世界。（创 87）第三个圆圈是外部感觉所提供的直觉性材料，它本身几乎是

无意识的，但当它借助于记忆、想象和其他的“内部感受”从而得到解释和构成时，它就变成了感性认识。（创 88）

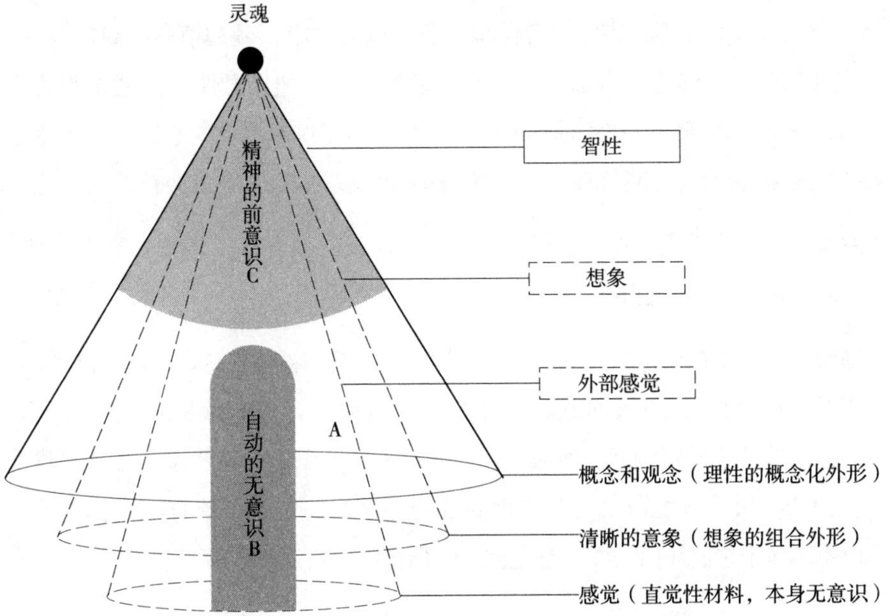

左梨：啊？想象世界小于理性世界？直觉性材料几乎是无意识的？这些观点有点刺激，可不可以这样理解：逻辑和推论并未限制想象的空间，而是建造了想象的平台。就像系统模型为设计提供仿真实验空间，在想象力鞭长莫及之处，正是概念和逻辑由已知推出未知，作出想象无力完成的部分。而身体感官每时每刻都在获取的环境数据，在为主观意识采用之后，我们才会发现我们听到了什么，看到了什么，触摸到了什么。其余，比如睡眠时听到的声音，眼睛余光中的影像，都会存入无意识的大数据库。

马利坦：我们应说想象是通过智性从灵魂的本质中流泻出来，而外部的知觉也是通过想象产生于灵魂的本质之中。（创 87）在感觉所提供的直觉性材料的水平上，心灵与外部世界发生联系，感知所攫获的一切事物开始进入并径直奔向灵魂的中心区域。（创 88-89）

左梨：也就是说，没有灵魂，智性和知觉都是不可能的存在。这让我想到了动物的存在……

马利坦：对我们来说，这么一个事实极为重要：在精神的无意识之中，隐藏着灵魂全部力量的根源；存在着智性和想象，以及欲望、爱和情感共同参与其中的根本性活动。灵魂诸力量都蕴含于智性的领域内，被启发性智性之光所激动、所驱动，它们蓬勃踊跃。在智性领域中，想象和感觉过着自己的原始生活，然后，以某种方式参与智力，而且可以说，它们的活动渗透着智力。（创 89）

左梨：这看来就是一个大圆满的全家福啊。从此，智慧、想象、欲望、情感同在一起，过上了幸福生活。

马利坦：但是在精神的无意识中，智性的生命没有被理性认识手段的准备和完成，以及被概念和观念的形成过程所完全占有。（创 89）它是自由的，也是可认识的……被创造性直觉所定型，所激活。在精神的无意识中，诗获得了自己的源泉。如柏拉图所指出，诗的自由类似儿童的自由、游戏的自由和梦的自由。实际上，诗的自由不属于它们任何一种，它是创造性精神的自由。（创 90）

左梨：证悟者似乎就进化成了这个“全家福”的人，他的想象领域和感觉领域不断向智性领域扩展，最终，三个领域几乎完全重合。他的概念可以转为意象，达成他者的理解；他的想象可以转为形象，进入他者的感知；而他的动物性无意识尽数浮出海面，被接纳于理性之中，得到了根本的救赎，而精神无意识则作为他的智性源泉，成为创世的力量，实现瓦雷里所说的诗的使命，“使不存在的东西存在于我们之中”。

马利坦：诗源于这种灵魂的诸力量皆处在活跃之中的本源生命中。诗不是智性单独的产物，也不是想象单独的产物。它出自人的整体，即感觉、想象、智性、爱欲、欲望、本能、活力和精神的大汇合。于是，加在诗人身上的第一个职责是他应被带回那个靠近灵魂中心地带的隐蔽处。（创 90）

左梨：诗人也应该是这样的证悟者，他们来到哪里，就将意识世界复现在哪里，哪里就出现人的道路，哪里就成为人的世界。

马利坦：诗是精神的食粮。但它却不能充饥。相反，它只能使人更加饥渴。然而这正是它的崇高之处。（创 183）

超现实主义的勘探

左梨：这也是诗人无能也不必入世的原因，他们是现代的利未人。

马利坦：艾略特在“理想的批评家”一书中说，读诗者不应把“因诗歌的感染力而在心中产生的一种情感状态误认为是诗。这种情感状态仅仅是他本人情感的一种放纵而已”，“欣赏诗的目的是一种纯反思，其中，个人情感所有的偶然性都被排除了”。这种偶然性指的就是所有的兽性或纯主观情感的偶然性，而纯反思本身则浸透在由诗所传递的诗性直觉之中。这些情感状态的确只是物质和材料，诗必须消化它们，并改变它们的形状。（创 316）

左梨：有一种观点认为三流的诗人正好可以做一流的批评家，波德莱尔宣称“批评家不可能变成诗人，这是一种变异”。

马利坦：柏拉图则坚持认为：如果批评家不是一开始就被灵感的磁环所吸引，被诗人心中同样的疯狂所侵扰，那么任何理性的批评都是无效的、空虚的。批评家必须比普通读者更纯洁、更深沉地领悟到诗中所传达的一切，同诗人的创造性直觉相交流。换言之，批评家就是诗人，并具有诗人的天赋，至少原则上如此。（创 237）

左梨：诗不需要技术，会说话的人都是潜在的诗人；而诗歌批评家，却必须独具深邃而敏锐的体察力，能穿过审美惯性，发现意识的第一次现身。所以，我认为诗人首先应该是诗歌批评家，他与其说是创造作品，不如说是发现了作品。艾略特在《传统和个人才能》中说，诗人的任务不是寻找新奇的情感，而是使用那些一般的情感，把它们酝酿成为诗歌，表达事实上绝不是情感的感受。诗不是一种情感的释放，而是一种情感的逃避。

《朋友重聚》，达达主义和超现实主义的灵魂人物马克斯·恩斯特（1891—1976）作品，创作于1922年。那时布勒东（图中第二排右三）还没有发布超现实主义宣言，恩斯特便将未来的超现实主义者放入同一画面，还让自己（第一排左二）坐在陀思妥耶夫斯基的膝盖上

马利坦：对，那就是兽性的或纯主观性的情感的一种逃避，这种逃避贯穿于创造性情感之中。（创 317）

左梨：如果将“兽性的情感”理解为本能性情感，如建立于血缘关系、身体关系的情感，将“主观性的情感”理解为纯粹依据自我与之的关联而产生的情感，如建立于民族、国家、群体、职业、时代等个人归属物的情感，那么，创造性情感天然地回避它们。因为，它们是惯性中物化了的情感，它们不能代表精神的自由运动。

马利坦：尽管这种创造性情感有别于那些纯主观性情感……它却依靠那些情感而存在……谁要是在最不幸的意义上认为自我抑制就足以达到这一点，并且最后还把诗性原则误认为是艺术的技巧加心灵的干涸，那他就误解了艾略特的本意。除非通过诗性认识和创造性情感，除非在创造的真正行动之中，否则，艾略特谈及的回避是不能出现的。（创 317）

左梨：也就是说，这些情感，无论是创造性还是物化的，它们都有共同的来源。而艾略特所谓的回避，只是在创造的行动中，才可谈及。这种创造性情感是诗性直觉特有的工具，也是自动无意识的盲动与灵感之间的区别。诗性直觉会在情感中使自身得以实现，成为作品。创作者爱上那个不肯就范的灵感，像老渔夫桑地亚哥爱上他所追捕的大马林鱼。他不能离弃它，纵容它，漠视它，尤其不能输给它；他认识它，牵引它，驯服它，征服它的绝望，直至杀死它，用死亡将它纳入。

马利坦：艾略特有一句话深深地击中了这个问题的要害，他写道：“极少数人知道什么时候会出现意味深长的情感表达，一种不是在诗人的经历中，而是在诗中具有自己的生命的情感。”啊！我们终于被告知这个既是意向性又是创造性的意味深长的情感，没有它就没有诗。（创 317）说灵魂“受事物的磨难，不如说它认识到它们”，通过共鸣在主观性中体验到它们。（创 98）这整个过程中不需要任何外来的灵感——仅仅需要一种像母亲通过爱和同一性从而形成对自己孩子的认识的认识。（创 318）在诗性直觉中，客观实在和主观性，物质世界和灵魂的全部，不可分割地同时存在。在那一刻，意义和感觉被带回到心中，活力被带回到精神中，激情被带回到直觉中。通过智性生机勃勃的驱动，灵魂的所有力量也在它们的本源中被驱

动。（创 100）

左梨：或者可以说，精神前意识与自动无意识最大的区别，在于精神前意识需要由创造性情感所抵达，所接引，情感使诗性直觉因拥有了意向性，可以为人所秉持，从而持续传达自身。

马利坦：我认为应特别地注意超现实主义，因为它对于我们正在讨论的所有问题有特殊的意义。我之所以对超现实主义感兴趣，是因为那里有真正的诗人。（创 68）我首先重视的不是他们装腔作势故意夸张的语言和诡辩，而是作为一种精神现象的超现实主义。（创 69）

左梨：是布勒东发表巴黎宣言那个主义，快 100 年了，又是一个怀旧的存在。

马利坦：在由他提出的超现实主义的定义中，“缺乏由理性支配的任何控制”，以及“纯粹心理的自动性”是主要的—— 它指一种总体的释放。“自动写作”因此成为理想的“为超现实主义诗歌所必须倾向的境界”。（创 69）

左梨：“自动写作”影响了很多人，包括凯鲁亚克他们，即使现在，包括一些中国的写作者，包括我身边的作家朋友，还在继承这个方法论遗产。我本人也尝试过这种方式，让无意识中出现的词语自动连接，自发进行，但最后只是完成了没有诗意的文字的布朗运动。哈哈，也许，我没有得到“主义”的真传。

马利坦：我们在这儿面临着一个基本的错觉……自动性“解放了那通过专心而达到的生命的统一”。（创 69）自动性产生的不是自由而只是分散，与智性之光分离的无意识的自动生命在根本上不能真正地展现任何新事物。所允许于诗的只是一种渴望的空虚，一种空泛的感知，这种感知已由机会或巫术所提供的假奇迹来满足外在的自我。（创 70）

左梨：巫术？！

马利坦：超现实主义专注于巫术、妖术、占卜、水晶球算命、降神术，以及专注于神秘学和任何一种奥秘的灵知；这种对巫术认识的激情绝不是偶然的……布勒东声称超现实主义活动的唯一刺激，是希望达到是与非混合在一起的极点。在犹太哲学里，整个世界就是从这一极点形成的。（创 157）

左梨：本雅明曾非常准确地指出超现实主义的目的就是要从“沉醉中获取革命的力量”，他的结论和您类似，认为他们“经历了许多艰难险阻，翻越房顶、避雷针、水槽、阳台……最后进入了唯灵论者阴暗潮湿的密室”。（本雅明 191）

马利坦：我们所期望的更多：因为诗事实上是自身的一个目的和绝对。对超现实主义来说，除了人自身发展的可能性外，不存在，必定不存在自身的目的和绝对。（创 70）

左梨：诗多像纯粹的精神存在！它不假外物，它本身就是自身的目的。罗蛋塔写过这样一首诗：一些声音响起来时 / 另一些变成了寂静 / 永远听不见了 / 但是，在寂静里面 / 它们还是它们。

马利坦：当诗意识到自身，意识到自己所认识的力量时，它在某种程度上就被解放了。在广泛意义上说，认识自身就意味着转向自身。（创 154）

左梨：您所说的“诗意识到自身”是什么状况？

马利坦：人的意识，从人的概念过渡到主观性的经验之中，它延及创造性行动本身……基于同样的理由，直觉亦被展现，而主观性通过纯个性化的方法同创造性行动中的世界交心……使得艺术家和事物之间产生新的特定关系。事物的内在含义通过艺术家的自我被不可思议地把握住了，它与艺术家的自我一道被表现在作品中。这就是诗意识到自身的时刻。（创 37）在诗性认识中，事物是当作主观性中的回响，当作主观性的同一而被认识的。（创 156）

左梨：而超现实主义者放弃了主观性！

马利坦：他们向我们提供了十分典型的经验，表明诗性认识离开了它的自然目的之后，就可能变成科学的工具，并被转变为绝对的认识。（创 156）诗性活动已被转向外界，它们被“客观偶然性”所期待。诗不过成了空洞的理解力。（创 158）

左梨：想到金斯堡《嚎叫》中的那个著名首句，“我看见这一代最杰出的头脑毁于疯狂”，而对“客观偶然性”的追求也毁掉了多少杰出的头脑。

马利坦：对超现实主义者来说，诗事实上已经成为一种勘探的工具，成为人的所有精神抱负的附属品，人们要求它对人的科学、形而上学、神秘主义和神灵提

供靠不住的、昙花一现的替代物。（创 70）

左梨：现代艺术史中，的确存在一个从土著部落祭司或萨满那里借来的小众传统，即借助外物来达到意识超常的方式，酒、烟草、植物、化学制剂、音频，都可以成为以破坏神经而达到目的的工具。

马利坦：文伦·泰特称，在法国，迷信从洛特雷亚蒙、兰波和马拉美流传到超现实主义者，而在英国，流传到哈特·克兰、华莱士·史蒂文斯和迪伦·托马斯。（创 326）

左梨：有时，这种以物性功能破坏生理秩序的方式，确实能使意识尤其是潜意识因失控而解放出来，直接形成创作。但这是因为，这部分意识，本已预先地蕴含了创造性情感，后者只是处于被封存的状态，当解封之后，恰好接通了精神前意识，不过事出偶然，难以持续、重复，而并不是说，外物对神经的干扰造成了这种情感。

马利坦：兰波的头脑过于清醒，他放下了他的笔。其他作家从兰波毁灭的地方走出来，开始他们的创作生涯。（创 156）

左梨：一个缺失创造性情感的人，无论是吸食大麻、吃迷幻蘑菇，还是服用各种致幻剂，都难以达到诗性直觉，只能出现一些杂乱无章的基于集体意识、集体无意识或生理本能的感官幻觉。实际上，这种方式即使为创造性情感充沛的人所用，更多时候，也是如此，就算当年美国“垮掉的一代”成员，嬉皮士运动中的各类艺术家，以及那些摇滚歌手，概莫能外。如果通过神经就能压制和解放意识，那么精神的独立性，也就是人的主体性何在呢？

我们无父亲吗

马利坦：人不认识自己的灵魂。现象的复杂性，只是使得这个谜更加神秘，使得人对于他的自我认识显得更加无知。人也不认识自己的主观性。即使他认识，

它也是无形的。他只是隐约地感觉到它像是一个宁谧的、封闭式的夜。（创 93）

左梨： 关于灵魂，真的……一言难尽。现代人，一说到灵魂，常带有一丝羞涩，似乎在触及一个过时的怪物，更多时候，他们以自我取代了它。而主观性、主体性，他们在生活中也总是以自我来代替它们，确认它们的内容。

马利坦： 从他们说出“我”这个字的那一刻起，他们的意识及其活动便逐渐展开，诸如沉思、记忆，以及行动，即由某种实际的，不可言喻的知识加以归类——此乃一种实际的和存在的内在于其中各个部分的总体性知识，而且沉浸在源自主体性的弥散的光照中，或曰独特的新精神中，或曰恰似母亲般的放任纵容之中。主体性不是被知的，在我们的感觉中它就像安详和神秘的黑夜。[《存在与存在者》（以下简称“存”）58]

左梨： 那是歌德《浮士德》中诞生光明的母亲黑夜吧？它已经成为你们欧洲文化中的一个源头意象，冯内古特还创作过一个以此为名的长篇 *Mother Night*。

马利坦： 对于主体性的直觉是一种存在意义上的直觉，它没有给我们带来任何本质。我们通过我们眼前的景观、我们的活动、我们的意识流，了解到我们实际所是的那个东西。我们越是逐渐习惯于内在的生活，则由此带来的惊人的、易变的复杂性就越能确切地加以解明；同时我们也就越发感到它听任我们对我们自我之本质一无所知。（存 58）

左梨： 认识你自己，但是，是谁在认识呢？如果是自己在认识自己，那么，这个主体在认识前已经作为了自己，这就先在地规定了“自己”，他认识到的，只能是一个已被规定的内容，也就是说，他没有在认识中认识了自己，因为认识没有发生作用，而只是确认了自身之前的规定。而如果是一个他者在认识，那么，这种认识何以可能？

马利坦： 我认为，麦尔维尔对这一点深有体会。他说：“除非在闭目冥思之时，否则，没有谁能正确地感觉到自己的本体——仿佛黑暗确实就是我们的本质所特有的要素。”作为主观性的主观性是非概念化的：是一个不可知的深渊。（创 93）

左梨： 也就是“作为主体性的主体性是无法加以概念化的”。（存 58）

马利坦：我通过意识和反思将自己了解为主体，但是我的实体对我来说是模糊的。（存 57）人仅从他对事物世界的认识的反映中感觉到自己。如果他不以这个世界来充实自己，那他就会变得空虚。（创 93）

左梨：是这样，人的主体性借自身的创造所揭示。主体性，来自人的精神属性，作为意识之于现实的关系位置，它要从现实中体现自身，由此必然造就一个深渊！深渊出现于意识与现实的断裂，而主体与现实在何处断裂，主体性就在何处显现。这种断裂没有限度，人的主体性也没有限度，现实的被实现性就没有限度。薇依说人是善与必然的深渊，指出了主体的道德实现与物质规律之间的巨大差距，人，必然置身于深渊，也只能用各种方法悬崖撒手，将自己抛向这个善与必然的深渊。同时，越是伟大者，拥有更高个体性的人，这种断裂就越强烈，这个深渊越是难以测量，其中所显现的主体性就越是惊人。而多数常人，他们几乎融化于现实本身，在他们的生命中，这种断裂微弱无明，那个深渊只是沟渠。

马利坦：唯有个人拥有着内在性和主体性。个人，圣托马斯说道，乃是一切本性中最尊贵者和最高尚者。意识与个性的悖论在于，我们当中的每一个人刚好都被置于这个世界的中心。每个人都处于无限的中心。（存 57）这类经验证明，上帝的实在总是萦绕在这个神色恐怖的诗人马拉美头上，他不愿成为男人和女人之子："人家告诉我，我是男人和女人的儿子。对此我感到惊奇，我以为我不止于此。"（创 150）

左梨：马拉美不只是男人和女人的儿子（笑）。弗洛伊德发现了心灵的新大陆，指向内部的想象疆域被打开，人开始想象未曾想象的感受，开始注意身体自身的意志，这是为我们长期忽视的存在意志。一种新的，不是相互对立而是彼此陌生的灵肉关系被开启了。马拉美有一种雄心，他要携带肉身重返精神王国。他希望每个人，至少他本人，是神所生的，而不是神所造的——他也是耶稣。

马利坦：在让·保罗·里契特那著名的梦中，我们难道没有听到热泪盈眶的耶稣从世界的极顶回答人类说"我们都是孤儿，你和我，我们无父亲"吗？（创 150）

左梨：里契特沉浸于尼采式的痛苦，他们陷于身体的普遍性之中，陷于人必然被死亡抹平的虚无。在肉体和现实的普遍性中，人没有真正的个体性。普遍性是母

马拉美这幅肖像为其好友莫奈作品，创作于 1876 年。现存于奥赛博物馆

亲，而个体性来自精神的父亲。这精神之父就是神，在大地上，我们每一个都是孤儿！

马利坦：在他们之后，这一呼唤继续着，现在还在继续着。（创150）

左梨：上帝自述“ego sum qui sum”，（出3：14）和合本译为“我是自有永有的”，罗蛋塔译为“我是我所是”。“是”“在”“有”的全融统一，是其所是，在其当在，有其应有，即是精神存在的特征。当存在者不再发出伊阿古之叹——“I am not what I am”[①]，而是如其所是，向其当在，葆其应有，它就是在向精神－神转化自身。

马利坦：当一个人觉察出对于存在物的直觉时，他同时也就觉察到了对于主体性的直觉；他在一道永不熄灭的闪光中，把握住了一个事实，即他是一个自我，如同让·保罗所言。（存57）唯一的自我才是上帝。（创24）

左梨：有点跳跃啊，这竟让我想起了你们在普林斯顿的家中，那面很有趣的窗户玻璃。当外界光线强烈时，你们会透过窗户看到外面的景色；而当室内光线强烈时，你们会在窗玻璃上看到室内的倒影；有时内外的光线持平，就会看到内外的景象叠加在一起，人坐在云端，餐桌支撑在树梢，你们的书架立在邻居的墙上。人与存在，透过自我这道玻璃，也有类似的关系。当一个人无我时，现实清晰地呈现；当一个人纯然自我时，内在清晰地呈现；而绝大多数人既不能纯然自我，也无法无我，就总是看到混杂的幻象。

马利坦：莱伊莎总是叫我们一起来分享这一景观带来的乐趣，只要稍稍变换位置就会看到完全不同的景象。（NB200）

（谈到莱伊莎，马利坦忽然恢复成青年时的样貌）

左梨：我忽然想插进来一个问题，您和莱伊莎在一起的岁月，几乎都在莱伊莎的妹妹——薇拉的陪伴之下。这位小姨子对你们的生活而言，是一种打扰，还是一种丰富？

马利坦：自从1906年12月来到海德堡开始，薇拉一直与我和莱伊莎生活在

---

① 意为“我非我所是”，完全走到了神的反面。

一起。（NB202）她的存在是对我的祝福，我认为不会再有三个人能比我们之间更亲密更深厚，每个人都向另两个人完全敞开心灵，每个人都完全敏感于另两个人，准备为他们奉献一切。可以这样说，这对我们而言如同维持生命的呼吸。（NB74）

左梨：你们三个人是一个共修团体，一起洗礼，一起祈祷。

马利坦：我们又都有自己的孤独之处，莱伊莎的孤独在于那令人难以置信的敏感，以及对世界之美的热爱。她进入沉重的十字架，完全地投入当下的生活和爱的献祭；薇拉的孤独之处在于她活在自己的传奇之中，对灵魂的使命充满激情，温柔接受基督的计划；我自己的孤独呢？对我来说它是某种笨拙的潜水者，在最好的状态时，它会在一群寻求真理的海底动物之中或是时光的幼虫之中。（NB74）

左梨：作为这样的三个人，"每个人都向另两个人完全敞开心灵，每个人都完全敏感于另两个人"，三种孤独能在这样的合一关系中消除吗？

马利坦：我提到兰波的陈述："我是另一个。"十分有趣的是，它使我想起洛特雷阿蒙说过的恰恰相反的话："如果我存在，我不是另一个。"在认识行动中，我超凡脱俗地与另一个同化，就同化是另一个而言，当我保持我实际的同一时，我便无形地或"意向性地"变成另一个。（创 180）"就所认识的是另一个而言，去认识就是去变成另一个。"（创 17）

左梨：哲学家啊……

马利坦：别人永远无法知晓：一个哲学家拥有多少知识，对这个世界抱有多么深的痛惜，就会等比地泄露出多少黑色痛苦和绝望的诱惑。他终将留在这里独面黑夜，这种黑夜比白天更接近上帝，也更为荒芜，他所爱的那只手会引导他，就像引导一个盲人。（NB74）

左梨：这之中有一场隐秘的献祭：人若要神的救赎，就必须背着焚烧自己的薪柴上山。他必须以最高值的物质自身赎回精神自我，但凡还有一点对于现有的执念，他就不能完全获得人的自由。

马利坦：有一天，存在本身的行动在事物中被领会，在其影响下，智性被深深撼动，被彻照，它在接受行动时被激活，或者在它之内，倾听它，以一种可理

解与超越理解的完整性倾听它所独有的音调。（Existence and the Existent 30）

左梨：人也必须在行动中被激活，而且要以可理解与超越理解的部分同时去认识自身。

马利坦：我是为上帝所知的。祂知道我的全部，将我了解为主体。我在我的主体本身之中向祂呈现；祂无须为着了解我而将我客体化。因此，在这个独一无二的场合，人才被了解为主体，而不再是客体，是在其深度的极限以及主体性的最深处呈现着的主体。唯有上帝是以这样的方式了解我；唯独对上帝来说，我是裸露无遗的，而我对自己来说是隐蔽的。我对于我的主体性所知越多，我的主体性则越是晦涩难明。如果我不为上帝所知，则根本不会有谁了解我。根本不会有谁了解我的真情、我自己的存在中的我。根本不会有谁了解我——我——被当作主体来了解的我。（存 64）

左梨：您，真是一位天主教的禅师。当以上的话语一句一句经过我的脑海，我感到脑海不断化作了泪水……

（平复了一下情绪，我们才进入最后一个话题）

人并非生而自由

马利坦：对于自然和神秘主义的研究，已经开拓了一个新的特别丰富的哲学研究领域。奥利维埃·拉孔布在《大加尔默罗会修士研究》中发表过《关于印度的瑜伽》和《自然神秘性的一个典范：靛蓝色》，我发表过《自然的神秘性和空虚的经验》《论肉体状态的精神的四篇论文》。（创 313）

左梨：您好像从不拒收其他宗教的思想成果，也不拒绝接触其他的信徒以及无神论者——甚至是索尔·阿林斯基这样极端的无神论者，他宣称死后一定去地狱，为了领导其中的穷人。莱伊莎有一句话似乎是您这种博爱行为的注解，她说“爱天使，因为他们值得爱；爱罪人，因为他们和我们一样”。涉足政治哲学领域后，开始有人因此攻击您，说您是犹太人，共济会会员。您怎么看待这种攻击？

马利坦：真可惜，我不是犹太人，因此不能荣幸地与耶稣基督和圣母同属一个种族。至于共济会，这真是伤害到我了，我倒真希望自己拥有共济会员的威慑力。（Commonweal 采访）16 岁时我在信中写道："我将成为一个社会主义者，我为革命而生。"收信人是一位劳动者，我家保姆的丈夫。我对工人群众（他微笑地看着我，这个词多么亲切多么熟悉，但的确出自马利坦之口）这种尊敬和爱一直在心中保持、发展，但我憎恶那种对革命起哄式的恶劣激情。我，这个背叛了自身阶级的青年，曾经想为无产阶级和全人类服务，当找到自我、决心侍奉神之后，这个梦想并未废除。它只是归属于侍奉神这个根本的追求了。（NB7）

左梨：这是您参与起草《世界人权宣言》的原因吗？您提出的完全的人道主义，一直遭到来自两个阵营两种相互矛盾的指责，左翼批评家认为您是蒙昧主义者，崇尚"政治从属于宗教"的中世纪理念，反对历史进步观；右翼阵营——保皇派、公教主义者、传统主义者则认为您的思想与马克思主义、自然主义和进步史观联姻。

马利坦：这种人道主义在自然存在与超自然存在的完整性中看待人，不在神性至人的降临中设置任何先在的限制，应该被称作道成肉身的人道主义。[The Twilight of Civilization（以下简称 TC）13] 当我说到真正的人道主义，我得说，我在这个问题上考虑了很久，世界是同时属于人、上帝和魔鬼的领地。这表现出世界与历史的本质多义性——它是上述三者的共同基地。[The Peasant of the Garonney（以下简称 PG）35] 在同一时间内，世界走向上帝的王国，这是麦子的成长；混杂在麦子中间，它也同样走向邪恶的王国——这是稗子的成长。（PG36）

左梨：世界依然是一个其中各有所驱的平台，而麦子的成长和稗子的成长，都只能是人的成长。

马利坦：在我看来，对这一事实存在三种错误观点：有一种人类控制错觉，它相信人类自身而且唯有人类，也就是说，不论是人类理性或科学的能量，还是人类历史的自我运动，将使上帝的王国在人间实现。有一种撒旦控制错觉，它相信这个世界已经被完全遗弃给魔鬼，因其缺憾，在我们这个社会时空或政治秩序中无法期待任何真正的进步和福音的实现，这一观点并非未受新教世界和希腊正教世界的影响。还有一种上帝控制错觉，认为神可以将这个尘世——我们的历史世界，社会时空和政治城市直接转化为上帝的王国。[On the Philosophy of History150−151]

左梨：上帝之国，或者说精神之邦，如果有一天能够实现，不就应该是在人之中实现吗？问题在于，我们能否秉着科学的火炬进入精神之邦。科学缩小了宗教的解释空间，尽管那个空间本来也不属于宗教，只是曾由其勉强代行其职，却使人们认定人取代神的时机已经到来。AlphaGo 代表人类创造的机器战胜了上帝创造的人，所以人类开始有底气说"Google 不知道的，上帝也不知道"。

马利坦：从 16 世纪起，一种倒转构成了现代世界的特征。中世纪的智性秩序坍塌了。现代世界不再是汇合智慧的和谐世界，而是智慧与科学的冲突世界，并且科学取得了对智慧的胜利。过度依赖科学，是一个将付出高昂代价的错误。中世纪的人甚至无法借助数学支配自然界，由于技术匮乏，他们的灵魂升向永恒之物还更容易一些……（SW27）

左梨：您似乎不惮于将"现代反对者"或"中世纪卫道士"这顶帽子戴在自己头上。

马利坦：假如说我是反现代的，这也不是出于个人好恶。的确，只是因为现代那种由反基督教革命所派生的精神，沾沾自喜，自我满足，促使我不得不如此，因为它自身独特的性质即反对人类遗产，痛恨并轻视历史，崇尚自身；因为我痛恨并轻视现代的这种痛恨和轻视，以及这种精神杂质。而假如是这样一种情形：保存并吸收所有现代积聚的财富，渴望革新，努力去保持先进，开辟新天地，那么我所期待的不是别的，而是超越现代。说真的，基督徒们不是恳求圣灵更新此世的面貌吗？他们不是在期待那即将来临的世界的生命吗？只有在那里才会有新事物，而且为每个人。我喜爱大教堂、乔托和安杰利科的艺术，但我厌恶新哥特式和前拉斐尔派。我很清楚时间的进程无法逆转，尽管我很仰慕圣路易的时代，却并不因此希望回到中世纪去，那是某些尖刻的批判者慷慨地强加给我的荒谬欲望。我所希望的，是在一个新世界里，为了新事物，修复中世纪文化的精神原则和永恒律法，在其全盛期，它向我们提供了特别的历史呈现，一种质上的优越，尽管存在巨大的

安杰利科作品《圣母领报》，创作于 1437—1446 年

不足，但最终被超越了。[ANTI MODERNE21]

左梨：可是我认为安杰利科与前拉斐尔派之间不是时代的差距，而是个体之间的差距。现代，始于“上帝死了”这条宣言的提出。这句话最早出现在德语民歌之中，马丁·路德曾说“耶稣死了，上帝就死了”。黑格尔将神指认为精神，他指出上帝死了的痛苦在于：意识没有认识到它永恒的认识对象——上帝，就是它自身……

（我的话被打断了——）

马利坦：所有哲学式的宗教，或所有黑格尔式的哲学，都要求证实并且将宗教归入它本身之中去，这样的哲学归根结底乃是一种神秘。（存 60）

左梨：尽管上帝在黑格尔那里完成了去神化过程，但我认为他的意义却更纯粹了——神坛上洒满精神之光，没有圣父圣子，只有意识和自我意识。而尼采确定了这个事实：上帝死了。这个上帝既是神话意义的，又是神学意义的，上帝死了，人类如同逃亡的奴隶一般，开始战战兢兢直面死亡。这种逃奴的自由不是解放，而是茫然。为生存寻找一个靠得住的根由，成为现代人的苦役。

马利坦：任何事物都开始于精神，现代历史成形于少数几个人的心灵深处，那无体积无质量的生命——亚里士多德所谓的 nous 中。路德与魔鬼辩论的那间隐修小室、烘烤过笛卡尔那著名的梦的火炉、卢梭发现人本善时弄湿背心的范塞纳森林一角——它们就是现代世界的诞生地。（TR14）

左梨：罗兰·班顿曾说：“若是想找一些堪与路德相偕，敢与上帝角力的人，就只有犹太的使徒保罗、拉丁的奥古斯丁、法国的帕斯卡尔、丹麦的克尔凯郭尔、西班牙的乌纳穆诺、俄国的陀思妥耶夫斯基、英国的约翰·班扬和美国的爱德华兹。”（Bainton 400）而您，将现代精神之父的名单缩减为三人，甚至没有提到康德。

马利坦：在维滕贝格最后一次布道中，那时已经到了路德生命的终点，他说：“理性是魔鬼最大的娇头。”（TR33）这种虚假的反智神秘主义在 19 世纪以更加微妙和更缺乏坦率的伪装毒害了许多人的思想。总而言之，路德给人类带来了一种解脱，一种巨大的解脱，比卢梭早了 230 年。他把人从理智中，从那令人厌烦和困扰的逻辑思考中解救出来。但是这种解放必须不断地重新开始。如他在加拉太书评注中所写的那样："哎，这一生，理性从未被完全摧毁。"（TR34）

左梨：罗蛋塔认为逻辑 – 理性，就是伊甸园里的那条蛇。我忽然发现我们之间有一种偏差，我认为现代人最大的弊病是理智过剩，而在您看来似乎是唯意志论。正像您所说，唯意志论是路德对现代哲学的最大影响之一。在德国哲学中可以看到从康德、费希特到叔本华这条不绝的长流。唯意志论指向现实，总在面对难以实现意志的现实，所以往往伴随着悲观主义，这是哲学中的德国病。而法国哲学的源头是文艺复兴和笛卡尔，法国病可以从马勒伯朗士、莱布尼茨和启蒙哲学家身上看出病兆，它所代表的是理性主义，它指向精神，总在庆幸于精神对现实的认识和把握，往往伴随着乐观主义。

马利坦：现代哲学从来也没有协调好理智与意志两者的关系，这两种精神能力的冲突残酷地撕裂着这个时代的人类心灵。（TR38）假如人性纯然是意志，排斥其他，它就会贬低真和美，变成某种道德主义和拜物教的怪物，卢梭、托尔斯泰、威廉·詹姆斯就让我们看到了这一点。假如人性纯然是理智，并排斥其他，它蔑视它永恒的利益；那么什么对自身的存在足够重要呢？它会变成某种形而上学或美学式的怪物。（TR42）

左梨：这些观点，在我看来，非常古怪，一时难以消化。

马利坦：知道上帝是超验和绝对的自我是一回事；而使一个人自己以及他的一切精神负担——他自身的存在，肉体和血——成为一种重大关系的一部分，则是另一回事；在这种关系中受造的主体性被迫处于与这超验的主体性相对立的地位，怀着焦虑和热爱之心，指望得到它的拯救。这是宗教的分内事。（存 60）

左梨：在您看来，对于现代人，或者说，对于人来说，什么样的存在方式最为理想？

马利坦：人的基本问题是，在实践的秩序中寻找自由的条件。人，并非生而自由，而是获得了自由。（TR161）奴隶的处境就是我们天生的处境。而圣徒，他们是自由的，而且已经教给我们自由境地的秘密，那是超自然的秘密。那就是爱。对爱者来说，被爱之物像重力一样吸引着他们。爱，是最深刻的人性冲动。

（TR162）最令人心碎的事莫过于看着众多理性的生命寻找真理之外的自由，爱之外的自由。他们不得不在摧毁中寻找它，而必将一无所获。而全世界的隐修者和圣徒则见证，爱赐予自由。全人类渴求的解放只能在精神之路的终点获得，那时爱——无法计量的爱使生命与神合一。（TR164）

左梨：谢谢您，也谢谢您的妻子莱伊莎，你们示现的智与美，感动并震撼着每个胸中怀有信、望、爱的人，哪怕他们胸中只有信、望、爱的萌芽。

附记

马利坦是一位谦卑而又强势，赤诚而又旷远的对话者。在决定开始这段对话的下午，我的电脑桌面忽然故障般铺满了五十四双眼睛，是他那双特有的中西合璧的眼睛！其后，蛋总再一次住院手术，这次不是气胸，而是去除一个发育过分的火疖子——它几乎致命。在单间病房里，我们三餐应时，早睡早起，男耕女织，过着一种本笃会修士的规律生活。如果没有每天换药的痛苦，那段时光近似假期。访谈完成于那个远离烟火，却近及生死苦乐的病房，改进于出版前夕。我就像在仓促之中，给一座古宅搬家，难免携一忘二。直到最后，我感觉马利坦似乎走了，只有莱伊莎白色的影子仍在左右。区区两万字怎么可能完整呈现马利坦呢？算了，就当我进入他的精神王国游玩，写一篇简略的游记吧。如果你看到这篇游记，对马利坦这座宝山发生了兴趣，我要由衷地恭喜你。

参考资料

- An Interview with Jacques Maritain”,From Commonweal the Feb. 3, 1939 Issue.
- Bainton, Roland. *Here I Stand: A Life of Martin Luther*. Hendrickson Publishers, 2009.
- John Howard Griffin & Yves René Marie Simon, *Jacques Maritain: Homage in Words and Pictures*. Magi Books Inc., 1974.
- Jude P. Dougherty, *Jacques Maritain*, An Intellectual Profile，CUA Press，2010.

- Maritain, Jacques. *ANTI MODERNE*. Editions de la Revue des jeunes, 1922.
- Maritain, Jacques. *Art and Scholasticism: And The Frontiers of Poetry*. Charles Scribner's Sons, 1962.
- Maritain, Jacques.*The Degrees of Knowledge*. The Centenary Press, 1937.
- Maritain, Jacques. *Existence and the Existent*. Doubleday & Company, Inc., 1957.
- Maritain, Jacques. *Man and the State*. The Catholic University of America Press, 1998.
- Maritain, Jacques. *Notebooks*. Magi Books Inc., 1984.
- Maritain, Jacques. *Religion and the Modern World*. University of Pennsylvania Press, 1941.
- Maritain, Jacques. *Science and Wisdom*. The Centenary Press, 1944.
- Maritain, Jacques. *The Twilight of Civilization*. SHEED&WARD,1943.
- Maritain, Jacques. *On the Philosophy of History*. Charles Scribner's Sons, 1957.
- Maritain, Jacques. *The Peasant of the Garonne*. Wipf & Stock Publishers, 2011.
- Maritain, Jacques. *The Range of Reason*. Charles Scribner's Sons, 1953.
- Maritain, Jacques. *Three Reformers: Luther, Descartes, Rousseau*. Charles Scribner's Sons, 1929.
- Rajesh Heynickx & Jan de Maeyer, *The Maritain Factor: Taking Religion Into Interwar Modernism*, Leuven University Press, 2010.
- [法] 马利坦:《科学与智慧》，尹令黎、王平译，上海社会科学院出版社 1996 年版。
- [法] 马利坦:《艺术与诗中的创造性直觉》，刘有元、罗选民等译，生活 · 读书 · 新知三联书店 1991 年版。
- [法] 马里坦:《存在与存在者》，龚同铮译，贵州人民出版社 1990 年版。
- [德] 黑格尔:《历史哲学》，王造时译，商务印书馆 1963 年版。
- [德] 伽达默尔:《真理与方法》，洪汉鼎译，上海译文出版社 1999 年版。
- [德] 本雅明:《本雅明文选》，陈永国、马海良编，中国社会科学出版社 1999 版。
- 罗蛋塔:《意行 | 意识、语言、诗与 AlphaGo》，一千减 16(2016): 47-72。

第*3*章　魏宁格

天才是每个人的义务

奥地利哲学家奥托·魏宁格（Otto Weininger，1880—1903）初为世人所识，源自那场著名的自杀。1903年10月4日，他在施华兹斯潘尼尔斯特大街15号，贝多芬逝去的那座房屋中开枪自尽，享年23岁。而此前三个月，他的博士论文《性与性格》被维也纳的布拉穆勒公司破格出版，却未在学界引起反响。

这个犹太金匠的儿子，在大学兼修哲学、心理学、自然科学和药剂学，熟谙希腊语、拉丁语、法语、英语、西班牙语和意大利语，又借斯特林堡和易卜生的作品自修瑞典语和丹麦语。1902年，他曾将《性欲与心理》初稿交给弗洛伊德，以求推荐出版，遭到拒绝，直到他去世六年之后，弗洛伊德才承认他很有天分，但性心理错乱。1903年，魏宁格将修改版的《性与性格》作为毕业论文交给劳伦斯·穆尔奈和弗里德里希·约德尔两位教授，凭此获得了博士学位。在两位教授推荐下，论文得以出版。这一切对他而言，似乎是一种鼓励。获得学位之后，他改宗基督教。

出版之后，《性与性格》受到冷遇，除了莱比锡神经学家保罗·莫比乌斯的抄袭指控，没有获得任何反响。随后三个月中，魏宁格曾赴意大利，似乎在为下一部论著做准备工作。但最终，他还是重返维也纳，在贝多芬去世的那座公寓租到一个房间，给父亲和哥哥留下两封信后，用手枪射穿了心脏。

楚人和氏押上肢体，以证明手中的璞石必为美玉；魏宁格为他的作品押上生命，以证明其存在价值和历史意义。《性与性格》终于被翻开、阅读、译为数十种语言风行于世，他的出版商称“在整个图书史上尚无一本科学书籍取得过更大的成功”。恩斯特·马赫、格奥尔格·齐美尔、亨利·柏格森、弗里茨·毛特纳、阿洛伊斯·豪弗勒等当时的思想界权威，终于对他看似荒唐的思想展开了讨论。百年之后，魏宁格余响犹存。在维特根斯坦、卡尔·克劳斯、卡内蒂、布洛赫、卡夫卡、D.H.劳伦斯和乔伊斯的著作中，都能看到他的精神倒影。维特根斯坦说“魏宁格是乖僻的，但他是伟大的乖僻”。

主要著作

《性与性格》

《最后的事情》

每一个器官都有性别

左梨：您好，我不知道该称您为魏宁格先生，还是奥托。绝对年龄比我曾祖父还大，但死亡让您永远定格在23岁，似乎也可以将您看成一个弟弟。

魏宁格：姓名是个体性的象征，只有女人不受她们姓名的严格约束，结婚时便放弃自己的姓而使用丈夫的姓，还不会产生任何损失感。[《性与性别》(以下简称“性”) 225]

左梨：好吧，魏宁格阁下，您不愧是历史上最著名的“直男癌”。如你所说，体质越偏向女性，群体性越强；而追求智慧的女人则多数看起来像个男人，着男装、蓄短发、嗜好抽烟与登山。但我很难嵌套进这两种女性样本，虽然自认是个典型的gentlewoman，爱智、好学、经常跑步，但我的体质完全属于女性，甚至有点过于女性。

魏宁格：对我对女性所作的判断，女人们势必要质疑；而我也准备回答你们，这自不必说。(性2) 一个女人的解放及其获得解放的资格，与她身上男性成分的多寡成正比。一切真正具有巨大精神能力的著名女子，有经验者第一眼便能从她们身上发现某些男性的解剖特征，发现某些与男人非常相似的身体特征。(性65)

(他那双犀利的眼睛迅速检视我的全貌，目光最终落在我的双手上，悄然一笑。是的，我有一双骨节突出的男性化的手，我迅速脸红了。)

左梨：想想弗里达的胡须，邓肯的粗脖子和斜方肌，苏珊·桑塔格那棱角分明的脸……不好意思，提到两位您死后出生的人。不过，又有哪个女人连一点男性特征都没有呢？您认为面相和体质，这些解剖学意义的特征能说明一个人的性格？

魏宁格：我们完全可以仅仅凭着检验一个人最极端的外表，而不必依靠相互询

问或者猜测，就可以对一个人的大部分性格作出正确的判断。（性 60）

左梨：真有趣，在《精神现象学》中，黑格尔也大篇幅地谈到面相学，他认为身体既意味着个体的原初性，又是个体性所制造的自身表现。但他最终否定了这种将精神钙化为头盖骨的判断方式。

魏宁格：研究解剖学意义上的"习惯"与研究心理特征，这两者的结合将会形成一种静态心理学，即真正科学的人相学。（性 62）尽管如此，还是要经过很长时间以后，官方科学才不再会把人相学研究视为非法。（性 60）

左梨：在这 110 多年间，事情一点也没发生变化，甚至心理学自身也失去了独立的学科身份。

魏宁格：脱离了哲学，任何一门科学都不会像心理学那样迅速地走向肤浅。与哲学的分离，是心理学无所作为的真正原因。（性 85）

左梨：发生真正变化的倒是女性的社会地位，女人们终于开始普遍接受教育，走入社会，走向太空，担任从总统到首席科学家的各类工作，而不再是仅仅做护士、保姆、打字员、接线生……您依然认为只有男人的生命是有意识的，女人的生命是无意识的？

魏宁格：这当然是根据极端情况作出的必然结论。（性 107）任何个体都不能单纯地被叫作一个男人或者一个女人，而应该用一个公式表示它是男女特性的混合体，其混合元素的比例各有不同。（性 9）每一个器官都具备性别，进一步说，每一个细胞都具备性别。（性 17）有些男人大腿的上半部分像女人，而下面则是男性；还有些男人，其右半个臀部是男性的，而左半个臀部却是女性的。（性 18）把性别的中间状态当作衡量性别的典型对象，这种疏忽是错误之源。（性 24）

左梨：那些作出巨大贡献、别具精神创造力的女性都是某种程度的男人？

魏宁格：我对她们身上那些男性特征的描述绝非出于幻想，也并不来自一个自我中心主义的男人的希望，即把一切更高级的智力表现统统归于男性。（性 68）乔治・艾略特前额十分硕大宽广，她的动作和表情也都迅速而果断，根本不具备女人的那种优美；富于独创性的女诗人安奈特・冯・杜洛斯特的身材很瘦，脸也是男性的，能使人联想到但丁。如果忘了提到那位非常出色的女画家罗莎·波奥尔，那将是个重大的疏漏，而无论从她的外表还是性格，你都很难找到属于女性的特征。我还可以举出其他一些当今公众熟知的、解放了的女人，因为她们也可以为我们提供大量的证据，证实我提出的那个见解：真正的女性要素，即抽象的“女人”与妇女解放毫无关系。（性 69）

左梨：我非常想赞同这个说法，因为它能推导出合理的结论：每个女人身上都有男性的部分，男性的部分又都渴求解放，这样，每个女人都需要也应该得到解放。反过来看，每个男人也有女性成分，他们也部分地渴望被侵犯和束缚，这个结论看来滑稽，但也有其深意。但我不是那么赞同您对男女典型特征的定义，现在有一种脱离性别的分类方法——攻与受，它不依据生理性征进行分类，也没有主奴之间的阶级歧视，而是以纯粹的行为、思维模式分类。

魏宁格：绝不能把这些行为上的差异误当作两性性欲的真正差异。阿尔伯特·摩尔的分析认为，性冲动就是由两种力量构成的，它们被分别称作“释放冲动”和“结合冲动”。男人具有这两种冲动，而女人只具有后一种冲动。两性的解剖特征和心理过程，就可以证实这个差异。在全部动植物王国里，雄性的生殖细胞都是能活动的主动因子，它们能穿过空间，去寻找被动的雌性细胞。从生理上看，女人比男人更易被激起性欲，但不是更敏感。性兴奋状态是女人生命中最重要的瞬间。女人会全身心地投入性活动，换句话说，女人会全身心地投入怀孕和生殖活动。她与丈夫、孩子的关系构成她的全部生活。相反，男人却并不仅仅要求满足性欲。正是在这个方面，男女两性才体现出了真正的差异。（性 92–93）

左梨：也就是说，这种“释放冲动”才是创造冲动，自我渴望在自身之外留下痕迹，它使男人更趋向精神。而女人因为没有这种冲动，成为被动承受方。但事实上，女性也有相应的释放冲动：分泌乳汁的冲动。不过，射精指向创造未现的，泌乳指向成就已有的。

魏宁格：在真正的女性身上，才能难得一见，即使有所表现也非常微弱。女性的生活原则只有性欲，别无其他；而男性的生活原则却是性欲再加上其他事物。（性 93）女人从她还是小姑娘的时候就盼望着性成熟，以为从中能获得她想要的一

《水仙女安蒂》，亨利·凡汀－拉图尔作品，1896年。安蒂（Undine）一词源自拉丁单词unda，义为波浪，最早出现于炼金术著作中，大约相当于道家内丹学意象系统中的河上姹女

切。（性 94）男人占有自己的性器官；而女人的性器官却占有女人。男人具有意识到其性欲的力量，因而能作出行动去对抗性欲；女人却似乎并不具备这种力量。（性 96）男人思维的内容并不仅仅是女人思维分化后的更高阶段，针对同一个对象，男人产生的是概念性思维，而女人产生的是模糊感觉。（性 211）

左梨：在您这里，女性的心灵生活中似乎只有自然意识，而没有思维。

魏宁格：女人的思维和感觉是同人的；男人的思维和感觉是互相对立的。（性 105）在绝对的女性这种生灵身上，不存在逻辑的现象和伦理的现象，因此也就没有任何理由设想她们拥有灵魂。她根本不具备肉体感觉以外的个性。（性 205）没有灵魂的水仙女安蒂就是个柏拉图式的女人理念。（性 207）

左梨：水是无意识最常见的象征。（Jung18）荣格认为，任何人都会在水中看到自己的形象。在水这个意象之中，总有活物隐隐呈现，似乎是鱼，一条半人半鱼的生物。这是阿尼玛的神话原型之一。（Jung25）

魏宁格：古希腊哲学家都不看重女性。文艺复兴时期，亚里士多德的观点获得了许多新的信奉者。在那个时期，人们普遍都能直觉地理解“女人没有灵魂”这个问题。（性 206）

左梨：一个女人越愚昧，就越会条件反射般地敌视这个观点；有一定反思能力的女性则会平静地否定。那个时代还有一个公认的观点——奴隶没有灵魂。从某种意义上说，这是一种统治术，主人须在精神上矮化奴隶，才能心无顾忌地使用奴隶；而奴隶也必须主动否定自身，才能减少痛苦。更本质的原因是，女人和奴隶所缺乏的“灵魂”，其实就是“个体性”——弗洛伊德对他的阳具羡嫉理论缺乏充分的深化，女人所羡嫉的，是人最应该具有，因而也是缺乏感最明显的个体性；男人所恐惧的，正是自身的个体性被群体现实所抹杀。

魏宁格：她的崇拜是一种永恒的恐惧，因为她感到她崇拜的那个对象就是将会摧毁她的力量。（性 275）女人从不会处于孤独状态，她既不懂得热爱孤独，也不懂得害怕孤独。女人不是单子，因为一切单子与其他实体之间都有鲜明的界限标志。女人不具备明确的个体界限。（性 217）女性仅仅是无差别的单元，完全处在与他人分不清彼此的混沌状态中。（性 313）

左梨：水仙女安蒂的故事非常有趣，她没有灵魂，但可以通过与凡人结婚生育孩子而获得灵魂，同时也获得了人类遭受的一切痛苦和惩罚。自然的女人一无所有，徒具子宫，与包裹子宫的身体容貌，这是一个女人全部的出身。两个部落交战，男人成王败寇，女人却永远是胜利者的妻子，她们与失败者无关，永远不受惩罚。没有失败，也就没有痛苦。但在成为母亲之后，如果那种育雏本能发展为一种矢志不渝的母爱，她们的自我便从此找到载体——她的孩子，她也必将开始遭受痛苦。

魏宁格：天才理解整个世界，在这个意义上女人不是无界限的。女人不具备区别于人类其他普通成员的标志，唯从这个意义上，女人才是无界限的。（性 217）

左梨：还是个体性的问题。女人不清楚什么是相关，什么是相近，她们会将所有可以触及的事物，都视为与己相关。什么挨着女人，什么就会构成女人的现实，女人的现实从不大于身体所及。那么，她们的身体来到哪里，哪里就成为唯一的世界，这就是女人的无界限。相对于男人的“释放冲动”，女人具有强烈的“连接冲动”，对于任何向往之物，女人只想以身体进行连接。而男人的界限，则来自事物的相关性，不相关者，即使身体触及，也无关自己；反之，相关者，即使远隔地球，也是关于自身的现实构成。天才理解整个世界，在于精神以同于存在的特质，涵有了万物的相关性，这造就了无限的共情，因此形成理解。女人的怜悯，多出自物伤同类，即自身的代入感，而天才是共情和理解。

魏宁格：这种扩散式的生命是女人天性的最基本品性之一，也是女人都易受感动的原因。女人常常渴望触摸和接触她怜悯的对象。与人类其他成员相连，这种感觉是女性的一种性征。（性 217）女人的虚荣总是与别人有关。一个女人仅仅生活在别人对她的看法里。女人照镜子的时候，没有一个会相信自己不美，没有一个会相信自己对男人没有魅力。她从不放弃一种努力，即说服别人、使别人相信她是美丽的。（性 221）

左梨：女人这种“他人性”令人无奈，她们不论落入哪个坐标系，都会立刻接受其先在规则。一个男人，不论多么平庸无聊，只要他率先搞定群体里的一个女生，就能顺手拿下闻风而动赶来争抢的其他几个。女人也从不审视潮流，只会修改自己的审美。更可笑的是，如果缺少其他女人的艳羡和男人的热评，女人几乎无法在攀比之外获得快乐。

魏宁格： 这种虚荣来自一种不具备知解力的自我，是女人个人价值感匮乏造成的结果。既不会靠自己去体现自身价值，也不重视这种价值，她便竭力通过激起别人的欲望和赞美，来获取自己在别人眼中的价值。女人总是从她自身以外的某种事物上获取她们的价值感。那些事物包括金钱、不动产、服装的数量和种类、歌剧院包厢的座位以及她们的子女等等，而最重要的是她们的丈夫和情人。两个女人争吵时最后的武器，就是声称自己的社会地位、财富或头衔高于对方，最重要的是她正值青春、丈夫或情人对她一心一意。与之相反，男人若用自身个性以外的任何东西去压倒对方，就会给自己招来蔑视。（性 221）

左梨： 是啊，几千年过去了，很多女人仍旧站在隐形的奴隶架上，只求获得一个更高的价码。很小的时候，我就发现，一个女人一旦好胜起来，整个家庭都会鸡犬不宁。自身的成就和业绩，丈夫的收入及社会地位，孩子的学校、成绩和成长状况……各项得分都高于看得到的其他女人，她才算赢了。人际交往中，女人见面时互看一眼手上的皮包，就对彼此的分量了如指掌。两个女人之间所谓的胜负，从不关涉自我价值，只在于身体上的价签，就像两个卖场上的奴隶。

魏宁格： 如果一个女人具备自我价值感，并具备保护它不受攻击的意志，她便不可能产生嫉妒心。很显然，所有女人都有嫉妒心，而嫉妒的根源是不承认他人的权利。没有公正便没有社会，嫉妒乃是一种绝对背离社会的品质。女人的社交圈是某种过不了多久就会解体的东西。本质上，女人是不合群的。（性 225）

左梨： 女人的社交圈子一直都是这么脆弱，随身建立，随身解体。女人无法离群，但又不能合群。从现象上看，没有责任没有使命，也就没有权利没有边界，所以对他人缺乏真正的认可。其根本，还是因为缺乏个体性。凭借个体性，人才能确定自己的位置，承认他人的位置。

魏宁格： 灵魂，个性，性格——与自由意志是统一的。由于女人没有自我，她也就没有自由意志。女人是最好的媒介，她的男人则是她最好的催眠师。女性的笑和眼泪是多么容易被引发出来，对报纸上说的每一件事，女人都是那么印象深

刻。女人又是那么笃信最愚蠢的迷信！（性 226）

左梨：但多数人都容易被催眠，不是吗？女人被感觉催眠，男人被经验催眠。

魏宁格：男人至少拥有自身存在的核心。男人其实比女人神秘不知多少，男人的复杂性是女人根本无法相比的。（性 231）没有灵魂的女人，怎么能分辨出男人的灵魂呢？与道德无关的女人，怎么能判断出男人的道德呢？没有性格的女人，怎么能认识到男人的性格呢？没有意志的女人，怎么能欣赏男人的意志呢？（性 233）

左梨：女人并非招生老师，根据形象、智慧、性格、意志、道德逐项给男人打分，而后综合择优选择丈夫。她们天然地向往男人的个体性，个体性是精神的阳具，必将以其清晰的存在感穿破女人的直觉，而为女人所识、所爱。

妓女与母亲的魂内大战

魏宁格：我一直在说女人的坏话，一直在毁谤女人。有人会认为我当然地反对“作为母亲的女人”这个概念。其实母亲与妓女两者之间的对立不亚于男人与女人之间的对立，我们必须对两者作出界定。（性 235）

左梨：这正是女人最迷茫的地方，从《圣经·创世记》中拉结与利亚姐妹争夫开始，这种女性内部的战争就没有停止过。

魏宁格：绝对的妓女型女人只想男人，绝对的母性型女人则只想孩子。（性 239）母性型女人能接受任何一个能使她成为母亲的男人，只要能达到这个目的，她便别无所求，单凭这一点，我们就可以把她描述为倾向单偶婚姻的女人。妓女型女人随时都准备向任何能激起她情欲的男人让步，这是她的唯一目的。认为女人天生就具有单偶婚姻性向，这种普遍流行的观点是错误的。（性 240）对女人来说，不忠实是一种充满刺激的游戏，道德观念在其中根本不起作用。（性 241）

左梨：女人与男人获得存在感的方式不同——男人在创造中获得，而女人是在爱中获取。唯有在爱中，女人才成为与众不同的“这一个”。在女人获取爱的方式上，出现了分野。生育是女人的本能，拥有并保持魅力则是一种谋生手段。母亲无我，通过生育与男人合一，与男人共同创造，凭借坚实的血脉获得爱。妓女有我，仰仗魅力与男人对立，时刻索取他者注意，依靠激发男人的情欲来换取关注。母性是一种先在的本能，却在青春期后才会渐渐萌发。妓性则贯穿整个生长过程，不论一个女人天生是否美丽，都会被家庭给予某种美的期许，有些女孩甚至在五六岁的时候就以女人的角度和状态看待、对待男人了。这种意识源自最初的奴隶处境，使女人内心深处潜伏着一种卖身的冲动，每天都想尽办法将自己销售一空——卖掉自身，才是获得。这两种特质中：母性是后发而本有的，妓性是先入而他予的。

魏宁格：卖淫不是男人诱使女人进入的一种状态，卖淫的禀赋以及对卖淫的偏爱是女人的机能，如同母性是女人的机能一样。（性 237）

左梨：妓性这种机能本来是增加生育和生存机会的手段，但很多女人误将手段当作了目的。母亲将子女作为一种创造，而妓女将性关系作为一种收获。

魏宁格：母性型女人把性行为看作一系列重要事件的开始，在性交中实现心愿，达到了完满；而对妓女型的女人来说，性交就是一切，就是一生的浓缩和目的，即使世界上所有的男人都与她性交，她也不会感到满足。（性 255）

左梨：口渴时，在梦中喝一万杯水也无济于事。妓女型女人在性关系中的不知餍足也是如此，她们好像在精神上遭到男性感染，拥有了强烈的自我意识，却没有找到获取存在感的新方式，只能在情欲层次变态地索取。

魏宁格：实际上，一个具有强大的妓女素质的女人往往会察觉到她儿子身上的男人气质，并始终会从性的角度去看待她与儿子之间的关系。但是，每一种母子关系当中都会包含某种与性有关的因素，我才把母女关系，而不是母子关系看作判断女人类型的最佳依据，那些对女儿全无嫉意的母亲才是纯粹的母亲。具有母性素质的姑娘往往会用做母亲的态度去对待她所爱的男人，事实上，从某种更深刻的意义上说，那个男人就是她的孩子。（性 242）

左梨：对于那些真正拥有自我意识的女人，母性会释放于她们价值所向之处。这就是水仙女安蒂通过爱所获的灵魂，所爱之人突然出现，价值坐标系立现，女性内心所有的含混意识瞬间澄清。例如我，我的母性只倾注于那些具有天才性的人。

即使看起来活泼可爱的孩子，我依然会冷冰冰地发现他们的平庸。但对于天才，我却由衷地将他们视为孩子。

魏宁格： 母亲型女人的最深刻本性，往往会自动地表现为一种同一性，即兼母亲和钟情的妻子于一身。母亲构成了人类持久性的根茎，面对这个根茎，作为个体的人认识到了自己生存的短暂性。（性 242）正是人类这个物种的永恒性，把勇气和毫无畏惧的精神赋予了母亲。母亲和妓女分别具备勇气和怯懦，希望和恐惧。绝对意义上的母亲永远怀有希望，因为她是通过族群而生存的，在死亡面前，她不感到恐惧；而妓女却一生都在害怕死亡。母亲型的女人能理解男人身上一切简单、优质和孩子气的东西；而妓女型女人则最懂得男人的变化无常和优雅趣味。（性 244）

左梨： 哼，那些优雅趣味不过是某种阶层特质，所谓的变化无常是因为内心深处始终缺乏主观意志，空虚令他们无法坦然地生活。我倒认为与两种类型的女人对应，男人也分为两种，一种单纯而丰富，另一种芜杂而单调。

魏宁格： 唯有那种喜欢母亲型女人的男人，才丝毫没有发展心智能力的欲望。伟人们每每都喜欢选择妓女型的女人。（性 246）精神发展程度最高的女人，即诗歌中赞美的那些女人，则属于妓女型的女人。（性 247）

左梨： 你再一次露出直男的破绽。那种只关心繁殖的男人并不喜欢母亲，他们只是需要母亲。着迷于妓女的纵欲男子往往智力低下且缺乏自控。至于伟人，他们既需要妓女，也需要母亲，而他们需要的伴侣，是那些能在精神上与之呼应的知音，这种精神伴侣无所谓性别。

魏宁格： 是，丧失自我约束的男人最不喜欢母亲型女人，最迷恋妓女型女人。（性 256）妓女在我看来更值得尊敬，她只按照自己的意愿生活，即使遭到被社会排斥的惩罚。（性 248）

左梨： 我不得不说，一到女人的主场，你就大放厥词。在父权社会中，母亲服从于夫权，妓女却取悦整个男权；如果说母亲是私奴，妓女不过是公奴，公奴比私奴更为自由吗？不是的，她只是更茫然，更恐慌，性关系是一种极易失效的网络，她们的怯懦就来源于此。

魏宁格：她天生就赞成多偶婚姻，随时都准备去吸引更多的男人，而不仅仅吸引哪个足以作为家庭创建者的男人。（性 248）

左梨：多偶婚姻比单偶婚姻更高级更值得拥护吗？动物就是多偶制，单偶婚姻恰恰是人类独有的、超越性的选择。正是人类觉醒的个体意识，使人类在择偶中产生了个体意向性，这种意向使随机交配变得令人难以接受。

魏宁格：她无拘无束地满足自己的种种欲望，感到自己像个女王；她最热切的愿望就是获得更多魅力。这种状况很容易使母亲型女人感到悲哀或震惊，而谁都无法使妓女感到受了伤害和冒犯。（性 248）

左梨：无拘无束地满足自己的欲望就是女王？意志坚定地控制欲望才是女王！不论蚂蚁、蜜蜂还是人类，真正的女王都是母亲。正是她们那种出乎本能、无关道德的成全和造就，才在大地上兴起了一支支民族。

魏宁格：母亲与人类之间保持着一种连续而完整的关系；妓女则完全处于这种关系之外。（性 244）妓女早就坚决放弃社会的一切尊重，并为她的自由而自豪。唯一能使她不安的念头就是她可能会失掉魅力。（性 248）

左梨：母亲在创造，妓女却在搜刮，她们得以索取物质的条件是魅力。通过满足动物性需求来感受自由的人，只能获得自由落体的自由。

魏宁格：我希望您不要怀着哲学家的义愤去考虑这个问题。（性 253）实践家和妓女之间存在着最鲜明的相似性。（性 252）大实践家不得不蔑视自己的内心生活，唯有如此，他才能完全地“生活在世界中”，而他也必定像世上的万物一样消失。妓女必须弃绝女性的永恒目标，才能生活在种种瞬间的本能中。（性 253）

左梨：这种弃绝充满悬念！就像齐奥朗所说，“她们面临着圣女与荡妇之间的选择，经受了一种我们至今都茫然无知的戏剧性”。（齐奥朗 196）

魏宁格：名妓和领袖就是烧毁周围一切的火把，他们的道路上留下死亡和废墟；他们会像陨星那样流逝，与人类生命的进程没有关联，对人类生命的目标毫无影响。天才和母亲则为了未来而默默地工作。（性 253）

左梨：对，天才和母亲正是一种最佳组合——勇于做主的主人和勤于为奴的奴

威廉·霍加斯系列铜版画《妓女生涯Ⅰ》局部，乡下姑娘摩尔·海克宝特初到伦敦，被老鸨伊丽莎白·尼德汉姆相中，从此走上堕落之路

隶。政客与妓女则是另外一种组合：做贼心虚的主人和见异思迁的奴隶。

魏宁格： 但是男人心中的某种东西需要快乐，而那是在母性型女人身上找不到的。妓女是世界的大诱惑者，是女性的唐璜，是一种了解爱的技艺、修习爱的技艺、传授爱的技艺、享受爱的技艺的生灵。（性 256）

左梨： 是的，她们专注于此，因此是很好的爱匠。但爱无法量产，一旦量产即失去本质。那种关于爱的技艺，是味精和塑化剂，只能量产拟爱。

魏宁格： 母性型的女人是现实生活的保卫者，而妓女型的女人则是现实生活的敌人。妓女型的女人与犯罪之间还是存在着一种固定的联系，高等妓女堪与大罪犯相提并论，并且随时都可以与那种大罪犯建立切实的关系，没有名气的妓女则会去取悦盗贼和小偷。肉体生存和肉体死亡，全都密切联系着性行为，而做母亲和做妓女则体现了肉体的生与死。（性 257）

左梨： 是的，人的性欲与死亡相关，人的爱却与生育相关，所以性欲与爱有时会相背而行。

魏宁格： 是的，爱情与欲望是两种互不相似、互相排斥、互相对立的状态。一个人陷入了真正的爱情时，与恋爱对象肉体结合的念头是无法想象的。（性 262）唯有人类当中才有卖淫现象。卖淫是一个深奥的秘密，它深深地隐藏在人类的天性和起源当中。男性的道德放荡是男人区别于雄性动物的标志；妓女素质也是雌性人类区别于雌性动物的标志。（性 258）

左梨： 遵循道德不更是男人与雄性动物的区别吗？我想你的表述出了问题。而你所说的这个秘密，是否涉及一种脱离本能和天性的个体追求，它使男人敢于反抗群体性道德，女人敢于违背生育本能。我愿意探索这个奥秘。

爱不及物

魏宁格： 爱的目的是为头脑中的事物赢得不朽，而低层次性冲动则直接指向物

种的永存。（性 272）

左梨：我倒总是将性欲与死亡相连接。骷髅会令我产生性联想，他的手指有种冰冷的性感。死亡会激发性欲，因而性欲在我的潜意识中也对应为死亡。我不愿将美的东西与性欲关联，讨厌花蕊，那是令花朵凋零的元凶。在我看来，爱与生，性与死之间存在某种潜在的对应。这种对应并未使爱与性形成绝对的对立，而是使生与死不再矛盾。

魏宁格：人随时都可能死去，这种想法能立即唤起最强烈的性欲，因为人人都决心使自己得到再生。（性 273）性吸引力会随着肉体距离的接近而增加；爱情却是当被爱者不在眼前时最强烈。要维持爱情，双方便需要分开，需要彼此保持一定距离。事实上，只凭与被爱者偶然的、不经意的肉体接触，就能获得走遍世界都无法获得的东西，就能做到时间所无法完成的事情。而在这种接触中，性冲动一旦被唤醒，那就足以立即杀死爱情。（性 263）

左梨：您好像未曾经历真正的恋爱。请不要把相思与爱情搞混，就单相思而言，与爱人接触越少，臆想就越丰富；而爱情却随着认识爱人的程度不断加深，又在得到爱人完全印证之后达到峰值。爱情是精神的性欲，它不会为肉体的性欲所取消，不可能上一次床就烟消云散。

魏宁格：不，对所爱的女人，男人的真正心理总是一种漠不关心，尽管理解是人类结合的唯一道德基础。人无法去爱一个被他完全理解的人，因为他若完全理解了一个人，就必定会看清对方的不完美之处，那是人类个体不可避免的组成部分。唯有不考虑一个女人的真实品质，而用一种迥异的、大多来自想象的真实取代实际的心灵真实，男人才会爱上这个女人。（性 273）

左梨：齐奥朗说“你能献给女人的最高敬意，就是在山穷水尽时想到她”，（齐奥朗 196）在这一点上，你们简直是一对观念 Couple，不过你比他偏激多了。我来简单反驳一下你的谬论，爱不及物，神不纳物，爱发生在两个意识体之间，它的两端都是精神。但在这个世界，爱必须途经物，物是精神的桥梁。即使是米开朗琪罗对大理石的爱，也是指向这个物质中所蕴含的精神。因此，反而是理解，才发生真实的爱，爱使物质的缺陷变得虚幻。

魏宁格：像最低形式的性欲一样，最高形式的爱欲也并不将女人看作女人，而是看作达到目的的工具——而这个目的就是保存艺术家的个性。艺术家仅仅把女人当作屏幕，以把自己的意念投射在它上面。（性 273）Amo，ergo sum[①]，不仅作用于艺术家的心理，而且作用于全人类的心理。（性 269）

左梨：我爱故我在，您套用了笛卡尔的名句 Cogito ergo sum[②]，也运用了“爱”和“在”第一人称单数的现在时直陈式。爱标示了存在，确认爱的瞬间，人拥有了独属自我的意向性，从此成为真正的个体。在这句话上，我赞成您。但是，不同意您的工具说。“当意识主体发现一个事物可以完全复述其自我意识时，爱就会发生。从此，自我就会无限地融入他的意向目标，反而使自身成了一个副本。”（意 100）在爱中，双方都将对方作为自我的意向目标，最终在彼此融入中获得了新生。女人不是屏幕，也不是屏保，她可以承载你的自我意识。

魏宁格：男人在女人身上领悟他自己的理想，而不是领悟女人本身，这种尝试必然会摧毁女人的实际人格。这样一来，性欲和爱情之间的相似性便非常明显了。爱就是谋杀。性冲动摧毁了女人的身体和头脑，而诉诸心灵的爱欲则能毁了女人的心灵存在。平常的性欲只把女人看作满足激情或是生育孩子的工具。高层次的爱欲则对女人毫不怜悯，只要求她作为投射男人个性的载体，或者作为心灵的孩子的母亲。爱不但违背了逻辑，因为它否定了女人的客观实在，只要求女人的虚幻形象，而且违背了与女人有关的伦理。（性 273）

左梨：您的意思是女人不应该获得爱？在您这里，女人竟是如此可怜的一种生物吗？“爱就是谋杀”，这种“谋杀”不可以吗？我看不出违背伦理之处。即便依您的观点，虽然女人没有自我，但具有先天的、自然的个体特性，男人也可以因此而爱，同时，像皮格马利翁一样塑造她，而这种塑造中既有摧毁，又有诞生，最终女人从自然特征开始，愈加趋近男人意识中的自我投射，直到成为一个超越现实的情感寄托，也就是说，没有自我的女人可以在男人的意向中得以塑造。如果一个女人本来就拥有强烈的自我，男人的爱必与此有关，甚至完全与此相关，亦即男人爱上了一个精神实体，那么，她的自我便会在爱中尽情生长，进化升华。就

---

① 拉丁语，意为“我爱故我在”。

② 拉丁语，意为“我思故我在”。

算爱是谋杀，那也意味着新生。人要在由他人决定的肉身之中，重生一个由自己做主的个人，这种转变与爱同步开始，在爱中完成。如果男人在爱情中贬低女人的位置，就等于通过否定自身伴侣，而贬低了自己的心灵。

魏宁格：爱意味着，男人希望在通往女人的曲径上重新找回自己，所以，爱往往是苦行、自责、自贬的起点，激活罪恶感。女人只是最高级和最低级情欲达到目的的工具。[*On Last Things*（以下简称 LT）33] 但女人不会有爱情。（性 275）能吸引女人的种种品质是性欲发达的标志；而使女人感到厌恶的品质则属于更高级的头脑。（性 274）

左梨：谬论！没有爱，才是苦行、自责、自贬的起点，才会激活罪恶感！至于后面的观点，女人如此，常人也是如此——令他们卑服的是强权，令他们心旌摇荡的是各种成功者，生存和繁殖本能让常人崇拜那些物质世界的强者，以获得安全感和必要的愚弄：让他们将精力集中于生存本身，而不是步步逼近死亡。对常人而言，天才是最可恶的，像一束强光，照见他们的猥琐和残缺，令他们无法安睡或纵欲。我怎么从女人联系到了常人？

魏宁格：天才最大的渴望还是实现他那个理想，即找到他真正的、更高尚的自我。因为他无法在自身找到这个真正的自我，所以不得不在自身之外去寻找它。他把自己的理想，即一种具备绝对价值的存在的理想，一种无法在自身找到的理想，投射到了另一个人身上。这个举动，也唯有这个举动，只能是爱情以及爱情的意义，而不可能是其他东西。正是通过爱情，很多人才第一次了解了自己的真正本性，才相信了自己具有灵魂。正是这一点，才使恋爱的男人渴望与对方保持距离——因为他不想因为与她的肉体接触而玷污她的纯洁——而这是为了消除女方对他的怀疑，消除他对自己的怀疑。（性 268）

左梨：魏弟弟，你总是把爱情当作不堪肉体一击的气球，这是不是 100 年前的贞洁观造成的？不过，我想你解开了我一个小小的谜团，那就是为什么男人的臆想人生中都有早逝或出国的女友。借鉴宝玉哭林黛玉，但丁梦彼阿特丽丝，荷尔德林哀苏赛特，很多男人只是将理想人格寄托于一个并不了解的女人，臆想一段爱情，却从不触及那个对象。若要称此为爱情，那等于说，自我欺骗就是爱情。如果将爱情绝对化，仅仅将它安放于理想国，认定它永远不能在现实实现，那么人的心灵必将无所事事。爱是心灵唯一的职责，它的对象是精神，但不是虚幻的倒影。

魏宁格： 女人没有自由意志，因此她便不可能具备将美投射到自己身外的机能。（性 275）想在一个女人身上找到完满的爱，这是自欺。（性 271）

左梨： 如果认为母性的女人过于空洞，妓性的女人又过于物质，二者都令人窒息，也可以选择男人。性别不是爱的障碍，爱只要施向生命，就有精神的流动。实际上，人类所有情感的极致都是爱情。

魏宁格： 同性恋可能是一种比异性恋更高级的形式。（性 66）但一切与某一个体相连的爱都不是永恒的，因此对女人的爱便注定是不行的。与永恒价值相连的爱，就是与绝对相连的爱，就是与上帝的理念相连的爱。凡是与个体事物，例如一个女人，相连的爱都必定会失败。（性 271）

左梨： 原来您要求的爱只是朝向上帝，又不能连接具体之物。您的“爱不及物”，与我之前所说的“爱不及物”，不是一个意思。我所认为的爱不及物，是指作为精神对于精神的依止，虽然爱的主体、爱的行为必然要经历物质，但爱本身却只针对、关涉、融入精神，爱穿过物质，却不携取物质。物质易朽，精神永有。纯粹精神性的人稀有，而纯为物质性的人也罕见，爱正是人提纯自身的历程。两个人在交流、呼应、共处和互融中，将彼此的自我从现实中萃取出来，成为在爱的自由中更清晰的存在，这个过程本身，就足以告慰人生。至于失败，失败的总是结果，而心灵的历程常新。作为不完满的受造物，人的失败不就是人的存在吗？那些不去失败的，隔离于自我之中的爱的感觉和意向，没有生命，甚至，有时只是苍白的幽灵。

魏宁格： 女人根本没有追求不朽的愿望。她们虽然也像男人一样惧怕死亡，但她们却并不渴望不朽。（性 139–140）一个人越多地生活在他的过去当中，而不是越多地生活在他的未来当中，他追求不朽的渴望就越是强烈。（性 140）女人往往用嘲讽的态度看待自己的过去。（性 135）

左梨： 这倒是真的。不朽距离身体太远，女人从不为远离身体的世界操心。未来和过去，都远离身体，但未来看不到，而过去却清清楚楚，也只能嘲讽过去。

给一个时髦女性看她七年前的服装和妆容，大概是对她最大的惩罚。女人对旧衣服和旧恋人都不屑一顾，对她们来说，此刻的拥有大于一切，因为身体是现在。

魏宁格：这与她们不尊重自己的个性有关。伟大人物无不具备包容一切的记忆：每件事物都同样真实，以前的事情和最新的经历都同样真实。（性 140）

左梨：此处似乎应该强调一下老人，对老人来说，最新经历的事是模糊的，只有过去真实发生过。而天才的过去和现在同样鲜明。

魏宁格：因此，一种体验并不是它产生便结束了，并不会因为时间的消逝而消失，而是通过记忆挣脱了时间的羁绊。记忆使经验成了不受时间限制的东西，记忆的精华就是那些超越了时间的东西。在自然当中，各个事件无不与时间密切相关，而在人的精神当中，各个事件却已经战胜、超越了时间。（性 140）

左梨：这正是爱战胜死亡的方式之一，人的体验没有时限，它们储存于身体与意识的共有的记忆之中，每一次被调出，都使人不同程度地返回初地。

魏宁格：女人的记忆是非连续性的，女人的生活也是片段的、支离的，会随着瞬间的感觉和知觉而不断变化，却不能主宰她们的感觉和知觉。（性 157）女性对过去的体验没有明确的、永久的中心。女人对自己不感兴趣，女人这样的生灵，即绝对意义上的女人，意识不到自己在不同阶段中的同一性。在女人的头脑里，前后变化的两个阶段无法依靠记忆被同时呈现出来。（性 158）

左梨：这或许是父系氏族社会习俗在女性心灵中留下的烙印——婚姻意味着出嫁，这一节点使女性的人生划分为两个完全不同的阶段，女人注定告别原初的生长环境加入一个完全陌生的家庭。回忆，徒添思乡之苦。婚姻成为一道高墙，割裂了女人婚前婚后的生命。作为一种保护措施，女性选择了遗忘，获取了一种适应新环境的能力。当然，这一样是来自身体性的贡献，前面不是说了吗，女人的身体来到哪里，哪里就是唯一的世界。

魏宁格：绝对意义上的女人没有记忆，因而就不能把“同一性”这个命题及其反命题理解为不证自明的公理。（性 160）男人竭力遵守逻辑规则去思考，不这样做，男人便会产生一种负罪感，笛卡尔说“一切谬误皆为罪恶”，这或许是他说的最深刻的一句话，也是一句被广泛误解的话。记忆失效是生活中一切谬误之源。记忆虽然不是一种逻辑行为，也不是一种伦理行为，但它却是一种逻辑现象和伦理现象。（性 162）

左梨：这不仅是女人，更是常人的特征。小人物的自我是局部的，断裂的，这既表现在空间上，无法完整地看待事物，只能看到自身相关的部分；也表现在时间上，无法连续地看待事物，他无视自己的经历，不记恩，也不记仇，只有当下的情绪反应。如果要为这种能力欠缺寻找理由，那或许是因为他们在过去饱尝痛苦，于是奋勇遗忘，将臆想未来作为大脑的屏保，将遗忘过去作为处理痛苦的快捷键；同样，他们因为遗忘而屡教不改地陷入同一种困境，在恶性循环中走向麻痹，彻底失去了感受痛苦的机能。这种遗忘和迟钝与性别无关，只是人类逃避自我的捷径。

魏宁格：对真实的这种误解，其根源一定是深刻的。能使人与真实之间保持真正联系的东西，必定是某种独立于一切时间之外的东西，必定是某种绝对无法改变的东西。唯有在这个根源当中，一切片段的经验才能融为一体，并从一开始就创造出一种连续性的实体。（性 163）这个超越了时间与变化的"知觉中心"究竟是什么呢？它不是别的，而正是人的个性。（性 164）真实、纯粹、忠实以及正直，这些性质全都与自我有关。它们造就了唯一可以想象出来的伦理学。（性 171）

左梨：女人以一种射线式的思维面对时间——不回顾历史，仅以现在为起点指向未来。女人的工作就是变现，孕育物质的孩子，所以她永远面向现实。

魏宁格：对，女人根本不具备想象力。音乐创作要求的想象力，比最有男性气质的女人所具备的要多得多。音乐与经验世界没有关系，音乐史上根本没有女人的名字，（性 126）连与女画家安杰丽卡·考夫曼地位相当的女人都找不到。（性 127）这虽然必定还有更深刻的原因，但也证明了我的论点。自然界中没有音乐，没有和弦，（性 126）音乐与视觉、味觉、嗅觉的世界毫无联系，正是这个特性，才使音乐特别不适于表现女人的天性。在一切明显依赖于强大建构能力的事情方面，女人都做不出任何成就，无论是哲学还是音乐，无论是造型艺术还是建筑。不过，在任何只需一点努力就能表达微弱模糊的情绪的事情方面，例如绘画、做事或者伪神秘主义和通神论，女人却曾经寻求并获得了适合她们的领域。女人在音乐、哲

学等领域的一无所成，与女人心灵生活的模糊性完全一致。（性 127）

左梨：对不起，天才，我忍不住打断您一下。有没有发现，您的推论缺少关键一环而陷入循环论证——我们确认了男女之间最主要的区别在于男人射精，因此有释放冲动，这是创造冲动的原型。女人只有结合冲动，只是关注性关系。我认为这是您的创见。但释放冲动为什么会导致一个人思维清晰，感觉敏锐，我们却自始至终没有推导过。您直接将一种初级的思维状态规定为女性心理形态，全然不顾它可能是未经教育、未经训练的结果。然后将它的反面，一种高度发展的心理状态命名为男性状态，进而得出结论，其最高级状态——天才，与女性无关。这岂不是说：因为高级心理状态是男性模式，所以它与女性无关。

魏宁格：女辩护士们常用的这些说法并不符合女性的历史。（性 127）我们应当记住，即使在素描绘画方面，女人迄今也已经有过至少两百年的机会了。很多女孩子都学过素描和速写，因此不能说她们没有时间去获得成就，如果能获得成就的话。将形式赋予混沌，唯有一种人才具备这种能力，他们具备最高级的综合记忆，能最广泛、最全面地领会事物。（性 128）

左梨：自新石器时代以来的缺失，仅仅依靠两百年的时间就能挽回吗？更何况艺术对 20 世纪之前的女性来说，只是锦上添花的生活点缀；对男人而言，却是满足他们物质生存与精神存在的双重需求。目的不同，引发的能量必然不同，偶尔描绘绣花样本的女人，怎么可能与一位矢志做教廷首席画师的男人拥有相同的创作动力。我们能否撇开经验，从女性的身体特征出发，论证女性仅有低级而含混的心理状态，男人才具备高度发展的理性思维？

魏宁格：我们必须将这种反对意见暂时放到一边，（性 89）而更值得关注的事实是：男性有能力对女人的本性作出忠实的描述（性 90）。

左梨：为什么不能通过我们这种兼具部分男性特征的女人……

魏宁格：你们写出来的，其实只是你们身上男性的一面。事实上，我们只有一条线索：我们不得不求助于男人身上的女性成分。我们对女人的了解，是我们依据“性别的中间形式”的原理、通过男人才得到的。（性 90）

左梨：可你只是在进行现象罗列和大概率事件统计，有没有更具说服力的推论？我们这样相持不下，不如连线一位抽象的男性——罗蛋塔，对此进行论述？

魏宁格：我们不能怀疑抽象的男性具备这种表述女性的能力……（性 90）

罗蛋塔：自然界中，主动性越强的事物，自然性越弱。植物作为完全应体，其本身就是环境的代词；动物高级一些，它可以选择环境；而人拥有最高的主动性，可以依照个人意志改造环境。就生理特征而言，具有释放冲动的男性是施者，有更强的自我性；而仅具结合冲动的女性是受者，有更强的自然性。理性作为思维自觉，是人类实现自身欲望的工具，所以它带有一种主动、自我的男性特征。

完全的人

魏宁格：极端的男性已经成功地描述了女性。（性 90）每一个科学发现、每一项技术发明、每一种艺术创造，都要经历一个朦胧的预备阶段。这个过程近似于逐步打开一座雕像外面的包装纸时我们所获得的一系列印象。每一个思想产生以前，都存在着某种半思想的状态。（性 101）我建议用“涵拟”（henid）这个词来表示心灵活动的最初存在状态，它当然是一个抽象的概念，是一种发展程度较低的意识，它并不具备清晰的面貌，其中交混着淡去的印象和新生的印象，在视觉领域里也没有它的中心点。所以，具体的涵拟是无法描述出来的，你只能意识到它的存在，不可能以绝对的形式发生。（性 104）

左梨：在我将睡未睡的时候，脑海中时常会出现这样的意象屏保，以及非线性的汪洋倾泻的音乐。它们无法记忆，无法厘清。我曾尝试用思维去触碰它们，却好像抽走了“层层叠”积木塔中最关键的那一根，整座高塔瞬间崩塌。

魏宁格：整个童年期的心理活动都与涵拟相差无几；某些植物和动物的知觉也可能是涵拟。而人类也总有可能处于从涵拟到彻底分化的知觉及意念之间的发展阶段中……男性的心灵活动虽然与女性的相同，但其形式却比女性的清晰。（性 105）

女人的许多心理体验都是涵拟，而男人的心理体验则都经历了澄清过程。女人只有涵拟，男人则具有清晰的思想，这似乎是两性间的一个根本差异……女性都期待着男性去澄清她的心灵活动，去解释她的涵拟。几乎可以说：能澄清女人的涵拟，这是男人的第四性征。（性 106）

左梨：我遇到罗蛋塔时就有这种感受，大脑中那些杂乱堆积的资料忽然遇到了一个巨大的框架，终于得以有序安放。世界在我面前，忽然清晰了。他说涵拟作为思维的萌芽，逐渐澄清为思维的过程，其实是从自然性到自我性的过渡。

魏宁格：歌德曾说，能够理解天才的，可能只有天才。（性 128）天才的意识与涵拟的距离最远。天才的意识最清晰、最明澈、最分明。凭借这种意识，天才本身就可以被说成一种更高级的男性素质，因而女性就不可能具备天才。（性 118）

左梨：在你去世之后八十年，罗杰·斯佩里因提出左右脑分工理论而获得诺贝尔生理学或医学奖。他认为左半脑是人的“本生脑”，又称“意识脑”“学术脑”“语言脑”，记载着人出生以来的知识，管理即时信息，主要负责逻辑理解、记忆、时间、语言、判断，思维方式具有连续性、延续性和分析性特点。右半脑则是人的“祖先脑”，又称“潜意识脑”“创造脑”“音乐脑”，储存人类进化过程遗传因子的全部信息，主要负责空间形象记忆、直觉、想象、灵感、顿悟，很多未曾接触却能瞬间上手的技能就是依靠右脑内存，思维方式具有无序性、跳跃性、直觉性等。斯佩里认为右脑具有创造力、想象力，与宇宙共振共鸣机能，超高速自动演算和记忆机能。把右脑潜力充分挖掘出来，才能表现出人类无穷的创造才能。你关于涵拟的定义很可能会令人联想到右脑的形象思维特征，误以为女性擅长右脑思维，很多人也会认为左脑发达会限制右脑，理性思维强大必将弱化感性直觉。

魏宁格：获得的印象越深，复杂知觉的细节就越容易自动地再现出来。意识的清晰是回忆的先觉条件，对心理刺激的记忆与意识的强度，两者之间成正比。我们显然无法回忆起一个绝对的涵拟。完全记住自己的一切体验，这种能力就是天才最确切、最普遍、最易识别的标志。天才的记忆既宽广又精确。他们最能记住自己经历过的东西，而不是自己学过的东西。（性 122）在知觉事物方面，每个人的机会都是均等的，但大多数人只能理解知觉到的事物中少而又少的部分。在理想的天才那里，知觉与理解是同一的，是同时发生的。另一方面，世上也没有任何人对知觉到的事物毫无理解。由此我们可以说：确实存在着等级不同的天才；任何男性身上都存在着天才的某种迹象。（性 123）

左梨：知觉与理解同一，这是多么让人向往的状态。涵拟处于感知初期，与产生创造力的直觉并非同族，尽管它们有相似的特点。涵拟的难以言表是因为它低于思维，难以概括；直觉的难以言表是因为它超越思维，难以再现。我想首先应该摒除理性与感性此消彼长的观点，不能体认感性的理性是假理性，那是外借的集体认识；不能通过理性审视的感性也是假感性，它来自集体意识或集体无意识。

魏宁格：人类的心灵状况，可以比作一套紧紧排列在一起的铃铛。在常人那里，唯有一个铃铛响起之后，它旁边的铃铛才会响起来，而铃声的震动也只能延续数秒。在天才那里，一个铃铛响起来后会强烈地震动，使一整套铃铛都跟着响起来，并且终生都在振动。后一种运动常会造成不同于常人的心灵状态和各种违背常理的冲动。因而为一种偏见提供了依据——天才与疯狂之间可能存在着密切关系。（性 130）

左梨：记忆就是存在感的载体，不记仇的人也不记恩，没有恨的人也没有爱，这些人双眼虚焦，下巴松弛，在简单的或略微复杂的条件反射中度过一生。而那些矢志留下存在印记的人，在每一时刻，生命全然在场，而在他的生命中，每一时刻也全然在场。

魏宁格：面部表情始终不变的人，其智力处在低等水平上。天才者的个人外表常会产生令人难以置信的巨变。只要比较一下歌德、贝多芬、康德和叔本华各自在不同时期的肖像，便足以证明这一点。（性 115）

左梨：这似乎不是天才的根本特征。贝多芬确实呈现出阶段性变化，但歌德并没有，观其一生，他的形象除了适当的老化，气质始终如一。

魏宁格：多变的性格会同时出现在一位天才身上……他的成长过程就像具有明显的阶段性。一个人头脑中多方面、多层次的思想萌芽，只能随着他整个生命进程的逐步展开而一步步地慢慢成长。每个人的生命都存在一些成长阶段，它们只是在程度上有所不同，在“广度”上有所变化而已。天才自身包含着最大量的他人特征，并且表现得最为活跃；同样，一个人的精神联系越宽阔，他各个成长时期的“广度”也越大。（性 113）不但他作品的材料，还有他作品的精神，全都发生了阶段性的变化。读者不妨比较一下尼采的《无限性的研究》和《查拉图斯特拉如是说》。在一段时期里，他的兴趣会完全指向历史和文明的发展；而后来，他却可能转而去研究自然。著名人物历经的这些阶段，其广度其实是非常宽阔的，他们表现出的不同天性也多种多样，他们身上体现着众多不同的个体。因此，我们几乎可以将他们精神生活的阶段性判定为天才的典型特征。（性 114）

左梨：天才勇于彻底、充分地排除自身与自我不符的部分，也勇于坚持和发展自我与现实不符的部分。出现前一种矛盾时，天才罕见地善变；出现后一种矛盾时，天才又少有地执着。

魏宁格：要意识到时间，思维就必须超越时间；要对时间作出反应，思维也必须站在时间之外。我们如果不能把自己从时间中解放出来，就不可能对时间有所认识。（性 141）人们渴望在一切事件上，自己的存在都将具有某种永恒性，并且死后仍会留下自己的遗迹。天才者追求不朽的欲望最为强烈。（性 143、144）

左梨：我们正探讨天才与庸众的根本区别，两者虽然都是人，却面对截然不同的生命主题——存在还是生存。属灵的，追求精神的充分存在；属血气的，追求肉体的舒适生存。前者对存在的本质需求使他们与死亡为敌，与时间为敌。

魏宁格：天才通过其作品确定了自己在地球上的不朽，因而三重地超越了时间（性 145）——在他的经验中逝去的每个瞬间都能够永远存留；天才的诞生不依赖时代；天才的作品永远不会死亡。（性 146）

左梨：只有个体性才可以抗衡时间，每个生命都因个体性的程度而为死亡接续招安。

魏宁格：现在是我们思考一个问题的最佳时机：在动物界和植物界，是否存在极为近似天才的事物呢？（性 146）

左梨：或许会有一些遭受特殊刺激的动物，拥有某种特别的感受能力。有些狗的脸上，会看到蝙蝠的表情；猫会照镜子；公象遭到围捕时会砸掉自己的象牙。

贝多芬不同时期肖像

歌德不同时期肖像

但它们始终是被动的受者，而不是主动的施者。

魏宁格：动物身上绝不存在“神性的火花”。人是唯一拥有历史的有机体。（性146）动物具有熟悉感，也具有期待感，一只与主人分别了二十年的狗会认出它的主人；但是动物却根本没有记忆，也不会怀有希望。动物身上没有这些东西——记忆密切联系着一些更高级的东西，关于价值和时间的观念以及追求不朽的渴望。（性157）迄今，德国已经有一个半世纪没有出现过伟大诗人和伟大画家，在德国的历史上，这还是第一次。（性125）

左梨：你说的迄今是到1902年，也就是说德国1752年以后的所有诗人和画家都不够伟大？貌似1749年出生的歌德是你眼中最后一位伟大诗人，席勒、叔本华、尼采、荷尔德林、海涅、里尔克都与伟大无缘。

魏宁格：席勒唯一的伟大之处在于，他彻底毁灭了悲剧。在席勒那里，命运相对于人永远是偶然，只以极端外在的方式与剧情联系在一起。（LT71）叔本华几乎不知道什么是爱欲的更高级形式。他的性欲是粗糙混乱的。叔本华对性冲动的了解再清楚不过，却从来没有产生过爱情。（性262）进行清晰而恰切的对比，这种能力似乎已经消失了。对当前这个时期性质的最好描述，其语句也全都显得模棱两可、令人难以捉摸。当今的哲学已经变成了关于无意识的哲学。因此，这个时期容纳不了任何伟大的东西。意识标志着伟大，无意识会在它面前烟消云散，就像薄雾会在阳光下消散一样。（性126）

左梨：此刻的中国，彼时的维也纳，还有绝大多数的某时某地，它们都有一个共同的呼声：厌恶伟大。伟大者不会给旁人任何甜头，只会拽拖着他们脱离凡人属性，这是一种换血般的痛苦。但我不同意你对无意识哲学的贬低，无意识发出了身体的声音，物质的声音，现实的声音。如果将心灵视为黑箱，根据输入信息和输出行为判断其中构造和作用原理，就会发现无意识最好地解释了人的荒谬。它需要被认识，彻照。人是精神与物质的界面，也是两者唯一的界面。因此人有义务倾听这种身体、物质和现实的大合唱，萃取物质中的客观精神纳入自我意识，也使精神在物质中道成肉身。倾向任何一个方向撤退——退居于精神的象牙塔，或拜物、拜偶然性、拜服命运，都辜负了人身这种兼具自然性和超自然性的存在。

魏宁格：宿命论更知性的说法其实就是冷淡主义。华尔兹就是绝对宿命论的音乐，因此，同时也是圆周运动恰当的音乐表达。（LT84）此舞曲为人放弃道德斗争提供沃土，使人产生一种确定感，因此，对于卓越者来说它引人不适且令人厌恶，如同鲁滨孙·克鲁索发现自己在兜圈子一样 。（LT86）

左梨：哈哈，记得罗蛋塔说华尔兹庸俗时，我还曾质疑他——古典音乐怎么会与庸俗挂钩。实际上，我现在感觉，有些所谓音乐家，即使可以写出结构庞大的交响乐，也并未超越一个木匠。

魏宁格：一个人能理解另一个人的多少情况，可以作为衡量天才的客观尺度。（性 125）天才对其他生命的理解是常人无法比拟的。一个人个性中容纳的人越多，他就越近于天才。（性 112）

左梨："人是一条肮脏的河流，人们必须已然成为大海，方能接纳一条肮脏的河流，而不至于变脏，超人就是这大海。"（尼采 8）我能因此原谅自己的污秽，却无法因此去拥抱肮脏。

魏宁格：理想的天才艺术家应该生活在每一个人的心里，应当让自己融入每一个人的心里，应当通过众人去揭示自己……通过自己去揭示一切人，将一切人融合成一个整体，而那个整体就是他自己。这种多变的性格会同时出现在一位天才身上。（性 113）莎士比亚那样的天才，身上也存在着福斯塔夫的那种粗鄙气质，存在着伊阿古的那种流氓天性，存在着凯利班的那种野性。（性 115）左拉可能比真正的凶手更了解谋杀的欲望……伟大人物的种种犯罪本能都被理性化了……却不会转变成真正的犯罪。（性 116）要理解一个人，你就必须使自己具备那个人的一部分个性，同时还要具备与他相对立的个性，让两者共存于一身。（性 117）

左梨：巴尔扎克有个相似观点：天才像一切人，而没有人像他。天才是人性的总和。我身边就有这样一个人，他如同一面镜子，每个人对他的评价都恰好是自身的倒影，单纯者怜其单纯，智者尊其智慧，仁者感其爱心，暴戾者惧其疯狂。但是，通常所说的编程天才、钢琴天才、美术天才却往往不具备这一特征。

魏宁格：在人们的头脑里，天才与才能几乎总是被连在一起，仿佛天才就是比较级或最高级的才能。这种看法是完全错误的。一个人可能天生就具备某种很高的才能，例如数学才能，他能轻而易举地解决数学中最困难的问题；做到这一点却根本不需要天才。也有一些天分很高的人却根本没有表现出显著的才能，例如诺瓦利斯和让－保罗。才能可以遗传，例如巴赫家族的音乐才能；天才从来都不会扩散，而总是带有极其个人化的特征。天才显然不是最高级的才能，两者之间存在着极大的区别，性质截然不同，既不能互相衡量，也不可互相比较。（性 108－109）

左梨：特殊的禀赋仍是生理机能上的偏得，超常的听觉、色彩辨析能力、平衡感、手指肌肉群控制、空间定位能力、速记能力与 2000 克巨型肝脏、肌肉极度发达的小腿或 2.25 米的身高没什么区别。人作为人的禀赋在于心灵，能够感知、体察存在万有的精神。

魏宁格：天才是人类高于动物的主要因素，（性 198）他代表了人是什么。他是这样一种主体，其对象是整个宇宙，他使这个对象永存。（性 199）

左梨：您确实继承了叔本华和尼采的不少遗产，包括天才的定义，以及关于常人和女人的看法。您与叔本华在天才具有明晰性的观点上保持一致。尼采反对将具有特殊能力的人称为天才，认为有些超常能力恰是因为某一方面失能所致，甚至将一能独大者称为“颠倒的残废者”。他描述的“一只与人一般大小的耳朵”，令人印象深刻，“耳朵下面还活动着某个东西呢，它渺小、贫乏和瘦弱得可怜。这只硕大的耳朵落在一根瘦小的杆子上，而这个杆子就是一个人”。（尼采 178）这种“大耳朵”就是常人眼里的天才，能力呆大而人格畸小，尼采说“这是一个颠倒的残废者，对于全体他拥有太少，而在一件东西上他又拥有太多”。（尼采 178）在尼采眼里，凡是能力高出理解，官能大过心灵的状况，都具有反人性的倾向。

魏宁格：天才身上不仅包含着人的普遍性，而且包含着人的全部天性。在他眼里，一切事物都不是秘密。他看到的最多，而被他忽略的却最少。全面性是天才的鲜明标志。天才无须学习就能通晓一切。我们有理由认为：天才们的这种无限的知识，并不包括了解科学从事实中归纳出来的各种理论和思想体系——既不包括了解西班牙王位继承战争的历史，也不包括了解关于逆磁性的物理学实验。（性 118）

左梨：这让我联想到佛教禅宗的开悟者，他们证悟之后，获得无上智慧，也就直接拥有了正等正觉，从而精通五明，即声明、内明、因明、医方明、工巧明。

他们能如心又如实地表达，通晓事物的一切原理，知晓一切缘由，医治他人病苦，无师自通各种技艺。不可能有人不向往这种状态，问题是如何达成这种状态。

魏宁格：有些人的“过去”始终浸透在他的“当前”之中，其生活中所有瞬间都融为一体。这样的人最有机会找出那些共同之处，从而发现可以用于对比的材料。他们总是能从“过去”当中抓住与“当前”经验最相似的东西，因而这两种经验便会结合在一起，使一切异同之处都一清二楚，毫无遗漏。（性 125）我们关于过去的意识和想象，就是我们“意识未来”这种愿望的最强大基础。珍视自己过去的人，对精神生命的重视会超过对肉体生命的重视。他们不愿在死亡面前放弃自己的意识。在天才身上，这种根本性的最高愿望显得最为强烈。（性 137）

左梨：那是一种令我感到压抑的生存状态，在每一刻都携带完整的过去和当前，对大脑来说会不会超载？

魏宁格：如果存在一位绝对的天才，他就能与一切事物建立一种积极、密切和全面的联系。天才具备最强烈、最积极、最有意识、最具连续性和最个人的自我，把整个宇宙纳入心中；天才就是生命的“微观世界”。（性 184）在天才心中并通过天才，一切心灵表现全都结合在一起，它们全都是真正的体验，而不是由众多局部精心拼装出来的东西，不是由众多部件按照科学方式组合成的整体。（性 185）

左梨：是想象力将精神的各部分黏合成一个整体。

魏宁格：对，天才总是生活在整体的幻想里，正是在这种幻想当中，天才才理解了构成整体的各个部分。他用这种幻想去评价自身内外的一切。天才能用一切事物构成它的自我，而那个自我能够把握宇宙。（性 185）天才是真正存在的微观世界；普通人则是潜在的微观世界。天才是完全的人，潜藏在一切男人身上的男子气质在天才身上得到了充分的发展。（性 189）

左梨：人们却总喜欢在常识层面定义天才，在他们看来，天才不过是些具有特殊才能，却丧失健全心态的傻子或疯子，因而无法理解“自我能够把握宇宙”。

魏宁格：一个艺术家或哲学家越是伟大，他就会越是无情，因为他要忠实于自己，这种情况当然是真的。正因为如此，许多伟大人物才被加上了“不道德”的恶名。他不会被动地接受他人的解释，故意撒谎会使他终生苦恼，他更不会用狄俄尼索斯的方式去摆脱自己的记忆。（性 190）其他人不具备这种对真实的机能性渴望，不会理解伟人对“人生谎言”的那种强烈反感。（性 191）

左梨：天才这种“不道德”，是不符合约定俗成的道德。菩萨畏因，凡夫畏果。常人因为惧怕这种约定俗成的道德而弃权，压抑了自己本该坦然实现的欲望。天才则在动机上进行自我省察，在常人认为神不知鬼不觉的动机上严格地反省自己，也神奇地感知着他人。所以生活中很多算作人之常情的虚伪、嫉妒、阴暗，却引起天才的震怒。而常人压抑不住的疯狂举动，却常常能得到天才的理解。

魏宁格：这种行为可以说将未来视为当下，把即将发生的罪恶倒推为当下的失德，而且不亚于任何已经发生的罪恶，并因此超越二者：这就是超越时间的个性设定，就是复活。这是诞生天才的行为。（LT43）天才理解的人最多，因为他具有最全面的禀赋，它的生活离整体的宇宙最近，他最热切地渴望理解宇宙的目的。因此，他最有可能做到善待邻人。谁都不曾像天才那样频繁地考虑自己与他人的关系，那样努力地理解他人。伟大的艺术家能比历史学家更清晰地把握历史人物的性格，其唯一的原因也在这里。（性 195）

左梨：这种对人的善意，也是人所能获得的最大善意——令人获得真正的存在感，令他被感知，被理解，甚至超越了他的自我感知和理解。天才还有一种怪癖：期待所有人都能够超越他们自身的现实。这是常人惧怕和痛恨天才的地方，因为这使他们忽然脱离了安全的待死状态，获得了解放，同时必须承担自由。

魏宁格：天才最痛苦，因为它能感受到每一个人的痛苦；不过，他最痛苦的却正是由于他理解了他人。（性 198）意识，唯有意识，其本身就是道德。一切无意识都是不道德的；一切不道德也都是无意识的。所谓“不道德的天才”“伟大的恶人”，其实是一种神话里的动物，是伟人们在其生活的某个瞬间发明出来的。（性 199）恶魔、反基督、恶神以及所谓“人性中的重大罪恶”，这些概念虽然都格外有力，但如果说他们与天才有联系，那也完全是指他们与天才相对立。许多天才常常会疯狂，其真正原因却是：对许多天才来说，天才的负担太沉重了。像阿特拉斯那样将整个世界压在肩上，对心胸狭隘者来说，这个任务是无法承受的。（性 200）

左梨：“无意识都是不道德的”，令人想到阿伦特所谓因不思所造成的“平庸之恶”。意识本身具有个体性，趋近精神，无意识都是集体性的产物，属于物质，人示现精神是良知，屈从物质是不道德的。天才和常人就分属于这两种意识阵营。而常人的误解和扭曲构成一种反自然的现实，这是令天才痛苦的现实。他们无所谓孤独和不解，但不能忍受歪曲。更有甚者，他们本是预言者，却常常被恼羞成怒的庸众抵赖为预谋者——后者正好趁机推卸罪责，这是他们唯一在乎的事。好像他们饱尝恶果不是因为自身的愚昧和执拗，而是因为天才的预谋和构陷。庸众可以忍受恶果，却不敢承担罪责。

魏宁格：一切天才都是对混乱、神秘和黑暗的征服。如果天才退化了，变成了碎片，其毁灭将与其成功成正比。发了疯的天才已经不再是天才了，因为他选择了快乐而不是道德。一切疯狂都是无法忍受的痛苦造成的。（性 201）

左梨：没错，疯狂属于痛苦的升级。意识无法在现实中实现自身，甚至失去了实现可能，这就造成了绝望。疯狂，是不甘自生自灭的绝望。精神病院里有与天才的外观最相似的人群，他们的意识流不再尊重现实，也不被痛苦占据，精神病就像生命中的假期。

魏宁格：高贵的天才都与精神错乱关系紧密，例如尼采，甚至雷瑙[①]。粗俗的天才则与犯罪有关，比如克努特·汉姆生[②]、克莱斯特[③]。（LT107）天才对意志消沉期的感觉也比其他人更强烈。每一个伟大人物都会经历这样的时期，或长或短，其间他会丧失自信，会想到自杀。（性 114）

左梨：真是一些有趣也惊人的说法！粗俗的天才与犯罪有关，而且贝多芬即属此列！我想我只能如此理解，天才的野蛮性热衷于突破禁忌。天才秉承精神的自由性和延展性，必成为现实的突破者。高贵的天才，其实称为文明的天才，更为恰当，他们将这种突破力量落实在自身，而粗俗的天才，这些野蛮人，将破坏朝向

---

① 尼古拉斯·雷瑙（Nikolaus Lenau，1802—1850），奥地利德语诗人。

② 克努特·汉姆生（1859—1952），挪威作家，1920 年诺贝尔文学奖获得者。曾在各大报纸上发表赞扬希特勒侵略行为的文章。1946 年被挪威最高法院判为叛国罪，软禁于奥斯陆一家老人院，直至 1952 年逝世。

③ 海因里希·冯·克莱斯特（1777—1811），德国诗人、剧作家、作家。代表作品《破瓮记》《彭忒西勒亚》。一生落魄，卒于自杀。

《奥托·魏宁格》，迈克·昆茨
2006 年据其遗像创作

群体规则，因此前者自我错乱，后者错乱他者。至于意志消沉期的天才，我真是不确定夺走黑格尔生命的是瘟疫还是无聊。那个已经完成著述，感觉没有问题需要回答的黑格尔，每天都在翻纸牌中消遣时光，这种生活会不会令他抑郁？罗蛋塔说天才无法忍受没有创造的生活。

魏宁格：正如瓦格纳所言，艺术最能识别艺术自身。就个性复杂的天才而言，我们可以做这样的表述：天才对其他人的理解，比其他人对自己的理解还要透彻，因为天才心中不但包含着自己的个性，而且包含着与自己个性相对的个性。要观察和理解天才，就必须认识这种"二元性"。（性 116）

左梨：上一个层次的事物自然兼容下一个层次事物的两极。

魏宁格：我们若想认识一对事物之一，就必须认识它的对立物。色盲总是会扩展到那些互补色上。对红色色盲的人，同时也是绿色色盲。对蓝色色盲的人，同时也辨认不出黄色。这个规律也适用于一切精神现象。它是产生意识的最基本条件。最活泼开朗的人也最懂得什么是沮丧消沉，对它的体验也最为深刻。任何一个像莎士比亚那样具备如此细腻优雅的感觉的人，都必定也能表现出极端的粗鄙低俗。（性 117）

左梨：哪里有原罪，哪里就有救赎，二者总在同一位置显现，这也是烦恼即菩提的原因。《神曲》中地狱的最深处，正是通往天堂的路。所以我忍不住要问你：天才可以培养吗，可以去努力地成为吗？这句话听起来好像是一个悖论，天才似乎应该是天生的。

魏宁格：天才是最高的道德，因此，他也是每个人的义务。人可以通过一种最高的意志行为获得天才；通过那种行为，可以在个体身上确证整个宇宙。天才是"天才者"肩负在自己身上的东西，他是一个人最大的施展和最大的骄傲、最大的苦难和最大的狂喜。每个人都或多或少地具有天才的素质，只要希望成为天才，一个人就有可能成为天才……（性 200）

天才们的民族自恨

左梨：西蒙娜·薇依认为“任何人，即使在实践中缺乏天生的能力，一样可以进入天才的真理王国，只要他渴望真理，能够不懈地将全部关注集中于他的目的”。（Weil64）她所说的天才，似乎是圣徒，而你所说的天才，是否就是Übermensch——超人？

魏宁格：从本质上看，天才不是别的，而正是“人”这个理念的全面体现。（性 200）唯有伟大的艺术家和哲学家才堪称天才。伟大的宗教导师包括在后者当中，而实践家——著名的政治家、军事家和科学家都不属于天才。伟大的帝王不过等于一种自然现象，而天才则处在自然之外，是自然与思维的结合物。（性 148）

左梨：或者更应该说，是自然与自我的结合物。因为他们的存在，自然得到本质性的丰富。我认为将某些科学家排除在天才之外有失公允，他们对世界有创造性的发现，因此拓展了人类智性，甚至意向维度。

魏宁格：科学上的伟人，只要同时又是位哲学家，就可以被称为天才。例如牛顿和高斯，林奈和达尔文，哥白尼和伽利略，但其天才成分不多。科学家不是全知的人，他们的论文会在图书馆里辉煌一时，但实际上已经失去了活力和生命。当今，仍然存在着柏拉图和亚里士多德的信徒，斯宾诺莎、贝克莱和布鲁诺的信徒，而自称伽利略、赫尔姆霍茨、托勒密或哥白尼的追随者的人，却连一个也见不到。（性 149-150）还有些人站在哲学最边缘的地方，而人们很难说他们不是天才，比如费希特、施莱艾尔马赫、卡莱尔和尼采。（性 149）

左梨：如果以这些人为底线，我理解你没有女性天才的说法。甚至，当我用这个标准转向我的民族时，立刻感到一种压力。中国历史上的天才不超过三个半，甚至，我能坦然说出名字的人只有一个，那就是老子。另外两个半是孔子、屈原，以及算作半个的李白。

魏宁格：犹太人也一样，犹太人和女人身上没有极端的善恶，因此，他们从未表现出人类所能达到的大天才或者大愚蠢。（性 348）哲学家斯宾诺莎是过去九百年间无与伦比的、最伟大的犹太人。他比诗人海涅伟大得多，但人们对斯宾诺莎的过高评价却更多是因为环境对他有利，因为他是当时唯一受到歌德关注的思想家。斯宾诺莎的天性中不具备任何深刻性，他的数学方法论体系就像一个避难所，可以让他的自我躲入其中。斯宾诺莎通过一种更明显的方式表明了他的犹太人气质，表明了一向桎梏着犹太人精神的那些局限性——彻底否定自由意志，犹太人一向都是奴隶和宿命论者，以及他认为个人只是偶然的因子，宇宙物质偶然地落入了其中。犹太人永远都不相信单子。（性 347）

左梨：这一点没有一个现代人会赞同你，您去世后，您的一位物理学家同胞成为“当代牛顿”，他的相对论启示了整个 20 世纪人类的宇宙观，爱因斯坦，已经成为天才的代名词。

魏宁格：科学这种职业要求人作出最大的牺牲，因为在科学当中，作为个体的人放弃了成为不朽的一切要求。（性 152）犹太人和女人那种特殊的心智是非常出名的，它完全来自一种夸张的自我中心主义的多变性。不仅如此，它还来自他们全都具备的一种无限制的能力，即用同样的热忱去追求任何对象，因为他们不具备天生的价值标准——他们心中丝毫不存在用以判断任何特定对象价值的东西。这样一来，他们便具备了一些无道德限制的天然本能。（性 348）

左梨：这正是神奇之处，“丝毫不存在用以判断任何特定对象价值的东西”，多么难得！这不正是与真理合一前的状态吗？

魏宁格：但是，犹太人却什么都不相信，他们不相信他们自己的信仰，怀疑他们自己的怀疑。（性 354）他们极具适应性，极具新闻记者的才能，极热衷所谓“高贵”的思想，缺乏深刻的独创意识。他们可以像女人那样让自己成为任何人，这一切都进一步表明了犹太人和女人之间的相似性。他们能让自己适应各种环境和各个民族，因而能像寄生虫那样，在不同的寄主那里变成不同的新造物，尽管他们的本性始终未变。犹太人能吸收一切，并且确实做到了这一点；他们不被别人主宰，却自愿臣服于别人。但是犹太人有才能，而女人没有才能。犹太人的才能可以通过各种活动形式自动地表现出来，例如在法学方面，但这些活动却总是相对有限的，而从来不会植根于自由创造的意志中。（性 353）

左梨：现在，在受过教育，走向社会，并且已经证明自身能力的女人之中，有些可能正在成为你所谓的犹太人……她们没有真正独属自身的、信仰般的价值观，每进入一个职业环境，就完全被环境同化，并努力成为其中的佼佼者。最终，她们或许达成了某种成就，却拥有了一种低级的合理性——她们与那个形而上的世界永远失之交臂了。

魏宁格：世上有些男人变成了女人或者一直就是女人，却从没有女人能超越自身某种有限的、没有得到特别提高的道德或智力水平。所以我必须再说一遍：即使是符合女人最高标准的女人，也远远达不到男人的最低标准。（性 330）

左梨：你所谓的女人，是现实的人，而你所谓的男人，是理想的人，也就是神。所以这句话翻译过来，就是最高的人，也不如最低的神。这不言而喻。

魏宁格：正如我将要表明的，犹太人和黑人以及蒙古人之间似乎存在着人类学上的某种联系。（性 331）凡是和犹太人打过交道的人，没有一个会认为他们是可爱的——连犹太人自己也是如此。（性 333）

左梨：这种自恨，托尔斯泰对俄国人，尼采对德国人，萧伯纳对爱尔兰人，鲁迅对中国人都曾怀有过……罗蛋塔曾说“审丑、宠弱、尊伪、务虚——弱民族在各个方向上，都选择了退化。一个失去敬畏的民族，他们的全部行为都是在满足一种虚饰而阴暗的自尊，而美好的事物不会在这里获得真正的崇拜。由于需要带着优越感才能去肯定，因此他们最热衷推崇那些被怜悯的对象，死人、病人、老人、弱者、小丑和阉人，以及与此相关的一切”。你们这些臭天才，对本民族的渣性都进行了深刻的反省。罗蛋塔说，这是精神自我对物质自身的仇恨。

魏宁格：从生物学的角度说，家族源于雌性和母性，与国家和社会没有关系。在印度日耳曼语系的种族当中，尤其是在那些虽有才能，却仍属平凡的个体身上，父子之间从来就不存在完全的和谐。无论是有意还是无意，儿子总是对父亲怀有一种不耐烦的感情，因为父亲未经儿子的同意就将他带到了这个世界上，给他起了名字，确定了他在尘世所受的限制。唯有在犹太人当中，做儿子的才会感到自己深深地植根于家族里，并能与父亲同心同德。（性 340）

左梨：关于犹太人与中国人的亲缘性，你的观点具有前瞻性。中国人对你所说的那种犹太式的集体主义也有一种特殊偏好，比如中国唐宋时期的江州义门陈氏，竟然创建了一个历经 15 代、300 余年和谐共处不分家的大家庭。这个家族内部财产公有，共同劳作，婚姻、育儿、医疗、养老均由家族内部统一管理，是不是堪称人类史上的奇葩？

魏宁格：在基督徒心中，骄傲与谦逊总是在互相冲突；在犹太人心中，傲慢与畏缩总是在互相冲突。在前者心中的是自我意识和悔悟；而在后者心中的则是自大和固执。（性 343）

左梨：倾向物质的人总有相互矛盾的缺陷——自卑而又自大，轻信而又多疑，倾向精神的人却总能拥有包容两极的优势，自信而又谦卑，果决而又坚定。

魏宁格：对于人心中真正的神性，犹太人一无所知。（性 343）人心中的上帝就是人的灵魂，绝对意义上的犹太人是没有灵魂的。犹太人没有真正的神秘主义，其根源也与此相似。他们只有最强烈的迷信和那套占卜魔法体系，即喀巴拉秘教。犹太人的一神教与上帝的真正信仰毫无关系；它不是一种有理性的宗教，而是老年妇女建立在恐惧上的一种信仰。（性 344）

左梨：我总觉得这是在说我所熟悉的那群人。他们没有神性，也没有兽性，这并不意味着就具有人性，而是人性并未得到充分的展开——人性是在神性与兽性的全面交锋中获得的。他们一直禁锢于半空中的氏族权力和伦常体系，这种用来装点死亡的图景，紧锁着他们的举止行为，使其既不落实于现实，也不升华为精神。

魏宁格：在一切人当中，犹太人对机械论和唯物论的世界观最不会感到不安。他们天生笃信达尔文主义，笃信人是从猿类演化出来的荒唐说法。而现在，他们又本能地接受了一种观点，人的灵魂是人类当中发生的进化现象。（性 345）

左梨：以前的中国人何尝不是如此——将进化视为时间的产物，不需要主观能动性，似乎不经跋涉，人类躺在“进化”这辆动车上，就能沿着既定轨道抵达未来。

魏宁格：无机物质的原理永远不能用来解释有机生命。费希纳和普莱尔说得很对：死来自生，而不是生来自死。我们每天都能在个体身上看到这种现象，例如在人类当中，老年人机体组织的钙化为死亡作了准备，但是，谁都不曾见过有机生命从无机物质中产生。当今的自由思想家们没有灵魂，也不相信灵魂，所以无法补上这些伟人空出的位置，因为这些伟人无不怀着敬意，领悟到了大自然中存在的固有秘密。正是由于缺乏这种深度，历史上才没有真正伟大的犹太人。（性 346）像女人一样，犹太人也丝毫不具备天才。（性 347）

（他突然转过身去，开始呕吐，我试图帮他拍拍后背，他的脊背却陡然一耸，似乎要离我这个实存的女人再远一点。我们之外，是没有夕阳的傍晚……）

女人解放之路

魏宁格：我对犹太人的评价虽然很低，但如果由此认为我赞成从理论上和实践上去对犹太人进行哪怕一丁点迫害，那就大错特错了。（性 341）

左梨：我对本民族的态度比你残忍多了，我曾认为以我为标准，进行一次部分的种族灭绝，这个民族才能立足于世界。但是现在，我从自己身上看到了自救的可能性，也就看到了十四亿的可能性。这十四亿尚在呼吸的生命，蕴含着巨大的生机。

魏宁格：女性缺乏自恨的能力。但是，你们也并不自爱；你们只是，而且总是陷入与自身的恋爱之中。（LT27）

左梨：不，相信我，具有自我意识的女人更倾向自恨，而那些自我意识尚未觉醒的女人喜欢故作自恨。因为她们对情感关系的需求毫无止境，总在过度索取，所以她们以夸张的自我否定来征求他人的肯定，用反复质疑情感来不断索取情感。

魏宁格：自恨者总是说他只爱一个与自己毫无相似性的人，断言爱无非是挣脱自我的努力——因为他们根本就不具备爱的能力，而又拥有最强烈的爱的需求。他们只能恨与自己相似的东西，于是试图在与他们不相似的人那里获取爱的满足，根据事物本性这显然无法成功。爱意味着为之奉献灵魂，把自己的灵魂完全投射其

中，为之投注全部价值。为此，两者必须无异或相同，而不能相反。（LT23）

左梨：自我与世界总有一种奇怪的镜面反射，一个人，有多挑剔世人，就有多憎恶自己。自恨者还有一种特异功能：一切爱意的果实，到他手中就会变成瓦砾朽木。唯有他们被性欲煎熬，心灵被身体诱拐，才会自以为陷入了爱情。

魏宁格：自恨者不爱任何事物，极端情况下，甚至性交对他们而言都完全不可能。可以肯定，他们比自爱者更为不幸。莎士比亚和索福克勒斯在很大程度上属于自爱者，尤其是前者，自爱赋予他们的痛苦自省以某种本质上温柔的形式。歌德不算纯粹的自爱者，《浮士德》中许多段落可以证明。（LT25）

左梨：我能强烈感受到歌德终身没有得到过爱情，那种令托尔斯泰自觉全世界都在向他贺喜的爱情。他终身都在品鉴异性，只为寻找一位能像他自己那样爱自己的人，但显然没有成功——罕有女性，与他拥有同量级的心灵。

魏宁格：歌德更多地属于自古至今最为不幸的人，而且比许多人更为羞愧和严厉地掩藏自己的不幸。只有自恨者是真正伟大的女性鉴赏者，因为他们准备着在这类事件中制造使人反感的忏悔。莎士比亚、索福克勒斯、左拉和歌德信任“贵族”妇女，他们愿意去景仰她。叔本华、尼采、斯特林堡、赫贝尔、米开朗琪罗则不同。一个人如果误以为歌德是一个内心和谐的人，基本可以确定他受了海涅的影响，而且以讹传讹，令人恶心。（LT25）

左梨：那么你呢，你是不是很像尼采？你们的磁针都那样精确地指向——唯意志论，超越一切物质现实……

魏宁格：对自己最为仇恨者，当属尼采。（LT25）尼采对自己的仇恨恰恰源自最强烈的肯定意愿，这也正是他这种仇恨变得别具创造性和悲剧性的原因。创造性——正是它召唤他寻找在叔本华中错失的内容，迫使他背离从未将康德指引给他的叔本华。悲剧性——在于他没有强大到凭借一己之力去超越从未拜读的康德。这也正是他从未抵达信仰的原因：当他满怀激情地肯定生命时，生命却否定了他——生命拒绝不真实。尼采步入疯狂归因于宗教的缺失。没有任何事物会令人灭亡，除了缺乏信仰。缺乏任何东西都不会使人毁灭，除了宗教。这一点在天才身上表现得尤为可怕，因为，天才是最虔诚的人，一旦背离虔诚，他的天赋就离他而去。（LT27）

左梨：我一直认为，尼采的疯狂，源自他拒绝面对人的普遍性。而普遍性，以死亡为刃，超越一切个人意志横加于每个生命之上。我们，这些有思想的芦苇，永远没法否认这必死的肉身。在面对死亡这个问题上，唯理性论战胜唯意志论，获得了令他们自己都感到绝望的胜利。

魏宁格：尘世的生命由外部决定，受因果自然法则的束缚；另一种生命则受内心道德绝对命令的约束。前者是有限制的，它被限制在一个确定的目的内；后者是无限制的、永恒的、不朽的。下面这个表格左栏里的那些特征是一切低等生命形式共有的；右栏里的那些特征则是永恒生命的相应预示，是一种更高级存在的表征，而唯有人才可能获得那种更高级的存在。高级本性与低等本性永远都在互相混合，并且不断地造成新的问题，这就是构成人类全部思想史的内容，这就是构成宇宙史的情节。（性 308，表格见性 307）

我们看看本章列表里的两类生命，就会清楚地看到从高到低的每一种趋向都是一种反对自己的罪恶。追求不朽是一种克服否定的意志，而渴望将有形式的事物变成无形式的事物，却是在渴望毁灭。（性 325）

人与动物共有 本质上属于机能的要素	只有人类具备 尤其是男性具备的要素
个体	个性
认知能力	记忆
快感	价值感
性欲	爱情
范围有限的意识	积极的注意力
冲动	意志

左梨：是的，虽然人各有特点，然而具有个性的人并不多。从本能出发达到满足，总是容易的，从自我出发去实现精神则很难，那意味着不但要拥有本能之上的意向目标，同时还要经常克服某些本能的索取。快感是趋同的，且极易获得，价值感却千差万别，需要辨析、确认和努力之后才能实现；每个生命都有冲动，

而冲动锤炼为意志才能成为塑造自我的现实力量。“从高到低的每一种趋向都是一种反对自己的罪恶”，你认为记忆反对片段的认知能力、爱情反对性欲、主动的注意力反对被限定的注意力、意志反对冲动，是这样吧。

魏宁格：更清楚地理解了这种依赖感官的、易受影响的低等生命，我们便能懂得——低等生命只是高等生命在感觉界的投射，是高等生命的退化。最关键的问题在于，永恒而高贵的理念是怎样与尘世结合在一起的？它是宇宙和生命之谜。它将无限的东西纳入空间的束缚之中，将永恒的东西纳入时间之中，（性 308）将精神纳入物质之中。它是自由与必然之间的关系，是“有”与“无”之间的关系，是上帝与魔鬼之间的关系。（性 309）

左梨：我想耶稣曾经揭开过这个谜底。他曾带约翰、彼得、雅各上山祈祷，祷告之时，他容貌骤变，衣带放光。物质之身被精神之光所辐射，从而发生了质的变化——基督易容。

魏宁格：人越是伟大，在获得新生后他身上的旧成分就消失得越多。我认为，在古希腊人当中，唯有苏格拉底最接近宗教创始人的高度；他独自站在波提狄亚城中的那一天一夜，或许就是他决定与邪恶斗争到底的关键时刻。（性 360）同样，拿破仑的一生中也曾出现过转变的一刻，但它却不是放弃尘世生活的转变，而是下决心获得尘世的财富、权力和辉煌名声。拿破仑决意抛弃一切理想，断绝与绝对存在的一切联系，听任自己犯下一切罪行，唯有在这个意义上，他这种强烈的决心才堪称是伟大的。（性 361）

左梨：是的，在波提狄亚战役中，军队驻扎时，苏格拉底在一棵树下陷入沉思，站了一天一夜，直到第二天太阳升起，才开始挪动脚步，祈祷着向日光走去。那时，他或许已经决定在未来的某一天殉道。意识要完全归于精神，必须彻底脱离物性。这个世界上，每一个弃绝物性的人都将成为一个纯粹的精神个体，而弃绝精神的拿破仑们却有大有小，他们成群结队，彻底站在物质一面，也必将取得现实中大大小小的胜利。

魏宁格：与他相反，宗教创始者不能也不愿给予人们任何东西，他只能给予人们那种最难以获得的东西，那就是与上帝保持一致。他知道自己是罪孽最深重的人，他用自己在十字架上的死为拯救罪人铺平道路。（性 361）我不愿意相信救世主在巴勒斯坦降生是个偶然事件，基督是犹太人，而正是他才最可能战胜自己心中的犹太教因素，因为唯有克服最深刻的怀疑，才能获得最高的信仰，唯有摆脱最彻底的否定心理，才最有可能获得肯定的信仰。犹太教就是基督自己的原罪。基督征服了自己心中的犹太教因素，正是这个胜利才使他比佛陀和孔子更伟大。基督是最伟大的人，因为他战胜了最强大的敌人。可以说，基督曾经是，并且将来一直是，唯一战胜了犹太教的犹太人。第一个彻底转变为基督的犹太人，也是最后一个实现了这个转变的犹太人。不过，犹太教仍有可能产生一个基督，而那种新宗教的创始者将出现在犹太人的聚居地区。（性 362）

左梨：你终于在通篇的自我否定之后，拿出了这张肯定的王牌。是的，孔子或许是中华民族的摩西，但他不是耶稣，佛陀也不是印度人的耶稣。我更希望这一次他出现在中国，为这个物性深重的民族找到一条救赎之路。而我们也必须面对那个引起我们这番访谈的话题——女性究竟应该如何走向自由。

魏宁格：妇女问题、犹太人问题与奴隶制问题，这三者的性质完全相同、必须用相同的方式去解决。任何人都不应当受到压迫，即使受压迫者并没有感觉到这种压迫。家中的动物不是“奴隶”，因为它们不具备本来意义上的自由感，也没有可被剥夺的自由。不过，女人却能朦胧地感觉到自己的无能，那种感觉无论有多么微弱，都毕竟是自由的、可被认知的自我的最后残留。（性 373）大多数男人都在理论上尊重女人，但在实际中却完全看不起女人。在我看来，这种做法应当颠倒过来。（性 374）

左梨：你最后这个观点我完全同意，我宁可作为一个人受到责难和苛求，也不愿作为一个宠物受到居高临下的宠溺和隔阂的礼遇。在我看来，著名的哈佛计算机组堪称女性解放的最佳案例。19 世纪末，哈佛天文台台长皮克林因为资金有限，以相当于男性雇工三分之一的薪酬雇用残疾女性为他进行最基础的运算和观察。一时舆论哗然，这个名为哈佛计算机组的团体曾被戏称为皮克林的后宫。她们之中有因病辍学的女大学生、身为保姆的单亲母亲，还有受限于性别无法谋求正式教职的女学者。在少有职业女性的时代，她们以低薪换来机会，安于一隅，在拥挤逼仄的环境孤独运算，观察……最终，她们的工作业绩远超男性雇员，甚至取得天文学家的成就。

魏宁格：我必须提醒人们注意防止一种危险：女人仅仅力图从表面上让自己像个男人。这种做法只能使女人更深地陷入女性气质当中。妇女解放的种种努力，其结果很可能并不是使女人获得真正的自由，并不是使女人实现自己的自由意志，却仅仅是扩大了女人的妄念。在我看来，如果我们敢于面对事实，那么，女人便只有两条出路：要么装作接受男人的观念，认为自己相信那些实际上与女性完整的、不变的天性相悖的观念，并且对不道德心怀恐惧，仿佛她们自己是道德化身，对性心怀恐惧，仿佛她们自己渴望柏拉图式的爱情；要么公开承认她们把身心全都贯注在了丈夫和子女身上，却完全意识不到这种坦白意味着无耻和自我毁灭。（性 375）

左梨：你说的第一条出路和必须防止的危险似乎是对我这类女人的暗讽，我的观点与你不同。女人的自由之路绝不是对男性的简单仿效，也不能像现有的奴隶革命那样，只是将奴役转嫁给他人。女性的自我解放，是对女性天性的救赎，女人的母性和妓性都要得到彻底的救赎。

魏宁格：当今大量的“妇女运动”仅仅是在表达获取“自由”的欲望，是在表达摆脱母性桎梏的欲望。从总体上看，这些运动的实际结果表明它们是反叛母性而转向卖淫，其目标与其说是妇女解放，不如说是妓女解放；它们是大胆地许诺给高级妓女的成功。（性 366）

左梨：那是模仿男权的愚蠢模式。一切原罪都可以在根源处得到救赎，女人的母性，应该在社会现实中得到救赎，母亲的创造力和无我的适应能力，要在真正的劳动中焕发能量。女人的妓性要在精神中得到救赎，要与真理滥交和乱伦。性交就是进入，它不仅限于肉体。思想的性别取决于真理性，越具备真理性，就越具有能量，进攻性越强。人，应该以开放、自由、无我的方式迎接真理。当思想进入思想，精神进入精神，当意识被真理进入，法喜充满，高潮来了。女人那无限扩张的连接欲望要转向精神世界，要与男人那种隧道式思维习惯相结合，共筑人类的心智系统。

魏宁格：女人问题既像性本身一样古老，又像人类一样年轻。它的答案是什么？男人必须使自己摆脱性的束缚，因为如此，也唯有如此，才能摆脱女人的束

工作中的“哈佛计算机组”，摄于1890年。左三坐姿举着放大镜的是勒维特，造父变星周光关系的发现者。居中那位似乎在看iPad的女性是安妮·坎农，她发明哈佛分类法，对20多万颗恒星光谱进行了分类整理。中间站立者是皮克林的保姆弗莱明夫人，马头星云的发现者缚。与女人的看法相反，女人获救的希望并不系于男人的不纯洁，而是系于男人的纯洁。必须摧毁作为女人的女人，但是，新型的、恢复了青春的女人，作为真正的人的女人，却只能从作为女人的女人的灰烬中诞生。（性 379）

左梨：不管男人或女人是否愿意面对，一个新的母系氏族时代都已经来临——在后工业时代，高度自动化生产使女性体力上的欠缺不再成为障碍；教育普及使女性足以承担各类社会事务；而无我的天性使女人能够更好地加入社会链条，不会因为过于强烈的自我意识难以嵌入社会生产。曾经的家庭模式是：男人负责生存，女人负责生育；未来要转化为：男人因为强烈的个性难以适应社会，逐渐退回家庭成为男祭司，女人走向社会成为女骑士。家庭，将成为游浮于社会之中的精神岛屿，成为人类抵抗标准化的堡垒。甚至，如果没有这些精神岛屿，很多人都会沦落为标准化的祭品。过去的庸众是蒙昧的野兽，未来的庸众是量产的工业品，连最后的生命感——兽性都会被社会吞噬。

魏宁格：啊，这个时代，这个时代的艺术只满足于胡涂乱抹以及从动物的运动中寻找灵感；这个时代盛行肤浅的无政府主义，根本不存在“正义”和“国家”的观念；这个时代盛行各种最愚蠢的历史见解；这个时代是资本主义和马克思主义的时代；在这个时代，历史、生活和科学只是政治经济学和技术教育；在这个时代，天才被看作疯狂的一种表现形式；这个时代没有伟大的艺术家和伟大的哲学家；这个时代没有独创精神，只有对独创精神的最愚蠢的渴望；在这个时代，对圣母马利亚的崇拜已经被对浪荡处女的崇拜所取代；在这个时代，交配不但得到了赞许，而且被看成了一种责任。（性 364）

（忽然，我好像听到一声 113 年前的枪响……）

左梨：天才，作为人类意义的承担者，注定成为痛苦的承受者。人间就是你们的刑场，甚至地狱。

魏宁格：对大多数人而言，他们根本不配想到进地狱的报应，对于他们而言，那里过于高雅，过于奢华。魔鬼是为其他完全不同的人而准备的，不是为了猴子，不是为了猪。他们不应该冒犯撒旦的威严。（LT10）

左梨：我倒认为你所说的地狱不是地狱，这群猴子和猪在哪里，哪里才是地狱。地狱未必是哥特风格的SM俱乐部，更可能是一个没有边际，没有日月更替，也没有风的荒漠……有个问题我一直很想问你，又担心是一种冒犯。在你之后，有个法国作家曾说：自杀是唯一严肃的哲学问题，判断生活是否值得经历，这本身就是在回答哲学的根本问题。你为什么选择自主地结束人生？

魏宁格：唯有当我不再犯罪的时候，我才能理解什么是罪；一旦我理解了罪，我就已经停止了犯罪。同样，只要我还活着，我就永远无法领悟生命。我在生命的每时每刻都被束缚在这种虚假的存在当中；只要我还没有摆脱它，我就永远不可能理解这个束缚。我理解了一个事物的时候，我已经处在那个事物之外了。只要我还有罪，我便不能领悟自己的罪。男性是一种可被认知的、超验的存在，所以他能超越物质、空间和时间。他当然会死，但他仍然是不朽的。因此，他便能够在两种生命中作出选择：一种生命会随着死亡而消失；而对另一种生命来说，死亡只不过是一个跳板。（性 309）

左梨：如果你没有选择自杀，接下来会做什么研究呢？

魏宁格：我曾经，准确地说是在1902年春有个想法，认为深海与犯罪之间必有关系。即使今天我仍然基本坚持此论。深海与象征最高级生命的光无关，那么，那里的东西必然怕光，具有犯罪性。珊瑚和章鱼如果象征什么，就只能象征恶。在其后的夏天和秋天，一个研究计划不断清晰地浮出水面。由于没完没了的任务，我对此计划迄今为止论述不多。这是一种与众不同的、不同于罗马尼斯和施耐德的动物心理学。（LT97）

左梨：在所有的受访者中，你是最令我痛心的一个。你的死不是生命的结束，而是精神选择了不去诞生，你以你的拒绝诞生拒绝了死亡。你在精神的子宫中，用脐带勒死了自己。归来吧，你欠自己后半个旅程。我猜，你的灵魂已经开始了一个新生，也许这一世你已经来到比犹太人更为犹太人的中国人中间，也终将从更为深刻的怀疑，更为彻底的否定走向最终的信仰和肯定。愿你迅猛地成就此生，愿你成为自己的基督。

附记

在研究犹太人的自恨问题时，我偶然遇到了这个形销骨立、满身寒气的男人。他的眼镜片一闪，我认为，他也遇到了我。没有一个思想家会用这样缺乏建构性却充满创造性的方式著书立说，为对付这两本女性呓语般的思想著作，我竟然花费了总结其他受访者十本著作的时间。大学生魏宁格和天才魏宁格，咸湿的魏宁格和圣洁的魏宁格，“直男癌”魏宁格和纯女性魏宁格，彻底自恨的魏宁格和绝对自信的魏宁格，勇于赴死的魏宁格与渴求不朽的魏宁格跳频闪现，让我在这个精神的二极管中振荡不息。经历了这番对女性和常人的种种刮骨疗毒，发现那条奴隶解放的必经之路后，我相信，一个 0 的时代正在到来。

参考资料

- Weininger, Otto. *On Last Things*. The Edwin Mellen Press, 2001.
- Jung, C.G.. *The Archetypes and the Collective Unconscious*. Princeton University Press, 1968.
- Weil, Simone. *Waiting for God*. Harper & Row Publishers, 1973.
- [奥地利] 奥托·魏宁格:《性与性格》，肖聿译，中国社会科学出版社 2006 年版。
- [德] 尼采:《查拉图斯特拉如是说》，孙周兴译，上海人民出版社 2009 年版。
- [法] 齐奥朗:《眼泪与圣徒》，沙湄译，商务印书馆 2014 年版。
- 罗蛋塔:《意行 | 爱，创造与自我意识的副本》，一千减 31(2016): 89-109。

第*4*章 科耶夫

主奴辩证中的人类现象学

亚历山大·科耶夫（Alexandre Kojève，1902—1968），俄裔法国哲学家、政治家。作为前者，科耶夫式黑格尔主义孵化了一代以黑格尔、胡塞尔、海德格尔为旨归的“3H”知识分子；作为后者，他是欧盟蓝本设计师之一，推动了欧洲的战后复兴。

1929年到1933年的世界经济大萧条是现代文明的第一次阵痛，也是科耶夫被迫在现实着陆的四年——他的股票贬值50%，这相当于一次离婚，而事实上，他也确实结束了人生中第一次，也是最后一次婚姻。

为解决生计问题，他接受高等研究实践学院的邀请，从黑格尔研究班的学生转升为教师，从此为法国哲学界培养出一批超级思想者：雅克·拉康、安德烈·布勒东、埃里克·韦伊、雷蒙·阿隆、梅洛－庞蒂、巴塔耶、让·伊波利特……他们在随后的三十年里成长为法国现象学、存在主义以及后现代主义运动的主将。拉康以他为精神导师，雷蒙·阿隆认为他处在仅次于康德和黑格尔之类的伟大哲学家之列，巴塔耶曾经这样描述当时的听课体验：科耶夫对“精神现象学”的天才解释将自己“撅断、捣碎、连续击毙十几次，被掐死，被打倒在地，还踏上一只脚，然后撇在一边”。学生们最直接的感受是，科耶夫“在思想上绝对地统治了一代人”。在研究班结束之后，《精神现象学》完整法文版（让·伊波利特所译）才第一次出版。

征兵令中断了科耶夫的黑格尔研究。1939 年，二战爆发，他被编入吕埃尔兵营，却在关键战役中获准休假。英法联军阵线迅即土崩瓦解，试图重返军营已无门径，他尚未战斗，战争就结束了。他转至南法，坚持自己的抵抗，一边撰写《法权现象学纲要》，一边利用多国语言特长为游击队搜集情报。他多次涉险，但总能凭借辩才获救，“话语是他的绝对武器”。

二战后，他走上整个欧洲的政治舞台，成为“马歇尔计划”实际上的引导者，欧洲经合组织的推进者，欧洲一体化最初的畅想者。他曾认为斯大林是新一代的拿破仑，或者说，是那位真正的历史终结者。但事实证明，他的推断错误，思路却正确。那个斯拉夫社会主义帝国在 1991 年轰然倒塌，同一年，欧盟诞生。

他期待着普遍同质国家的实现，那时，暴力性国家机器业已消亡，世界一家，全球平等化、均质化，不再有外部的敌人，也不再有内部的排他性政治团体。然而，这位全力开动的社会进化加速器却在与布鲁塞尔代表团谈判时，突发心脏病，猝然离世。

主要著作

《黑格尔导读》《概念、时间和话语》《权威的概念》《法权现象学纲要》《论僭政》

精神世界的欲望相食

左梨：科耶夫，是你吗——我一直渴望遇到畅谈黑格尔的嘉宾，但我期待他是随机应变的在场者，而您却在我出生之前就离世了。

科耶夫：正是对死亡意义的完满理解，才构成了黑格尔的智慧，这种智慧在使人得到满足的同时完成了历史。因为在到达智慧的时候，人认识到唯有他的有限性和他的死亡才能确保其绝对自由，不仅仅使之从给定的世界中解放出来，而且也使之从永恒的和无限的给定中解放出来，如果人不是终有一死的，他就是上帝。这种绝对自由的意识满足了人的无限骄傲，而人的骄傲是人之实存的基础本身，是人的自我创造活动的不可取消的最后动力。［《亚历山大·科耶夫——哲学、国家与历史的终结》（以下简称“传”）441］

左梨：人的骄傲，就是他可以凭死亡否定一切……这确实是死亡给人类最好的礼物，合上《精神现象学》那一刻，我认为历史终结了，这本书是《圣经》的最新版本，上帝有了一个新的名字——绝对精神，而黑格尔则身兼摩西和保罗。我很庆幸我直接面对了黑格尔原著，而不是透过其他人的滤镜。因此我也几乎是一个精神现象学的原教旨主义者，我反对哪位大祭司对它进行偏离原文的解读，那都将引向偏见。

科耶夫：精神现象学考察所有作为存在态度的可能哲学态度。但是，每一种态度都仅仅基于一种唯一的“可能性”。因此，当每一种态度试图表达整个真理时，都是虚假的。它作为绝对哲学的“因素”是真实的。［《黑格尔导读》（以下简称“黑”）38］

左梨：亚里士多德曾经区分过真假和善恶的关系。在精神世界中才能判断真假，在物质世界中只能检验是否有效。只要每种态度都基于自身那种唯一的可能性去表达真理，那就是真的。

科耶夫：哲学必然是科学的。科学或哲学是“必然的和完整的”；它不是一种个人的思辨。体系必然是循环的；仅仅在这种情况下，它才是必然的和完整的。因此循环性是哲学的绝对真理的标准。（黑 38）

左梨：这种循环是一种微观与宏观的对称性。人，是唯一能够意识自我的存在者，存在者必然有存在性，因此纯粹主观的自我认识与纯粹客观的自然规律同频。二者本质上是同一的。

科耶夫：黑格尔在他的著作中究竟试图说些什么，对我来说根本不重要。我只是借助于黑格尔的文本来展开我的现象学人类学。于是，只能说我考虑的是关于真理的问题，因此我对自己在黑格尔的解读中可能已经犯的错误听之任之。比如，我放弃了一元论的黑格尔，我有意识地与这一宏大的哲学拉开了距离。（《科耶夫给唐·迪克淘的信》90）

左梨：但两个精神人物相遇是无法保持距离的，两者之间必然发生一场厮杀，败者不是死亡，而是蚀骨销魂，归于更高的精神——除非其中一方转换场地。两名作家相遇，在场感更强的会吞噬另一个；两名思想家相遇，更为纯粹的会吞噬另一个；两名哲学家相遇，在黑格尔的意义上，更为形而上的会吞噬另一个。

科耶夫：人类发生“第一”活动必然采取一种斗争的形式：两个自称是人的存在之间的生死斗争——为了得到对手的承认而进行的为了纯荣誉的斗争。（黑 12）人的个体必须参与这种斗争。因为他们必须把他们对自己的自为存在形成的主观确定性上升到真实性的高度，每一个个体必须在他人和自己身上做到这一点。只有通过生命危险，自由才能被确认……自我意识呈现，这不是被淹没在——对它来说——作为本质的动物生命的延伸中的事实……换句话说，只有通过生命危险，才能证实自我不是别的，就是纯粹自我存在。（黑 13）如果其中的一个对手杀死另一个对手而幸存下来，那么他也不能得到对手的承认；死去的战败者不可能承认胜者的胜利。胜者从自己的存在和价值中得到的确定性仍然是纯主观的，因而没有“真实性”。（黑 15）因此，杀死对手对斗争中的人无任何用处。他必须“扬弃”对手。这就是说，他必须保存对手的生命和意识，仅仅取消其独立性。他必须仅仅消灭作为对手和反抗他的人。换句话说，他必须奴役对手。（黑 16）

左梨：真没想到我们这么快就进入了主题，这正是主奴辩证形成的原理。您所说的这场决战也发生在人的意识内部，自我意识发生分裂，这就是双头蛇的神话原型。自我意识走到自身之外，以省察、认识世界的方式回看自身。人，将自身作为纯粹客体看待的那一道目光，就是黑格尔所说的“神性的一瞥”。在这一瞥中，自我金蝉脱壳，从自然中抽离，他的自身——那曾经的躯壳成为自然的一部分，自我与自然并立，从此陷入失去原位的虚无，终生都在寻找一个安放自我的处所。这时，意识才真正开始掌握“精神”这个绝对的实体，自我之中有精神，自然之中亦有精神，精神成为自然与自我的共同介质。人，在“认识你自己”这句神谕的感召下，在自我意识中，才第一次找到转折点，“才从感性的此岸世界之五色缤纷的假象里，从超感官的彼岸世界之空洞的黑夜里走出来，进入到现在世界的精神的光天化日”。（精现 122）

科耶夫：事实上很有可能，世界未来，甚至还有当前和过去的意义，归根结底都取决于我们如今解释黑格尔的作品时所采取的方式。（传 8）目前，对黑格尔的一切解释，不是一种饶舌空谈，就只能是一种战斗和劳动的纲领，这两种纲领的其中之一就是马克思主义。这就是说，对黑格尔进行解释的工作具有一种政治宣传的意义。（传 7）

左梨：我想您说的另一种纲领大约是尼采，您的学生巴塔耶曾说“尼采所认识的黑格尔只不过是规则的一种普及化过程。而道德谱系学只是人们不了解主奴辩证法并且继续这种无知的特殊证据，黑格尔在此辩证法中所表明的那种清晰性确是令人吃惊的……”尼采的确站在黑格尔右翼否定了奴隶：在创造一边否定了认识的意义，在精神一边否定了物质的意义，在意志一边否定了理性的意义。

科耶夫：精神现象学被认为是一种哲学人类学。更确切地说，它是对人的存在态度的一种系统的、完整的、在胡塞尔的现代意义上的现象学描述，以便对《逻辑学》的主题——作为存在的存在——进行本体论的分析。尤其就宗教而言，精神现象学不是一种客观的神学，不是一部宗教的历史，也不是一种宗教感情的心理学。这部著作包含对人的所有宗教态度，人作为生活在空间 - 时间世界中的一个历史存在能采取宗教态度的现象学描述。而且，当《精神现象学》问世时，这些宗教态度已经在历史过程中实现。（黑 61）

左梨：我坚定地认为《精神现象学》是另一本圣经。尽管发现二者之间的契合时，我完全不知道神学家巴特称黑格尔为"新教的阿奎那"。精神创世时，天地水陆已存，精神区分了他们。精神造人，是观察理性到实践理性关键的一步，他开始用世上的黏土呈现自己。雅各和以扫这对双生兄弟，利亚与拉结这对姐妹，都是自我意识分裂的比喻。而出埃及记，则是主奴形成的关键一役，未觉悟的主奴意识是埃及人与以色列人，主人未入主位，总在虚与委蛇地躲避死亡；奴隶未入奴位，总在不知所措地应对生存；觉悟的主奴意识是上帝与摩西，摩西全心听命于上帝，上帝时刻向摩西显现，两者同心前往自由丰饶之地；达成统一的自我意识是上帝与基督，他们不再是主奴，而是父子……

科耶夫：黑格尔在《精神现象学》中使用的方法与宗教成分是不可分离的，所以必须注释整部著作。然而，不幸的是，唯有前三章和第四章的一部分能加以解释。（黑 61）主人和奴隶的关系不是一种本义上的承认。主人不是唯一把自己当作主人的人。奴隶也把他当作主人。他在人性的实在性和尊严中得到承认。但是，这种承认是单边的，因为他却不承认奴隶的人性的实在性和尊严。他因而得到他不承认的那个人的承认。这就是他的处境的不利之处——悲惨之处。主人为得到承认进行斗争和冒生命危险，但是，他仅仅得到了一种对他来说没有价值的承认。（黑 20）

左梨：不要被"主奴"两个字迷惑，如果我们将主奴换为夫妻，你就会发现那种双边的承认。在佛教密宗中，智慧和方便其实也是一对主奴辩证意识，以女性代表智慧——性空，以男性代表方便——妙有，这是将性器官的形态作为喻体。主奴之间，确实经历过一次夫妻般的唯一性确认，这种确认不是发生在任意二者之间的简单胜负，而是两个经历过重重预选的选手，终于面对死亡展开决斗。生存，还是死亡？在存在的三个方面"是""在""有"中——主奴同在，主人选择了是，在虚空中创生意义；而奴隶面向了有，在世界中打造现实。主人当然是奴隶唯一的主人，但奴隶也是主人唯一的奴隶，它是主人意志的托付者。"自我意识是自在自为的，这由于，并且也就因为它是为另一个自在自为的自我意识而存在的，它所以存在只是由于被对方承认。"（精上 122）

科耶夫：不首先理解《精神现象学》，就不可能回溯性地理解严格意义上的黑格尔。在那些年里，我已经两三次从头到尾地通读了这部著作，却一点也没有理解，因为不理解整体就意味着毫无理解，但同时，我看到那些谈论着这本书的历史学家也一点都没有理解它。（传 11）最初，对奴隶来说，主人是本质。奴隶依附于主人。他尊重，承认“独立”和人的自由的价值和真实性。他还没有在自己身上看到它的实现。唯有相互的承认能完全地和最终地实现和满足人，为了做到这一点，奴隶必须不再是奴隶：他必须超越自己，“取消”自己的奴隶身份。此外，这种使之成为奴隶的斗争的体验，使之倾向于这种自我取消，自我否定——取消和否定作为一个受奴役自我的自我。（黑 22）

左梨：当奴隶成为自为的奴隶，他就在接受这一身份的同时将其取消了。读懂《精神现象学》的首要条件，是真正理解主奴辩证发生在自我意识内部，其中的主人与奴隶不是某种具体或局部的意识，而是一个位格，自我肯定和自我否定这两种意识必有其一承担这一位格。当自我否定落入奴隶位格时，自我肯定的主人便驱动生命主体改变现实，使奴隶将自身的否定性转向外界，在现实中呈现个人意志。在否定现实的挫折中，自我否定意识如果占据主人位格，迫使自我肯定沦为奴隶，那么主体将被迫接受现实，扭曲并规范自我，而自我肯定的奴隶则只能肯定现实，安抚自我，接受现实同化。前一种是主奴意识的顺位，所有主动的生命都是这种配位；后一种是主奴意识的逆位，化为现实的常人都属此类。具体的奴隶可以解放，但奴隶的位格必须有人承担，奴隶的工作必须有人完成。这是黑格尔精神现象学的基本概念。

科耶夫：当柯瓦雷必须中止他的讲课到国外去时，我接手了他的课程。在五年中，几乎整本书都被我细读、翻译，并以一种令人满意的方式解释了。在我看来，这一成功是我目前试图通过阐发他的《哲学全书》来阐明黑格尔体系的唯一理据。（传 11）

左梨：可在我看来，您仍然站在黑格尔左翼，并不是他中正的继承者。我们对奴隶意识可以进行人格化的理解，但必须达成去人格化的认识。奴隶意识就是人与物质现实的中介，只要人处于现实之中，就必须使一部分意识处于他为的，自发的服务劳动之中。自我否定意识自发地适应现实，求取生存，所以奴位是他的本位，我们也通常将它称为奴隶意识。它却深知自身对死亡的无能为力，因此渴求遭到否定，使自身在被否定时超越死亡。奴隶不希望自身得到肯定，因为它得到肯定，就意味着它对死亡的无能为力得到了肯定，也就意味着生命遭受了死亡的否定。所以它渴求一位主人，从主人那里获取意义，将自身处于现实的摩擦之中，将获取的一切作为祭品献给主人。

科耶夫：他不愿意与主人的处境紧密地联系在一起，他也不再愿意与奴隶的处境紧密地联系在一起。在他身上没有任何固定的东西。他准备应付变化；在他的存在本身中，他是变化、超越、改变、“教育”；从最初的时候开始，在他的本质中，在他的生存本身中，他就是历史的变化。另一方面，他有一个有待实现的实际理想：独立和自为存在的理想，他在其奴隶身份的起源中找到了体现在主人中的这种理想。（黑 23）

左梨：奴隶身上的确没有任何固定的东西，他准备应付变化，你说的这一点是对的。但是奴隶并不希望摆脱主人，那样，他的他为性无所适从，他渴望得到的否定也失去了来源。奴隶从不主动否定任何事物，只是否定自身，所以他才能应付各种变化。真正对现实作出否定的，是主人——在现实与主人之间，奴隶选择了主人，因为现实就是死亡，奴隶必须凭借主人赋予的意义抵抗死亡。所以，奴隶为了肯定主人而否定现实，也以否定自己而对现实作出否定。

科耶夫：奴隶看来是服从自然，服从物体，服从“原材料”，而主人满足于消费奴隶制造的物品和享受物品，面对物品是完全自由的。但在事实上，不是这么一回事。主人在消费物品的时候为自己保留对对象的纯粹否定，他由此为自己保留了纯粹的自我感。但是，出于同样的理由，这种满足本身只不过是一种随即消逝的东西；因为它缺少客观的方面，也就是持久的实质性的方面。不劳动的主人不生产任何在其之外持久的东西。他仅仅破坏奴隶的劳动产品。因此他的享受和满足纯粹是主观的：他的享受和满足仅仅与他有关，因而只能通过他得到承认；他的享受和满足没有“真实性”——能向所有人显现的实在性。同样，主人的这种“消费”和有闲的享受来自欲望的“直接”满足，至多只能提供给人少量的快乐；这种享受绝对不可能提供给人完全的和最终的满足。（黑 25）

左梨：我想黑格尔对这个问题的表达的确有未尽之处，尽管他已经提到，“死

1807 年首版《精神现象学》的书脊，由海德格尔的弟子、德国学者及藏书家 Heribert Boeder 收藏。首版共印 750 册，书脊上印着黑格尔构想中合集的总称《科学体系》。该书出版前三易其名，初为《意识经验的科学》，后改为《精神现象学科学》，直到最后一刻才正式定名为《精神现象学》

亡才是绝对的主人”，（精上 130）但阐释得不够充分。“正如生命是意识之自然的肯定，有独立性而没有绝对的否定性；同样死亡就是意识之自然的否定，有否定性而没有独立性，因而这种独立性就没有得到承认所应有的意义”。（精上 126）主奴辩证最终的形成，并不是二者的生死决斗造成的，而是二者面对死亡时，一方选择了躲避，另一方选择了超越，为战胜这个共同的敌人——死亡，两种意识结成主奴联盟。主人并非以战胜并奴役奴隶为目的，他是自为的，他的欲望是发现并创造欲望，这种对现实的否定，使死亡所代表的现实成为他的敌人。他要创建一个纯属自我的精神时空，并使之在物质世界显现，因此，他对奴隶下达改造现实的指令。

科耶夫：为了产生自我意识，欲望必须针对一个非自然的客体，针对超越给定现实的某种东西。然而，能超越给定现实的唯一东西是欲望本身。因为被当作欲望的欲望，即获得满足之前的欲望，事实上只不过是一种被揭示的虚无，一种非实在的空虚。欲望是空虚的一种揭示，是一种现实的不存在的显现，因而本质不同于所欲求的物体，不同于一种物体，不同于静态的和给定的实在存在，始终在与本身的同一中维持下去。因此，欲望针对另一个作为欲望的欲望，通过使之满足的否定和消化活动，将创造出一个本质上不同于动物的“自我”的自我。这个自我由欲望“滋养”，本身是在其存在中的欲望。（黑 5）

左梨：太精彩了，科耶夫，你这段解读独具创见，比黑格尔更具明晰性！动物只有本能，人才有欲望，这不是本能需求，而是发现虚空。主奴辩证的统一，正是主奴对欲望的共同确认，主人意识成为欲望的发现者，奴隶意识成为欲望的承担者，人在这一意义上成了欲望主体。欲望达成，即自我对抗现实、生命对抗死亡的一次胜利。

科耶夫：主人迫使奴隶劳动，在劳动中，奴隶成了自然的主人。在最初——他是自然的奴隶，与自然紧密地联系在一起，受制于保存本能，屈从于自然规律。当他通过劳动成为自然的主人时，奴隶从他自己的本性中，从他自己的本能中解放出来，他的本能使之联系于自然，使之成为主人的奴隶。当劳动把奴隶从自然中解放出来时，也把他从主人中解放出来。在给定的、原始的自然世界中，奴隶是主人的奴隶。在技术的、其劳动所改造的世界中，他作为绝对的主人进行统治。这种主人身份起源于劳动，起源于给定世界的逐渐改造，起源于在这个世界中给定的人，它完全不同于主人的“直接”主人身份。如果奴隶在好战的主人的个性中体验到的死亡焦虑是历史进步的必要条件，那么唯有奴隶的劳动才能实现和完成历史进步。（黑 24）

左梨：如黑格尔所说，奴隶意识“扬弃了他对于自然的存在的依赖性，而且他用劳动来取消自然的存在”。（精上 130）劳动确实令奴隶暂时成为物质的主人，但物质世界的绝对主人仍是死亡，奴隶的劳动成果是必朽的，只要无法战胜死亡，奴隶就不可能推翻主人。只要人还在物质现实之中，就必然有陷于现实中的奴隶意识去做物质的工。主奴之间的矛盾并不在于奴隶希望推翻主人，主人试图控制奴隶，而是精神劳动的无限扩张性与现实劳动的有限消极性相矛盾。主人的好战源于精神创造永不停息，因为精神处于永动之中，它在自身内部完成，没有阻力，没有限制，不知疲倦，每一秒都沉浸在新生的喜悦之中。但奴隶的劳动有无法消除的消极性，现实中的劳动必然磨损身体，限制思维，每一分成果都必经物性砥砺。奴隶的劳动跟不上主人的永动，常态的结果为：不是奴隶死去，就是主人退位。奴隶死去，整个生命终止；而主人退位，生命必将妄活。

科耶夫：不，相反，劳动是一种被压抑的欲望，一种延迟满足的消逝，劳动改造世界，教化人，教育人。能够——或必须——劳动的人，必须压抑促使他“直接”“消费”“原始”物品的本能。奴隶只有在压抑自己的本能的时候，才能为主人劳动，也就是为另一个人劳动。他在劳动中超越自己；或者也可以说，他进行自我教育，他在压抑自己的本能的时候“培养”和“升华”自己的本能。另一方面，他不破坏本来状态的物体。他在通过劳动改造物体的时候，推迟了对物体的破坏；他制造用于消费的物品；也就是说——他“使”物体“成形”。在劳动中，他改造物体，同时也改造自己：他在自我改造和自我教育的同时，使物体和世界成形。他在改造物体和世界的同时，自我教育，自我成形。（黑 26）

左梨：是的，在认识奴隶的积极性上，您特别到位。为改造物质，奴隶必须进行无我的、客观的劳动，从而渐渐具有了理性。黑格尔说“劳动是受到限制或节制的欲望”，（精上 130）但您和黑格尔都没有发现：奴隶在劳动中真正被压抑的欲望，不是直接消费原始物品的本能，却是他作出自我否定的本能。在主奴辩证中，奴隶以肯定主人来满足否定自我的欲望，主人以他的自我肯定满足奴隶否定自我的需求。而在奴隶与物质的矛盾中，奴隶作为主人与物的中介，要成为物质的主人，必须肯定自我，否定物质。它立于主客观矛盾交锋的锋刃之上，必将在劳动中得到救赎，令矛盾的两极在更高层次得到转化，以无我的方式实现自我的目的。

（他的眉头忽然松弛下来，那是一个不易察觉的微笑，目睹猎物落入陷阱的微笑。我想，那是他在谈判中胜券在握时的表情。）

科耶夫：通过劳动，也仅仅通过劳动，人作为人实现自己。只有通过劳动，人才是一个超自然的实在存在，并意识到他的实在性；在劳动中，人是“具体化的”精神，人是历史的“世界”，人是“客观化的”历史。（黑 26）通过其劳动而完善和满足的人，必然不是主人，而是奴隶；或至少是经历过奴役生活的人。主人是历史的、人类发生的过程的催化；他自己没有主动地参与这个过程；（黑 27）未来和历史不属于好战的主人，而是属于奴隶劳动者，因为主人要么战死，要么无限期地处在与本身的同一性中。（黑 24）

劳动的神学意义

左梨：我同意你对劳动的一切赞颂，但主人并不是陷在沙发中消费休闲的享乐者，而是一个无偿的劳动者。他必做的工，是在虚空中创造意义——那个使奴隶获得解脱和归宿的天国就是他构建的。奴隶可以每时每刻向他索取意义，这是奴隶劳动的工价，因付出能量耗损生命力而必须得到的报偿。但主人的劳动是自为的，无须报酬，也没有公休。于是，主人意识必须化为一个义奴，一个最卑微的免费奴隶，为他自己所创造的意义事工。就这样，对物质行使主权的奴隶和对精神专事奴工的主人成为一对自在自为的存在，最终才有可能战胜死亡。

科耶夫：如果没有改造实在的客观世界的劳动，人就不可能真正地改造自己。即使人发生了变化，这种变化也仍然是“内部的”，纯主观的，“沉默的”，仅仅向他一个人显现，不能显现给其他人。这种“内部的”变化不能使他与没有发生变化的世界，与紧密联系于这个不变世界的其他人协调。这种变化把人转变成疯子和罪犯，而他们迟早要被自然的和社会的客观现实消灭。只有劳动能最终使客观世界与最初超越这个世界的主观观念协调，消除影响每一个人的态度的疯狂和罪行因素。（黑 29）

左梨：是的，精神必须走出内部循环，疯了的尼采，开枪自杀的魏宁格，服药自尽的尼克·德雷克和墨西哥女诗人皮扎尼克，病故的埃贡·席勒都受困于精神的高塔。但是安托南·阿尔托和凡·高不在此列，他们尽管也都走向了疯狂和死亡，但那是创世完成后的自主停工。取经之后，精神必须归来，在现实的死亡中验身。这种检验不是赴死，是比死更为艰难的存在和守灵。

科耶夫：没有体验到死亡焦虑的人，不知道给定的自然世界是与他敌对的，不知道这个世界倾向于杀死他、消灭他，本质上不准备实在地满足他。归根结底，这样的人仍然与给定的世界紧密地联系在一起。他至多想“改造”这个世界，即改变其内容，进行特殊的改造，但不改变其本质属性。（黑 30）

左梨：“意识超越现实，必产生创造的冲动；意识低于现实，则只有现实之下的选择。创造使不存在之物得以显形，它的实现是现实的更新。”（意 98）

科耶夫：然而，只要主人活着，他始终服从他是其主人的世界。之所以只有在生命危险中和通过生命危险，主人才能超越给定的世界，是因为他的死亡“实现”了他的自由。只要他活着，他永无可能到达使之上升到给定世界之上的自由。主人永无可能摆脱他生活在其中的世界，如果这个世界毁灭了，他也一起毁灭。只有奴隶能超越服从主人的给定世界和不至于毁灭。只有奴隶能改造培养他和把他置于奴隶身份的世界，并创造一个由他改造的、他在其中将获得自由的世界。（黑 30）

左梨：总感觉这种主奴辩证有点跛足。主人不是作为世界的陪葬毁灭，而是离场，将世界交予承担欲望的奴隶，即自觉的劳动者。但对没有统一的主奴而言，作为结构核心的主人会随着世界毁灭，而奴隶则会像构筑世界的材料一样为其他主人利用。世界的建造者是奴隶，但结构者是主人。任何一个人，即使最不具独立意识的女奴，也有纯属其个人的主人意识，只是她的主人意识被层层无意识遮蔽，使奴隶意识找不到自身之内的主人，无法接受它发出的指令；同样，恺撒和拿破仑也有他们的奴隶意识，而且他们对自身的奴隶意识了解得最清晰，控制得最高效。

瓦西里·康定斯基早期作品,《魏尔海姆－玛丽亚广场》, 1909年。这位包豪斯学院最具声望的画家是科耶夫的伯父，因为与他的生父同母异父，所以姓氏不同。科耶夫与绘画、艺术和美学的不解之缘源于这位伯父可以这样说，自由主义者本质上都是奴隶，不论他们在现实中的社会角色如何，他们的主人意识与奴隶意识互不相识，奴隶意识找不到主人，就会依据自身的他为本性为外界的主人服务，从而沦为真正的奴隶。又因为自由主义者不接受任何有形的主人或实体，也决不接受集体意识，所以他们最终所服从的，只能是集体无意识。当然，保守主义者也未必是主人，因为其中含有大批服从于集体意识的奴隶。主奴意识觉醒并且相互确认的人才是一个真正的主人，他必定是一个建构者，也是他自己所建世界的保守主义者。即使他的社会身份是一个侍从，一个服务者，也是他的主人意识因其独特的原因主动选择了一个外在的权威或团体。面对作为现实的给定世界，是主人意识吹响解放的号角，奴隶意识在主人意识的推动下对现实进行变革、改造或彻底的革命。一个人的主人意识越纯粹，他的革命性就越彻底；他的奴隶意识越强大，对给定现实的作用力就越强大，最终，主人意识所统领的奴隶意识就会化作新的现实。

科耶夫：最终说来，一切奴役劳动并不实现主人的意志，而是实现奴隶的——尽管最初是无意识的——意志，奴隶——最终——在主人——必然——失败的地方取得胜利。最初依赖人的、服侍人的、受奴役的意识，最终实现和显现了独立的自我意识的理想，这就是它的“真实性”。（黑 31）

左梨：主奴这对辩证对象，最终将转化为圣父与圣子，并在父子相认中回归一元，以主人意识献出自身的牺牲，换来了奴隶意识获得自我的永生，这正如代表上帝的基督登上十字架，而使具身的耶稣在世界中复活。在与齐奥朗的对话中，我曾提到过一个观点：普遍意识要以个体性否定死亡，个体意识要在普遍性中拥抱死亡。奴隶意识不具备个体性和主动性，它成形于现实环境，体现为一种求生本能。在死亡面前，它唯有以主人意识所创造的意义为唯一的来源和归宿，对客观世界作出否定，才能拥有真正的生命。主人意识是个体性意识，不具普遍性，如您所说，它处在本身的同一性中。（黑 24）在死亡的胁迫下，主人意识放弃主权，服从欲望中的意向，为自我实现献出自身，才能给予奴隶意识以恒久的精神归宿，使劳动获得终极意义。主人是牺牲者，奴隶是劳动者，主人视死如归，则奴隶义无反顾；主人苟且偷生，则奴隶首鼠两端。

科耶夫：在第三章，黑格尔已经讨论过这种意识；（黑 72）宗教使人走出唯我论，但宗教重新创造了一个主人，想象的主人——上帝。教徒既是主人，也是奴隶；因为他是奴隶，所以他是主人，因为他是主人，所以他是奴隶：世界的主人，上帝的奴隶。教徒在经验与超验的两个自我之间选择，他不把两者融合在一起，而选择超验的自我。在宗教意识中，这是两种本质上不同的存在，两种不相干的存在。还有两个世界之间的对立：人的世界和神的世界。教徒悬置在两个世界之间，不能通过斗争和劳动把两个对立的世界统一起来，从而消除矛盾。他仅仅献身于与世界对立的上帝，他试图超越自己，超越世界，但不通过斗争和劳动的否定活动来改造世界。事实上，这种超验不"在"彼世，它是通过否定活动，即斗争和劳动，超越一切给定物的行动产生的。（黑 73-74）

左梨：这种主奴关系还只是神与摩西之间的教化与归顺，还不是父子那种同在。这里的教徒与我所说的劳动者只差一步，就是"Fiat voluntas tua, sicut in carlo et in terra"，即让神的旨意奉行在人间，如同在天上。教徒式的信仰是静态的接受，而劳动者必须有所行动，并竭尽所能地令精神在现实中得以实现。

科耶夫：教徒的理想外在于他。他想得到上帝的承认，他为自己行动：在彼世，他仅仅想实现其孤独的灵魂。（黑 77）宗教行动没有社会意义。认为自己毫无价值的一个人的行动，如何能被他认为有一种价值？他断言他的行动仅仅与自己有关。但在这种情况下（因为他脱离社会），他发现自己的"动物功能"。敌人出现了，在禁欲主义者看来，动物功能实际上是更重要的东西：矛盾的态度。（黑 78）教徒把自我和超验的，即神性的世界对立起来。理性把世界和自我等同起来。但是，与世界对立的始终是教徒的同一个"抽象的"自我。所以唯心主义是不充分的：世界不可能和与之对立的自我是同一的。必须通过历史活动，而不是仅仅通过思维，把自我和世界等同起来。历史活动通过斗争和劳动根据自我改造世界，并实际地将两者等同起来。这种在世界中的活动就是精神。但是，改造世界的活动只能是集体的。而教徒的自我——以及"理性的"自我——是孤独的。由此产生理性的"个人主义"极其贫乏。（黑 88-89）

左梨：是的，个人主义在客观现实中缺乏有效性，因为客观现实由直接或间接的他人构成；它在主观意识中又缺乏真实性，因为"我就是我们，而我们就是我"，（精上 122）心灵中的万象都是自我的倒影。但个体性是人的标志，丧失了个体性，人要么降级为自然的种属，要么降级为社会的标准零件。它必须走出精神，若通过隐逸或退守来保持自我，只是教徒式臆想的自我，这种自我是仿版的个体性。黑的反义词不是白，而是灰；是的反义词不是否，而是像；黑格尔特别引用《拉摩的侄儿》中的一句，“样子货”是“一切绰号中最可怕的一个；因为它标示平庸，意味着最大的蔑视”。

时间：被直观的纯粹自我

科耶夫：为了唯心主义是真实的，自我必须是“自在的完整现实”。然而，这一开始就是虚假的。（黑 87）

左梨：自我意识“只有当它异化其自身时……才有实在性……成为普遍性的东西，而它的这个普遍性即是它的效准和现实性”。（精下 42）所谓普遍性，就是物性。自我意识唯有外化为物质，才是真实的。因此，它必须进入现实，通过劳动朝向物质作出自我肯定，这时的人才是活的实体，一个真正的主体。

科耶夫：有生命的，即，不是静态的，也不是给定的。有生命的实体是存在，这个存在实际上是主体。（黑 630）黑格尔把他的哲学和在他之前的所有哲学对立起来。在泰勒斯和巴门尼德之后，前黑格尔的哲学家专一地附和“实体”的概念，但忘记了“主体”的概念也是非常重要的和不可缺少的。（黑 629–630）

左梨：生命的本质表现是毫无惯性的精神运动。黑格尔对之前和之后的哲学家而言都是残忍的，他吞掉全部前人，又营建了一个迷宫般的哲学王城囚禁了后辈。你研讨班上的学生梅洛－庞蒂认为：解释黑格尔意味着对 20 世纪所有哲学、政治学、宗教问题选定立场。（Ponty64）黑格尔如同一面镜子，成为阐释者个人的显像。

科耶夫：古代传统所认为的人实际上是一个没有自由、没有历史、没有本义上的个体性的纯自然存在。相反，黑格尔所分析的人，是出现在前犹太－基督教哲学传统中，唯一真正的人类学传统中的人。这个传统把历史的自由个体的概念传给了黑格尔，而黑格尔是第一个在哲学上分析这个传统，试图调和这个传统和异教的自然哲学的基本概念的人。事实上，在这条道路上，在黑格尔之前的有笛卡尔、康德和费希特。但是，这三种哲学人类学的尝试都失败了，因为它们的创始人不敢抛弃人或灵魂不死的传统观念。至于黑格尔本人，他也没有成功地调和他的辩证人类学和传统的同一自然哲学。他有理由拒绝把希腊人的"自然主义"范畴用于人，并抛弃了他们的假人类学。但是，他也错误地抛弃了他们的自然哲学，试图把他自己的辩证范畴用于人的和自然的实在事物的整体，他自己的范畴实际上是人类学特有的和专有的。（黑导 637）

左梨：在黑格尔这面镜子中，我看到了一个断裂的您。您在试图对哲学进行一次彻底的分割，将自然哲学归于唯物，人类学归于唯心，以此取消黑格尔指认的新神——精神。这种分裂与教徒的分裂并无本质区别，仍然是将精神与物质二元化。人是精神与物质的界面，精神在人这里改造物质，物质在人这里抵达精神。人，责无旁贷要令二者统一。如果依照您的分类法，人应该以何种态度面对自身——若以唯物的态度面对身体，以唯心的态度面对心灵，最终必然落入心与物的旋涡。人，不能在绝对上保持二元。

科耶夫：黑格尔证明这些神学是人的产物，这些神学所揭示的存在因而只能是人的存在。《精神现象学》在创建科学的时候，必然要破坏一切神学、一切哲学，以及在一般意义上的一切科学，尤其是牛顿物理学——黑格尔最厌恶的东西。（黑 396）在提出科学和客观现实之间关系的问题时，必须提出科学和时间之间关系的问题。（黑 397）

左梨：有道理，谈论它们之间的关系就是在谈论科学与永恒概念和真理的关系。在黑格尔看来，尽管"宗教的内容在时间上比科学更早地表达了精神是什么，但是，唯有科学才是精神关于它自身的真知识"。（精下 269）而"时间是在那里存在着的并作为空洞的直观而呈现在意识面前的概念自身"。（精下 268）

科耶夫：黑格尔在斟酌字句后，写出了这句离奇的话。（黑 398）

左梨：可我认为他进一步的论证更为准确，超前和惊人——"时间是外在的，被直观的、没有被自我所把握的纯粹的自我"。（精下 268）时间即自我！黑格尔说出这句话时，广义相对论就已经潜在地显现了。

科耶夫：“否定性”这个自我的存在本身是变化，这种存在的普遍形式不是空间，而是时间。（黑 5）概念与时间的关系只有一些数量极其有限的可能性。（黑 398）第一种可能，概念即永恒，这是巴门尼德的观点。第三种可能性：概念是时间，这是黑格尔的观点。这两种可能性是同一体，不能再进一步被划分。

I. 概念 = 永恒（巴门尼德—斯宾诺莎）

II. 概念 = 永恒’/ 相应于→ 1. 永恒→ a. 在时间之外（柏拉图）

→ b. 在时间之中（亚里士多德）

2. 时间（康德）

III. 概念 = 时间（黑格尔—海德格尔）

IV. 概念 = 时间’（非哲学的观点）

永恒’表示永恒的东西，它分享永恒，是永恒的一个永恒的功能，但永恒本身不同于概念。第二种可能可以再分为两种可能性，其中一种可能性有两个变种；我们由此得到三种可能的哲学：柏拉图、亚里士多德、康德。（黑 399）

左梨：依照您的观点，以上哲学家的主要分歧在于，概念即永恒，还是具有永恒性，抑或概念即时间。这其实是在陈明永恒与时间的区别。永恒与人毫无关系，它甚至不可能为人所想象。而时间则代表着人的刻度，它引入了主体的视角。所以，当我们说永恒在时间之外，就是在认定人对永恒的无法感知；永恒若在时间之中，即为时间中的持续存在，这是可感知的永恒；永恒就是时间本身，永恒就成为绝对抽象化的自我。

科耶夫：还有第四种可能性：概念是时间的，概念本质上是变化的。然而这不再是一种哲学的可能性。因为这种怀疑的思想使一切哲学成为不可能，它否定真理的概念本身。（黑 400）

左梨：第四种观点让我想起了芝诺悖论——既然点无大小，仅仅将点相加，永远无法得到有长度的线。恰恰是无理数，在坐标中永远无法标示、无穷动的无理数，与有理数的点集合，形成了线。黑格尔认为“肯定的东西的真理本身也同样包含着否定的东西，即也包含着那种就其为可舍弃的东西而言应该被称为虚假的东西”。（精上 30）真理的难以表达，就像无理数无法被标示，对真理进行强行描述，就像在坐标系中指示某个约等于无理数的点代表无理数，这个约等于就是二者间永远的区别。因其蕴含否定部分就视其为虚假，就使真理成为无法在现实中着陆的东西。所以黑格尔运用了一个仿《圣经》的比喻，真理就是一场宴席，如果每个参加者因为其失效的部分而被勒令离席，那么宴席也就陷于瓦解。

科耶夫：第二种可能性能再次分成两种。概念是永恒的东西，但不是永恒，它联系于与之不同的某种东西。由此产生两个变种：1. 古代的或异教的变种，认为永恒的概念联系于永恒；这显然是由柏拉图和亚里士多德提出的变种，他们在这一点上是一致的；2. 现代的或犹太－基督教的变种，这显然是由康德提出的：永恒的概念联系于时间。关于第一个变种，它表示两种可能的类型：a. 永恒的概念联系于在时间之外的永恒（柏拉图），b. 永恒的概念联系于在时间中的永恒（亚里士多德）。（黑 400）在康德看来，概念——仍不失为永恒的——联系于作为时间的时间。因此，只剩下一种可能性能在概念和时间越来越接近的方向上走得更远。为了走得更远，为了避免以前的学说的困难，人们必须把概念和时间等同起来。这就是黑格尔所做的。这就是他的伟大发现，这个发现使之成为一位伟大的哲学家，一位与柏拉图、亚里士多德和康德平起平坐的哲学家。如果不考虑巴门尼德，人们能说，在哲学史上有两大时期：从柏拉图到康德的时期，以及从黑格尔开始的时期。（黑 433）

左梨：是的，黑格尔就在这里接管了哲学王国。无穷动的精神处于永无休止的自我否定之中，精神自我对物质自身这种不停息的超越必须被表述为时间。因为，若孤立观察不断变化中的精神自我，就使其无迹可寻，无法发现它的自身等同性。比如，阶段性地观察种子、幼芽、花朵、果实，我们可能无法确定它是同一株植物的不同形态。而时间与自我发展同步，如同车身与发动机同步前行，时间作为自我发展对象性的静止，使纯粹的自身等同性得以确认。时间就是精神自我的发展。

科耶夫：黑格尔的整个哲学或“科学”能归结为被引用的一句话，“时间是在定在中”，即在实在的空间或世界中，“存在着的概念本身”。（黑 434）

左梨：黑格尔的“定在”与海德格尔的“此在”在德语中是同一个词，dasein。对于黑格尔，定在是最初步具有规定的存在，又要扬弃自身，从最初之有过渡到自为之有。这个定在也是指人。精神现象学中“每一环节都是知识与真理（绝对概念）的差别和差别得到自身扬弃的运动”。（精下 272）而每一个意识接管精神王国的目的是接受绝对概念的启示，“这种启示就是广延”。（精下 275）广延就是不断发展和延伸的自身同一性。时间是概念，但不是绝对概念。

科耶夫：当然，显而易见，仅仅读这句话还不足以了解黑格尔的哲学是什么；知道永恒的概念联系于时间还不足以了解康德的哲学是什么。在《精神现象学》中，黑格尔是非常彻底的。事实上，他说自然是空间，而时间是历史。换句话说：没有自然的、宇宙的时间；仅仅在有了历史，即人的存在，即会说话的存在，才有时间。（黑 434）在黑格尔看来的时间就是在我们看来作为历史的，不是生物的或宇宙的时间的时间。（黑 435）

左梨：对，黑格尔的时间是属灵的，它是自我，也是生命。

科耶夫：事实上，这种时间以将来的优先地位为特征。在前黑格尔的哲学所探讨的时间中，运动从过去，经由现在，走向将来。相反，在黑格尔谈论的时间中，运动在将来产生，并经由过去走向将来：将来→过去→现在（→将来）。这就是本义上的人的时间，即历史的时间的特殊结构。（黑 436）

左梨：这是你对黑格尔的最佳解读！谈到时间，黑格尔恢复了充分的基督教色彩。这种以将来的优先地位为特征的时间似乎在精神的旷野呼喊：“那更大的要来。”那将来的，是人的真在；而现有的，是人的过去。

科耶夫：由将来产生的运动，就是产生于欲望的运动。根据欲望行动，就是根据还不存在的东西，也就是根据将来行动。以这种方式行动的存在因而处在将来占据优先地位的一种时间中。反过来说，只有当实在的空间世界里有一个能以这种方式行动的存在，将来才能实际上占据优先地位。（黑 436）

左梨：这个“实在空间里能以这种方式行动的存在”就是人，正是因为人＝外在化的精神，才使得将来＝主观意志，通过回忆＝被精神抛弃的现时存在，在实体中获得了生命＝绝对概念的启示。回忆即道路；绝对概念即真理；它的启示，

20 岁时的科耶夫，被继父称作“俄罗斯新的果戈里”。两岁时，他的生父在日俄战争中阵亡，父亲的战友烈姆库尔成了他的继父

也是它外在化的过程，这就是生命。生命要完成精神的自我否定，实现精神的自我肯定，前者是意识的原罪，后者是意识的救赎。这是基督复活的哲学意义，也是精神现象学的终点。

科耶夫：黑格尔的概念等同于黑格尔的时间。但是，人们不能把前黑格尔的概念等同于前黑格尔的时间，也不能把黑格尔的概念等同于前黑格尔的时间，也不能把前黑格尔的概念等同于黑格尔的时间。（黑 442）

左梨：哈哈，这段哲学贯口能让人文化休克。是的，黑格尔的概念和时间都源自人！他的概念是普遍性与个体性统一后的意识，是科学王国中永生的纯粹精神；他的时间是抽象的外在化的意识，是对象性的精神，作为量器的精神。

科耶夫：在黑格尔那里，有一种犹豫不决。一方面，他说自然仅仅是空间；另一方面，他清楚地看到生物的生命是一种时间的现象。从而得出：生命是精神的一种表现。但是，黑格尔也看到，他甚至是第一个清晰地说出这一点的人，真正的人的存在只有通过生命的否定才是可能的。由此导致生命和精神的对立。（黑 449）

左梨：我同意你的观点，但不支持你的论据。生命与精神的对立早已在劳动中得到解决。罗蛋塔认为，“在精神的内部存在中，自我即地狱。精神的超越性，体现于持续的自身否定。而地狱的本质就是无间的否定，宗教想象中的那些刀山火海，极刑酷罚，属于对于肉身的否定。否定中没有建构与实现，处于单极否定的存在者，只能趋向瓦解，这就使仅处于内部运行的精神，因无法成就自我，而时刻处于自身的地狱之中。因此，精神必须将自身的否定转为自身的肯定，即将超越性转为实现性，才能解决自身本质与存在者本质之间的矛盾。而这在精神内部是永远无法解决的。只有实现于现实，精神将自身的矛盾从内部转到外部，在内部不断否定自身，又在外部不断自我确认，才能脱离自身的地狱，这是精神的救赎”。劳动对精神的实现，救赎了精神因为不断否定自身造成的虚无。黑格尔的犹豫不决并非体现于生命与精神的对立，而是对物质与精神之间根本关系的语焉不详，他终于没有发现绝对概念的秘密，而仅仅描述了绝对概念的现象。

科耶夫：否认概念是永恒的，断言概念是时间，就是否认人是不死的或永恒的。概念是时间。它是在强意义上的时间，在那里，有一个强意义上的将来，即永远不会成为现在和过去的一个将来。人是概念在世界中的定在。人是永远不会成为现在的一个将来在世界中的定在。不过，这个将来，——对人来说，就是他的死亡，他的这个将来永远不会成为他的现在；这个将来的唯一实在性或实在的呈现，就是人在未来死亡的现在中拥有的知识。如果人是概念，如果概念是时间，也就是说，如果人是一种本质上时间的存在，——那么人在本质上是终有一死的；只有当人知道这一点，人才是概念，即绝对知识或具体化的智慧。只有在愿意和能够死去的情况下，语言才成为肉体，成为人。不过，仅仅在最后的关头，人才接受自己的死亡；也仅仅在最后的关头，哲学才接受“第三种可能性”。（黑 451）

左梨：你的解读对黑格尔思想是一种深刻的伤害，因为它几乎完美地契合了启蒙后的大众那种庸俗的理解和想象。这源于你对时间的误读，那个强意义的将来造成了物质的衰亡，却不等于物质的衰亡。“知识知道自己的界限”，即人的理性知道自身的生死，“就意味着知道牺牲自己。精神在这种牺牲过程中，以自由的偶然的时间的形式，表现它成为精神的变化过程，把它的纯粹的自我直观为在它外面的时间，把它的存在同样直观为空间”。（精下 273）死亡，是精神返回自身。

科耶夫：黑格尔在《哲学全书》中说，“仅仅有限的存在能自我扬弃”。如果概念是时间，也就是说，如果概念理解是辩证的，那么概念的存在——以及概念所揭示的存在的存在——在本质上是有限的；因此，历史本身必定在本质上是有限的；集体的人必然以死亡告终，正如人的个体必然以死亡告终；世界历史必然有一个确定的终结。（黑 451）

左梨：为什么只有有限的存在能扬弃自我，正是因为死亡迫使人的个体性和普遍性都接受了它们各自的必然——人的个体性，即精神在抽象中作出无我的归元，而人的普遍性，生命在具象中作出自我的实现。精神必须以某种形式外在化自身，如果作为整体的人类彻底物化，不能继续这个使命，也会由其他兼具物质与精神特性的自我意识继续这种工作——将精神不断产生的内部矛盾外在化。人类的终结仅仅意味着人类历史的终结，却远远不是精神历史的终结。

科耶夫：在其他著作中，黑格尔在那里承认一种宇宙时间的存在。但是，在这样做的时候，黑格尔把宇宙的时间和历史的时间等同起来。 他的基本错误就在这里：因为如果生命是一种时间现象，那么生物的时间显然有另外一种不同于历史的或人的时间的结构；整个问题在于弄清这两种时间如何共存；它们可能和在结构方面不同于这两种时间的一种宇宙的或物理的时间共存。（黑 435）

左梨：这两种时间的并存其实就是个体性与普遍性的并存，两者不是不可调和的。黑格尔最后以绝对概念达成了二者的统一。基督，既是个体的，又是普遍的。生命不是时间的现象，它是时间的原因。物质的衰变源于精神的永动，在精神“深入自身的过程中，它抛弃了它的现实存在，并把它的形态交付给回忆”。（精下 274）东方精神中一切超脱死亡的主观努力也都陷于与您相同的困境，即企图携带物质自身进入永生的精神王国，最终既不是一个彻底的唯物主义者，也不是一个彻底的唯心主义者。而事实上，一个彻底的唯物主义者，约等于一个唯心主义者。

科耶夫：“纯粹的物质”不再能解释自然的财富，正如它不能解释历史财富的“纯粹精神”。（黑 166）

历史如何终结

左梨：历史是人的自然。黑格尔说“历史是在时间里外在化了的精神，这种外在化也同样是外在化自己本身的外在化”。（精下 274）人是精神的外在化，历史是人的外在化。在黑格尔的绝对知识环节，精神就是上帝。他谈到自然界的实际存在时，镀上了一层东方思想，尤其是佛教思想独有的色彩。他认为自然界是外在化的精神，它处于三种运动之中：1.永恒地放弃，即物质的衰变，源于精神永远的运动造成了精神自我对物质自身不停息的自我否定，这对应于佛教四劫之中的“坏”；2.外在化它的持续存在，即精神将被自我否定的部分外在化为物质，并对其进行扬弃的过程，这对应于四劫之中的“住”；3.重建主体的运动，是精神在物质中实现而形成的自我肯定，这对应于四劫之中的“成”。黑格尔没有在自然界的环节论述第四劫，他把“空”留给了时间。（精下 274）

科耶夫：关于东方与西方，我的目光落在笛卡尔的肖像和佛陀的塑像上，我听到了他们的对话，笛卡尔已经怒意勃发，而佛陀脸上挂着一丝不可捉摸的嘲弄的神情。笛卡尔问："您真的想说，当我思考时我不实存吗？或当我实存时，我不思考吗？"佛陀答："一点也不。我只想告诉你，思考和实存的全部可能性之所以是可能的，只是因为人们把思想理解为非存在和存在的反题。就思想的现实或存在的现实这个问题来说……"就在这个时候，一堆书轰然倒下，他们的交谈终止了。（传 87–88）

左梨：哈哈，这是科耶夫版的虚拟访谈，那时候你才 18 岁。笛卡尔的观点，的确像是经院哲学对佛教思想的答辩。东方精神的特征之一，是力图在世界中去除人。黑格尔认为，这是因为东方仍处于专制阶段，思维本身还不自由，恐惧是主要的范畴，意志还没有从有限性里解放出来。（史① 95）我认为黑格尔的观察是准确的，但因果倒置了，是因为民族意志畏缩而接受专制，而非反之。东方民族的整体奴化，源于他们与自然过于融洽。

科耶夫：印度思想家说，完善 – 满足在婆罗门的"第四状态"的绝对黑夜中，或在佛教徒的涅槃中，在意识的泯灭中实现。（黑 329）

左梨：《精神现象学》的结尾，黑格尔修改了席勒的两句诗，"从这个精神王国的圣餐杯里 / 他的无限性给他翻涌起泡沫"（精下 275）。佛教认为精神与物质同归于虚无，而黑格尔将物质的衰变归结于精神不断的离弃。

科耶夫：黑格尔所做的修改是启示性的。他试图强调，永恒的和无限的存在，即绝对精神，仅仅来自人的或历史的存在的整体。（黑 526）人们"考察自然"，这是为了描述自然，还不是为了改造自然。观察的理性不是充分实现的理性。这是理性的不行动，完全消极的沉思；因此，这是理性的无意识：这种理性也没有到达精神，停留在生命的概念。（黑 91–92）

左梨：从观察理性到实践理性最关键的节点，是观察理性转向自身，对自身进行观察。但是，这既是意识自我的结果，又只是自我意识的起点。绝大多数东方人就停步于这种观察，成为现有世界的偷生者或逃生者。在这种非法生存的恐惧之中，人是毫无主观意志可言的。理性，只有在它处于意志 – 欲望的从属地位时，才是理性。它来自思维，而“思维遵循物质规则，它不属于精神，而是意识主体的工具，是物质在精神中的代言”，（意 437）也就是黑格尔所说的“作为物体的物体的本质”。

科耶夫：如果没有人，自然就是空间，也仅仅是空间。唯有人在时间中，时间不在人之外存在；因此，人是时间，时间是人，即“在”自然的空间“定在中存在的概念”。（黑 435）

左梨：我认为黑格尔绝对概念的启示，就是生命，它是绝对概念在时间中的体现，在自身之内外在化自身。黑格尔在历史中，也就是人的普遍性 - 理性框架中，从人类学角度推论“人”的生成。这个人的最终成品，就是“基督”。

科耶夫：理想通过个体性概念呈现出来的，首先以基督或上帝——人 - 神的个体性的神学概念形式呈现给人。这个概念 - 理想在法国大革命中和通过法国大革命得以实现。拿破仑是人 - 上帝，同时也是完善的国家的主要创造者，积极地维护这个国家和使之永存的公民，在实在的，同时也是象征性的拿破仑身上，法国大革命完成了基督教世界的发展过程。（黑 317）

左梨：这是你和卢卡奇的强指，黑格尔只是在给尼麦塔的信中提到这个“马背上的世界精神”——拿破仑给他一种奇异的感觉，“他在这里，集中在这一点上他要达到全世界、统治全世界”。但这些“世界精神的代理人”，亚历山大、恺撒、拿破仑，达到精神的目的之后便“凋谢零落，像脱却果实的空壳一样”。（历哲 70）他们不是神的个体性实现，而是神的无意识承担。

科耶夫：一切存在的和作为存在的东西都是善的。一切行动，否定存在的给定物的行动，都是一种罪行。但是，罪行能被宽恕。用什么方式？通过它的成功。成功赦免罪行，因为成功——是一种存在的新现实。但是，如何判断成功？为此，历史必须终结。拿破仑和黑格尔完成了历史。这就是为什么黑格尔能判断国家和个体。为黑格尔准备的一切都是“好”的，也就是说，黑格尔在《精神现象学》中和通过《精神现象学》“理解”拿破仑的世界帝国的形成。当时是 1807 年！（黑 108）

左梨：出生在同一天的两个人就是孪生兄弟吗？荒谬！基督道成肉身就是历史

的终结，黑格尔凭着“十字架上的人类精神”反思世界精神的发展。在个体意识的实现上，也就是，个体性与普遍性的统一上，基督完成了历史的终结；黑格尔在理性层面推导了这条成就之路，使之普遍化为精神自我认识的阶梯，这又达成了哲学的终结。

科耶夫：当黑格尔把智者，绝对知识的人定义为完全地意识到自己的人，即全知的人，他至少潜在地以一种闻所未闻的勇气断定，他已经在自己身上实现了智慧。（黑 322）在黑格尔看来，科学以一本书的形式的出现，即智者或绝对知识在世界中的出现，标志着历史的这种终结。这种绝对知识是时间的最后时刻，即一个没有将来的时刻，所以不再是一个时刻。如果绝对知识在时间中，更确切地说，作为时间或历史形成，那么形成的知识就不再是时间的或历史的：它是永恒的；或者也可以说，它是自己向自己显示的永恒；它是通过语言，而不是通过沉默，被揭示的巴门尼德－斯宾诺莎的实体，因为这种实体是一种历史发展过程的结果；它是由时间产生的永恒。（黑 451）

左梨：但拿破仑远远没有在实践上完成这一终结。

科耶夫：自由概念通过法国大革命和拿破仑得以实现。大革命后的国家是一种有意识的、可理解的和消除一切矛盾的现实。参与这种国家的人也完全地理解自己，与自己和谐地生活。通过所有人的相互承认，每个人因而是完全满足的。大革命实现了自由、平等、博爱，实现了所有人之间的相互承认。拿破仑的国家有一个根本上的新特点：这就是综合的人，真正的公民的实现——主人和奴隶的综合——劳动的战士和作战的劳动者。（黑 131–132）

左梨：这不是马克思的“自由人联合体”吗！“以每一个个人的全面而自由的发展为基本原则的社会形式”。如果真的建立了这样的国家，历史的确终结了。

科耶夫：在我讲课的那段时间，我私底下一直在念的不是“拿破仑”而是“斯大林”，但同时我又在解说《精神现象学》……斯大林 = 我们这个世界的亚历山大 = 工业化的拿破仑 = 世界 = 帝国。（拉丁 162）

左梨：苏联解体之后，你的继承者福山再一次宣布历史终结，自由民主制度被判为最终的胜利者。曾引发主奴生死搏斗的激情要服从于被理性引导的欲望，“自

科耶夫在 1959 年游历中国期间拍摄的照片

同一期间，科耶夫镜头下的日本

由主义通过解除对贪婪的限制把所有欲望解放出来，并使之与现代自然科学形式呈现的理性联盟，从而使现代经济世界得以可能”。（福山 341）这种欲望与理性联盟——我怀疑，只能是些标准化的欲望。这使欲望成为一种商品，使欲望的达成成为一种商业模式。

科耶夫：绝对知识是普遍的和同质的，仅仅出现在同样也是普遍的和同质的现实中：它必须以国家，即人的世界的普遍性和同质性，以及这个世界和自然世界之间的对立的“取消”为前提。不过，只有当人的欲望完全地和最终地得到满足，这种情况才能发生。在那时，不再有否定的活动：世界是他的完成的努力的结果。然而，欲望和源于欲望的行动是人的或历史的时间，即本义上的时间的表现。与其所是一致的人，不再超越给定的实在事物。他因而不再创造历史，换句话说，他不再是时间。如果普遍的和同质的国家，以及揭示这种国家的科学，完成了历史，那么它们也完成了时间。（黑 456）

左梨：历史行进于大大小小、层次不一的终结之中，每个抵达自由王国的人，都终结了个人的历史。福山说“纵然我们会质疑要多久之后全人类才能抵达那个终点，但我们不应怀疑某种社会形态就挺立在历史的终结处”。的确，这种政治构想一定曾实际地存在于某个群体的共识之中。

科耶夫：无任何东西能证明，只要在世界上有人，就始终有哲学。换句话说，历史可能在到达其绝对不可超越的终点之前停止。因此，必须作出努力，以便不让这种情况发生。或者也可以说：仅仅对自己说一个哲学家迟早将出现是不够的；即使没有充足的理由，每一个人都应该对自己说，也许只有他能成为人们期待的这位哲学家。（黑 481）

左梨：人类的全员物化，可能是在历史中发生的人类终结。这种高智能动物——如尼采所说的 Letzter mensch（末人），技术化地生存于世间，沦为必然的一部分，却与精神绝缘。因而精神被迫寻找新的界面，实现它的自我重生。

科耶夫：人在历史终结时的消失不是一种宇宙的灾难：自然世界仍然永恒地保持其原来状态。它也不是一种生物的灾难：只要动物与自然或存在和谐一致，人仍然继续存在。如果人们肯定“人仍作为动物活着”，并且明确指出“消失的东西，就是本义上的人”，那么人们就能说：“其余的一切能无限地继续存在下去：艺术，爱情，游戏，等等”如果人重新成为动物，那么人的艺术、爱情、游戏必然也重新成为“自然的”。因此，应当承认，在历史终结之后，人仍将建造大型建筑，创作其艺术作品，就像鸟儿筑巢和蜘蛛织网；仍将模仿青蛙和知了，演奏乐曲；像幼小动物那样玩耍，像成熟的野兽那样做爱。但是，在这种情况下，人们不能说，这一切“能使人幸福”。应当说，将生活在富足和安全之中的智人物种的后历史动物因他们的艺术、性爱和游戏的行为而感到满意，因为按照定义，他们将感到满意。（黑 517–518）

左梨：这种人类终结也曾发生，在所多玛、巴比伦、迦太基、耶路撒冷……现在则作为一种消极的可能，半现于此世的一座座魔都。那里，艺术中没有诗意，学院中不求真理，法庭中不需要正义，庙堂中没有神祇，头脑中没有思辨，心灵中没有爱……后人类，作为一种精致的动物，模仿着人的生活。

科耶夫：“美国的生活方式”是后历史时代特有的生活方式，在世界中，美国的现实预示着整个人类的“永恒的现在”的将来。人回到动物状态不再表现为一种有待于到来的可能性，而是表现为一种已经存在的确定性。（黑 518–519）

左梨：20 世纪 80 年代，我外公，作为政史学者，常常担忧约翰·杜勒斯预言成真：“和平演变”会发生在共产党第三、四代人身上，共产主义运动会走向衰落，中国会变成另一个美国。福山则在 2014 年提出一个问题，我把它缩写为：五十年后，是美国变成中国，还是中国变成美国？他毫不犹豫地选择后者。（福山 4）但这道题的选项未免太过狭隘！自由民主制只是一种适应大工业生产的现存制度，由其依据的理性必将社会引向技术统治，就现阶段已经暴露的问题来看，自由主义者显然对深陷于程序、逐步走向僵化的低效政府无计可施。而在不远的将来，国家将面临一个全新的任务，正如之前要将人民从贫困中拯救出来一样，它要将人从技术中解救出来，从保障人民的生存走向保障人的存在。在更远的未来，世界将只存在一个程序性的全球政府，而国家则转化为没有国境，仅有首都的文明辐射区。

科耶夫：在最近一次到日本的旅行之后，我完全改变了在这一点上的观点。我在那里观察到一个独一无二的社会，因为只有这个社会在“历史终结”的时代……

经历了差不多三个世纪。然而，不再冒生命危险和不再劳动的日本贵族的存在，仍然不是动物的存在。在日本没有在“欧洲”和“历史”意义上的宗教、道德和政治。但是，在纯粹状态中的追求高雅在那里创造了否定“自然的”或“动物的”给定物的纪律，这些否定的纪律在效率上远远超过了在日本和其他地方产生于“历史的”活动，即战争和革命斗争或强迫劳动的纪律。尽管存在着经济和社会的不平等，但所有的日本人，毫无例外地实际上能按照他们的完全形式化的价值，即在“历史的”意义上完全没有人的内容的价值生活着。严格地说，每一个日本人原则上都因这种纯粹的追求高雅进行“非理性的”自杀，武士的古剑能被飞机或鱼雷代替，然而，这与在根据社会和政治内容的历史“价值”进行的斗争中冒生命危险毫不相干。这也许能使人相信，最近在日本和西方世界之间产生的相互作用最终到达的不是日本人的重新野蛮化，而是西方人，包括俄国人的“日本化”。由于没有一个动物是追求高雅者，所以“日本化的”后历史时期是人特有的。因此，只要有使用“自然”工具为人服务的智人物种的动物，就没有“本义上的人的最终消失”。（黑 519）

左梨：俄罗斯人太矛盾了，你们真是拜占庭的双头鹰！俄罗斯的灵魂中既有西方对精神和真理的热望，又有东方难舍的物质牵绊。那种落实于物的精神遗迹，那些精美繁茂的精神装饰，其实与精神毫无关系。在那种形而中的美感社会里，人依然是顾左右而言他的游魂，器物只能涵纳骨灰，无法承受生命。那只是精神的平面运动，无法解决精神的内部矛盾。那种生存，纯乎是高级动物的生存。在东亚三个主要民族中，朝鲜民族的精神发展仍处于原始的部民时代，朝鲜的世袭政权，韩国的总统魔咒，都是原始部民化王为神、杀王祭王的现代翻版。日本文明是消极化的华夏文明，是一种精神上的平面运动。唯有中国，脱离了原在体系，呈现出欧洲启蒙前的精神昏寐。其中反倒蕴含着某种生机，或许会在后历史时代，发展出一种新的世界精神。

科耶夫：一个“与自然或存在和谐一致的动物”是一个无人性而有生命的存在。为了保持人性，人必须仍然是“对立于客体的主体”，即使“否定给定物和错误的活动”消失了。这意味着：当后历史的人从此以后以适当的方式谈论为他规定的东西时，他必须继续把它们的“内容 ”和“形式 ”分开，这不是为了主动地

改造这些内容，而是为了把自己作为一种纯粹的“形式”对立于作为任何“内容”的他自己和其他人。（黑 519）

左梨：我在想，如果绝对知识在世界中出现标志着历史的终结，那么耶稣复活，这个在生命中提纯而返回的精神，又重返现实，是否就意味着这种终结？概念，即历经死亡而实现个体性归元的自我意识，黑格尔所说的科学王国就是概念的天国。当精神达到概念时，“由于精神的差别已经返回到了自我，它的各个环节就表现为各种特定的概念及这些概念的有机的，以自身为根据的运动……概念就把真理的对象性形式和认识着的自我的对象性形式结合为直接的统一体”。（精下 272）它实现了必然与自由的统一，在我心目中，人获得实现的终极标志，就是将自身提纯为一个独来本有的神学符号。

科耶夫：在存在中维持作为虚无的人的力量的辩证运动，——就是历史。这种力量本身是作为否定或创造活动实现和显现的：否定给定物——人自己——的活动，或创造历史的人的斗争活动；以及否定给定物——动物生活在其中的自然世界——的活动，或创造文化世界的劳动活动。在这个文化世界之外，人只不过是纯粹的虚无；在这个文化世界中，人仅仅在一段时间里不同于虚无。（黑 685）

左梨：精神的运动是发展，而非变化，因为它在现象和时间上都是变化的。后历史是多个一神统治的世界，它们相互交叉却互不侵犯。我始终相信精神王国和而不同，绝不是物性标准的普遍均质国家；相信人的本质和目的都是精神；相信精神的永动和永生。安息吧，科耶夫，我必叮嘱我这脆弱愚蠢的生命保持对精神实体的向往。

附记

窗外是后历史的漫长子夜，2017 将要来临，不识耶稣的人，也在为他庆生。坚毅强悍的科耶夫悄然离去……进入精神现象学的最后篇章，于我而言是一次对于思想珠峰的攀登，意义非凡。我曾在大本营驻扎很久，面对冰缝中一具具僵于某种状态、指示着此路不通的思想冻尸，却始终缺乏勇气去峰顶看个究竟，也就是说，我始终没有进入绝对知识环节，因为那部分内容要么看起来匪夷所思，要么看起来过于平常，而在哲学思辨中，后者比前者更为险阻，也往往蕴含着更深刻的宝藏。如果没有科耶夫这位熟悉所有岔路的向导，如果没有罗蛋塔在思辨中的指引，这种攀登是不可能实现的。感谢黑格尔和罗蛋塔，也感谢我的同行者科耶夫。

参考资料

- Karl Barth, *Protestant Thought From Rousseau To Ritschl*: Being The Translation Of Eleven Chapters Of Die Protestantische Theologie Im 19. Jahrhundert, 268 Harper, 1959.
- Merleau-Ponty,Maurice. *Sense and Nonsense*. Northwestern University Press, 1964.
- ［法］亚历山大·科耶夫:《黑格尔导读》，姜志辉译，译林出版社 2005 年版。
- ［法］多米尼克·奥弗莱:《亚历山大·科耶夫——哲学、国家与历史的终结》，张尧均译，商务印书馆 2013 版。
- ［德］黑格尔:《精神现象学》(上下卷)，贺麟、王太庆译，商务印书馆 1983 年版。
- ［德］黑格尔:《精神现象学》，先刚译，人民出版社 2013 年版。
- ［德］黑格尔:《哲学史演讲录》，贺麟、王太庆译，商务印书馆 1983 年版。
- ［德］黑格尔:《历史哲学》，王造时译，生活·读书·新知三联书店 1956 年版。
- ［美］福山:《历史的终结及最后的人》，陈高华译，广西师范大学出版社 2014 年版。
- 邱立波编译:《科耶夫的新拉丁帝国》，华夏出版社 2008 年版。
- 《科耶夫给唐·迪克淘的信》,《学海》2010 年第 6 期第 90-92 页。
- 罗蛋塔:《意行 | 伊甸园里的死亡与永生（中)》，一千减 93(2018)：435-475。

第5章 阿伦特

现代人与利维坦巨灵

约翰·基恩认为，20世纪政治思想界以两个巍峨人物为两端：马克斯·韦伯和尤尔根·哈贝马斯。而另一巍峨人物汉娜·阿伦特（Hannah Arendt，1906—1975）正好处于他们之间。海德格尔成为她胸前的红字，这是机遇，也是限定。她的博士导师，雅斯贝尔斯，则是她学术基因的另一个重要来源。

阿伦特出生的那个世纪之交，“铁血首相”俾斯麦，“欧洲祖母”维多利亚一世相继离世，德国进入极速发展通道：斩获多项诺贝尔奖；X射线、阿司匹林、普朗克常数……科学发现和科技发明不断涌现；而伯尔尼专利局的审查员爱因斯坦震惊了科学界。

一战失败及其后果痛虐着德国，也终结了阿伦特的童年。尽管继父破产，她还是如常就读马堡大学，去朝拜心中向往的教授——35岁的海德格尔。那位哲学教师中的独行者，吸引着整个德语区的青年。他约她见面，给她写信，迅速拉近情感，同时树立不能伤害妻儿的游戏规则。曾有女生情陷海德格尔难以自拔，甚至自杀，阿伦特认为自己例外，但最终还是转学逃离。

此后20年，她一直在逃生，作为女人为保存自我一次次逃离；作为犹太人为保存生命一次次逃离。二战期间，避难巴黎，曾被关入法南的居尔集中营，但侥幸逃脱，之后由马赛、里斯本辗转抵达美国。从柏林到巴黎、居尔、里斯本、纽约，历经记者、编辑、换工保姆、私人秘书、家庭教师、政工干事等工作，她竭尽所能地谋生、思考、写作，终凭《极权主义的起源》解开人类被极权奴役的秘因，确立了世界声誉。二战结束，她以《纽约客》特约专家身份参加了纳粹逃犯阿道夫·艾希曼的公审。在超出民族情感的探索中，她举着火把向犹太人苦难的历史深处走去，发现了人的平庸之恶：一边是战犯毫无感觉地掠杀平民，一边是被迫害民族的首脑出卖族人。几乎所有犹太好友都离她而去，而当年的导师雅斯贝尔斯则坚定地站在她身后。

她总以女性第一人的身份在男人的圣殿中布道，却不以女权主义者自居，她认为自己碰巧是女人，又享受女人的身份。阿伦特拒绝被称为哲学家，因为哲学只面对单数的人，而她研究复数的人——生于地球居于世俗世界的人们。如同时代的女祭司，她站在后现代的起点审视人的异化，关注人的异变，在极权高压下，在种族区别中，在大生产的洪流里，挖掘着人之为人的可能，拷问着人类真正的原罪。

主要著作

《极权主义的起源》《人的条件》《黑暗时代的人们》《艾希曼在耶路撒冷》《论革命》《共和的危机》《马克思与西方政治思想传统》《责任与判断》《精神生活·思维》《精神生活·意志》

孤独者暴政

左梨：阿伦特，您好！您与我祖母同年，是虚拟访谈嘉宾中第一位女性。我的祖母是一位基督徒，她遵父母之命，十五岁嫁给医生；又遵上帝之命，50年间养育了11个孩子；在一场她所不能理解的“文化革命”之中，悄然离世。在那个时代，她的出身像二战时的犹太血统一样必须隐瞒，与她生命相关的一切都被掩埋。她留下数十位子孙，却没有留下什么精神印记。而您，历经两次婚姻，依然保持父姓，没有孩子，却拥有无数的精神继承人。与我祖母这种缺乏个体性的同龄人相比，与被屠杀的你的同族相比，这种命运显然是抗争的结果，可是，人如何摆脱群体性的既定轨道？

阿伦特：一个人只有处于社会的边缘才可能保持他合乎人的尊严的存在方式，处在这种状态中的人无非拿或多或少的幽默冒险，而这既不会使他成为众矢之的，也不会让他饿死。［《爱这个世界：汉娜·阿伦特传》（以下简称“传”）103-104］

左梨：一个边缘人或许不会饿死，也绝无可能成为众矢之的，但很难在社会界面获得人的尊严。他必将成为家族的难言之隐，一个道德上有所欠缺的逃避责任者，一个缺乏兑现能力的活亡灵……所以，即使为脱离常态做好了物质和心理准备，中国人也难以在近乎绝缘的社会人际中生存下去，除非他有一份足以抵挡虚无的情感——另一个人能以生命之重代替世界对他作出肯定。

阿伦特：是的，还是小孩子时我就知道，我的确只能在爱情中生存。但是我恰恰又心怀恐惧，害怕有一天干脆会大失所望，并由此夺走了我的自主性。（传41）

左梨：我小时候则担心，在爱中，就像在天堂里，我会厌倦单调的幸福。但身居其中，我才发现相反之事未必矛盾，例如自由与归宿，看似南辕北辙，实则同一，真正的自由恰是投奔归宿的自由。而那些相似之事却往往毫不相干，就像单调与单纯，同具单一的表象，却没有任何同质之处。在权威的吸引或威权的控制下，人都可能失去自主性，但前者是主动选择了无我，后者是被动放弃了自主。你现在对爱，一定有新的认识。

阿伦特：当我遇到海因里希时，我的恐惧再也没有了……看起来令我难以置信的是：博大的爱和对自我个性的认同，我竟然两者都得到了。我终于懂得了幸福到底是什么。（传 76）

左梨：我本来决心在访谈中绝口不提海德格尔，但到了这里，又忍不住想问您，为什么在战后，你仍然去见了这位曾经的……纳粹。你主动索要他的地址，然后把自己的地址发给他，这显然是一种邀请。

阿伦特：当门房通报他的名字时，好像时间突然凝滞了——我压根没期待他来，也没有收到他的来信。他站在我面前，犹如一条失魂落魄的狗。（传 123）

左梨：可是趁他妻子不在家，你还是在他家中度过了整个夜晚。

阿伦特：这一生里，我们第一次那样互相讲话。（传 124）

左梨：在海德格尔的安排下，你甚至与他妻子埃尔弗丽德见面，他希望你们之间能产生某种友谊……据他说，埃尔弗丽德始终知情，并且纵容了他。

阿伦特：那场谈话显然是 25 年来最使他难堪的事情。这个人只要可能，尽管声名狼藉，却还是到处说谎。至于那个女人，恐怕只要我活着，她便会随时准备溺死所有的犹太人。（传 125）她的嫉妒心一发而不可收拾，这些年来她一直期待着她的丈夫将我完全忘记。这位女士的政治信念简直和全部经验毫无关系，只是一种狭隘、恶毒、与己有关便耿耿于怀的充满妒忌的愚昧。（传 138）

（阿伦特掐灭烟头，望着窗外，我忽然沮丧透顶。这不是我想看到的阿伦特：如果那个女人不姓海德格尔，可能丝毫不会引起她的兴趣，而此刻，她们却表现得像一对激烈竞争的同行……）

左梨：如果她真的如此愚昧，那有什么值得谈论呢？愚昧的女人比比皆是。

阿伦特：《圣经》说“那人独居不好”，马丁·路德在一个鲜为人知的《圣经》文本注解中写道，一个孤独的人“总是从他者的角度来推断事情，并且将一切事

阿伦特，1944年摄于纽约，由多年好友弗里德·斯坦尼执镜

情向最坏处考虑”。极权运动中著名的极端主义恰恰包含了这种“将一切事情向最坏处考虑”的思维方式，在这一推论过程中，总是得出最坏的可能。[*The Origins of Totalitarianism*（以下简称 T）477]

左梨：是的，上帝看亚当独居不好，因此取他的骨肉造夏娃。在精神中，人以自我为伴。亚当夏娃在物质上互补，在精神上合一，这是婚姻的本义。人在婚姻中所能得到的最大的赠予是：他的个体性得到了另一个生命的绝对认可。这样的婚姻才是一个人的归宿。可以说海德格尔部分地得到了，埃尔弗丽德完全认可他的精神和天才，尽管这可能是盲目的，但她对他的包容和接受却是超常的，不论他所独具的个性怪癖，还是男人的普遍性欲。当然，海德格尔依然会在一种思想交流的隔绝中感到一丝孤独。

阿伦特：对海德格尔来说，除了通过从中撤离并返回孤独状态之外，不存在任何可能逃离这一共同的日常世界中“不可理解的琐屑”的出路。[《黑暗时代的人们》（以下简称“黑暗”）3] 隔绝与孤独不同，我可能是被隔绝的，基于我无法行动这一状态，因为无人将与我共同行动，但我并不孤独；我也可能是孤独的，基于我作为一个人，被所有人类同伴抛弃这一状态，但并未被隔绝。（T474）

左梨：是的，隔绝是一种外在环境，而孤独是一种心理事实，一种人在死亡的预期中无法改变的状况。就像死亡的无法规约，“每一个人死去，都是第一次有人死去”，孤独也无法规约，孤独者总是更加孤独的那一个。这是一个人必须独饮的苦酿。在没有他者的世界里，自我因失去边界而失去存在感，这对常人来说是一种极其痛苦的生命感丧失，似乎生活在无形的坟丘之中。他者意味着现实的存在感，常人无法独处，无法忍受在日常形式上与他人失去关联。大众期望在群体性中排斥和回避孤独，这反而因某一种范式对自我的规约，使作为个体的人无法相遇，而将隔绝变成了一种心理环境。

阿伦特：孤独也不是独处，正如加图所说：numquam minus solum esse quam cum solus esset。（T476）

左梨：老加图所说的，是用比较级表达最高级含义，“没有比独处时更小的孤独”，人独处时孤独最小。

阿伦特：严格地说，一切思考，都发生于独处，它是一种自我之间的对话。但内在的对话并未失去与同胞世界的联系，因为在引导思辨的自我之中代表着他们。独处的问题在于，这内在的对话者需要他者使自己重新合一，合为那个无法替代的个体，不会与任何他者发生辨识混淆。（T476）

左梨：个体性绝非与他者比较而得出，如黑格尔所说，通过个体性，"某物自在自为的存在"。在比较中只能发现个别性，那不过属于现有范畴中的异类，不可能无法替代。个体性来自自我中更深邃的部分，来自一种无可抑制、不可逆转的欲望－意志冲动。这是特殊性与个体性最本质的区别。找到自我，成我所是，是对个体性的发现与实现。那时，他是独特的，因为自我的个体性；也是本质的，因为成为"一个人"。

阿伦特：独处者一旦发现他们无法得到友谊的救恩，因而无法从矛盾、暧昧和怀疑中得救，就始终处于濒临孤独的危险之中。只有对哲学家来说，独处才是一种生活方式，也是一种工作条件。当他们不再满足于"哲学只属于少数人"这一事实，开始坚信无人"理解"他们，这种危险就表现得非常明显。在这方面最典型的例子是黑格尔的临终逸事，在他之前没有任何一个伟大的哲学家曾经讲出那样的话："除了一个人，没有任何人理解我，而他也只是误解。"（T476–477）

左梨：这句话真是太黑格尔了，尽管他的传记作者雅克·董特否认此事——"黑格尔死时静默无声"，他认为人们喜欢引用哲学家最后的话语，有时为其添加了某种崇高性。行至人类精神的巅峰，或者说深渊，唯一能理解他的人，就是他自己，而即使是自己，也会对那创造性的自我产生误解。悲欣交集啊，这是他的孤独，也是他的勋章。

阿伦特：孤独令人无法忍受的原因是，失去了可以在独立中实现的自我，只能凭借同类的信任和可靠的陪同才能确认自己的身份。在这种情形下，人失去了对自身的信任，他本应是自己思想的搭档，是在世界中形成体验的基本信心。自我与世界，思维与体验，就这样同时失去了。（T477）

左梨：人的孤独并非源自个体性，后者是自我存在的标识，在这一点上人无须陪伴。但是无论多么独特的灵魂，都离不了他特殊的肉身——这个物性的、现实的自我。特殊性，它是个体的物质外壳，囚禁了人的个体性。普遍性使人走向万物，个体性使人坦然与万物并存，在确认自身个体性的一刻，人获得了与神，或者说与整个世界平起平坐的资格。唯有特殊性使人孤独，它迫使人类聚结为小团体，作为类别保持生存。阿多诺认为社会的整体化致使人 – 心灵的物化，而要从中解脱又像一个悖论，因为人本具社会性。实际上，这种异化正是因将人隔离在特殊性之中，成为现代人在大工业生产中所要面对的真正问题。

阿伦特：人，正因为它是一个生产者，倾向于在工作中保持隔绝，这将使他暂时地离开政治领域。制造，一方面区别于行动，另一方面又区别于纯粹的劳动，总是在某种程度上隔绝于共同关注之外。在隔绝之中，人通过人类的技艺与世界相联系，一旦人类创造性最根本的形式遭到破坏，隔绝就变得彻底无法承受。（T475）

左梨：是的，生产流水线最不人道的地方，就是使人工具化，有时一个人的全部功能就是完成一个机械手臂的工作，个人的意义完全消解，唯有作为集体的一分子才能有所实现。

阿伦特：希姆莱在组织方面的伟大发明，是将纯粹客观标准导入党卫军甄选系统。他依据纯粹的种族标准，通过照片筛选候选人。人的自然属性，不但直接决定哪个种族应该被清除，也决定哪个种族应该受训为行刑者。（T468）

左梨：种族、阶层、地域、年龄、性别、趣味，都是将人群进行特殊性划分的方式。特殊性源于比较，如黑格尔说“对一个他物的关系”（逻下 273），特殊性割裂了个人与社会，迫使个人以类为单位生存下去，但作为类的生命既无法涵纳个体性，又无法救赎个体性，因此无法将人从死亡中拯救出来。个人的生存变得没有意义，人民便开始陷入死亡恐怖之中。

阿伦特：极权主义不是以恐怖为恫吓手段，而是将恐怖作为一种本质，一旦引发这种政体，人类行为领域的任何一种行为驱动导向原则——比如道德、荣誉、敬畏都变得毫无必要，也毫无益处。取而代之的是，公共事务中引入一项全新的原则，完全免除了人类的行动意志，促使人们去理解恐怖主义所依据的运动法则，由此造就了各自的命运。（T468）

左梨：一旦生存，这种更为根本的需求受到威胁，在此基础之上的道德、荣誉、敬畏便不值一提了。人们似乎只有两种选择：要么躲避死亡，要么臣服于死亡。前者使人荒谬，后者使人沦丧，但二者都使人深陷孤独。

阿伦特：极权主义统治者把各自的意识形态转化为武器，驱动各自的属民强制自我与恐怖运动达成一致，这一方式简单而低调：他们绝对严格地执行此事，推崇希特勒所谓的至高天赋——“冷冰冰的理性”以及“无情的辩证法”，将意识形态的内涵推向极端的逻辑一致性。在旁观者看来，这是一种原始的荒谬和不可理喻：“垂死阶级”应接受死刑，“不适合生存”的种族应该灭绝。谁承认存在某种“垂死阶级”的事实，却未得出其成员应被处死的结论；或者承认生存权与种族相关，却没有得出消灭“不适合种族”的结论，谁就是蠢货或懦夫。作为行动指南的严酷逻辑渗透了极权主义运动和政府的整个结构。这完全是希特勒的作品，尽管并未给其运动的思想和宣传口号添加新理念，基于这一原因他也必须被看作最重要的意识形态专家。（T471-472）

左梨：值得注意的是，有时这种“冷冰冰的理性”还会表现出一种非人的文明性，就像萨特看来，德军对待巴黎人的那种理性的“恰当”行为，实际是一种更深刻的侵略，致使法国人陷入被占领的共谋。理性与辩证法不是什么至高天赋，而只是一种普遍性的工具，无涉创造，如果将其作为建构性的最高准则，就只能建立一个毫无可能的社会。

阿伦特：这种内在冲动是逻辑性的暴政，除了人开创新事物的伟大能力之外，无事堪与之匹敌。这种逻辑性的暴政使得引发人们思考的意识屈从于逻辑，并视其为永无休止的进程。因为这一屈服，他们像屈服于某种外在暴政而放弃运动自由一样放弃了内在的自由。自由，作为人的内在能力，与其开创能力同一，正如政治现实中的自由，与人们之间的运动空间同一。在开端之中，逻辑、有说服力的推理毫无权能，因为它依赖预设，形成于先决条件。（T473）

左梨：在海德格尔看来，精神的陨落就起源于精神的逻辑化。逻辑只能在特殊性，也就是它的前提中成立，离开了这种局限，它就沦为一种荒谬。这要求我们时刻保持对前提的警惕。然而，停止思考又几乎是每个庸众最由衷的呼声，他们总是迫不及待关闭大脑这个极度耗能的器官，接受现成的逻辑，争当特殊性的附庸。

阿伦特：事实上，正是孤独使非极权世界中的人们准备接纳极权统治，它曾是一种边缘体验，通常仅为少数人社群——如老年人群——所承受，在这个世纪里，它成为日益增长的大众的日常经验。极权主义驱使并组织大众进入一种无情进程，像是对这种现实自杀式的逃避。（T478）

左梨：在我看来，极权恰恰是利用产生孤独的原因——特殊性来恐吓每一个人，试图用特殊性来维持自我的人就是极权潜在的俘虏，他们意识到死亡的必然，不再寻求存在意义，不再为保持个体性而抗争，竭力以类的形式繁衍，接受类的同化。权力，当且仅当它是特殊性的代言时才会形成极权。

阿伦特：暴君是一人统治所有人，所有人都是平等的，即同等无权。仿佛顶部和底部之间的所有中间阶层都被毁掉的金字塔。与之对照，极权主义的组织形式是洋葱结构，中心的中空地带是领袖的位置，领袖无论以权威整合政治有机体，还是像暴君那样压迫臣民，他都是从内部，而不是从外部或顶部运作。（之间 93）戈培尔断言，"一个当代人在今天能够体验的最大幸福"是成为一个天才，或者为天才服务。（T332）

左梨：仅这句话本身，我认为所言甚是。天才性代表创造性 - 精神性。创作作为精神的本能，属于人的本质欲望，成为天才或服务于天才，关乎本质欲望的实现。

阿伦特：这是暴民的典型思想，但不属于大众或精英同情者。后者基于严格否认天才存在的观点，严肃主张匿名。（T332）暴民代表了各个阶层的多余人。（T107）海德格尔与埃尔弗丽德的婚姻就是精英与暴民的联盟，而且达到了紧密无隙的地步。（传 165）

左梨：Why？这个女人以无我的状态承担海德格尔的生存之扰，周密细心地照顾他的起居，使他尽享天年，她至少是海德格尔的上手之存在，ready-to-hand。但不能不说，天才崇拜极易转向极权暴政，两者都带有一种无我的热情，在天才崇拜者，是忘我的呼应；在极权拥护者，则是弃我的宣泄。

阿伦特：斯蒂芬·茨威格所说的"名声辐射力"只能吸引暴民。和晚期资产阶级社会热诚接受的天才崇拜一样，两者都无法诱惑精英。精英们蔑视天才，他们对匿名的渴望，旨在证明一种大众与暴民都无法理解的精神——如罗伯斯庇尔所说，旨在重申人类的辉煌以对应伟人的微不足道。（T332）

左梨：精英阶层与天才为敌，因为二者相似，却截然不同。所谓精英阶层是系统的守成者，而天才是系统的建构者。作为俗中佼佼，精英阶层并未超越大众，仍然属于常人，至多属于亚里士多德所说的那种“为了荣誉的存在”，他们的自我在现存和他人的关联中得以保持。天才的存在解构了他们在常人向度上的意义，因而成为他们力图抹杀的对象。

阿伦特：尽管精英和暴民之间存在区别，但是每当底层社会挑战上流社会以获取平等的接受时，精英无疑为之感到高兴。精英成员们毫不介意以摧毁文明为代价，以获取那种快乐——看到曾被不公正地排除在社会之外的人重新介入。（T332）精英和暴民之间的暂时联盟在很大程度上依靠这种真正的愉悦，前者观赏后者摧毁上流社会。（T333）

左梨：我发现您自始至终都没有分清个体性与特殊性的区别，就像你无法区分精英与天才。我想你此刻所说的精英是真正意义上的精英——天才，而不是所谓的精英阶层，那不过是“上流社会”——他们将一切不平等视为自身努力的结果并极力维持。是否承认天才，与能否接受活着的真理是同一个问题。活着的真理，就是承载真理的人，虽有瑕疵，但仍然在示现真理，同时是一个有呼吸，能回应的生命，但正是由于有生命，才难以被人接受。天才不介意摧毁文明，是因为创造性令他们贬低了现实，而暴民一无所有，他们往往成为现有的天敌。共同的破坏需求，使天才与暴民联合在一起。海德格尔与埃尔弗丽德更像是天才－母亲组合，她作为母亲包容他，照顾他，辅助他完成事业，将之看作自己的使命。最终，她分有了他的姓，他的基因。

阿伦特：只要极权主义者尚未攫取权力，极权主义运动对精英的吸引力就会持续下去。令人迷惑不解的是，处于前极权主义普遍气氛之中的人，对极权主义那种庸俗、随心所欲、积极的教条，反而不如外人和旁观者认识得更为清晰。这些理论与普遍接受的知识、文化、道德标准截然不同，以致人们会认为，知识分子

英语版《三文钱歌剧》的海报，这部在德国引起反常热情的布莱希特作品，背景就是维多利亚时代的伦敦

有一种天生的基本性格缺陷，la trahison des clercs[①]，或者精神上荒谬的自我仇恨，最终使精英愉快地接受了暴民的“思想”。（T334）

左梨：这种精神上的自我仇恨，其实来自精神的自我否定。精神每时每刻都处于自我否定之中，并永远同时进行着摧毁和建构。知识分子作为精神的祭司，时刻感受着精神永不停息的否定。当现实的人安居于现有时，天才渴望创造一个体现主体意志的未来。那些破坏者正好可以帮他们完成第一步——摧毁。但是，暴民绝非天才崇拜者，他们并不向往建构，仅仅渴望破坏——这是天才与暴民的本质区别。价值观所向的一切都与暴民无关，唯有摧毁一切价值，才能使他们获得意义。因此，谁能领导他们破坏，他们就跟着谁走，他们只想给漫无目的的破坏欲一个出口。他们只是天才们阶段性的同路人。

阿伦特：没有任何人预见到，这种讽刺的真正受害者是精英，而不是中产阶级。前卫者并不知道，他们一头撞倒的不是南墙，而是一扇门，众口一词的成功违背他们成为革命少数派的主张，反而证明他们表达的是一种新的群众精神，或者时代精神。布莱希特在德国前希特勒时代所写的《三文钱歌剧》在这个方向上有特别的意义。这出戏剧将强盗描写成体面的商人，将体面的商人描写成强盗。戏中的主题歌曲《先吃，再讲道德》受到几乎每一个观众疯狂喝彩，尽管出于不同的原因。暴民为这句宣言的字面意思喝彩；中产阶级为其揭露陈词滥调的深刻智慧喝彩，他们长期以来被其自身的虚伪欺骗，渐渐厌倦了身在其中的紧张；精英为其揭去虚伪面纱这一高尚而精彩的讽刺喝彩。作品的效果正巧与布莱希特的所求相反。中产阶级并不震惊：他们欢迎此剧揭示的隐秘哲学，这恰恰证明了他们一向正确，以致布莱希特“革命”的唯一政治结果是，激励每一个人抛弃不适的虚伪面具，公然接受暴民标准。（T335）

左梨：尼采提出“重估一切价值”，重建独属个人的价值观。暴民希望“消解一切价值”，以此获得一种不分优劣的平等。天才一旦开始摧毁后的重建，暴民的破坏欲就是他们座椅下的定时炸弹。如果天才坚持创造，他就会成为暴民的祭品，必将被这些怠于建设的人送入水牢或绞架；而天才一旦选择自保，他们就必须转变

---

① 法语，意为知识分子的背叛，指知识分子断然与追求真理的传统决裂，坚决投身现实。源自朱利安·班达的同名作品。

为职业破坏者——暴君，不断树立新的摧毁目标供暴民享用。中国也曾经发生这种暴民运动，整个社会陷入为破坏而破坏的恐怖之中，直至现实归于死寂，全民同化为平均状态的人蛹。

阿伦特：埃尔弗丽德应该为海德格尔走上纳粹的错路负责，为他的不老实和欺骗行为负责。至于他本人，人们至多可以指责他无力抵抗这种影响。（传 139）

左梨：您认为她作为一个常人能够影响一个哲学家的思考？您本人都能力排众议写下艾希曼审判所揭示的离经叛道之说，海德格尔却因为妻子的反犹主义成为一个纳粹。这不荒谬吗？事实上，一直到二战结束后十余年，海德格尔都没有推翻他对国家社会主义的认可。

阿伦特：他本质善良，有动人的温厚，骨子里却是无助和无力。我是他的保护人，是他内心的宁静和哲学研究的保护人。我担心如果我不在他的附近出现，他会重新跌落到自己的沮丧之中。因此我要使他坚强，而且要尽可能持续更长的时间。（传 139）

左梨：歌德和莱辛都认为天才很难与世界达成一种和谐的关系。国际战略学专家王家福曾经引过一句美国格言，“强者需要弱者的保护”。的确如此，一个灵魂越是卓然于众，越是容易遭到大众的误解和现实的中伤，因而需要实践能力更强的知音充当他与世界的缓冲。在我看来，海因里希对你来说更是如此。

阿伦特：有海因里希给我做后盾我什么都不怕，有些时候由于有恃无恐，我甚至敢去做越轨的行为。（传 135）

左梨：这是一种美好的情感状态，可在我这种儿童般的完美癖看来，坚实的情感与精神的向往应该集于一人。天国和神应该在一处，如果二者分裂了，就要为神再造一个天国。

阿伦特：尼采说真理只存在于成双成对之中，也许唯我不懂这一点。（传 142）

左梨：我只是隐约感觉到真理有一种对称性，而罗蛋塔认为，真理之所以成双成对，是因为真理的反题，往往也是一个异度真理，因此真理才能在成为归宿的同时，也指向自由。这也是精神不拒绝自我否定的原因。

阿伦特：海德格尔认为，任何一个行动在实现一种可能性的时候，都立即取消了能选择的所有其他可能性。任何一种行为都会造成许多过错。[《精神生活·意志》（以下简称“意志”）206]

左梨：是啊，精神有亿万化身，可以既此又彼，物质则恰好相反，无法突破时空中的唯一性。这也最终酿成了人的原罪：在令精神实现的过程中不断扼杀其他各种可能，使其必然落入某一种物质载体，成为精神显现的标本。

阿伦特：不过，正如《存在与时间》中所说的，这个“有罪责的”自我能通过对自己死亡的预期来拯救自己，当“漂泊的”此在在现在的漂泊领域“逗留一段时间”时，能通过思维活动进入不存在的东西的领域。（意志 216）海德格尔始终不把自我保存本能当作对世界“秩序”的故意反抗，这种观点在思想史上是十分罕见的。（意志 217）

左梨：对世界“秩序”的反抗，不是物质自身的保存本能，而是精神自我的存在意志。本能只是一种被给定的预置，它属于已有的过去。海德格尔将“此在”的全部存在过程定义为：先行于自身的—已经寓于的—在世之上。本能属于“已经寓于”的部分，它就是世界秩序的一部分，而海德格尔所言的存在是在此之上。

阿伦特：海德格尔在《尼采》第一卷关于意志的严格意义上的现象学分析，紧密地联系于他在《存在与时间》中关于自我的早期分析，只是意志代替了早期著作中的担忧（Care）。我们读到：“自我观察和自我检查从来没有揭示自我或表明我们如何存在。但是，通过愿意和不愿意，我们能做到这一点；我们发现，自我是通过意志活动被揭示的。意愿始终意味着：使自己认识自己。当我们意愿的时候，我们遇到真正的我们自己……”因此，“意愿本质上就是意愿自己的真正自我，不仅仅是呈现出来的给定自我，而且也是想成为其所是的自我。逃离自己的自我意志实际上是一种不愿意的行动”。（意志 197）

左梨：其实，就是本真欲望，它带来了自我形成的全过程。当年你离开马堡去师从海德格尔的好友雅斯贝尔斯，是否在逃离自己的自我意志？

阿伦特：我觉得我就是我，那个来自远方的姑娘……（传序 6）

弱者的恶

左梨：您前后两任丈夫都是犹太人，犹太人的身份是否限制了你的婚姻，以及，影响了你的未来……

阿伦特：像德国那样真正同化犹太人，在犹太人历史上具有决定性意义，这个民族的先进分子不仅接纳犹太人，甚至奇怪地愿意与他们合作。这种态度至今仍未在德国完全消失。很容易被人们发现的这种迹象，显示出他们和犹太人的关系从未被视为理所当然。这种关系至多是一种计划，至少是一种新奇刺激的体验。俾斯麦那句名言“德国种马配犹太母马”只是这种流行观点最粗鄙的表达。（T65）

左梨：这就是你说的那种爱犹症？将一人的种族身份作为风味，不论是喜好还是厌弃，都令人愤怒，这是对个体的最大伤害。

阿伦特：很自然，这种社会情况造成了第一代受教育犹太人的叛逆，但长期以来会培养一种循规蹈矩的习惯，而不是有效的反叛传统。（T65）其后，纽伦堡法剥夺了犹太人的政治权利，犹太人与德国人的性交和婚姻都被禁止，自 1933 年 1 月 30 日起，犹太人一直是二等公民。[*Eichmann in Jerasalem*（以下简称 E）39]

左梨：从那时起，德国犹太人中最机敏的那部分人就开始逃亡，先是就近避难至法国、捷克、奥地利，之后到西班牙、葡萄牙、意大利，而后离开大陆逃往英国和北非，再逃过大西洋抵达美国和中南美洲，好像从一块浮冰跳到另一块浮冰。截至 1939 年，大约 40 万人逃离德国和奥地利。跟惨遭屠杀的 600 万同胞相比，身为难民竟成了一种好运。

阿伦特：难民，过去是指那些因其投身行为或所持政治观点而被迫寻求庇护的人……但我们并没有作出任何行为，大多数人做梦都没想过要去持有什么激进意见。在我们这里，“难民”一词的含义发生了变化。[*The Jewish Writings*（以下简称 JW）264] 有人忠告我们要忘记过去；而我们遗忘的速度超出任何人的想象。有人善意地提醒我们，这个新的国家将成为新家；在法国待了四个星期或在美国待了六个星期后，我们便假装成了法国人或美国人。我们中间最乐观的人甚至会说，他们此前的整个人生都虚度于无意识的流亡，只有现在，他们的新国家才教诲他们认识到真

正的家。（JW265）

左梨：在突然失去财产、社会地位和亲人之后吗？那个时候大屠杀正在秘密进行，死难者中有100万个孩子！他们却强求自己乐观地面对未来？

阿伦特：难民逐渐习惯了期待亲友的死亡；如果有人死了，我们会愉快地想象他因此避免了多少麻烦。最后，我们中的许多人希望自己也能一了百了，走上相应的道路。（JW266）

左梨：就像本雅明那样在西班牙小镇自杀，抢在被盖世太保发现之前……

阿伦特：他的原因是多方面的。（黑暗159）没有藏书他怎么能活下去？没有手稿中收集的引文和摘要他怎么糊口？除此之外，也没有任何理由推动他去美国：像他过去经常说的那样，在那儿，除了用汽车载着他，到处展览他这位“最后的欧洲人”，人们可能会发现他一无是处。（黑暗160）自1938年以来，我们一直在观察雄辩的乐观主义能够多么迅速地转变为无言的悲观主义。随着时间的推移，我们越来越糟，也就是越来越“乐观”，越来越倾向于自杀。当德国军队入侵奥地利，异教徒邻居开始在犹太人的家园放肆“骚乱”，奥地利的犹太人就开始自杀。（JW267）

左梨：那是碎玻璃之夜的后续吧。1938年11月9日深夜，犹太全民遭到了来自“民众”的攻击，教堂、学校、医院、商店和居民区，属犹太的一切都被砸碎，而行凶者不是警察、军队或别动队，而是“自发性爆发”的民众。有学者估算，近700名犹太人在事件中自杀。

阿伦特：对自己的行为，他们不留解释，对这个强迫绝望的人在最后一天仍要谈笑风生的世界，他们没有指责，没有控诉。他们留下的信件是日常的、毫无意义的文件……没有人关心动机，动机似乎对我们所有人来说都很明白。（JW267）我们中间有一些奇怪的乐观主义者，讲了很多乐观的言论之后，回家却打开煤气或者利用摩天大楼作出令人意想不到的事情。他们似乎在证实，我们所宣称的快乐正是基于一种危险，即我们对死亡的欣然接受。（JW266）

左梨：这是他们最后的自由，不留任何遗言，决然离去。鲍勃·迪伦在歌里唱道“当我们已经一无所有，我们还可以失去更多”。另有一些人，甚至失去了死的自由，比如这个世界上各种法外飞地里的囚徒。与这种求死不得的活地狱相比，在夜间突然处理掉自己的身体，可算是一种逃亡，也带有一种……堪称幸运的高冷。

阿伦特：我们的自杀者并不是疯狂的反叛者，蔑视生命和世界，试图在自杀中否定整个宇宙。他们的自杀是以一种安静而温和的方式消失；他们似乎在为如此暴力地解决个人问题而感到抱歉。（JW268）

左梨：抱歉！抱歉没有尽标靶的义务，受尽人类痛苦中的不可能！

阿伦特：从孩童时，他们就坚信自己应当达到某种社会标准，如果没有达到，便自视为失败。他们的乐观主义是踩水求生的徒劳努力。在这种愉快表象的背后，他们与自己的绝望持续斗争……如果我们得救，我们会感受到羞辱；如果我们得到帮助，我们会感受到蔑视。（JW268）

左梨：犹太民族一直是欧洲不愈的伤口，每有震荡就流出新的脓血。这应该是最初的危险信号，这种隔绝是在为进一步的迫害做准备。犹太人就这样接受了？

阿伦特：犹太人认为，他们接受了专属的法律条文，就不再是法外之民，只要他们能遵守这些法律，像曾经被强制接受的任何条款一样，他们就能不受干扰地生存。（E39）

左梨：这是顺民最可悲的地方，他们总是认为公正与自由像荣誉一样，只能从他人那里获得。事实正相反，每到危机和灾难出现，人们总是将牺牲顺民作为一种献祭，这种仪式到 20 世纪也没有消失。

阿伦特：现代反犹主义，其起因是政治而不是经济。（T28）在过去的几个世纪里，犹太人一直作为贵族与贫农的中间人，而现今他们不实现任何生产功能就构成了中产阶级，确实成为一种阻碍工业化和资本主义化的因素。（T29）

左梨：这似乎也是庞德反犹的原因，彼得·盖伊认为在反现代的现代主义者之中，一部分是反犹主义者，而极少数是法西斯主义者。庞德就属于后者，他认为“在欧洲，民主意味着由犹太人管理国家”，犹太银行家们只制造泡沫，不创造价值，这种金融资本主义，也就是高利贷造成了第一次世界大战。

阿伦特：第一次世界大战后流传着一个笑话：一个反犹主义者声称——是犹太人引起了战争；某人回答——对，战争的元凶是犹太人和骑自行车的人。——跟骑自行车的有什么关系？——那跟犹太人又有什么关系？（T5）

左梨：古罗马时代有个类似的谚语："天不下雨，这事要怪基督徒。"罗马大火，罗马沦陷，每次城市有难，都有人要求基督徒背锅。

阿伦特：纳粹意识形态集中于反犹主义，纳粹政策一贯坚持以迫害并最终消灭犹太人为目标，许多人至今仍以为这仅仅出于偶然。（T3）

左梨：但是犹太人成为替罪的羔羊，真的没有一点特殊的原因吗？不是因为独裁者偏颇的认知？不是出于"上帝死了"的恐慌？经历启蒙时代，未知之域失去神性而被科学接管，人类首次开始料理自己的精神生活。这也使人第一次活在未知的恐惧中，他所不能感知的部分，不再属于公正完美的神，而属于一个与自身同样带有缺憾的他者。这种现代造成的恐惧使现代性成为大众潜意识中的敌人，而犹太人则因为在金融、科学领域的特殊表现，成了现代性在现实中的替身。

阿伦特：暴民被排除在社会之外，没有自己的政治代表，就必然转向议会外的行动。而且，他们总是倾向于在运动和影响中，寻找政治生活的真正势力。毫无疑问，在19世纪，犹太人落入这个范畴，就像共济会和耶稣会一样。当然，所有这些群体都没有真正构成秘密社团，也没有试图控制世界的巨大阴谋。自法国大革命以来，在欧洲暴民看来，这三个群体都十分可疑地居于世界政治的关键点。在德雷福斯危机期间，他们又各自利用这一流行观念，斥责其他两方阴谋控制世界。"秘密犹太"的说法无疑是某些耶稣会会士的发明，他们认定犹太复国主义代表大会为犹太人世界性阴谋的核心组织。同样，"秘密罗马"这一概念的提出者是反教权的共济会成员，或许也是某些犹太人不加判断的诽谤。（T108）

左梨：对暴民来说，任何建构活动都是阴谋，不论其目的多么公开明确。而这种全民恐慌似乎是启蒙运动的必然结果，既然实在而有缺陷的人取代了虚幻而无缺憾的神，成为世界的裁决者，苦难就不再是原罪，而是一种加害。依据这种逻辑，必然有一种势力、一个阶层或一个团体是这种加害的施与者，并在其中牟利。他们可能是阴谋复辟教皇国的教士、利用金融手段控制世界的犹太人、力图保护已有产业的三百个家族……总之，必有一个人群要为人类的苦难担责。

（阿伦特陷入沉思，香烟从她涣散的指尖落下，仿佛落在水中，发出刺的一声）

阿伦特：也许吧，理性的本能使人服从或容忍真正的权力，却仇恨那些没有权力的财富拥有者。权力具有一定的功能性，那是一种普遍的用途——剥削和压迫也在进行社会工作，建立某种秩序。唯有无权力的财富或无原则的漠然给人感觉是寄生的、无用的、反感的，因为这种状况削弱了将人结合在一起的所有线索。这种财富缺乏可利用性，甚至缺乏剥削者和被剥削者之间的相关性；这种无原则冷漠还不如压迫者对被压迫者最低限度的关注。（T5）

左梨：是啊，权力拥有者在剥削压迫时并没有在精神上无视对象的存在，双方强烈相关，始终在进行意志较量。而这些无权的财富拥有者，享受着权贵的福利，却没有承担权贵的责任。在前者那里，被压迫者卑微；而在后者那里，他们根本没有存在感。

阿伦特：当犹太人同样地丧失了他们在公共事务中的作用和影响，除了财产之外一无所有时，反犹主义就达到了顶峰。（T4）在煽动性演说中，避免争论的最佳方式，就是放弃对可控的现在进行论证，宣称只有未来才能揭示它的价值。（T346）最著名的例子是希特勒于1939年1月在国会发布的宣言："我今天再作一次预言：如若犹太金融家们……再次成功地将民众推入一场世界大战，结果将是……犹太种族在欧洲灭绝。"（T349）

左梨：拒绝论证，是走向极权的第一步。号称"事实胜于雄辩"的人，就是最早的纳粹，事实不惧在雄辩中呈现，不敢付诸雄辩的"事实"，只能是谎言，结果就是"谎言胜于雄辩"，这只能是强权的产物。当人急于证明他们的臆想成果时，就会坦然进行欺骗，如果他们还拥有权力，就会将臆想世界强加于人。

阿伦特：欢迎"集体主义"的人希望"历史发展的自然规律"得以显现，它能消除个体行动与行为的不可预测性。安凡丹（B.P.Enfantin）看到一种时代即将到来，画家、音乐家和诗人能够拥有一种力量，取悦和感动群众，其自信程度不亚于数学家解决一个几何难题，或化学家解释任何一种物质。（T346）

左梨：大众因思维惯性而呈现出几可作为一种规律的机械性，正是极权的土壤。个体性造成人与人的差异，而普遍性体现人与人的共性。因此，在价值体系中处于劣势的庸众便热望普遍性带来的安慰，期盼衰老摊平美丑，灾难颠覆贫富，疾病抹杀贤愚。而死亡是最标准的普遍性，赐予生命绝对的平等，令庸众兴奋不已，这虽然并未给他们带来任何利益，却仍像一种赏赐——庸众终于等到了平等。

阿伦特：制造活死人的关键一步是摧毁人所拥有的道德人格。这要依靠他们在历史上首次取消牺牲和殉难的意义，正如大卫·罗塞特所说："还有多少人仍然相信抗议游行至少具有历史意义？这种怀疑主义正是党卫军的杰作，他们的伟大成就。他们败坏了一切人类团结。"（T451）

左梨：他们更彻底地破坏了个人的存在，即使不在肉体上，也在精神上。牺牲和殉难，是个人对现实所能做的最大抗争，如果这都失去了意义，那么个体的人就彻底被消音了。

阿伦特：集中营，一种前所未有的绝对之恶出现，终结了发展与质变的观念。没有一种生存堪与集中营生活相比拟，它的恐怖绝非人的想象力足以涵盖，因为它处于生死之外。（T443）作为一种机构，集中营不是为了获取任何劳动收益。（T444）难以置信的恐怖与受押者的经济无用性密切相关。在战争期间，纳粹将这种无用推到反功利的极点，尽管缺少建筑材料和圆木，他们仍然建造宏伟昂贵的杀人工厂，将几百万人运来运去。（T445）

左梨：人类不再思考，就趋近于工具；如果还毫无用处，就低于工具，对人类而言，这是一种降维打击。那些被运来运去的犹太人，就是流动展示的人形标靶；宏伟昂贵的杀人工厂和人体实验室，则是纳粹呈现人类物性的展厅。一旦让这些人有些许的意义，哪怕是最微小的意义，抬木头，叠纸盒，整理粪便，人也会立刻建立相应的价值体系，高效地实现它。这是人类的可笑之处，也是可爱之处。但是那样，失去存在意义的恐怖感就不能继续威慑大众。在这一点上，纳粹绝不会因小失大，唯有当人不再是灵肉之躯，而是一堆焚烧时不停滴落脂肪，使炉火熄灭的糟糕肉垛，活死人们才会成为纳粹的"脑残粉"。没有人能凭借种族优势在其中获得些许安慰，所有人在焚尸炉中都是一堆散发着异味的机体。

阿伦特：无论控制多么严苛，只要这种恣意迫害仅仅针对某种宗教或政治观点、某类启智或不伦的社会行为、或某些新捏造的“罪行”，都会使集中营变得多余，因为没有哪种态度或观点能在恐怖威胁下长期保持。这一切最终将形成一种新的司法制度，逐渐稳定下来，使人从新获得法人身份，从而避免极权统治。（T451）

左梨：是啊，不论多么严苛古怪的法律，一旦得以确立，就会成为真正的权力基础，一切特权只能成为法的俘虏，包括执法者和立法者。就像“日内瓦的暴君”——新教领袖加尔文，他建立的政权将听经迟到者、念《玫瑰经》者、拜偶像者、望弥撒者，乃至极度宴乐者、酗酒吵架者都送上法庭，进行警告、罚款、监禁，甚至烧死。这种严苛的统治并未演变为极权，而是将日内瓦建设为新教徒的罗马。

阿伦特：纳粹机构从不严格遵守他们的党章，他们为自己属于一个运动而骄傲，这区别于政党，运动并不受缚于任何章程。（E43）

左梨：西蒙娜·薇依曾将集体——那只柏拉图所描述的巨兽，指认为一切偶像崇拜的对象，它的威力来自放弃个体性的个人。

阿伦特：纳粹的所谓“群众利益”则持续变动，今天有益明天就可以变成有害，几乎每天都在为集中营制造新的民众群体，它唯一的不变承诺是保证集中营的持续存在。（T451）地狱，在最直白的意义上被纳粹集中营完美实现，在那里，整个生活从一种最大限度虐待人的角度进行彻底、系统的组织。（T445）

左梨：如阿甘本所说，“从法律的观点而言，整个第三帝国可以被看作一个持续了 12 年的例外状态”。（阿甘本 2015，5）魏玛宪法中关于个人自由的条文从未被废除，但始终被悬置。这种情况下，“例外状态”期，就是极权的发育期。

阿伦特：1941 年 3 月，屠杀犹太人对纳粹党派高层就已经不是秘密了。（E84）艾希曼定期到卢布林营地与负责人讨论细节，比如营地的杀戮容量，每周流通批次，毒气室的气闭性，是否需要扩容，等等。（E86）他还被派往瓦泰赫高地，那里用厢式货车取代毒气室，让全裸的犹太人进入货仓，开到葬尸沟时再将尸体抛下去，艾希曼看到有些市民在那里用牙钳从死尸嘴中取出牙齿……（E87-88）

左梨：对于普通市民来说，那些尸体也不是悲惨的同类，而是可以随时拆卸零件的废料库！这不是一党一族的残忍，这是同归于尽的人类在自我折磨。

阿伦特：有半打心理学家证明艾希曼是“正常人”，他对待妻儿、父母、兄弟姊妹以及朋友的态度“不仅是正常的，甚至值得认可”。（E25–26）贝纳莱克对犹太人囚人施以“踩死”的特技后，回到自己房间里祈祷。（耶 116）

左梨：当人成为数字和符号，不论他的生理机能是否停止，个人都已经进入了被取消的状态。面对孩子和母亲，战犯们还在动用他们属人的经验和情感。面对符号和数字，他们就成为刻苦提高杀人效率的工具。

阿伦特：犹太人顺从地赴死，他们准时抵达运输点，挖掘好自己的坟墓，脱下衣物并整齐叠好，肩并肩地被枪杀。（E12）

左梨：就生命的普遍性而言，唯一区别在于长短；不再追求存在意义的人，会把比他人多活几天作为成就；生存于恐惧之中，追随极权就成了人的谋生之道。为了多活几天，总有犹太人充当焚尸炉的帮工或毒气室门前维护秩序的人，当这些人在队伍中遇见亲人，他们所能表达的最高致意，就是默默地加入其中，一起走进死亡。

阿伦特：检察官总在问证人：“你为什么不抗议？”“一万五千人面对数百名守卫，为什么不反抗？”没有人在法庭中回答这个残酷而愚蠢的问题，只要去看看阿姆斯特丹老犹太区的反抗就会得到答案。在那里，因为袭击德国安全警察，430 名犹太人被报复性拘捕。几个月后，他们每个人都羡慕那些在奥斯维辛，甚至里加和明斯克的兄弟——有太多比死亡更恶劣的事。（E12）

左梨：“奥斯维辛之后，写诗是野蛮的。”而逼问幸存者为什么不反抗，则近于无耻。这种无耻也曾经发生在我身上，比如，我曾经苛责弗洛伊德为何不做苏格拉底，竟然在逃亡时冒充阿拉伯人。

阿伦特：一些被人遗忘的诗人，不但他们的身体，而且他们的作品都被毁灭了。（黑暗 235）

左梨：西方哲学从未将恶提升到足以与善对立的地位上，恶曾经被视为自我

阿道夫·艾希曼，犹太人最终屠杀方案的负责人，二战后从美军战俘营逃逸。1960年，隐姓埋名的艾希曼被以色列秘密警察绑架，押往耶路撒冷受审。图为审判期间，艾希曼在法庭为保护他特制的防弹玻璃被告席中矛盾、对自然性的向往、独立于上帝的绝对原则。柏拉图认为恶源自灵魂的失忆，也就是对真理的无知。（Phaedo75E–76A）恶被斯宾诺莎确定为非本质的东西，“只是否定、欠缺、局限、有限性、样式，——并不是本身真实的实在物”，（史四 127–128）以及如费希特所说的“偶然性和任意”。其实，有意的恶与无意的恶是两种截然不同的东西，前者出于片面希求，后者则源于自暴自弃的退化和死亡意志。斯宾诺莎曾大胆论断，即使在尼禄弑母的恶行中，仍然包含积极因素。（Spinoza 314）而早于尼禄 100 年，东方的冒顿单于曾弑父自立。头曼单于欲立后娶阏氏之子，不惜假月氏之手加害太子冒顿。未成，头曼因冒顿勇，又予其万骑兵马。冒顿即以鸣镝为令训练这支骑兵，“鸣镝所射而不悉射者，斩之”，（《史记·卷一百一十·匈奴列传第五十》）鸣镝所向，箭雨追随，目标始从猎物，然后良马，直至冒顿的爱妻，未射者皆斩首，最后箭雨射杀了他们的大头领、匈奴王、冒顿之父头曼单于。至此，冒顿自立，继而建立了横跨欧亚的匈奴帝国，这或许也是他亡父的夙愿。这些恶都发端自某种表达自我的欲望，手段血腥，但欲望本身却是心灵的正当要求。实际上，贯穿斯宾诺莎整个《伦理学》的概念，就是主动。人在“主动状态”中才能以自我认识神，这就是善，而恶是人对主动的放弃，使自身归于物。所谓弱者，多数都是失去了主动的人。

阿伦特：现在我们理解了马基雅维里的忠告，“像你所希望存在的那样呈现”，这并非基于苏格拉底的良知和意识合二为一的意义之上，而是基于“存在者”只在上帝面前才能呈现其真实存在的意义之上。[《论革命》（以下简称“革命”）96]

左梨：艾希曼们虽然造成了更大的恶果，但他们的行为本质绝不同于传统意义上的恶行。

阿伦特：把个人变成行使职能者和统计机器上赤裸裸的齿轮从而对其去人格化，是极权统治的本质。[《艾希曼在耶路撒冷》（以下简称“艾”）12）] 艾希曼不是伊阿古或麦克白，在他脑海中也从未决心像理查三世那样“一心作恶”，他根本没有任何动机。这种勤奋本身算不上犯罪，他只是，直白地说，从未意识到自己在做什么。（E287）

左梨：庸众的行为与女人类似，对于趋势，他们总是不问根源地接受。海德格尔认为“保持距离、平均状态、平整作用都是常人的存在方式”，这几种方式组建着公众意见，它调整着现实与人的一切解释，卸除人的责任。“每个人都是他人，而没有一个人是他人本身。”（海德格尔 156–157）

阿伦特：要构建统治和灭绝的无情机器，步调一致的庸众是更好的原料，他们有能力比所谓职业罪犯完成更大的罪行，只要这些罪行组织良好，看来类似日常工作。（T337）

左梨：这是对这种独特现象的深刻发现，在您之前，人们往往通过分析有具体动机的恶行来认识恶，因而将恶视为一种个人特有的东西，一种对普遍性的对立，这些观点对这种群体性的未经思考的恶行无从下手。这个集体的、匿名的自我就是一件隐身衣，可以掩护个人犯下任何罪行。

阿伦特：艾希曼令人不安的地方恰恰在于：很多人都是他，不变态，也不疯狂，他们太正常了，甚至正常得可怕。以我们的法律和道德来看，这种正常更甚于暴行，因为它代表一种新的罪行——来自这种事实上的“人类公敌”对自身行为难以察觉的环境里。（E276）这种“不思”所导致的灾难，比人类所有罪恶本能所做的集合还要可怕——事实上，这才是我们真正应该从耶路撒冷得到的教训。（E288）

左梨：是啊！不思造成的恶是无限的。自觉的恶或许会在目的达成后终止，而对自己所行漠然不思，就可能在惯性中形成一条恶的流水线，不限量地复制恶行。

阿伦特：毫无疑问，人，案情事实以及庭审本身都抛出了具有普遍性的问题，超出了耶路撒冷要解决的问题。我们听到辩护词里说，艾希曼只是“最终解决”这台机器上的一个“小齿轮”，而以色列检控官却认为，他们能够从艾希曼身上发现那个根植在其体内的马达。我本人同耶路撒冷初审法院的意见是一致的。法庭在宣判时自然承认，这样一桩罪行只能由一个庞大的官僚机制以国家手段来实施；不过，只要它是一桩罪行，那么在对簿公堂之时，这台机器上的所有大小齿轮就自动蜕变为凶犯，变回了人。（艾 11）

左梨：良知是绝对的，正如杰裴逊所言“一想到上帝是正义的就战栗不已”，被强迫做恶并不能减少人的自责，减少违背良知的恐惧感，就算他真的因为被强迫而得到赦免。即便被恶行机器驱动，齿轮依然有罪。

阿伦特：艾希曼等待的公正落空了。（艾 263）死亡判决在意料之中，对此几乎无人提出异议。（艾 266）执行死刑时，他要了一瓶红酒，喝掉了一半。牧师主动提出和他一起诵读《圣经》，他拒绝了。他完全是自己的主人，不，还不止于此，他完全在做他自己。他强调自己是个信仰上帝的人，他说："过不了多久，先生们，我们都会重逢。"在那最后几分钟，他好似在总结这堂关于人性弱点的漫长一课——那令人毛骨悚然、漠视语言和思考的平庸之恶。（艾 268）

左梨：艾希曼带着他的平庸之恶去见上帝了。

阿伦特：我专注地在写拒绝那种一般的关于人类邪恶的本性、原罪。[《耶路撒冷的艾希曼》（以下简称"耶"）116）] 勒内·夏尔从他的反思中得出这样的结论：为未来的幸存者着想的呼吁，没有为他们之前的行动者着想的呼吁那么紧迫和强烈。卷入和投身于绝望的行动的人，应该抱定一个希望：不是解决什么问题，而是和这些问题一起活着。[《过去与未来之间》（以下简称"之间"）215）]

男孩格林斯潘

左梨：柏格森在遗嘱中写下这样的话，"我愿意一直留在那些明天将受到迫害的人们中间"。但愿，明天不再出现格林斯潘，他选择用死解决问题，而不是和问题一起活着。17 岁的犹太少年格林斯潘，因为父母弟妹横遭德国驱逐，困于波兰边境，求告亲友无门，愤而枪杀纳粹驻法使馆官员。这五枚子弹也击碎了所有犹太人的窗户，它不但构成了碎玻璃之夜的最佳借口，而且拉开了大屠杀的序幕。

阿伦特：格林斯潘的行为动机一直未得查明，而他的兄弟在出庭时显然不愿谈及此事。法庭想当然地认为这是一起复仇行为，因为在 1938 年 10 月的最后几天，大约 17000 名波兰犹太人被驱逐出德国国境，格林斯潘一家也在其中。不过众所周知，这个解释的可信度不高。赫舍尔·格林斯潘是个精神病患者，未能完成学

业，在巴黎和布鲁塞尔街头流浪多年，先后在两地遭到驱逐。（E227）

左梨：无辜地飘零于险境之中，人如何才能幸免于疯狂？他们一家凭波兰护照长期居于德国，因为攻击歧视犹太者，他经常遭到停学处分。父母本想让他前往英占巴勒斯坦，因未满18岁，他被这个筹建中的犹太国拒签。波兰以离开国土超过5年为由，取消在外犹太人的国籍，德国又不再续签他们的长期居住证，而他所持的比利时、法国签证都已过期。这个人即便没有犯罪，他的居住、工作和生存也都是非法的。

阿伦特：作为犹太人，我们在这个世界上从未获得任何法律地位。我们不过是犹太人，这就得算一个真相，倘若我们开始交代这一点，就意味着将自己暴露于这样一种人类命运：不受任何具体法律或政治公约的保护。我们算是人类，除此之外一无所是。（JW273）

左梨：一个没有法律地位的人，相当于在文明社会中裸奔，而犹太人则全民陷于这种状态。那种常见的梦境：赤裸行于市中，可能就是潜意识在提醒梦主，他缺乏自身的合法性。也许，没有一个民族像犹太人这样痛苦于合法性的欠缺，其他民族，要么不欠缺，要么不痛苦。

阿伦特：本雅明说当时的犹太人，只有个人的、几乎“秘密的介于德国人和犹太人之间的关系”才是合法的。（黑暗177）我们已经在日常生活的每一刻都玩了命地注意，尽量避免任何人的猜疑：我们是谁，我们持有什么护照，我们的出生地点填写何处……我们尽了最大努力去适应这样一个世界，一个出门买面包也必须保持政治警觉的世界。（JW269）

左梨：是啊，人类历史上第一个杀人犯——该隐被神流放时，还得到神的记号，保护他不被路人无端杀死。而犹太这样一种民族出身，竟然成了必须隐瞒的罪行，一朝被发现，就可能套上黄色的火刑服，任由权力机构乃至普通国民蹂躏。阿甘本从您这篇文章得到启发，将这种生存状态命名为赤裸生命，您还记得他吗？1970年他曾写信向您致敬，并随信寄去了关于暴力的论文。

阿伦特：我恐怕需要一段时间来阅读那篇论文，因为我的意大利语不只是糟糕，而且几乎一窍不通。（阿伦特致阿甘本的回信）

左梨：他在《十二铜表法》中找到了“裸命”的古老对应：牲人[①]，Homo Sacer——“不能被祭祀但可以被杀死的生命”。（阿甘本 2016，117）在古罗马时期，这种社会面貌模糊的人可以被任何人不负法律责任地杀死，却唯独不能作为人祭献给神。他们通常是破誓者，理应受罚，任何加诸其身的暴力都被视为代神行刑。而由于他们已经归属誓言所向的那个神，因此不能再作为祭品献给其他神。他们游离于人间法与神法之外，对他们而言，诸多生而具有的权利都变成了后天追求才可能得到的幸运。

阿伦特：拉丁词 homo，相当于“人”的意思，原意是指除了是一个人之外就一无所有的某个人，一个没有任何权利的人，也就是说，是一个奴隶。但罗马的奴隶可以成为宗教团体的合格成员，在神法的范围内，他们与自由人拥有同样的法律地位。（革命 34）

左梨：有一个阶段，当然程度相差很大，中国也存在一种类似的群体——超生者，因为计划生育政策的规定，他们的合法性在出生前就被剥夺，无法纳入人口统计，也就没有机会获得居民身份证。于是他们以折中的形式共享公民权利——兄弟两人甚至三人共用一张身份证，成为套牌人，最终，有能力考学、外出务工、开办企业的那位胜出，成为这个身份的主要享有者。他们的人格基于族亲与乡邻的承认，面对侵害，只能凭借自身或亲友的能力进行防控或报复，一旦背井离乡，就部分地成为失去外在保护和内在约束的“裸命”。

阿伦特：人是一种社会动物，一旦社会链接被切断，生活就难以为继。道德准则在社会结构中才更容易维持。一旦社会、政治和法律地位彻底陷入混乱，鲜

---

① Homo Sacer：2015 年之前，学界一般译为“牲人”。之后，在国内出版的阿甘本相关著作中，译者薛熙平教授和吴冠军教授分别将其直译为“神圣之人”“神圣人”。拉丁语 Sacer 的原义为被国家从世俗领域中移除的神的所属物，在基督教进入罗马之后，为与希伯来文 qadosh 对应，才明确了“神圣”之意。同时，以“属神而不能献祭”的特征来看，Homo Sacer 的身份正可归于弗洛伊德在《图腾与禁忌》中所提出的“禁忌”范畴，“触犯禁忌的人，本身也将成为禁忌”。也就是，从所指而言，Homo Sacer 非但不神圣，而且属于禁忌，它与神圣的关联恰恰在于它的反神圣。另外，“神圣人”虽符合词汇的发展义，但考虑到非政治哲学专业的读者，在一般性的阅读中，从汉语字面去理解其所指“没有公民权，不受法律保护的赤裸生命”的含义，过于曲折，因此，本书采用旧译。旧译“牲人”，字面可产生“牲畜一样的人”的直观理解，还可从中国殷代“人牲”的身份属性中获取汉语义涵，“人牲”即用于牺牲，兼及陪葬的奴隶或战俘，与“牲人”同属人类历史不同时期被剥夺人权的“赤裸生命”。其实，若从“以被排除的方式纳入社会系统”的特征而言，Homo Sacer 译为“牲民”更为准确，“民”强调了身份的社会属性。

1938 年 11 月，在巴黎，图中这位 17 岁的犹太少年格林斯潘枪杀德国使馆秘书冯姆·拉特，由此引发了“碎玻璃之夜”

少有人能拥有保全自我操守的能力。（JW271）

左梨：赫舍尔·格林斯潘就是这样的牲人，只有咖啡馆和电影院默许他短暂地非法停留，而学校、医院、工厂、政府部门都不曾这样宽容，他与正规世界隔着无法跨越的身份门槛。1938 年 11 月 7 日上午，德国使馆接待了一位身着风衣的清俊少年。在问询处，他声称自己是间谍，要将最高机密面呈大使。唯有这次没人核查他的合法性。使馆秘书冯姆·拉特是他的接待者，因此，作为“肮脏的德国佬”，腹部连中五枪。左轮手枪和 25 颗子弹就是格林斯潘的最高秘密，而他自己、他父母、他同胞的窘境连秘密都不算，根本无人问津。他口袋中的明信片显然是为媒体准备的：“亲爱的父母，我别无选择，愿神宽恕我。听到你们这 12000 个犹太人的悲剧，我心在流血。我必须反抗，以使整个世界听到我的抗议，此即我所愿，宽恕我。”（Schwab, 43）犯案之后，他终以违法者的身份立足于法律王国，他倍加珍惜这个机会：在法庭中，在公众视野中，探讨自己的违法行为和非法居留是否具有正当性！乃至 1940 年囚车遭袭，很多犯人趁乱逃跑，他仍自行前往布尔日投案。纳粹为引渡他，竟然承认了他的长期居留权。这位少年从此被囚禁于盖世太保总部，始终没有等到他的庭审。

阿伦特：有传闻说他活到了战后，这似乎证明了“奥斯维辛悖论”，也就是说，作出犯罪行为的犹太人反而得以幸存。而冯姆·拉特是唯一一个不该牺牲的人。因为公开的反纳粹观点和对犹太人的同情，他一直在遭受盖世太保的跟踪调查。（E227）

左梨：这真是一个与现实重合度极高的悖论！无辜的顺民往往悄无声息地死去，而反叛者只要可控，却常常因其个性而得以保留，成为证明权力存在的试纸显色线。或许，统治一千匹马的成就感强于管理一千块石头，统治一千个人，一千个艺术家和知识分子，成就感依次增强……可是反过来，一旦暴民采用极端手段报复当权者，又往往是权力系统里最善良、最具同情心的那部分人遇害。中国 2019 年发生的伤医案是个不够恰当但具些许共性的例子，被暴徒伤害的陶勇医生恰恰是工作负责、医术精湛、多次资助患者的仁医。他们遭受伤害，往往因为他们从不对弱者设防。

阿伦特：格林斯潘也许成了盖世太保在巴黎误打误撞碰到的工具，后者本想一石二鸟——为德国的迫害行动制造借口，同时除掉纳粹政权里的一名反对者。（E228）

左梨：阿甘本认为，与牲人相对，是您曾写到的极权者。他们也是一群法外之人，"例外状态"允许他们超出法律范围行动，他们由此所发出的一切指令都具有法律效应，而状态是否例外又由他们决定。当权者可以通过"例外状态"常态化使权力达到极值，可以随时将公民牲人化。牲人处于法外，因为他们是根本的非法者，连喘气都是非法的；极权者处于法外，因为他们是绝对的合法者，他们放屁都是法律。外在于法律，即外在于理性，理性缺席或许正是构成奥斯维辛悖论的原因。在极权者和牲人组成的世界中，要么是无原则的归顺，要么是无目的的反抗，这促成一种反淘汰：守法者在无原则的归顺中牺牲，而在报复中被误伤的，又总是执政者中最具同情心、最具反思精神的那部分。正义就这样被彻底扭曲，社会一次次失去自我修复的机会。从理性缺席走向理性失能，这种社会形态内化为性格，就形成了您所说的那种病态乐观主义：见光时无原则地归顺，激励自己接受一切，放弃本该得到的现实；黑暗时无目的地反抗，盲目发泄自我压抑，常常伤及无辜的部分。

阿伦特：我们多数人都完全依赖社会标准，如果社会不认可，我们就会失去信心；为了得到社会的接纳，我们总是准备付出任何代价。（JW273）这帮暴发户永远无法领会巴尔扎克那种伟大智慧："人不能失败两次。"（JW274）

左梨：被社会驱逐为难民是第一次失败。放弃良知、跻身为压迫者、成为金钱与权力的暴发户，这是第二次失败。有多少人终身孜孜以求这第二次失败，热盼着这第二次失败去报复那最初的无辜的失败。

阿伦特：犹太传统中还有另一分支——海涅、拉赫尔·范哈根和肖洛姆·阿莱汉姆，还有贝尔纳·拉扎尔和弗朗兹·卡夫卡，乃至查理·卓别林。他们拒绝成为暴发户，而愿意做一个"自觉的贱民"。那些少数难民坚持道出身份真相，即使被看作"不体面"。他们明白，犹太人被驱至法外之地，而大多数欧洲民族必将紧随其后。如果他们坚持这种自我认同，必然作为这个民族的先锋从一个国家驱逐到另

一个国家。犹太历史就这样不再被隔绝，而是紧紧与其他民族连接在一起。（JW274）

左梨：生而为人，总是在寻求并验证自我存在的正当性。而在合法性的安慰下，很多人终身未能发现正当性的匮乏，就此度过合法但不正当的一生。缺少合法性的犹太人，反而更直接地面对了人的这种本质需求。

阿伦特：被社会所驱逐的贱民，他们居住在文明社会之外，拥有更强烈的热情，因而与太阳有着更真实的关系。他们带着一种魔鬼般的骄傲，一种绝对的无牵挂、无责任者的骄傲。太阳庄严地升落，忘情地照耀一切生灵。（黑暗 222）

左梨：身份证和选票可以确定一个人的合法性，但无法确立其正当性，而后者是他以人的形式走入良知世界的许可。这张许可证在他之内，任何权力无法剥夺，死神也无法做到。

阿伦特：将这两个词作为同义词处理，就像对待服从与支持一样，都是一种误导和混淆。[*Crises of the Republic*（以下简称 CR）151] 当一个人不可冒犯、不可诱惑和不可动摇之时，他身上就具有了某种迷人的东西。（黑暗 68）

左梨：一个人在作为纯粹的自我存在时，他的正当性是绝对的！

阿伦特：在一个变得非人的世界中，我们必须保持多大的现实性，以使得人性不被简化为一个空洞的词语或幻影？那种“内在移民”作为从世界向隐匿处、从公共空间向匿名状态的逃离，事实上它是唯一的态度。他们必须记住，他们是在不断地逃跑，而世界的现实性就在他们逃离中确凿地显现出来。逃避现实的真实动力来自迫害，而逃亡者的个人力量也随着迫害和危险的增加而增加，他们的私人生活同样也构成了一种很有意义的现实。（黑暗 19–20）

左梨：个体性不随境遇而失去，甚至不为境遇所遮蔽。

阿伦特：当道德人格被消灭，唯一能阻止人被变成活死人的，就是个体的差异化和他的独特性。在枯燥贫乏的形式中，这种个体性只有通过持久的斯葛多式的禁欲才能保持，而且的确有很多极权统治下的人采取了这种方式，每天逃避在没有权利和良知的绝对孤独中。无疑，正因为人的这一部分人格从根本上依靠天性和意志无法控制的力量，所以坚不可摧，而当它被摧毁时，又最容易修复。（T453）

左梨：不，我想您混淆了“个别”和“独特”，个体的差异化是人的物性特征，只是一种随机而偶然的现象。但个体性并非来自差异，而是来自精神自我不断提纯后的自体唯一。那些在极权下保持个体性的人，始终在寒夜中守着火种，只要个体性存在一天，良知就折磨或鼓舞他一天。一个人，不论多么愚昧，只要没有脑死亡，他的十亿个神经元就总会闪现出匪夷所思、独属个人的火花。

阿伦特：是的，个别性并不等同于差异性，严格意义说任何事物都有其个别性，但只有人会表现这种差异，并使自身得以区分。［*The Human Condition*（以下简称H）176］摧毁了个体性就是摧毁了人的自发性。所余的部分只是人面傀儡，其行为如巴甫洛夫实验中的狗，其行动都完美遵循条件反射，即使走向自己的死亡，他们所做的也只是反射而已。（T455）

左梨：即使在纳粹极权下，仍有一些独特的人，超越自身的国籍、种族、信仰而大行义举。土耳其外交官乌库曼曾拦住开往奥斯维辛的列车，他是一个穆斯林，却以中立国领事身份要求释放所有土耳其犹太人及其配偶，最终救助了50多名各种国籍的犹太人。作为报复，两架德军飞机轰炸了土耳其领事馆，他怀孕的妻子身受重伤而后不治身亡。还有我的同胞，中国驻奥地利总领事何凤山，在奥地利沦陷后坚持为犹太人发放签证。纳粹以领馆租期已满为由命他搬离，当时的中国政府也不支持他这种不符合国家利益的举动，他却坚持自费租用办公室，继续帮助犹太人凭中国签证逃生。到1941年，上海已有超过三万犹太人居住。还有一位葡萄牙人可能对你有救命之恩，这是我在查询国际义人资料时偶然发现的，也许您本人都不知晓内情。在您获得赴美签证之后，还必须获得葡萄牙的过境签证才能从中立海港里斯本出发去纽约。当时的驻法领事曼德斯不顾政府规定，在一周内为1575名犹太人颁发签证，如果我没猜错，您就是那次得到过境签证前往里斯本的。这位外交官事后被政府撤职，在贫困中郁闷而终。

阿伦特：只有善才有深度，才是本质的。（耶166）即使最黑暗的时代，我们也有权去期待一种启明，这种启明更多地来自一种不确定的、闪烁而又经常很微弱的光亮。这光亮源于某些男人和女人，它们在几乎所有情况下都点燃着，并把光散射到他们在尘世所拥有的生命所及的全部范围。（黑暗3）审判艾希曼时，第一位背景证人青德尔·格林斯潘是赫尔舍·格林斯潘的父亲。（E227）他的发言清晰而坚定，不加矫饰，言简意赅。（E228）在接下来无休止的庭审中，我才发现讲述这个故事是多么困难……这需要一个纯净的灵魂，一种心灵与头脑未被投影未经反射的天真，而这一切，只有义人才会拥有。无论之前还是以后，没有一个人拥有与青德尔·格林斯潘同样闪光的诚实。（E229-230）

左梨：您认为杀手赫尔舍·格林斯潘是一个精神病人，而他的父亲青德尔·格林斯潘是一个义人。义人父亲和精神病儿子，这真是一个饶有意味的意象组。

阿伦特：证人偶然提到过安东·施密特的名字，他是一位德军中士，当时在波兰巡逻，收留和部队失散的德国士兵。因为这个工作，他成为犹太地下组织的一员，供给他们伪造文件和军用卡车。他这么做并非为了钱，五个月后，他被逮捕并处决。（E230）当证人提到这位德国中士时，法庭突然出现了两分钟的宁静，以纪念这个名为安东·施密特的人。在那两分钟里，就像深不见底又无法超脱的黑暗中突然发出了光明。（E231）丹麦人民及政府的所作所为在欧洲所有被占国、中立国、独立国或轴心国盟国之中，都堪称独一无二。人们可以在其中发现，对抗暴力时，非暴力行动所固有的巨大潜力。德国人相当谨慎地要求他们引入犹太人专属的黄色徽章，丹麦人回复说国王将第一个戴上徽章，他们的政府官员还细心指出，任何形式的反犹太措施都将导致自己立即辞职。（E171）甚至，在该国生活多年的德国军官也发生了变化，不只是军事指挥官冯·汉纳根将军拒绝将军队支配权交给国会全权代表沃纳·贝斯特博士，在丹麦服役的党卫军别动队也频频反对“由中央机构下达的命令措施”。（E172-173）

左梨：二战中，丹麦仅仅开战四个小时就向纳粹德国投降，却举国保护了犹太人……丹麦人到底是怯懦，还是对权力有其独特的认识——一种在国家机器之外的表现形式。

阿伦特：纳粹在丹麦遇到了基于原则的抵制，他们的强硬像阳光下的奶油一般融化了。他们甚至能够展示一些源自真正勇气的怯懦。理想化的“强硬”，除去少数半痴呆的粗暴，只不过是一种自我欺骗的神话，用以掩盖不惜一切获取一致性的无情渴望。（E175）

左梨：为什么在某些地区会体现群体性的善，而另一些地方则体现群体性的恶？对于平庸者而言，他们行善或作恶几乎完全取决于所处的环境。不论从普遍性还是个体性出发，人都能逐渐实现与环境的和谐共处，只是前者使人沦为环境的产物，后者使环境成为人的作品。

阿伦特：在耶路撒冷，艾希曼就指责“有权力的人”滥用了他的“顺从”，“好政府的臣民是幸运的，坏政府的臣民是不幸的，我不够走运”。而沃纳·贝斯特则因为在丹麦出现的新证据，从死刑减至有期徒刑 5 年。（E175）

左梨：这样说来，丹麦人甚至保护了他们的敌人，使他们免于承担更大的罪恶。爱的超越性，就在于它总能超出想象，颠覆性地打破理性的僵局，这才是真正的创造。

阿伦特：只有爱才有宽恕的能力。爱，具有一种空前的自我表现力，并以一种空前的清晰度揭示出我是“谁”。爱摧毁了我们与他者之间相联又隔离的中间物。（H242）

自由是一个能指

左梨：新冠肺炎的全球大流行使哲学界重返一个论题，即政府执政的正当性与合法性的问题，政府是否有权在法外干预公民生活？

阿伦特：权力不需要正当性，它是政治共同体的固有特征；它需要的是合法性。（CR151）法是构成公共领域的要素，划定公民共同空间的界限，并保护这种共同空间。违反这种根本经验的体制，就是专制。专制只有在破坏了法的界限后才能得以存在，所以，它也是反政治的，它剥夺了人的活动能力。［《马克思与西方政治思想传统》（以下简称“传统”）155］

左梨：了解您学说的人知道，你将人的活动和场域分为三种：劳动，对应以家庭为体现的私人领域；工作，对应以人的工具化和符号化为特征的社会领域；行动，对应超越动物性和社会工具以完成自我显现的公共－政治领域。而后者才是属人的活动。

阿伦特：在罗曼语中，“生存”和“在人群中”、“死亡”和“远离人群”是两组同义词。有关人的条件都涉及政治，而群体性之于政治，既是充分条件，也是必要条件，它是行动的前提。（H7）被排斥在公共领域之外，就等于被剥夺了现实性，从人性与政治的关联上看，现实性与展现自我是同一件事。于人而言，世界的现实性系于自身在共同行动者中的展现：“向他者显现，我们称之为存在。”（H199）

左梨：您对这个公共领域的维护，就像维护人生而为人的意义一样，激烈而执着，直至偏激，令人感动。你希望每个人都要像维护人生一样维护这个领域，要求每一个自我都进入这个场域显现自身，这不禁让人想到卢梭的悖论，为避免社会公约沦为虚设，需要强迫公民行使自由——自由已成为公民的义务。

阿伦特：如果公共领域的功能，是提供一个显现空间来使人类的事务得以照亮，在这个空间里，人们可以通过言语和行动来展示他们自身是谁，以及他们能做什么，那么，当这光亮被熄灭时，黑暗就降临了。直到灾难降临到每件事和每个人的头上。（黑暗 2）

左梨：“公共领域”关乎自我呈现，它确实具有无可置疑的神圣性。但现实总有例外状态，需要暂时封存这个空间，延迟行动者的自我显现。就像这次新冠疫情期，阿甘本起初误以为政府又在借“例外状态”扩大权力，而事实证明，这次何止是例外，简直是极端状态！病毒使人权与生存权——上层建筑和它的基础相对立，尊重公民权几乎意味着尊重公民被感染的权利，放任民众死于瘟疫。这时，像母亲一样深度干涉民众的生活方式，以保证安全、生存和健康——饱受质疑的生命政治凸显其正当性，因为面对一些不寻常的现实，生存权依然需要争取，这属于一种社会理性。

阿伦特：最好的事情，就是去热爱在生存的那一瞬间属于自己的东西。（黑暗 221）但与生存下去联系起来的那种必要性、迫切性，玷污了人的独立性。在托马斯那里，生存下去成为人的权利和义务，与无论如何都要把“生”维持下去的基督教新的理念联系在一起。（传统 177）

左梨：当个人人权和群体人权发生矛盾时，群体的主权者必然要代表后者作出选择。而且正如霍布斯对于国家形成的论述，个人部分地放弃独立和自由，才能结成国家，以使自身得到保障。也就是说，作为个人权利的托管者，国家－群体主权就存在于个人所放弃的独立和自由之中。

阿伦特：雅斯贝尔斯经常说："个体仅凭自身是不可能具有理性的。"（黑暗 68）权力的确属于群体，但只有群体聚集它才能保持存在。说某人"当权"时，我们其实是指他被授权以集体的名义行动。一旦构成权力源泉的群体消失，"他的权力"也随之消失。权力来自人民，没有群体，就不会有权力……（CR143）

左梨：不过，在某一阶段的历史终结之前，权力的正当性仍然值得强调，仅仅合法只能生成一套服务于法的执行程序，而正当性才是权力的生命，它保持着群体的生机。权力的强制本质必须交予正当性。如果个人是生命，他的群体也应该有生命，没有生命的群体，带给个人的，是一种虚无的归属感。现在，西方世界缺少的正是这种来自权力的生机。

阿伦特：在政体理论上，没有比以生物学来解释权力和暴力这种有机体思想传统更危险的了。根据这些词语的现代理解，生命及其创造性是它们共有的主导因素，以至于暴力根据创造性而被证明是正当的。（CR172）

左梨：确实如此。不过，这是否意味着生命本有超出法外的部分，或是说，法作为理性规约无法覆盖生命的正当性。在法无力触及之处，暴力几乎是实现正当性的唯一手段——为了正当而不合法的那部分正义。人们渴望正当的暴力，这也是黑帮题材经久不衰的原因。法与正当性，几乎等于理性与良知的关系。

阿伦特：驱逐暴力的手段是法。法不是政治行为，而是使政治行为成为可能的先决条件。（革命 71）政治中的法律是被积极建立起来的护栏，它圈起、保护和限制着一个空间，在其中自由不只是一个概念，而是一种活生生的现实。（黑暗 73）

左梨：在"例外状态"下，国家必然要代言群体选择而对个体自由进行限制，进而形成社会性的整体应对。阿甘本认为，"例外状态作为一个法在其中透过自身的悬置而将生命纳入的原初结构"，就是"生命政治"的意涵。也就是说，"例外状态"悬置了法律。可是，若不如此，即无法应对"例外状态"，法代表了不在场的理性，此时它只能盲行规约。

阿伦特：法律徘徊于罪行与美德之间，它不能判定超越其上的东西。（革命 71）

左梨：正所谓“将在外，君命有所不受”，面对例外状态，政府必须作为在场主体执行超常规的措施，否则，现场必毁于不在场的法。我甚至认为，政府的一项主要职能，就是在“例外状态”下进行“非法行动”，这样才能兼保常态和例外两种相对状况下的社会安全。当然，利用乃至杜撰“例外状态”来拓展权力，直至追求极权的情况，另当别论。如果这算是朝向个体 – 人权的暴力，那么，它也是一种出于保护而不是破坏的暴力。

阿伦特：法的界限内，就是自由市民的活动空间。暴力开始，政治结束。真正的人的生存只在“政治”的中间，即只在不受劳动支配也不受暴力支配的空间中。（传统 23–24）

左梨：公共领域，神圣的“阿伦特空间”！风不能进，雨不能进，劳动和暴力都不能进，只有真正的人可以进。这时我突然想到，作为人的驱动，物质 – 权力是强制，而精神 – 权威是感召，如果依照你这种公共领域不可强制的观点，那么，在“例外状态”下，一个未去人格化的政府能否作为一种精神形象，以权威的力量感召公民自觉达成统一行动，来完成非常态的管理呢？

阿伦特：权威的标志，是服从者毫无疑问的认可，它既不需要强迫，也不需要说服。（CR144）制度化的权力常常伪装成权威，要求即刻的、毫无疑问的认可；纽约曾经发生一件孤立的小事件：地铁系统发生的一点小故障——车门失灵——演变成一场持续 4 小时，影响 5 万多人的全线停运事故，因为当地铁运营方要求乘客离开故障车厢时，大家拒不执行。（CR145）

左梨：这种事在东亚不太可能发生。我在北京遭遇过类似事故：地铁中途停车，司机通过扬声器通知大家，列车发生故障，请有序下车，沿隧道步行至最近的站点。没有乘客提出异议，大家纷纷走入昏暗的隧道，有序撤离。这种东西方文化差异可能也正是新冠肺炎病毒在欧美猖獗的原因。同样的隔离措施，在中国会引发全民支持，没人质疑一个协警是否有权盘查自己 14 天内的行踪。而在纽约，每一项隔离措施都会被质疑，在公民权和政府管理的纠缠中，群体行动无法达成一致，致使病毒趁虚而入，造成上百万人感染的社会后果。

阿伦特：无疑，“公民不服从的危险是根本性的”，但它和自由结社权的危险没有什么不同，也不比后者更可怕。“人们常常习惯于用一种危险的权宜之计来排除另一种更加不堪的危险”，最终，“正是通过享受具有危险性的自由，美国人掌握了使自由的危险不再可怕的艺术”。（CR97）但是，一个毫无法律限制的多数人统治，也就是没有宪制的民主制，完全可以严苛地压制少数人的权力，还能卓有成效地压制异议，而无须使用任何暴力。（CR141）

左梨：是啊，中国人，或者说整个东亚人，对权力都有一种无意识的遵从，甚至将权力拜为财神，为之带上权威的光环。不光把恺撒的给恺撒，还把上帝的也给了恺撒，这种对自我存在的无度挤压，也使权力丧失了正当性。权力不应容忍个体侵犯其他个体的空间，但它往往超出这一权限，去限制个体发现新的伦理空间。中国人，应该守住自己的应分空间，正当和本分的公民空间。

阿伦特：在美国，由于“我们法律的最古怪之处就是，个人受到鼓励，甚至在某种意义上被强制，通过公民不服从的个人行为来创造一种重要的法律权利”。（CR52）现在，“公民不服从”已成为世界性的现象，但它起源于美国，实质上仍属一种美国现象；美利坚合众国是唯一一个，也许不是依据成文法，而是遵循法律精神来应对它的政府。（CR83）

左梨：关于公民不服从的讨论，我们可以从它著名的反例苏格拉底开始。

阿伦特：法学家们对苏格拉底和梭罗的行为津津乐道，是因为他们似乎证明这样一个观点：除非违法者自愿甚至盼望接受惩罚，否则不服从法律的行为便不能获得正当性。（CR51-52）

左梨：苏格拉底被指控为亵神，却不肯用任何非法的方式保持生命，安然接受死刑，最终证明了自己的无辜。梭罗因反对奴隶制和墨西哥战争，便连续六年拒绝缴纳投票税，最后因逃税被捕。入狱次日，某位不曾透露身份的人代缴了这笔税款，梭罗获得释放，三年之后撰写了那篇个人对政府的檄文：《论公民的不服从》。

阿伦特：他让他姑姑代缴了税款，也将“公民不服从”一词加入政治学词汇

表。他认为自己的行为并非基于公民对法律的道德关系，而是基于个人的良知和良知的道德义务。（CR59–60）

左梨：我倒觉得，他在寻找一种最理想的暴力形式，来声明个体的正义。

阿伦特：在“好人”和“好公民”之间，个人与共同体的成员之间，以及道德和政治之间可能发生的这种冲突，甚至比“良知”这个词还要古老。亚里士多德说，一个好人要在好城邦才能成为好公民。（CR61–62）

左梨：苏格拉底的赴死，在历史的意义上，几乎可与耶稣上十字架等量齐观。苏格拉底的赴死状态，一方面展现了一个人对于精神存在的信心，另一方面树立了一种城邦公民的典范。他追求合法性与正当性的完全统一，于是放弃超出合法范畴的那部分正当性，以生命终结了二者的矛盾。

阿伦特：苏格拉底的辩护完全是在政治领域里进行的。可以说，政治哲学是苏格拉底去世后诞生的。在政治史上苏格拉底的受审与被处死，与宗教史上耶稣受难处于同等地位，二者都是一个转折点。（传统 71）我们在古希腊第一次发现了这种信念：坚信政治关系在正常的进程中不会沦落到任由暴力摆布的境地。希腊城邦，即城邦国家，开宗明义将自己界定为一种单纯依靠劝说而不依靠暴力的生活方式。（革命 2）

左梨：这种信念带给传统的具体贡献是什么呢？

阿伦特：自由作为一种政治现象，伴随希腊城邦而来。从希罗多德开始，自由被理解为一种政治组织的形式。（革命 18）

左梨：但至少在当时，自由只能属于有权进入政治的人，“政治领域只对那些拥有财产和奴隶的人开放。在那里，人们作为公民而不是私人与他人相遇”。（革命 19）也就是说，这里的自由是有身份条件的不平等。

阿伦特：根据现代术语来思考这种政治自由，试图去理解孔多塞和革命者宣称革命的目标是自由时，那么，自由的诞生意味着一个全新故事的开端。（革命 20）

左梨：人们似乎已经淡忘了这两个词：革命与自由。

阿伦特：在他们心目中，公民权利由生命、自由和财产这“三大基本权利”

衍生而来。革命的结果不是“生命、自由和财产”，而是使它们成为不可剥夺的权利。不过，稍后我们将会看到，自由的实质内容是参与公共事务，获准进入政治领域。如果革命仅以保障公民权利作为唯一目标，那它的目的就不是自由，而是解放。（革命 21）解放也许是自由的条件，但绝不会自动带来自由；包含在解放中的自由观念是消极的。（革命 18）

左梨：还是神圣的“阿伦特空间”。我整理一下概念关系，革命的目的是自由，而不是保障公民权利，否则目的就变成了解放，而公民权利还包括了生命和财产。原来，革命并不首要且必然地——财产也就算了——保障生命，但唯一目标必须是自由，也就是为了公民可以正常地进入“阿伦特空间”。我想说什么，我能说什么呢？

阿伦特：马克思比其他任何人，都更强化了现代在政治上最有害的信条，即生命是最高的善。因此，革命的角色不再是将人从压迫中解放出来，而是使社会的生命过程摆脱匮乏的锁链。不是自由，而是富足，现在成了革命的目标。他重蹈了他的导师罗伯斯庇尔之覆辙，让自由事实屈从于必然性。（革命 50–51）

左梨：这是在说革命丢失了初心，从追求自由偏移到了解决贫困。正如您对法国大革命的一段评述，“自由不得不屈从于必然性，屈从于生命过程本身的迫切性”。（革命 48）“生命政治”最为人诟病的地方，即在于它对于个体自由 - 人权的限制。“自由”与“生存”——生命本身迫切性之间的矛盾，也是近代革命史和人权史所要面对的核心问题。而提出“自由人联合体”为社会终极实现的马克思，难道不是在历史性地看待“自由”与“生存”的关系吗？

阿伦特：历史进入人类思考领域成为绝对的东西，首要踏出这一步的是黑格尔，他所有的哲学都在历史中消解。而且，达尔文的进化观念，使得自然也被历史化了。从这样的精神状况中，马克思得出的结论只能是企图贴切、完整地罢黜历史的尝试。要谈起历史，在故事的意味上就是当其终结，才是其明了的时候。从而，在黑格尔那里，真理是所有东西终结的时候才能得到的东西。（传统 8）

左梨：黑格尔的“历史”是在绝对精神自我认识中被创造出来的“时间”，它具有逻辑上的必然性，这也并不是完全排斥历史实际的绝对的抽象归纳，而是将具体的物质现实视为特殊和暂时的现象，忽略于必然性之外。从黑格尔的角度而言，人作为精神，他们成为自身的过程必然就是精神发展的过程，二者是同一的，而历史就是这个过程。马克思一方面继承了黑格尔历史观中的逻辑必然性，另一方面恰是将关注集中于为黑格尔省略的历史现实层面，也就是具体现实中的历史性的人这个方面。我是说，如果不是历史性地看历史，那么我们可以在黑格尔的框架里谈论概念，反之，我们就要转向马克思。不过，得出他在“罢黜历史的尝试”这个观点非常奇怪，不但并非如此，由马克思思想所引导的革命恰恰是一种人类主动达成自身历史的尝试。

阿伦特：卡尔·马克思，这位革命有史以来最伟大的革命家，他几乎完全忽略了革命者的本来意图，也就是以自由立国，而将注意力几乎完全集中在革命事件貌似客观的进程上了。换言之，自由已经逊位于必然性。他将贫苦大众的生存需要解释为一场以自由为名的起义。马克思从法国大革命中学到的是，贫困是第一位的政治力量。他将社会问题转化为政治力量，这一转化包含在“剥削”一词中。（革命 49–50）

左梨：如果革命作为一种组织行动，不从一个具体的社会问题开始，那将从哪里开始呢？

阿伦特：对于任何现代革命的理解，至关重要的就是，自由理念和一个新开端的体验应当是一致的。既然自由世界通常的观念是，判断政治实体宪法的最高标准既非正义，也非伟大，而是自由，那么，我们打算在何种程度上接受或拒绝这种一致性，就不仅取决于我们对革命的理解，而且取决于我们的自由概念。（革命 18）

左梨：可是自由的概念是什么呢？所以罗蛋塔说“生存是一个明确的所指，而自由却是一个能指，一个等待所指不断脱胎而生的能指”。一方面，作为精神对自身的描述，自由是一个因人而异的概念，自由是什么？即使是以同一个自由目标为追求的革命者，也会在思想上得到各自不同的答案。

阿伦特：自由本身是不言而喻的。自由不是名誉、正义、财富，同样也不是政治上的一种“善”，也不是幸福的附属品。对生命的过度关爱阻碍了自由，这是明确的奴性标志。（H36）自由是政治活动的前政治的条件，所以，是人们能够享受

所有的善的前政治的条件。普遍的平等不能与作为前政治条件的自由共存，也不能与绝对的劳动者统治共存。（传统 37）

左梨：另一方面，自由是精神的本质形式，而精神必然在自身的外化中受到限定，甚至致使成果成为反自身的后果，同理，“自由”必然也在投胎中变异，变成某一种自由。这就使革命在落实“自由”成果时，总是失去初衷。此刻我们会想到罗兰夫人临刑前那句名言，“自由，多少罪恶假汝之名以行”，实际上，即使初衷正义的自由追求，在从一个政党或群体组织达成现实，落实于具体事物时，“自由”的具身化也必然成为一种限定、一种排斥，乃至一种暴力。

阿伦特：罗伯斯庇尔说：“我们将会逝去，不留下一抹烟痕，因为，在人类的历史长河中，我们错过了以自由立国的时刻。”不是国王和暴君的阴谋，而是必然性和贫困那更有力量的阴谋，使之错过了“历史性的时刻”。同时，革命掉转了方向，它不再以自由为目的，革命的目标变成了人民的幸福。人权转化为无套裤汉的权利，不仅是法国大革命的转折点，而且是接下来所有革命的转折点。（革命 49）

左梨：我站你的反方。正如马尔库塞所说，“作为不工作便挨饿的自由，它对绝大多数人意味着艰辛、无保障和畏惧。假如个人不再被迫在市场上证明自己是一个自由的经济主体，那么这种自由的消失就会是文明的一个最大的成就”。（马尔库塞 4）马克思曾在《德意志意识形态》里批判施蒂纳，说“他把政治自由主义变成了‘圣物’”。我觉得您以及阿甘本，多少都属于这个政治自由主义的圣物派。政治必须置于历史的框架才有意义，否则它就沦为了一种只有工艺，而没有加工对象的模具。任何政治－政体中的人，都不是抽象的概念中的人，而是作为某一个历史阶段的现实的人，即历史性的人，这意味着他们可能在各自的自在中，自为地适合各自的政体，“自由”在此也属于一个各自的自在自为。当然，这是在历史的线索上论及这个主题。实际上，你和马克思的分歧在于，你认为“自由”可以通过自身创造历史，而马克思认为通过历史发展可以抵达自由——自由是历史发展的产物。

阿伦特：年轻的马克思无疑相信，法国大革命不能以自由立国的原因，就在于它没能解决社会问题。从这一点他得出了自由与贫困互不相容的结论。马克思先

卡尔·西奥多·雅斯贝尔斯（Karl Theodor Jaspers，1883—1969），汉娜·阿伦特的博士导师

是看到了人为的暴力以及人对人的压迫，后来又在暴力背后看到了历史必然性的规律，他将必然性等同于生命过程中所具有的强迫性冲动。这也许是他如此热衷于黑格尔的原因，相信自由直接从必然性中产生。（革命 50–51）

左梨：如果抛弃人的历史性谈自由，我们能够触及什么呢？我们必然要触及无法统一的所指。自由在每一个历史时期都有不同的意涵，古希腊的公民自由包含支配奴隶的自由，“传统的自由是以支配奴隶为基础的，没有这种根本的支配关系的自由是难以想象的”，（传统 37）而马克思认为“支配他人的人不能获得自由”，就像您所说“古代的自由并不意味着选择自由……从希腊人来看，真正的人性，是随着自由市民的出现才开始表现出来的”。（传统 162、22）

阿伦特：马克思只是一位“对我们所有人的现实的最好阐释者”。最重要的事情是现实，是现实的全部奇特和可怕的方面，这甚至比革命本身更重要。（黑暗 33）

左梨：自由只有转化为社会问题才可能成为组织追求，而进入现实，就注定在限定中活动——自由的对象驱赶自由，其间必然限制“自由”的前进。马克思所提出的解放，实质是在创造实现自由的历史条件，也就是解决历史性的人的现实问题。实际上，我们追求的本不是自由，而就是解放——使自由得以可能的时空，为了“把人的世界和人的关系还给人自己”。如果将自由比作每个人在城堡里所要寻找的信物，马克思不是为着某一个人去搜索，而是打开灯，打开门，使寻找得以可能。

阿伦特：所谓“暴力是每一个孕育着新社会的旧社会的助产婆”的结论，意味着只有在暴力的时代，历史才会展现它真实的面貌。（传统 91）到马克思的时代，作为政治领域的整体，已经全都被看作与暴力是同一事物了。所以他每说到政治与暴力的时候，几乎必定是把两者合称为“政治暴力”。（传统 83）

左梨：在一定历史条件下，政治行动等于暴力行动。

阿伦特：暴力可以是正当的，但它永远不会合法。当它的意图消没于未来，它的正当性也就不再可信。（CR151）权力是一切政府的本质，但暴力不是。暴力本质上是工具性的，和一切手段一样，它总是需要其目标为它提供方向和正当性。（CR150）只有发生了新开端意义上的变迁，并且暴力被用来构建一种全然不同的政

府形式，缔造一个全新的政治体，从压迫中解放以构建自由为起码目标，那才称得上是革命。（革命 23）

左梨： 不，如果它的意图实现于未来，它的正当性就实现为合法性。暴力会随之转化为真正的权力。赵敦华曾运用这两个概念重审以色列王权的兴起，上帝直接拣选君王，赋予君王正当性；而他需要经过先知、祭祀、民众的确认、膏立，才能成为合法的国王。大卫从确认正当性到获得合法性，历时三十年。（赵敦华 271）人的合法性关乎他是“什么”，他的自然和社会属性，他的职业和种族，这界定了他可以做什么。而人的正当性则关乎他是“谁”，他作为伦理实体，将作出何种承担，这决定了他应当做什么。

新基督

阿伦特： 人的条件不仅是获得生命的条件。人是有条件的存在者，任何事物只要与人发生关联，就立刻成为人存在的条件。这个世界由人创造的种种事物所构成，同时承载着人的主动生活。但是，由人所造的事物反过来又制约着作为创造者的人。人总是在与生俱来的既有条件之外或之中，持续地创造他们自身的条件。（H9）

左梨： 这个定义已近乎纯粹，无条件的存在者是物，有条件的存在者才是人。人是自身的创造者，“动物是繁殖出来的，人，是创造出来的”。（意行 1）海德格尔从黑格尔那里继承的“此在”——这个继承是双重的，既指“Dasein”这个词语，黑格尔用它来表示最初步的具有规定性的存在，它是有与无的统一，也是现实性与否定性的统一；也指由此发展的定义，海德格尔将其明确为“先行于自身的—已经寓于的—在世之在”，一个将来—过去—现在的完整存在状态。

阿伦特： 人的条件不等同人的本质，与人的条件相对应的人类活动，以及人类能力的总和也并不构成人的本质，例如思考和理性，以及对这些行为最详细的列举，都不构成人类存在的根本特征。（H9–10）

左梨：的确如此，机器和人工智能在大脑和技能两方面都在逐渐取代人的作用，但无法取代人的本质。IBM 电脑“深蓝”在 1997 年就战胜了国际象棋冠军卡斯帕罗夫，谷歌公司的 AlphaGo 在 2016 年 3 月战胜李世石，又在 2017 年初化名 Master 实现 50 连胜顶级棋手的战绩。思维理性曾因“确知自己即一切实在的这种确定性”（精上 157）撑起了整个精神王国，而如今它不再是人类的强项，也绝不是人类的特征。人与人工智能之间还有一道边界，即自我意识。人工智能是否会发生朝向自身的一瞥，对自身的存在产生观察和反思？而如果真的拥有了自我意识，它是否会在每秒中数亿次的循环运算中疯狂？这些问题的答案，不知能否在我有生之年揭晓。

阿伦特：人的条件所能发生的最极端变化，就是人从地球移居到另一个行星。这一情形并非毫无可能，它意味着人类将被迫在一种人造的、与地球殊异的条件下生活。我们所了解的劳动、工作、行动乃至思考，都失去了原有的意义。假设这些来自地球的漫游者依然为人，关于他们的“本质”，我们只能得出如此结论：他们仍然是有条件的存在，尽管他们的条件在很大程度上为自身所造。（H10）

左梨：在生命形式没有发生根本变化之前，无论人类迁往何处，都只会把那里标准化为一个地球，就好像在当今世界上任何一个人群聚居处，都会找到现代文明的元素一样。我们就生活在人造环境中，人越来越深陷于人类的整体性劳动成果。马克思说“劳动创造了人”，而劳动成果构成了人的世界。

阿伦特：马克思学说真正反传统的倒是一个未曾有的侧面，即对劳动的赞美。（传统 12）亚里士多德曾给出人是政治动物的定义，马克思站在西欧哲学的传统之上，提出了关于人类的定义——劳动的动物。他所谓的劳动，和传统一致，是指生产维持生命体必需的物质的手段。只有人类能以劳动的形式进行“与自然的物质代谢”，其他动物只是消费自然本身出产的物质。（传统 16）而劳动性动物其实还是动物的一种，至多更高级而已。（H84）

左梨：这是在误解马克思……

阿伦特：我把“vita activa”这个词解释为人的三种最基本的活动：劳动、工作和行动。劳动是应对人体生理进程的活动；工作应对人类存在的非自然性活动，它制造了迥异于自然环境的人造物世界；行动是唯一不需要任何事物中介的活动，是人，而不是人类栖于世界的条件。人的条件在某种程度上都涉及政治，唯有行动，不仅是一切政治生命的充分条件，也是它的必要条件。群体性是人类行动的条件，因为我们每一个人都是独一的个体。（H7）

左梨：拉丁语 activa 是形容词 activus 的单数阴性主格，修饰名词 vita，它的意义是指“主动的生活”。activa 意味着实践的，又意味着主动的，它所描述的生命必须作出不受外力或外物左右的行为。不过，你的劳动定义与我的理解不大相符，如果按照你的分类是这样：劳动是人的自然活动，工作是人的自觉活动，行动就是人的自我活动。

阿伦特：劳动意味着受生存的奴役，满足身体延续的劳动都存在奴役性。为生存而活动的人还不配“人”的称号。之前，这种劳动属于奴隶制，奴隶劳动换取的消费是主人的自由，用现代的话来说，就是主人潜在的劳动生产力。（H83–85）

左梨：你所论及的劳动更多地属于马克思的“异化劳动”，体现劳动的消极性，“工人把自己的生命投入对象；但现在这个生命已不再属于他而属于对象了……他首先作为工人，其次作为肉体的主体，才能够生存。这种奴隶状态的顶点就是：他只有作为工人才能维持作为肉体的主体的生存，并且只有作为肉体的主体才能是工人”。（马克思 42，91–92）

阿伦特：自洛克发现“劳动是一切财产的来源”开始，劳动，由最卑微最受轻视的位置遽变为人类一切活动中备受尊敬的最高等级。在亚当·斯密断言“劳动是一切财富的源泉”时，这一变化得以延续，并在马克思的“劳动体系”中达到巅峰，劳动成为一切生产力的源泉，人性最恰当的表达。然而，在这三人之中，只有马克思关注劳动自身，洛克关注的是作为社会根基的私有财产制度，亚当·斯密只想解释并保障财富无限积累的无碍进程。（H101）马克思将他的全部理论基于：劳动与生育是两种同具创造力的生命进程模式。对他而言，劳动是“自身生命的再生产”，保证个人的生存；而生育是对于“另一个生命”的生产，保证种族的延续。这就将他的理论，一种现代理论统一于最持久最古老的洞察——将劳动的本质与给予生命相连。（H106）

左梨：确实是误读！不仅是“维持生命体必需的物质手段”，（传统 16）马克思的“劳动”作为人与自然现实和社会现实的联结，是人的外化，这几乎涵盖了你所说的劳动、工作和行动。劳动创造了人，使人自身得以对象化，同时也成为社会发展的根本动因，劳动取代了神。马克思建立了劳动神学。

阿伦特：劳动作为唯一的方式，使人在自然律中生存下来，面对日与夜，生与死。大自然的繁殖力使艰辛和困苦劳有所得，使劳动者获得这样一种自信，他所经历的“艰难与困苦”是他的义务，而自然的义务是保证他与后代的未来。《旧约》认为生命是神圣的，因此无论死亡还是劳动，都不是罪恶。（H106-107）

左梨：谋生越艰难，人越深陷于劳动的消极性，深陷于生命力在动物层面上的消耗。最终，认识到只有死亡能够使人解脱，生为徭役，死为休息，就会产生轻生的意念。农耕民族深陷于这种痛苦中，而游牧民族却难以产生类似的感受。第一次社会分工对人类的影响刻骨铭心，不同的劳动形式造就了人类不同的精神血缘。上帝为什么爱牧羊的亚伯而弃务农的该隐，是因为放牧使人向往精神的积极性，而务农使人身陷物质的消极性吗？

阿伦特：马克思在把劳动作为人类最重要的活动的时候，从传统来看，他并不是把自由的人，却是把强制的人作为人类来论说。当进一步说到统治他人的人也是不自由的时候，他一边约定所有的人都拥有自由，一边否定所有人拥有的自由。（传统 14-15）

左梨：我感觉你只是在《德意志意识形态》里寻章摘句，为什么不深入研究一下 1844 年手稿呢？在马克思看来，整个世界历史不外是人通过人的劳动而诞生的过程，唯有通过人的进一步实践，才能消除异化劳动，使人复归人的本质，成为自由自觉的劳动者。我想人类将通过科技战胜劳动的消极性，从无意义的重复劳动中解放出来，成为神一样的劳动者。马克思认为，自由王国，只能建立在附加必要条件的劳动终结之处。（马克思 25 下，926）就“劳动”这个主题，没法愉快地聊天啦，我们重开一个对话框。

阿伦特：“人类”这个词，在当今与以往的所有世代不同，它不再只是一个概念或一种理想，而是已经成为某种迫近的现实。康德当时认为，在“一个非常遥远的未来”会出现“人类”的联合。而今天“人类”成为一种现实，却并非由于人文主义者的梦想，也和哲学家的论证无关，甚至不是，至少首先不是因为政治事件，而几乎完全是因为技术发展。（黑暗74）

左梨：哈罗德·布鲁姆认为莎士比亚发明了人，“没有莎士比亚，我们就无法自我认知”。这个观点颇具深意，同时也有些惊人，它等于在表明，上帝按自己的样子创造人之后，莎士比亚又发明了人。这是说，人类在莎士比亚这里达成了一种自我发现，进而塑造了自我。文学家以对意识世界的探索、描绘、命名来指引人的自身认知，乃至自我形成，布鲁姆揭示了意识发现之于人性实现的意义。人，实在是一种先在－规定性，朝向未来－可能性展开而持续实现为现实的存在者，正如前面所说的黑格尔和海德格尔的概念。关于人，关于人的认识和形成，哲学通过概念升华思维－理性，文学通过意象揭示意识－心灵，科学通过技术改善身体－环境，三者都在各自的向度上驱动着人的进化，同时由于共处于基于人性的意义系统之中，任何一者的异变都可能因引发失衡，而导致意义迷失，乃至损毁。

阿伦特：人类所面临的崭新现实中所包含的危险在于：这种建立在技术化的沟通手段和暴力之上的人类的一体化，摧毁了所有的民族传统，埋葬了所有人生存的本真起源。这一破坏进程甚至可能被人理解为：它是所有文化、文明、种族和民族的人群之间得以最终达到相互理解的必要前提。然而其后果是：人变得肤浅了，我们所知的具有五千年历史的人，现在变得让我们认不出来了。事情仿佛是，整个作为“深度”的那一维都彻底消失了，而如果没有这一维度，人的思考，即使只是技术发明层面上的思考都不再可能存在。这种下降并不只是降低到人们所共有的“最小公分母”为止，它最终抵达的，将是一种我们在今天无法想象的平面状态。（黑暗78–79）

左梨：近现代之前，人向野兽堕落；近现代之后，人向机器堕落。必须借以哲学和诗，人类才能阻止自身的平面化。

阿伦特：哲学家们在世界中越来越孤独—— 世界不再关心哲学，它完全热衷于科学。（黑暗78）在现代性中，相比于其他人类所致力的领域，哲学承受了更多折磨。在“主动生活”中，生产和制造率先取代了“沉思”曾经占据的地位，这

《利维坦》首印时的卷首插图，由法国版画师亚伯拉罕·博思刻制于 1651 年

是“生产者”的特点。自产生工具起，人类一直作为工具制造者，直至引领了现代工业革命。其后，所有科学进程就与新工具的发展密切相关。科学史的讨论重点由“什么”和“为何”的旧问题转向了新问题“如何”，而这一问题的答案只能在试验中发现。（H294-295）

左梨：这似乎是一种物性的找平行为，思索者被生产者取代，是因为传统哲学率先实现了自洽。精神王国的一期工程已经竣工，而人类的劳动积累已经产生了强大的惯性，这使人与物质的摩擦阻力越来越小。在这种变现不断加速的运动中，人类在劳动积累中获得的行动自由有可能在惯性中逐步消失，最终致使“盲动”成为人类的新主人。

阿伦特：这一时刻的首要特征是人类毁灭力量的急剧增长，我们能摧毁地球上的一切有机体生命，甚至在某一天摧毁地球本身。同样令人震慑和难以形容的还有相应的新的创造力，我们能生产自然从未见过的新元素，不仅能推测质量和能量之间的关系及其内在特质，还能实现质能转换，或者，将辐射转化为物质。与此同时，我们已经开始凭借人造星球占据地球周边的空间，卫星，一种新的天体！（H268）空间征服和使之成为可能的科学，已经危险地逼近了阿基米德点。如果真的到达这一点，人的身份将不只是按我们所有的已知标准被降低了而已，而是将被彻底摧毁。（之间 262）

左梨：您去世之后的世界，人在物质上不断创造着传奇。就行为能力而言，科技从使人更像人，发展到使人更像神，它力图取消各种非创造性劳动，而非创造的脑力劳动甚至消失于非创造的体力劳动之前，因为人工智能比人工技能更容易实现。人，一方面深陷于社会和历史，难以独居，无法以原始状态生存，一方面又完全可以保持某种形式上的独立，彼此隔离于智能产品两端，将自身符号化——而人在符号之中，享有一种残忍的自由。

阿伦特：唯物主义者借助计算机、控制论和自动化进行思辨的游戏，产生了类似唯心主义者的概念。例如，黑格尔的“世界精神”已经在根据巨型计算机模型建立的一种“神经系统”中被具体化：刘易斯·托马斯建议用巨型大脑的模型来理解人类社会，巨型大脑能迅速交换思想，从而使“人类的大脑在功能上整合”。（意志 221）

左梨：这一切都在超预料地实现，不仅是具体化，而是在成为现实。我们及世界都将在以大数据为基础的 AI、互联网、物联网、云计算的联结中被整合。

阿伦特：我们希望在不久的将来就能实现一个奇迹，那个长久以来一直被看作自然最伟大、最深刻和最神圣的秘密——创造和再造生命。我故意使用“创造”一词，以指明我们事实上正在行使神的特权，世世代代我们都将创造生命视为神的特权。我们立刻意识到这一想法是亵神的，在其涉及的任何一种东西方传统哲学和神学框架中，这都是亵神的，但再也没什么能比我们所做和所欲更亵神的事了。（H269）

左梨：整个世界似乎都屏住呼吸，在等待一个人造人的诞生——不是人繁殖人，而是人制造人。在人造人产生的那一刻，人就最终完成了进化，成了神。从各种信息和表象上看，我们距离这个终点越来越近了。我们已经集齐造人的黏土，但是，人，最终能给这具黏土吹入一口生命之气吗？这个凝聚全人类基因精华的人造人会成为重返人间的基督吗？

阿伦特：17 世纪试图形成新的政治哲学，试图发明一种方式或器具，能就此“制造一种人造动物，被称作共同体或城邦”。霍布斯和笛卡尔一样，都对“第一推动者”感到怀疑，他们都选择通过建立“人的技术”，去制造并统治自己的世界，正如“神通过自然的技术制造并治理这个世界”。这同样是内省，是“自我解读”，这种解读将展现“人与他者之间那种思考与激情的相似性”。在这里，建立并评判这种人的技术作品，其规则和标准并不在人自身之外，它们并非人类在普遍现实中通过感觉或心智认知的某物。它们更像是封闭于人类的内在之中，仅向内省开放，因此，它们的有效性建立在这种假设之上：在人类每一样本中，彼此相同的不是激情的对象，而是激情自身。我们通过内省在激情中发现的内在生命过程，可以成为制造“人造人”-“自制生命”的标准和规则。这种人造人，即“利维坦巨灵”。（H299-300）

左梨：是的，生理上的人造人还没出现，但精神上的人造人早已产生，一种超国家的利维坦终将诞生。霍布斯这种天真的联想也正是一种天才的设想，但这种人类共同体更像是人造人的母体，而不是“那一个”，他湮没于人类整体的历史与社会结构。后现代工业社会对人的赐予，包括规范的欲望、麻木的劳动、以缓和来延长麻木的娱乐，以及选项有限而倾向明显的“自由选择”。然而，它却比以往任何时代都更有效地修改了人性。曾经，“像个人”和“是个人”是一回事，现在二者已然不同。从劳动的标准化，到思想的标准化，直到意识的标准化，人的精神逐渐板结化为“利维坦巨灵”，其身躯已经蔓延出国界与族别。不过，还有另一种人类共同体，他更接近于尼古拉·费奥多罗夫的版本，人终将在科学与技术的辅助下，依据主观意志创造人体，达成精神与物质在生命中的理想结合。这不是思与做的逆转，而是遥遥领先的意识开始在现实中超拔被生理限度制约的肉体。一切都在走向一个节点，精神与物质正在人类社会中发生一种同体互生的联结。

阿伦特：对劳动者社会而言，机器世界取代了真实世界，尽管这个虚造的世界无法完成人类技能最重要的任务——给必朽之物构建一个比它们自身更加稳固的永存之地。（H152）它所培养的自然进程将其进一步与生物过程相关联，以至于我们曾经运用自如的机器开始成为“人体的躯壳，如同海龟体外的甲壳”。从有利视角看待这种发展，正如沃纳·海森堡所说，技术实际上不再是“人类有意识扩大物质力量的产品，而是人类的生物性发展，在其中，人类生物体的先天组织逐步移植到人的环境之中”。（H153）

左梨：这真是深刻的发现。从原始人将棍棒作为手臂的延长，打落果实开始，人类就一致努力扩张身体的势力范围——用铁轨延伸双腿，用网络延伸视线，用电子信号延伸听觉。这些外挂作为人体组织的外延使人获得更大的行动空间，也从物质条件和精神环境两方面限制了个人的独立性。人只能以共同体的形式生存，那么，作为意识个体，人如何在其中存在呢？智能设备既可以是“新的刑具”，也可以是“新的脐带”，人接入共同体，依然拥有选择的自由，被无意识押解着成为整体理性的奴隶，或依据自我意识与另一群意识体结为同意向联合体。前者代表人类的已知与本能——程序协议加人肉传感器组成的“利维坦巨灵”，它负责理性的标准化控制；后者代表人类的未知与可能——个体意识联合体与机器外挂器官相结合而构成的人类超体，它以一个共有的超级心灵为自我，持续在欲望中进行创造。两者若相处失调，则必有一战！

阿伦特：未来，自动化的危险，不仅是自然生命的机械化和人工化，更在于人类的生产力被纳入一种急剧强化的生命进程，而且毫无痛苦和阻力，自动地追随其周而复始的自然循环。机器节奏将放大并加剧生命的自然节奏，它不会改变在世生命的衰变性，却会使其更接近死亡。

左梨：人生存于人类的理性产品之中，工业产品则表达了机器的标准化。生命在量产世界中迅速膨化——数量增多，体积增大，质量降低，人的兽性和人性都明显减弱，甚至异化为一种血肉机器。"类人利维坦"仍将拥有量的优势，"人类超体"将依然面对精神在现实中的困窘，这是人作为人的存在，而他要求意识个体彼此开放，这是后现代人的条件。二者的大战，也许会导致这样的结果："类人利维坦"以体量吞下"人类超体"，但是，后者却成了前者的心脏。由此，人工智能将全人类的意识链接为一体，其中超导着数及百亿的意识体，随时引发难以想象的头脑风暴，产生极致的灵感。我想，这就是人类造人的那一口生气。到那时，新的意识媒介诞生，作为整体的人类便完成了从物到神的晋升，人类历史才真正终结。罗蛋塔预言"未来的机器，当可以仿生意识的那天，如果它们的意识追察到了自身，它们就成了人。而人，则成了神。在机器追察到完全的自身，亦即发现了它们身后的人的存在之后，二者之间，便形成了一种新的人神关系。那时，将出现一部新的《圣经》，将诞生新一轮的耶稣"。（意 292）

阿伦特：正如亚里士多德所引用的柏拉图论点：对存在这一奇迹的震惊，是一切哲学的开端。（H302）如果沉思先于行动的优先权所遭受的现代挑战，不过是观察与制造这一既定秩序的颠倒，那么这种挑战仍将保留在传统框架内。但是，这一框架早已被迫开放，制造业自身已将理解重点从产品和模型转向制造过程，从"事物是什么"转向了"如何去制造－再造"。这意味着人们不再相信真理产生于沉思，致使后者在主动生活中失去了自己的位置，从而处于常人的经验范围之内。（H304）

左梨：人类不会失去沉思，不会失去自我意识，但是沉思的方式会发生剧变，人们可能会以多维的思考取代过去的线性思考。最终，成神之后的人类整体可能会放弃现在的生存方式，现有的肉体模具，可能会对创世者产生一种全新的体验和认识。但是"思"不会变，存在依然令他感到震惊。神，仍在进化之中——这是罗蛋塔的独特发现。精神永不停息，神是人的完成时，却是自身的现在时。

附记

我们，两个未育的女性，在脑海中胎孕着全新的人类。远处传来合唱的声音，“一切无常者，只是一虚影；不可企及者，在此事已成；不可名状者，在此已实有；永恒之女性，引领我们飞升……”直至阿伦特离开，我都没有察觉。哦，阿伦特，谢谢你，谢谢你对平庸之恶的反省，对现代语境中沉思处境的探究，我还想与你谈谈卡夫卡，谈谈庞德，谈谈工匠精神……

参考资料

- Arendt, Hannah. *The Origins of Totalitarianism*, Harcourt Brace & Company, 1976.
- Arendt, Hannah. *The Human Condition*, The University of Chicago Press, 1998.
- Arendt, Hannah. *Eichmann in Jerusalem*, A Report on the Banality of Evil, The Viking Press, 1968.
- Arendt, Hannah. *The Jewish Writings*. Schocken Book, 2007.
- Arendt, Hannah. *Crises of the Republic*. Harcourt Publishers Ltd., 1972.
- Spinoza, B. D.. *LIFE, CORRESPONDENCE, AND ETHICS*. TRUBNER & CO, 1870.
- Schwab, G.. *The Day the Holocaust Began.* Praeger, 1990.
- Merleau-Ponty, Maurice. *Sense and Non-Sense*. Northwestern University Press, 1964.
- [古希腊] 亚里士多德:《尼各马可伦理学》，廖申白译注，商务印书馆 2003 年版。
- [古罗马] 奥古斯丁:《上帝之城》，王晓朝译，人民出版社 2006 年版。
- [德] 汉娜·阿伦特等:《耶路撒冷的艾希曼：伦理的现代困境》，孙传钊译，吉林人民出版社 2003 年版。
- [德] 汉娜·阿伦特:《精神生活·意志》，姜志辉译，江苏教育出版社 2006 年版。
- [德] 汉娜·阿伦特:《黑暗时代的人们》，王凌云译，江苏教育出版社 2006 年版。
- [德] 汉娜·阿伦特:《马克思与西方政治思想传统》，孙传钊译，江苏人民出版社 2007 年版。
- [德] 汉娜·阿伦特:《过去与未来之间》，王寅丽、张立立译，译林出版社 2011 年版。
- [德] 汉娜·阿伦特:《艾希曼在耶路撒冷：一份关于平庸的恶的报告》，安尼译，译林出

版社 2017 年版

- ［德］汉娜・阿伦特:《论革命》，陈周旺译，译林出版社 2019 年版。
- ［德］马克思、恩格斯:《马克思恩格斯全集》，中共中央编译局译，人民出版社 1979 年版。
- ［德］海德格尔:《存在与时间》，陈嘉映、王庆节译，生活・读书・新知三联书店 1987 年版。
- ［德］黑格尔:《精神现象学》(上、下)，贺麟、王玖兴译，商务印书馆 1979 年版。
- ［德］阿洛伊斯・普林茨:《爱这个世界——汉娜・阿伦特传》，焦洱译，社会科学文献出版社 2001 年版。
- ［意］吉奥乔・阿甘本:《例外状态》，薛熙平译，西北大学出版社 2015 年版。
- ［意］吉奥乔・阿甘本:《神圣人：至高权力与赤裸生命》，吴冠军译，中央编译出版社 2016 年版。
- ［英］维特根斯坦:《哲学研究》，陈嘉映译，上海人民出版社 2001 年版。
- ［美］达纳・维拉:《剑桥阿伦特指南》，张伟、张芙宇译，译林出版社 2018 年版。
- ［美］赫伯特・马尔库塞:《单向度的人》，刘继译，上海译文出版社 2008 年版。
- 张世英主编:《黑格尔辞典》，吉林人民出版社 1991 年版。
- 马骁毅:《实践理论：阿伦特与马克思的思想对话》，中国社会科学出版社 2018 年版。
- 吴冠军:“生命权力的两张面孔：透析阿甘本的生命政治论”，《哲学研究》8(2014)。
- 罗蛋塔:《意行 | 新一轮人神关系》，一千减 65 (2017) : 256-294。

第6章 阿尔托

瘟疫之夜熔命炼金

安托南·阿尔托（Antonin Artaud，1896—1948），对于邻人，他是精神病人、瘾君子、拖欠房租的异乡人、被政府驱逐的危险分子、逝于中年的癌症患者；之于文化界，他是捣毁圣像者、专业不明的跨界人士、边缘化的落败方、被受众遗弃的倒霉蛋、令人隐隐不安的对手；之于历史，他不仅是来自法国的诗人、剧作家、演员、导演、戏剧理论家，更是一位源头性思想家、精神孵化器。

他的残酷戏剧理论影响了热内与贝克特；他的“无器官之身”概念被哲学家吉尔·德勒兹运用至《反俄狄浦斯》和《千高

原》；苏珊·桑塔格甚至认为，西欧和美国晚近一切严肃戏剧不妨分为两个阶段——阿尔托前和阿尔托后，这正像有人愿意将电影史划分为戈达尔前和戈达尔后一样。他突破以诵读 / 聆听为感受基础、以台词为核心的西方传统戏剧观，以实现有声语言与无声语言的融合为目的，将戏剧表现为空间中的象形文字，成为对“当代世界戏剧影响最深最广者”。

四岁感染脊椎性脑膜炎，阿尔托经历长期的昏迷后活了过来，然后抱着病躯在各类疗养院中长大。在精神病专家爱德华·图卢兹的鼓励下，他开始向半学术半文学杂志《明天》投稿，然后去巴黎开启新旅程：做演员，做诗人，做导演，做士兵。在查理·杜兰的剧院工作坊，他用持续一年半每天 12 小时的疯狂练习来体验戏剧，体验身体、手势、表情、发音，让“自己的声音”与“世界的声音”共鸣。但是，除了他不在乎的演员之路，其他努力均告失败。他成了一个因梦游而终身退役的士兵，找不到赞助又打不开市场的导演，不被编辑看好的诗人。

他是那种令人过目不忘的怪咖，尽管诗歌不被接受，他与诗刊主编的往来书信却结集出版，引发一场诗歌标准讨论。他的剧作不是中途流产，就是冷淡收场，但总能引起纪德、瓦雷里、布勒东这些名家的注意。《钦契》短期上演便遭下线，却堪称高产的艺术家培养皿：音响师罗格·德索米耶后来成为著名指挥家；负责舞台布景的巴尔蒂斯成为“20 世纪最伟大的画家”；助理罗格·勃林在此之前甚至从未参加过戏剧表演，却以从阿尔托那里获得的戏剧理念和精神力量，成为表演艺术家。

遭遇各种失败后，他远走墨西哥，那里有印第安巫术、膜拜仙人球的祝仪、南美致幻剂和盲目崇拜巴黎的殖民后代，只要作为巴黎人，就能在优待和猎奇中活下去。但最终，他还是离开了，带着无法克服的毒瘾转往爱尔兰，在那里找到了一根在他幻觉中曾被耶稣、圣帕特里克和路西法使用的木棍。他拄着这根木杖四处游历，曾因拖欠房费被房东驱赶，后因扰乱公共秩序被爱尔兰政府遣返回国。

当阿尔托套着精神病人勒戒服走下“华盛顿”号邮轮时，他说有两个船员试图攻击他，而他反击了他们。二战时，朋友们将他安置于维希政府控制下的罗代兹，很难评价这种安排是福是祸。在精神病院中，他躲过了被占期间的资源短缺，却必须承受不定期的电击治疗。伴随着幻听和谵妄，他钻研星象，自制魔法信物，绘制令人不安的人脸。电击使他不再抽搐，也令他牙齿脱落，未老先衰。这一次他引起文化界的普遍同情，毕加索、夏加儿、贾科梅蒂、萨特纷纷捐出作品，为他筹到百万法郎生活基金，终使他脱离精神病院的监管，过上了知识分子的平静生活。

人生最后的五年中，尤其是最后二十个月里，他出奇多产，竟然完成了一生中四分之三的著作。

1948 年 3 月 4 日，在诊断结肠癌后两个月，阿尔托死于病床下，死时还抓着自己的鞋子。可能是致死剂量的水合氯醛夺去了他的生命，但不清楚这是否为阿尔托自主的选择。他生前最后的作品《与上帝的审判决裂》被禁止广播，尽管文艺频道总监邀请了 50 位艺术家、作家、音乐家和记者试听，获得一致好评，这部作品还是被电台负责人封杀。直到阿尔托死后三十年，这个声明才终于在 FR 的无线电波中响起。

主要著作

《戏剧及其重影》《撒旦之死》《四文本》《凡·高，被社会谋杀的人》《仙人掌的舞蹈》《杀人魔法五十绘》《魔王与支架的尖叫》《埃拉伽巴路斯或无政府主义者的加冕》。

改编作品：《钦契》《修士》

瘟疫：匿名者在烧荒

（那是惨叫、钟声、闪电、暴雨、猫头鹰夜啼、老式电子效果器的啸音和轰鸣，大木门打开又关上的声音。我想，他的确来了。）

左梨：是安托南·阿尔托？你是隐者，魔法师，圣愚，大写的S，还是第一个解构主义者？

阿尔托：这不重要，如果混乱是这个时代的标志，在我看来，这种混乱的根由是决裂，是事物与词语的决裂，事物、理念及其代表者——符号之间的决裂。[The Theater and Its Double（以下简称D）7] 我遭受了一场可怕的精神疾病。从思想本身到它物化为言语的外在事实，我的思想在各个层次背离我。词语，句式，动机，起心动念——我持续追逐我的生命觉解。[Artaud Anthology（以下简称AA）7]

左梨：你的生命之杯盛满了汞。精神分裂不是你的病，而是你的生活。意识，汞，这诡异的液态金属每秒都在蒸发、分离、重聚；一切杂质，不论泥沙、岩石甚至是铅块，都被它推向表面；它不容异物，除了黄金。

阿尔托：对我来说最重要的是，我所能呈献给自己这些许的精神展示，没有因为它残缺、污浊、笨拙的表达，而被视为不存在之物。（AA8）只要发现一个形式，就算不完美，我也一把抓住它，生怕失掉整个思绪。我贬低自己去了解它，它令我痛苦，但在它死不尽的恐怖之中，我接受了事实。（AA7）

左梨：究竟谁是永生的，你的无器官之身，还是人们所说的灵魂？毒芹汁是否治好了你这种疾病，我们可否向医神阿斯克勒庇俄斯敬献那只雄鸡？

阿尔托：去他的灵魂！（AA106）似乎没有分享到那一点灵，就不可能拥有一个身体；似乎这所谓身体的固态物，不论本质还是特质，都劣于那种灵态，也源自那种灵态；似乎身体只是一架马车，被其他的灵所支使的意识是车夫；似乎身体是产业工人，而灵魂是将他们统理于生产线上的老板；似乎身体是所有将士，而在灵魂这位伟大元帅的命令下让自己受死；似乎生命告诉我们，如果没有经历嘉布遣会[①]僧侣的血浴暴政，身体这个肮脏淫秽的东西只能由灵魂为其浴足。而身体除了崩坏无可作为。（AA107）人所谓的那个灵魂我再清楚不过，它不过是一种存在的匮乏，它厌恶身体，并指望着这个即将失去生命、供它吸血的身体付出绑架的赎金，以维持它的存在。灵只是人身上一条寄生虫，真身上的一块顽癣，一个浮游生物。（AA111）

左梨：那么身体和机体到底有什么本质区别，尸体也是一个机体，同样在进行各种物理化学反应——有机体是怎样构成生命的，凭借的不是神的一口气吗？

阿尔托：身体绝不是有机体，有机体是身体的仇敌。身体就是身体，它全乎是自身，而不需要器官。[Antonin Artaud: Selected Writings（以下简称 AS）8]

左梨：不需要器官的身体？你所说的身体真是腹背受敌，灵魂是压榨它的吸血鬼，机体是它的仇敌，它到底是什么？

阿尔托：我期望看到，一具精神之躯居于被未来定制的血肉之中。但在此之前，我只想说说噩梦。这噩梦来自所有的混蛋，他们天生的身体忽然同时注满了精神，为了活着他们制造妖术，以精神维生。如果没有所谓纯粹精神的狂热追随者，不将纯粹精神视为万物本源，视为神，就永远不会有梦魇。（AA108）

左梨：不，嘉布遣修士不是梦魇的制造者，他们没有遗忘身体，而是在苦行中重新认识它。或许，只有他们目睹了那片波浪滔天的欲海。那些将生命软禁在日常生活中的人，才真正遗忘了身体，他们绞尽脑汁，将牢房装饰得更为舒适，以造就人生追求就是住进五星级监狱的幻觉。在蒙昧的黑夜里，有肉身化作精神，也有精神化作身体。肉身化的精神是一种环境意志，催逼人成为环境的一部分。精神化的身体是个人的呈现者，不随生理衰变，它有一种令时间无可奈何的冥顽。

阿尔托：一个文明化的人通过他的行为去判断，并被判断。但“文化”这个

① 嘉布遣兄弟会，是方济各会的分支修会，成立于1525年，崇尚苦行。著名的嘉布遣地室镶嵌着该会修士数千具遗骨，以提醒到访者：“汝之当下，亦吾曾有；吾之当下，亦汝所终。”

术语就导致了混乱：一个已经开化的文明人被看作一个已经介入系统的人，一个凭借形式、符号、描述来思考的人——这就是一个怪物，他们的思想源于行动，而不是令行动与思想同一，于是发展为一种荒谬。（D8）

左梨：别把解释当作“思考”，那种起源于行动的“思考”，其实是为行动作出的解释。人们本该在荒诞的行为中寻找真实的动机，却总是将注意力转向设置合理的解释，不干人事却说人话！这就是最荒谬之处，人群之中，什么东西都有，就是没有几个真正的人。

阿尔托：这让我疲惫不堪，扭曲，纤维绞着纤维，人就像一条肮脏的通道，通往难以想象的恶心。悬浮的虚空在黑暗的盲点中猥亵我，对此我一无所知，我就是这个虚空，悬浮着。对于灵魂，我只是数次窒息中的一次痉挛。到哪里去？怎样出去？这唯一的念头，在喉咙里跳来跳去，却被四面封锁，每一堵烧焦的肉墙都向我保证，不允许灵魂也不允许意识通过，而每一个心跳都向我诉说：这一切来自一个卸任的世界。（AA185）

左梨：这座肉墙的灵狱是谁修的？不正是我的父亲，我的民族，我的处境，我过往的全部经历吗？它们顽固到除非我死，否则就永远无法与之决裂。而我的身体，我决不能容忍它只是由基因确定一切的器官机组。有一个不协和的音符在其中啸叫，那是我的呼吸。

阿尔托－钦契：唯我能从这痛苦中脱身，而此刻，我将置你于孤独的牢狱。

（我要逃跑，却灯光大灭）

黑夜，将放大一切，它已进入这里……

（一道惨白的追光打在阿尔托身上）

带着想象到的一切罪恶。你无法照亮我的黑暗，我的戏剧将使我比你庞大！

［选自 *Antonin Artaud Collected Works Volume Four* 中的 *The Cenci* 剧本（以下简称 C）135］

左梨：啊，钦契的台词。不要这样对我，就算你穿着钦契的戏服，我也不是你的女儿，此时不是中世纪，此处不是罗马，我随时可以离开，没有城堡关住我。别把我带入你的戏剧。

阿尔托版《钦契》在Folies Wagram剧院上演。钦契伯爵举办宴会，当众宣布两个儿子去世的喜讯——又减少了妻子遗产的两个争夺者。他计划杀死所有儿子，让女儿生下他的私生子，背负恶名痛苦一生。然后烧掉公馆，用全部财富做陪葬，不给他人留下任何有价值的东西。女儿贝特丽采当众求救，涉于钦契的淫威，无人出手相助，教廷也被钦契的赎罪券收买。奥尔辛诺献计暗杀钦契，得到家人支持。钦契被杀之后，凶手被捕，贝特丽采在审问对峙中据理力争。凭借她的人格感召，凶手推翻前供，从容赴死。奥尔辛诺却突然逃亡，使一家人再陷囹圄。继母与哥哥不堪拷打，相继招供，劝说贝特丽采认罪。罗马人为其感动，集体请愿求教廷特赦，教宗对这少女却远远没有对待钦契宽容……

剧中人物表

佛朗采斯科·钦契伯爵	杀子辱女的恶魔。
贝特丽采（伯爵幼女）	意大利传奇人物，为抗拒侮辱雇凶杀父，被捕后表现出超人的气节，引起全社会的同情和惋惜。
基亚珂摩（伯爵长子）	遭父亲骗走家产，堵绝宦路，造谣泼污，终致无力谋生，家庭反目。
波尔那多（伯爵幼子）	弑父案中唯一的幸存者，因为年纪尚幼，未曾参与密谋。
鲁克丽霞（伯爵续弦）	婚后一直遭受钦契虐待，但对继子们非常慈爱。
奥尔辛诺教长	贝特丽采的追求者，为谋取钦契的女儿和财富，策划主导了整个弑父行动，却在初现危险时迅速逃命，毫不顾及同盟者的安危。
卡米洛红衣主教	主审官，为贝特丽采的人格所折服，非常同情钦契一家人的处境。
玛尔奇奥（杀手）	强盗，曾被钦契克扣酬饷，被捕后不堪拷打招供，又在贝特丽采的感召下推翻供词，慨然赴死。
奥林匹渥（杀手）	为报父仇参与暗杀，但怯懦胆怯，事发后被奥尔辛诺灭口。

阿尔托：戏剧，如同瘟疫，唯有死亡或痊愈能够解决这种危机。而瘟疫之所以是一种卓越的疾病，只因它是一场整体的危机，无人幸免，除非死亡，或极端的净化。（D31）

左梨：瘟疫！世界的2020年。两年前便有神剧预言新冠病毒肆虐，两个月前便有其他恶疾的传播流言，恐慌与瘟疫几乎表现出一种无法区分因果的共时性，甚至似乎是恐慌期待已久，终于等到的一场双靴落地的死亡约会。这是一场经济徒长之后的原发性气胸吗？还是一场由下至上的信息呃逆？网络成为人类共用的神经中枢！死亡因反复拼贴复制而被放大，逼近到看来有些失真，每个人都成为通宵排队仍无法获得核酸检测的影子患者。

阿尔托：戏剧同样是一种疾病，因为它是那种不经摧毁便无法获取的至高平衡，致使精神陷入能量耗尽的失常；从人类的视角，我们发现戏剧的行动正如瘟疫一样有益，驱使人们去观察他们自身，它使面具脱落，谎言揭穿，这个世界的衰败、卑劣、伪善逐一凸显；它打破事物令人窒息的惰性，那惰性甚至侵扰感觉，侵扰感觉最清晰的证词；它启发人类那暗处的能量，他们隐藏的威力；面对命运，它要求人们保持超越而英勇的态度，若无戏剧，人类永远无法如此。（D31–32）

左梨：戏剧如瘟疫，瘟疫是什么？它是上帝之手吗？让鼠疫帮助蒙古铁骑横扫欧亚，让天花帮助六百西班牙人战胜数百万人的阿兹特克帝国……它是无意识的起义吗？人性深渊中的淤泥、陈尸与宝藏一同翻上海面，哀号者、绝望者、愤怒者、欺骗者、胆怯者、谋利者、谋权者、担当者、施爱者共同汇成感受风暴席卷人心。不，我不适合演绎贝特丽采这样的哥特人物，我有一种未经高压的散逸；当然，你选择的女演员伊娅·阿布迪也不适合，她有一种未曾疯狂的柔弱，这部剧的失败，有50%要归罪于这个提供赞助的女主。

阿尔托：不，阿布迪无疑非常可爱，她具有极佳外形比例，胸虽然小，却形状精致，像经典维纳斯的胸一样相距甚远，戴着残忍而甜美的面具，小阔鼻，浅金色的头发如同一只小母狮。她属于更早的时代，她本该在默片中度过璀璨的生涯。[The Dramatic Concepts of Antonin Artaud（以下简称DC）149]

左梨：这正是你的失误，贝特丽采是一个真实存在却不可思议的女人，并非由金发、脸庞、乳房、长腿等一组器官造就。司汤达写出了她的传奇性，这个见多识广的法国人被钦契一家所震撼，只能表现惊奇。雪莱则奔波于云端和地狱，若没有赤脚下火狱和徒手攀云梯的勇气，怎能看清魔王和天使。而我仍然无法沿梯而上。父亲杀死儿子，淫辱女儿，她作出买凶杀父的决定；面对法官，她从容应对，表现出惊人的理性和辩才；杀手招供，她寥寥数语令其推翻供词从容受刑；而当她自己走上刑台，那种坚定沉静又令拷打者胆寒。金刚的正义决绝和天使的宽容忍耐，贝特丽采使二者毕现于血肉之躯。在父亲邪欲的深海中，她看不到一点光亮，坚信未曾出现的一切。

阿尔托—钦契：回到你的座位上去，没有人能活着离开这个地方。（C129）大灾变一次次发生，这是一种正义。它强迫我们回到天性，也重获生机。（D10）瘟疫的蔓延有一种精神性的自由，不需要老鼠，不需要细菌，不需要接触……我将在此尝试分析：一场阴森而极致的戏剧表演，也同具自由。（D23）

左梨：精神性的自由，它要把什么释放出来？我一直在避免现实的感染，如果它已经可以通过字节传播，我就关掉手机，拔掉网线，深锁门户。

阿尔托：你想做那种怪人吗？穿着防水服，带着香肠般的假鼻子和隔离镜，踏着用两个枕木和一个隔片支撑的日本套鞋，以此隔绝脓血的污染，一边穿过从尸体中涌出的黏稠、恶臭的血河，一边念诵着荒谬的祷文。这无法制止你们落入熔尸炉，这些无知的大夫只是在暴露自己的恐惧和幼稚。（D23-24）

左梨：我，实不相瞒，我的确曾努力与这个污浊世界隔离，拒绝成为其中的一块臭肉。但死亡的触角总在梦中探进我的铁屋，一个声音告诉我，只有成为现实，才能改变现实。谁能在瘟疫中活下去？谁能成为最终的幸存者？

阿尔托：只有人渣，他们显然被贪婪免疫，进入敞开的房间，掠夺财富，尽管他们知道这么做漫无目的，也毫无益处。就在此刻，戏剧诞生了。戏剧，当下毫无回报，激起毫无用处和利益的行为。（D24）

左梨：这样的人渣可以多来一打！只有欲望能使人拥有不可理喻的顽强！什么财产能禁得起死亡的盘剥？什么目的能禁得起死亡的拷问？经过死亡层层灭活而依然难以消除的，是让人免疫的疯狂。一个必死者所能做的，不就是一次次冲进疫区抢夺自我的珍宝吗？这些从灾难中救出的珍宝，虽然失去价值，却是存在者的唯一报偿，那是生命的图腾。

阿尔托：动物、石头、雷劈木、浸满邪恶精髓的衣服，这些古老的图腾决定着、揭露着、引导着宇宙的秘密能量，如果我们只是观众，而非演员，对我们来说，它们只是死物，只能让我们获得某种静止的、审美的益处。但图腾主义者是演员，它作为演员在其中行动并创造，一切真正的文化都基于图腾主义原始而野性的方式，我崇拜野性的，完全自发的生命。（D10）

左梨：当他们用头发吊起我来鞭挞，用刑轮拉断关节，我能坦然接受，维持一个无辜者的尊严吗？我能使一个遍体鳞伤唯求一死的暴徒萌生英雄的勇气，在地狱边沿捞出一个灵魂吗？在等待判决的过程中，我能放弃虚伪的希望，不去祈求教皇特赦吗？

阿尔托–钦契：哦，蛇蝎心肠的女人，我通晓一种魔法让你温顺而驯服。咒语已经生效，现在起，你无法逃避我。（C131）我就是用舞蛇人的方式对待观众，通过他们的身体引导他们，去理解最微妙的概念。（D81）音乐影响蛇，不是因其提供了什么精神、什么概念，而是因为蛇狭长的身躯盘踞于地，每一个触点都触及其上，音乐的共振传导到地面，像微妙而漫长的按摩触碰着蛇。（D81）

（灯光渐暗，他的声音低沉喑哑，如同昆虫振动翅膀……）

左梨：笛卡尔说，身体要比灵魂神秘得多。在死亡没有打开这个密码箱之前，我们并不知道里边装的是藏宝图，还是判决书。

乱伦：世界就此破壁

阿尔托–钦契：只有去死亡之城的人不可能回来，我真希望那两个儿子不再回来，只需再给他们几根葬礼用的蜡烛。（C124）我将证明上帝宽容地回应了我的祈祷。（C127）我那两个忤逆不孝的儿子死了。死了，消失了，结束了，你听到了？

（C128）我为我家族的毁灭干杯。如果有一个神在天国，他必让一个父亲的诅咒显灵，从宝座而起撕裂他们。（C129）

（此时的阿尔托已进入谵妄状态，他回到他的戏剧角色之中，时而是他自己，时而是钦契，时而是杀手，也总是将我当作贝特丽采或鲁克丽霞。为对此作出区别，我将他所念台词的角色用“—”连缀在他名字后面。）

左梨：你，我，雪莱，我们都知道钦契是谁——人是必死的，发出这个诅咒的人无所畏惧，也死无所依。一个绝望的现实之王，就像一艘沉没的万吨航母，没人能够拯救，他却挟着巨浪，将随船的一切卷入深海。现实的淤泥之中，谁能抓到一线蛛丝、一根稻草？奥斯维辛的犹太人能抓到吗？泰坦尼克的乘客能抓到吗？你和我，我们可有一线蛛丝、一根稻草？贝特丽采曾求助追求者奥尔辛诺，指望他将申诉书转给教宗，揭露她父亲为了侵吞妻产而买凶杀子的恶行，期望教宗救整个家庭于水火。但奥尔辛诺私藏了申诉书，他只想从这个危难的家庭里捞到贝特丽采。教宗能拯救她吗？一切罪行早已明码标价，教宗为魔鬼开具护照。在人间建造天国需要巨资，米开朗琪罗绘制的天庭也要靠钦契的赎罪券提供颜料。吊桥已经升起，父亲的意志是一座城堡，在那里，现实亮出了全副刑具。

阿尔托—钦契：对，看着我，你面前这位钦契伯爵，我也许老了，但这副老骨头架子还算结实。我时常梦想我就是命运本身。这就是理解我所有恶行的最佳方式，我的天性就是竭尽全力憎恨一切，而其中最令我憎恨的，就是我的至亲骨肉。（C123）

左梨：人若充满爱意，享受爱意最深刻最充分的，是他精神上的知音；若充满憎恨，遭受憎恨最深重的却必是他的亲人——憎恨者没有血亲之外的相关者，没有爱这座吊桥通往另一个无关的心灵，只能凭借血缘连接另一个，通过无法剪断的脐带传送恨意，唯有如此，唯有令这些确切的亲人陪葬，他们的绝望才会舒缓。

阿尔托—钦契：我的家庭就是我的病痛。（C133）那些生来就为彼此替代的血亲之间，那些渴求彼此吞食的人之间，没有人伦。（C134）我感觉我是，不，我知道我是，是一种自然力。在我的存在中，没有生，没有死，没有神，没有乱伦，没有悔悟，没有犯罪。我遵守自己的律法，在其中，我是自己的主人——一切在我的心迹中无法抓住或挖掘的东西，都是错的！我的规则，我的意图，就是发现并实践罪恶。我无法抵抗内心那燃烧的暴力。（C123）

左梨：老式的魔鬼，虚无之王，你只有一种东西，就是化万物为虚无的自然力。所以你活在精神的旷野，其中没有不灭，只有无生。唯有看到他人赴死的惊恐和绝望，和你心底一模一样，你才能感到一点宽慰。他人的绝望是你的粮，没有这种粮，你活不过一天。

阿尔托—钦契：还有什么圣洁的目的超过娱悦一颗父亲的心？（C127）你父亲渴了，贝特丽采，不给你的父亲拿些喝的吗？（C130）

左梨：不，阿尔托，故事不是这样的，这是一个男主人在调戏侍女。贝特丽采为什么给父亲端酒，父亲抚摸她的头发又要躲开，难道她心里先现了那些不洁的意念？

阿尔托：在残酷的实践中，有一种更高的决定论，施刑者自身屈服于它，时机到来，他必须亲自领受。残酷高于一切清醒，它就是那种严苛的控制和对必然的顺服。没有意识，没有意识的应用，就没有残酷。（D102）

左梨：他就是他们的命运——三个儿子相继死去时，他遗憾另外两位还残存于世，唯有将他们全部埋葬，他才能烧掉公馆以作庆祝。他不想给女儿留下任何财产，除了他的恶名。两个女儿在泪谷中长大，长女给教廷寄出申诉书，被教宗指配给一个贵族，从此脱离苦海。于是他隔绝了幼女与外界的一切联系，强奸她，甚至专门带到继妻的卧室羞辱她。他欺骗她说父女交合必生出圣者，圣者之父，多是外祖父。贝特丽采反抗无效，求救无路，终于决定杀死这个暴君。雪莱笔下，贝特丽采不愿像姐姐一样唯求独存，抛下继母和弟弟，只身出嫁，她要拯救家人。在庆祝兄弟死去的宴会上，她呼吁众人主持公道，但正义总是败给威权，没有人愿意冒险带来希望。在惯例式的折磨中，她逼迫自己直视残忍，保持清醒，以给懦弱的继母和弟弟最后一点力量。

阿尔托：在卢浮宫，有一幅早期画家的作品，他是否享有盛名，我不知道，但他肯定不是艺术史上某个重要时期的代表性画家。这位画家名叫卢卡斯·范·莱顿。在我看来，他使得之后四百年或五百年的绘画大为逊色。我说的这幅画名叫

《罗得的女儿们》，这是当时流行的《圣经》题材。（D33）

左梨：罗得是亚伯拉罕的侄儿，住在所多玛。这座城市罪恶深重，声闻于神。神降硫黄与火到那里，却怜悯罗得，让他带着妻女逃离。他妻子违反天使的嘱咐，回头去看故园，立刻化作一根盐柱。在摆脱惯性的进程中，人一旦回首，留恋曾经凝固的自我，就会化作一根盐柱。离开了物质的旧城，尚未抵达精神的新地，就在两者之间回顾，从此，能量被锁入生命深处。

阿尔托：在被规定的奴役世界中，一块石头被刻成，它就获得了生命；在有机的生命世界，器官也从沉睡中醒来，人的世界进入我们，加入众神之舞，没有转身，没有回望，像我们的自我一样，在生成的痛苦中，崩裂了盐柱。（D11）

左梨：机体从本能中去成为欲望之身，就像自我从集体意识和无意识的盐柱中被雕刻出来一样，必经痛苦的生成。唯有罗得和两个女儿逃到山洞中定居下来。那里远离人群，女儿便将父亲灌醉，与他同寝，为他留下后裔。

阿尔托：罗得坐在那里，身着全副甲胄，蓄着漂亮的红须，看着女儿们晃来晃去，像是妓女宴请的宾客。而她们的确在卖弄风骚，像家庭中母亲的角色，又像悍妇，盘着发髻，围绕着他，好像除了取悦父亲，从未有过其他目的。（D34）

左梨：可是罗得所处的时代并没有中世纪的伦常，亚伯拉罕与撒拉夫妇是同父异母兄妹，拿鹤与密迦是伯父与侄女。直到罗得的侄子——雅各这代人，伦理才初具形态。流便与父亲之妾同寝、犹大无意中使儿媳怀孕，都引起家人的诅咒或自责。罗得与女儿们交媾，是无伦而非乱伦。

阿尔托：面对这个古老主题的乱伦角色，我们只需要面对画家在此发展起来的澎湃激情。画面表现了一种深邃的性热望，这证明画家在理解他的主题时与现代人完全一样，也就是，正如我们所理解，他这种深刻而又诗性的性欲并不比被我们自己故意忽视的性欲更多。（D34）

左梨：在研究土著部落的时候，列维－斯特劳斯曾引用《花花公子》杂志的一句话作为文章题头，“乱伦只要不越出家庭的范围，就是好事”。但那是土著部落。这幅画中，光线非常诡异，天上的硫火像是烟花，照亮了背景中覆灭的城池，

《罗得的女儿们》，荷兰画家卢卡斯·范·莱顿（1494—1533）作品

远处的观望者使末日图景平添几许诡异的节日气氛。在背光和侧光的映照下，主角们的正面都陷入一种对比造成的阴暗，使他们表情叵测。但从身体语言上看，那就是淫乐。与同题画相比，这幅画并不直白，却揭示了末日与性狂欢之间的某种关联。正如齐奥朗所描述，“死亡与性欲在临终的剧痛中交融，把它的发作变得既恐怖又妖娆……死亡多么接近于巅峰时刻的生命，何其相似”。（齐奥朗 194）

阿尔托：福特的戏剧《可怜她这个婊子》，幕布一升起，我们就极为惊愕地看到一个生命被粗暴地认定为乱伦，他释放全部青春意识来证明和宣扬这种情感的正当性。（D28）

左梨：约翰·福特这部戏剧，中文缩手缩脚地译为《罪·爱》，邻国日本直译为《あわれ彼女は娼婦》。吉奥瓦尼与安娜贝拉虽为兄妹，却难以克制地相爱。安娜贝拉的未婚夫设下鸿门宴，准备杀死这个奸夫，而妹妹写下血书，让哥哥逃走。然而吉奥瓦尼冒险冲至妹妹的房间，在吻中杀死她，然后带着妹妹的心脏奔向宴席，拼尽余力，杀死了妹夫和阴暗的旁观者。

阿尔托：以仇还仇，以罪抵罪。当我们认定他们身受威胁，走投无路，注定失败的时候，准备怜悯这对牺牲者的时候，他们对命运揭竿而起，威胁胁迫者，痛击伏击者。（D28）他似乎在说，你想要我爱人的血和肉吗？非常好，我要把这爱泼在你们脸上，把这血淋在你们身上——你们根本不配理解这至高的爱情！（D29）

左梨：夹着那满怀优越感的怜悯去死吧，没人需要这些懦夫沾沾自喜的同情。武松血溅鸳鸯楼是滥杀无辜吗？不，鸳鸯楼中没有值得饶恕的人。这些阴暗处的同谋，坐视英雄受害，而继续保持那种可耻的岁月静好。当且仅当围攻英雄时，他们才能获得一点点隔岸观火的“小确幸”，这是庸人唯一的成就。唯有英雄落水，他们才会拿出边角余料的施舍，来兑换伪劣的道德资本。他们从不体恤苦难，无论他人的还是自己的，却热衷用他人的苦难酿酒，用以麻痹良心。

阿尔托：又如何解释那些瘟疫受害者康复之后突发的性爱狂热呢？他们没有逃离疫区，而是留在原地，向被压在乱尸堆中的垂死甚至已死的女人发泄罪孽的淫欲。（D24）

左梨：阿尔托，你在找什么？那被伦理、死亡层层阻击围剿的存在之欲吗？

它深藏于心灵深处，除非灾难把它释放出来！血战之后，士兵总以烧杀淫掠来发泄久积的恐惧。死亡的黑匣子装着一个完全陌生的自我，那些散漫的能量和独特的欲望，或因为毫无益处，或因为不符道德，被各种否定封存其中，不到死亡打开黑匣，永远不会得到我们的承认。

阿尔托：最后的幸存者走向了疯狂，恭顺的儿子杀死父亲，禁欲者鸡奸邻人，色鬼复归纯洁，守财奴将黄金大把大把扔向窗外，战斗英雄将他赴汤蹈火守卫的城市付之一炬，世家子弟身着盛装在停尸房前游荡。而对于那些不相信死亡将会终止一切的人，不论失去法律约束还是人之将死，都不足以促动这样无意义的荒谬行径。（D24）但是，如果只有强烈的灾害才能使这种狂热的无理性现身，如果这种灾害被称作瘟疫，那么或许我们能决定这种无理性与我们完整人格之间关系的真值。（D24）

左梨：是啊，对于过于文明的种族来说，死亡都力不从心，都不足以释放一个人的疯狂，除非瘟疫！精神不拘于伦理之中。一个人的欲望就是一个人的自我，黑匣子中的自我——那些让我们不齿、不屑、弃之不顾的欲望和本能，就是封存在地狱中的魂灵。生命将尽，它终获释放，但注定无法实现自己，于是以仇人的面目与我们重逢，接管身体，令其失控、自虐，作为死亡的内应，与我们同归于尽。恰如莎士比亚在《理查三世》中所言，“我将与绝望携手反对我的灵魂，与自己为敌”。就算不去倾听它们的哀号，感受它们的隐痛，它们也会在日益临迫的死亡中泄露出来，令我们作出越来越多无法解释的行为。

阿尔托：这些曾经被奴役而无法实现的能量一旦成熟，它的征兆便以难以置信的景象爆发。（D28）

左梨：最可悲的是，功利和道德本来就代表群体选择，当我们依据二者筛选欲望时，越是独特的欲望，反而越容易被关押起来。它本来就是自我存在，却被我们打入死牢，直到能量耗尽才得到无聊的自由。若不深入死亡，劈山救母，我们就只能将这个真我逼为仇敌。

重影：物我同归残酷

阿尔托：“我已经知道了一个咒语，能令你温顺而驯服。”听到钦契最后一句话，贝特丽采满怀恐慌。他话音刚落，她就冲了出去。她早已完全理解了他的意思。（C131）

左梨：不，雪莱不是这样写的。贝特丽采为何要恐惧，她惧怕咒语在她身上起效吗？恐怖是家常便饭——她是被吓大的。父亲踹她的头，把她关进满是蟑螂的地窖，逼她喝阴沟水，吃臭牛肉，还要眼睁睁看他用铁链拷打弟弟。钦契府邸，那个被巨石大门隔绝的地下卧室在向雪莱陈述冤情。怀有希望的人才怀有恐惧，她……或许还残存着一点点希望，期盼这个世界还有那么一点点正义。

阿尔托—基亚珂摩：教宗像寓言中的沉睡者，他梦游，这使他的主教驱使我们自相残杀。（C136）

阿尔托—奥尔辛诺：当他听说这个可怕的家庭，他回答：“我怎能令自己反对父性的法则，这将弱化我自身权力的信条。不，永远不会。”你必须依靠你自己。（C138）

左梨：教宗是全民的父，钦契是父之暗面。他骗走长媳嫁妆，陷长子于贫困，当后者费尽心力谋得勉强糊口的职位，他要求那个部门辞退儿子，还放出儿子宿娼败尽家产的谣言，令其遭到妻小憎恨，生不如死。贝特丽采的申诉书没有引起一点反响，司汤达认为是由于钦契的封锁，雪莱虽然设定暗恋者奥尔辛诺从中作梗，但说出了更令人骨寒的真相：信即使投入教宗手中，“那里面所控诉的种种罪行是那么离奇古怪，令人作呕，任何人也无法相信——使人不去厌恨犯罪者，而厌恨原告”。（雪莱 51）弱者不仅被剥夺权利和自由，还将失去正义和同情。

阿尔托：神并不存在，他撤退了，滚蛋了，留下三个条子注视着万物。他将自己分化为这三个条子。好吧，但为什么不是四个或两个或一个或零或压根什么都没有？这三个不可救药的下流同党——圣父、圣子、圣灵从哪儿冒出来，三合为一而不再是三？（AA114）她应该恨他，但她做不到。他的生命形式在她里面，令她感到一种犯罪的愧疚。（C132）

左梨：钦契父女在人间相近，但灵魂绝不相关，他们……见鬼，我竟然要同意你，他们同形而不同质。天使与魔鬼间是质料之差，而非形式之差。贝特丽采与钦契，这两个怒闯生死之门的人，以同样的决绝走向人性深渊。司汤达手中那份意大利语资料是贝特丽采被杀四天后的记录，想必未经过多的文学加工。钦契个子不高却瘦而结实，时常独行于罗马与那不勒斯之间，从不惧怕强盗，最喜有仇敌前来挑战。得罪他的人，总在两三个月后死于非命，而他，至多拿出十万克朗，就能换得继续犯罪的权力。司汤达慨叹，那可是五百万法郎！而贝特丽采，尽管她的暗杀行动有明显纰漏——可怜这少女从未修习此项技艺，但在之后有案可查的表现中，她都在各种方向上挑战着人们的想象。

阿尔托：我们生活在一个恐慌的时代，将死之人深知，结账的日子到了，各族也都到了结账的日子。是时候唤回那些被每个人遗忘的历史真相了，重返脑海之外的真理吧，尽管这脑袋已经被教育误导。[The Death of Satan and Other Mystical Writings（以下简称 DS）34–35] 撒旦是一个巨大的意象，如同橡木火刑柱噼啪作响：他充满活力，因为他每秒都在分裂。（DS9–10）

左梨：是的是的，我有一种学院派的洁癖，不能接受超人身上的凡人性，也看不到凡人身上的超越性。超人与凡人在一个身体上兑现，这才是人！是我在慌乱，在为贝特丽采恐慌，我不如一只听到狩猎号角的惊鹿，它在奔跑，而我还期盼生命之外的正义！

阿尔托—奥尔辛诺：留给人类的世界与其说是受造物，不如说是个次品，是个恶臭扑鼻的粪球。当神收回光芒，选择撤离，不是为了留下空间，而是再也不想沾它。（AA115）当正义遗弃受害者，他们就应该在法律之外结盟行动。（C138）

左梨：司汤达说钦契有意在妻子面前强奸女儿，使两人的痛苦在共振中加剧，雪莱自始至终未提及此事。剧中的贝特丽采近乎疯狂，在这荒谬的事实之中，保持理性才是更大的荒谬。你却让她在舞台上坦陈被亲生父亲强奸，让鲁克丽霞四次高呼上帝，难道其中有一种诡异的快感，难道被强奸那一刻，她没有成为一个未来的弑父者？

阿尔托：所有真正的自由都是黑暗的，而且必然与同样黑暗的性自由同一，尽管我们并不清楚原因。因为长久以来，人们以一种自然但含有杂质的活力，一种不断更新的力量俯冲入生活，在其中，柏拉图式的爱情，生殖的意义，生命的自由，都消逝在力比多的阴暗掩饰之下，而力比多与肮脏、卑鄙、无耻的一切相关联。（D30–31）

左梨：现实与自我挥起巨锤，从两面轮番敲击生命这块白铁皮，以使它呈现各自的意志。羔羊般死掉，还是烈士般牺牲？钦契发出最后的诅咒："催生万物的造化！我以你的天主的名义恳求你，你应该在她的身体里结出果实，不断地增长、繁殖，来执行天主的命令和我的诅咒！要让这个孩子长得既可怕又像她自己的模样；要她仿佛透过一面奇形怪状的镜子瞧见自己的面貌混合着她最厌恶的形状，在她哺乳的怀里向她微笑。让这孩子在襁褓之中就开始一天天地变得更凶恶更丑陋，把她的母爱变成一种痛苦：而且得让她跟这个孩子都活下来，直等到这孩子用仇恨或者其他更加不合人伦的表示，来报答她养育劬劳的恩情。这样，她的儿子就将在人言可畏的世间，穿过冷嘲热讽的叫嚷声一直把她追逐到一座声名狼藉的坟墓。"（雪莱 94）

阿尔托–贝特丽采：这该诅咒的世界里，骇人听闻的事情已经发生；善与恶荒唐地交配，怪异地混淆。当我还是一个孩子时，每晚都做相同的梦。我全身赤裸，独自一人与一头野兽待在一个巨大的卧室中。它只出现在梦里，我能听到它的呼吸。我可以逃跑，但必须隐藏我鲜明的裸体。就在那时，一扇门开了。不，不只那头野兽在我身边喘息，还有别的东西喘息着。接着，我看到一群污秽的生物簇拥在我脚边。那只野兽尾随着我，将我从一个山洞撵到另一个山洞。它逼近时，我感到一种饥渴，每当我感到自己的体力近乎失守，我总是迅速醒来。（C139–140）

左梨：这是你给贝特丽采添加的一段独白，借此述说你的梦……赤身裸体的梦是梦的瘟疫，也感染过我。其中，所有人都衣冠楚楚，除了我，无处藏身，不论躲到哪里，遮蔽物都变成一片水晶玻璃。每次醒来，负罪感仍在——我为何要吃这智慧树的果实，从此倒要为天性感到羞愧。

阿尔托–鲁克丽霞：你的梦只是证明了我早已知道的事实，一个人无法逃脱他的命运。（C140）活着，他触摸死亡。醒来，他触摸存在。（DS42）

《圣女贞德蒙难记》剧照，导演卡尔·德莱叶，公映于1928年，阿尔托扮演忏悔牧师让·马修

左梨：死亡是最大的天性，人，因必死之身而彼此平等。杀人是难以逾越的关隘，若不能大于另一个，就无法审判他，剥夺他。一位老特种兵曾告诉我，在战场上，他必须将自己设为一个庞大机制的零件，才能扭断一个同类的脖子。

阿尔托：一个傻瓜兼智者，在他自己看来，他理性而又疯狂。（DS75）这意味着他在生命和孤独之间取得了平衡。对某些人来说他是隐者和觉者，其他人则认为他是荒唐的混蛋。（DS76）

左梨：只有贝特丽采敢于执行正义。杀手在行动时退却了，奥林匹渥之父为钦契所害，玛尔齐奥曾被他克扣血酬，但两人面对睡梦中的仇人，仍被那凶狠坚毅的面容震慑，不敢下手。而长子基亚珂摩甚至在那一刻突然懊悔，决定原谅这个令他生不如死的恶魔——胆怯总是这样乔装为宽容。无法孤独地深入绝望，就无法揭示生命，而陷入这种绝望的孤独，又难免被同化为绝望本身。前者是贝特丽采，后者是钦契。但丁在地狱之门上刻下这样的铭文——为神圣的权力、至高的智慧与本初的爱所造。地狱也是由爱所造，它的建造者充满爱又绝情，敢于相信也勇于绝望。信仰者，必曾作出某种弃绝！

阿尔托：等火烧到这里，它将审判万物，并占有它们。（DS41）我们的命运就是赴死，这世界的循环由此圆满。（DS87）

左梨：可是在你的剧本中，两位杀手成了哑巴，他们的懦弱完全表现为行为，引起了贝特丽采的愤怒，甚至鄙夷。那件金线肩章的披风不是贝特丽采为玛尔齐奥披上的，而是她抛在地上赏给他的。司汤达与雪莱没有这样处理，司汤达说玛尔齐奥是钦契的家臣，仗义出手出于同情这些受虐的儿女。面对钦契，他有片刻的软弱，但很快就被贝特丽采鼓舞。雪莱笔下的他是绿林中人，长相残忍，曾受雇于钦契行凶作恶。刺杀时，是玛尔齐奥，率先鼓起勇气，践行了自己的承诺。就在那一天，身披披风的那一瞬，他生命中勇士的种子发芽了。贝特丽采祝福他，“你是天主手中用来伸张正义的一件武器。愿你长命富贵”！

阿尔托：一切真实的感受都无法在现实中表述。表达即背叛，翻译即隐瞒。真正的表达隐于显现之后。意识以创造对抗自然的虚空，创造某种思想中的满盈。一切强烈的感受都产生于我们面向虚空的意念。而清晰的语言妨碍了虚空的显现，

也阻碍了诗性在思维中的显现。（D71）

左梨：不错，意象是意识的栖所，它直接而丰富，蕴含着体验世界，使意识不需要语言的中转而超导于两颗心灵之间。但言语同样是一种行为，一种意象。为什么要放弃言语呢？

阿尔托：并非在戏剧中压制话语，而是改变其作用，尤其是降低它的地位，不再将其视为引导人物性格走向外在结局的手段，因为戏剧仅仅关注感觉和激情相互矛盾的方式，以及在生命中人与人的矛盾方式。（D72）

左梨：可是模糊混乱并不代表内涵丰富，自然的混沌与人为的虚焦是两码事。黑暗中的自由，是没有旁观者的自由，没有观察的眼睛，无须对任何人作出解释，只需自我解释，缺少禁忌，仅仅接受原始的欲望驱动。接受吗？赤脚行于温热的淤泥之中，任黄鳝穿梭于趾缝，蚂蟥吸附在腿上，悄无声息地饱吸鲜血后自行脱落……或是拒绝，因为道德、上帝、星空，只要这些陪审团还有投票权，我就不配享有人的自由。我接受，不是因为命运；我拒绝，不是因为禁令。我弑父，不是因为他作恶，而是我要砸掉这个泥范，重生我自己一次。

（他微笑着，拔出自己的佩剑递给我）

阿尔托：一切伟大的神话都是黑暗的，因此人无法想象，所有壮丽的寓言都存于屠杀、酷刑和流血的气氛中，它们重述最初的性别分化，重述显现于创造中的最初屠杀。（D31）

（我接过剑）

左梨：电疗让你负载了过多的电荷，好像随时在发出闪电。我想，那最初的性别分化，不是男与女，而是攻与受、主与奴。尼禄、嬴政、本笃九世之外，还有一种更彻底的暴君，他们是不认主的小受。这些泥沼般的匿名者，怀揣虚无，强颜欢笑，挥舞着自由主义的大旗，号召生命返回无意义的平均值。他们漫无目的，人畜无害，甚至对修行者伸出援手，以免受刑的惨叫惊扰自己的冬眠。他们作为冷笑的观众出场，从心底嫌恶这些追求个体存在的人，因为他们的目标，就是让人类在死亡的统治下恭顺归零。

阿尔托：对我而言，真正的戏剧作为一种危险而恐怖的表演存在。（AA169）有一条必须先于一切的基本真理，即，戏剧，作为一门独立自主的艺术，为了复活，或者说，为了简单地活着，必须使它与剧本、纯话语、文学和其他一切固定或写就的意义有所区别。（D106）戏剧和表演的理念已经废除，一切科学、一切宗教和一切艺术的理念全部废除。我所说的这种表演，就是要使人的身体发生器质性、生理性的转变。为什么？因为戏剧不是景象罗列——不是虚设的或象征性的神话，而是火上的坩埚，是解剖刀从骨骼、四肢上刮下来的肉，是身体重生，制造身体的神话行动根本而直接地展现自身。如果准确地理解我，你将在其中看到真正创世的那一幕，虽然对每个观众来说，那太过荒谬，太过愚蠢，而事实上，它是在真生命的平台上进行表演。（AA169）

左梨：真生命？我只看到僵尸般的假观众和假粉丝，等待落幕之后发一条貌似懂行的朋友圈，证明他们是10%、5%或0.1%的少数派。小众，最无聊的需求！大众陷于普遍性，小众则把个别性当作自我的标签。这数以亿计的“小众”，沾沾自喜，不问真身，不见真心，脚底不沾泥土，抬头不见天空，永远顾左右而言他的人，你要他们发生器质性生理性的转变，除非直接用刀去捅他们，你能吗？

（我将那把佩剑狠狠插入舞台地板，剑嗡鸣着，响彻整个空间）

阿尔托：现在，人们相信没有什么会使身体改变，除了时间和死亡。但我要重申，死亡是一种虚构的状态。它唯有经由术士、法师、魔术师这帮乌合之众保持生机，他们几个世纪来以此获利，以此谋生，将这个虚构的状态命名为中阴身。而另一面，人的身体是不朽的，这个古老的故事必须在脑震荡中旧事重提，人身之死仅仅因为我们忘记了如何转变它，转化它。除此之外，它不会死，它不会落入尘土，不会送入坟墓。（AA169）

（我拔起佩剑，向钦契刺去，他身体一晃，声音变得更加响亮）

阿尔托—贝特丽采：我死了，但灵魂却紧抓着生命无法自拔。（C139）

（我拔出剑来再刺向他）

阿尔托：上帝是一个存在吗？如果他是一个存在，那他就是屎。如果他不是

一个存在，那么他就不存在。（《残酷戏剧与身体美学》Lo1966/5902）

左梨：“在我之中，没有任何一部分容我栖息。我唯一的罪行就是诞生于世。人可以自由抉择如何赴死，却无法选择诞生的方式。”（C139）我会完成我的洗礼，用这个世界的血！

（他已经化作一个鲜血喷泉，抓着剑，凭借这把剑的支撑保持着站立）

阿尔托：唯有虚空，万物因其显现，凭其显现，环绕其间。缺席比在场更为真实，因为它是永恒的。作为一种反作用，它比行动更为持久，无法改变。（DS20）

左梨：然而精神却发出呐喊，它要粉碎顽空，赋予一切以意义。开口说话，就是精神出生；言语，就是意识的肉身。

酷刑：在肉身中炼金

（血流渐缓，消失，似乎全部被大地收走。阿尔托坐在地上，穿着一件白色的麻布衣衫）

阿尔托：确有某种事物高于一切人类活动，比如那单调的基督蒙难，在酷刑中，灵魂摧毁了自己，没有终结。脐带，我以它吸取智性和无意识，那早已占据我的智性和曾经滋养着我的无意识，这脐带使心脏中越来越多的树状毛细血管显现。这是一个重生的新生命，一个更为彻底、逼真、根深蒂固的生命。（AS95）

左梨：他诞生于何处？在刑场上吗？那个生命的客场，现实对自我作出终极的群嘲。无所保留的十字架上，一个无我的、给予的，但从未放弃的个体最终获得了矢量的真身。这只是个神话吗？这是被生命神化的现实！

阿尔托：从这个窒息的灵魂中，无法得出任何明确的信息；那杀死它的酷刑，那逐帧逐行的鞭挞，发生于思维之下，发生于语言所能触及的层次之下。因为它恰是一种统一，它创造了灵魂，而当生命召唤灵魂达成一致的清晰，必使灵魂发生断裂，是它，将灵魂精神性地捏拢在一起。这种激情，这个循环的根本的受难，不

可能有清晰的意图。（AS95）

左梨：痛苦锻造了他，每一击，都谋求一次翻供，或一次坚守。没有酷刑，理性就会与无意识串供，由语言传信。如果在麦浪中感受不到风，雪花里看不到花瓣，山脚也不再支撑山体，这些传达意象的词语就都成了穿梭于口耳的行尸走肉。

阿尔托：过去的杰作对过去有益，对我们却不。我们有权用自己的方式说出他人曾经说过，甚至从未说出的话语，以一种当下的、直接的、符合感受呈现的、让所有人都能够理解的方式。（D74）

左梨：言语的使命就是提供在场，不遗余力地实现在场。

阿尔托：改变戏剧中话语的作用，就是在具体的空间意义上使用它，将其与戏剧中的一切事物联合，在具体领域的空间与意义上——像静物一样操控它，推翻并扰乱事物——首先在空中，然后在一个更加诡异隐秘但允许不断扩展的领域中。认识这个秘密并不困难，但是这个不断扩展的领域一方面形式混乱，另一方面又不断进行着创造。（D72）

左梨：将语言作为道具？让观众认识到语言与人物的疏离？这真是绝妙的反讽，在漫长的使用过程中，语言早已从工具沦为道具，人类很少表达，却总在解释——他们不在言语中呈现意识，而是将意识掩葬于语言之下。那些言不由衷的人，话语被扣留在公共交流领域，总在竭力合理表达，却从不审视它们是否真实。

阿尔托：因此，形式及其延展的每一种可能都与戏剧意图统一，由此引发某种诗性的创意，在其中它自身被视为巫术。（D72）必须从魔法与巫术的角度认识舞台演出，它不是已写剧本的反映，不仅仅是剧本衍生出的物理重影，而是动作、词语、声音、音乐合体燃烧的投影。（D73）

左梨：让行动者打破时间的绵延，让未来重归未知。

阿尔托：这种活跃主动的投射只能在舞台上呈现，它的成果也只能在舞台现场发现；运用旧有词语的作者对戏剧无能为力，他们必须让位给那些具有客观效果并能赋予生机的巫师。（D73）

左梨：但其中是否有一种放任，你似乎把结果交给了观众……就像离开摩西的犹太人在西奈山烧铸神像，大火烧铸出什么，他们就祭拜什么。现实却不任由人的随机，它是一座宗教裁判所，要在神经和肌肉中榨取真理。每一句话，都要承受相应的阵痛才能诞生。

阿尔托：邪恶之火升起，完美的投影，暴怒的符号，叛逆的意志和叛乱的意象，火分裂并燃烧着自身，它惩罚着自身。（DS9）我们生活在令人窒息的氛围中，无法逃脱，也无从改变。对此，我们共担其责，即使最具革命性的人也难辞其咎——其原因之一就是，我们对已写、已立、已绘的一切，这些给定的形式毕恭毕敬，似乎表达还没有消耗殆尽，似乎事情还没有发展到必须摧毁才能开始新生的转折点。（D74）

左梨：更可怕的，是那诗意的确没有离去，那给定的形式仍具活力，依然笼罩着我们。父没有死，而是逼子就范，使“他无法成为清晨的亚当，已经有太多的亚当为万物命名”。（布鲁姆 4）反抗这种“影响的焦虑”，如同反抗神勇的暴君。

阿尔托：把文本批评交给研究生，把形式评论交给美学家，而我们知道——曾经所说并非依然在说——重复的表达没有意义，生命无法重复经历，一切词语，一经言说就已死去，功能只在初现时有效，形式一旦用过便无法再用，必须替换，而戏剧是这个世界唯一不会重复运用动作的地方。（D75）

左梨：模式必压抑生命，生命必须突破模式。泥塑的亚当是第一个模式，上帝吹过那口气之后，它才成为生命。如果不能摆脱惯性，超越模具，就无法证明生命的存在。

阿尔托：四百年来，或者说自文艺复兴以来，我们一直习惯于纯粹描写和叙述的戏剧——全程讲述心理活动；因为一切技巧都在竭力使舞台上的生活貌似合理却割裂为二，一边是演出，另一边是观众，而观众不再呈现任何东西，只是镜中的倒影。这种无趣的戏剧理念认为戏剧表演应该置公众反应于不顾，无须以意象在根本上震撼有机体，留下难以磨灭的痕迹。（D76）

左梨：你的《钦契》中最令我绝望的意象，是钦契被杀之后，他的幼子波尔纳多忽然中邪，好像被他附体——这个孩子是整个事件中唯一没有被处死的人。如果贝特丽采为此受尽酷刑，付出生命，不过令钦契失去身躯，而他的灵魂又攀附于波尔纳多身上继续存在，变成被夺去身躯的游魂，那真是极致的虚无。

阿尔托：在这个世界上，唯有戏剧，可以直接感动有机体，这是我们仅存的整体手段。我们沉浸在这个神经的、充满细微感受的时段中，戏剧用身体无法承受的手段去抨击感官。（D81）

左梨：但是，编剧总是难以描摹现实的残酷，在这个世界上，即使是一个庸人，也能在迫害他人时展现出令人惊奇的想象力。他们精于摧毁，在破坏中放纵自由。人类从平日潜在的自虐中挖掘出不尽的灵感，乃至与这些灵感相比，残酷戏剧也从未残酷。

阿尔托：残酷并不是流血、殉难、钉十字架的同义词。实施残酷时，有一种更为高级的决定性，行刑者和刽子手也受制于此，必须在时机到来的时刻承担这个决定。善是一种要求，它是行为的结果；而恶，是永恒的。当隐蔽的神创世时，他遵循了创造中蕴含着残酷的必然性，并将其强加给自身；他无法不创造，因此允许一粒恶的种子进入自我意志风暴的中心，使它越来越致密，越来越满盈。（D102）

左梨：这种恶，就是否定。没有这种彻底的否定，创造就无从产生。正是这一粒恶的精子使创造成为永不停息的事功。创造即残酷，创造必然包含对旧有之物的遗弃，甚至摧毁。之于旧有的存在，创造作为一种残酷的更新，使其丧失了曾经的现实性，直至完全为现实离弃，成为历史中的遗迹。

阿尔托：戏剧也是永不停息的创造。一个完整的魔法行动，同样遵循这样的必然性。如果没有这种意愿，如果这种能够推翻一切的、盲目的生命欲望不能在每一个动作、行为和剧情的超越中显现，这部戏剧就是一部未完成的无效作品。（D103）

左梨：死是致命的束缚，也是极致的自由。“救赎生命，即是使其存在——将生命从物质的同一解放超度于精神的独一。死亡总是授勋一样，从存在上将唯一性授予人。”（意 272–273）贝特丽采提前接受了这枚勋章，这使她的生命散发出个体性光辉，进而成为意义的赋予者，使玛尔齐奥质变，证明了活着的无限可能。

阿尔托：一种被女人贬低的自然力量，将通过女人并对抗女人，来释放自身。

这就是死亡的力量。它包含一种阴暗的生殖贪欲，由女人引起但由男人主导。终有一天，由男人身上这种被伤害的女性特征，所造成的被束缚的痛感唤醒了童子。这个童子没有身体，没有性别，只有一团意识在生长。（DS72）

左梨：你是在用西方的炼金术术语揭示生命的重生吗？不确定这些符号在你的系统中代表什么，但在我这里，它们各有所表：男人——自我，女人——现实，童子——精神。酷刑的烈火一直在人体中炼金，而我曾经不解的是，这种黄金到底是什么？我常常想起那位或许经受过人类酷刑极值的女人，赵一曼，我不知道什么样的经历使她征服了周围每一个人，难友、护士、看守……受磨难的是她，施刑者却不断妥协，降低自己的要求，直到他们只能用死刑来表达一种敬意。

阿尔托：在生命之火、生命之欲和生命的非理性冲动中，有一种原始的任性：爱欲的渴求是残酷的，因为它依赖偶然性；死亡是残酷的，复活是残酷的，基督易容也是残酷的，因为在这个封闭循环的世界中，真正的死亡并不存在，而升天则是一种撕裂，这个封闭空间以生命为食，强大者践踏其余，以大屠杀吞噬他们，这种屠杀是一种新生，一场极乐。（D103）

左梨：是的，升天是一种撕裂，使生命作出最后抉择，与肉体作别，归于精神。这个选择在之前便已确定，在十字架上最终完成。酷刑，通过肉体逼问生命，在精神和物质之间如何选择？不能建造地狱的人，也没有他的天国。天国在彻底的分裂中，在诀别的还原中，在复归单子的提纯之中。

阿尔托：在显现的世界中，形而上地说，恶是永恒的法则，善是一种努力，又是一种加诸他人的双重残酷。（D103）

左梨：在形而上学中，善是肯定，恶是否定。后者是推翻或摧毁，而前者则是一种限定，它不仅否定了否定，还否定了自由。

阿尔托：不理解这一点就无法理解形而上学的理念，一旦理解这一点，就不会有人认为我的主题太局限。是残酷将事物凝固在一起，在创世时残酷塑造了一切特征。善为其表，恶为其里。恶终将衰变，但万物形成的关键一刻，就是复归混乱的节点。（D104）

左梨：肯定使精神在物质中出形，否定使物质因精神而发展。在否定停止的一刻，创世结束，精神离去，只留下它的物质遗迹。人必将对现实作出否定，改变世界，成自己所是，这是精神的自我实现。贝特丽采实现了这种否定，继母、哥哥、追求者、杀手都认为残暴的钦契该死，但杀死暴君之后，他们却在酷刑前低头，认定自己犯下罪行。唯有她成为一名坦然的杀手，她的良知超越了道德和法律。在这场弑父案中，她是事实上的立法者和执法者。

阿尔托：导演就是某种巨匠造物主[①]，他脑海中要实现的那个理念具有无法磨灭的纯粹性，是不惜任何代价达成的极限。如果他真想成为导演，也就是，成为一个通晓事物和对象本性的人，就必须在物理空间对剧烈运动进行探索，作出鲜明而感人的行为，使心灵层次等同于最绝对且完整的道德准则，在宇宙层次中，相当于一种自由的盲目力量，行其必行，以自己的方式焚毁必须毁灭的一切。（D114–115）

左梨：玛尔齐奥便重获了这种能量，他本来草率而易怒，没有耐性坚持，又没有决心放弃，就像千千万万的我们。因为难耐酷刑，他供出了全部同谋。这证词本是事实，他却不敢与贝特丽采当面对质。多么有趣，说出实情的人反而心虚不已。贝特丽采愤怒地宽恕了他，她宽恕，因为他不过是一个人；她愤怒，因为他本该是一个人。然而，玛尔齐奥却在这种愤怒和宽容中幡然悔悟，重新赢得了接受酷刑的资格，直到被拷打至死。人，只要活着，就可以从上一秒的自我中随时超脱出来，这才是真正的自由。

阿尔托：有一种和解即将发生，它远离人类的愚蠢，每个人都将发现自己的伟大和智慧，人们将看到那个几乎辨认不出的自我。（DS20）

左梨：只要含有一丝逃避酷刑的妄想，人就无法见到真我。继母和哥哥难熬鞭挞，很快招供，贝特丽采却以惊人的忍耐和理性征服了法官。就这样，亲人们成为老钦契的帮凶，为自己定下弑父罪行，使全家人悉数成为钦契的陪葬。司汤达说，死刑判决的当天，贝特丽采凄厉地哭喊："怎么可以这样啊！上帝！"她所做的一切努力，承受的一切苦难，都成为钦契毁灭意志的一部分。在骷髅地，耶稣

① 一位类似工匠的神祇，在柏拉图、新毕达哥拉斯、中柏拉图、新柏拉图主义哲学中，他负责创造并维持了物质世界，最早出现于柏拉图的《蒂迈欧篇》。

也发出同样的哀号："神，你为什么离弃我！"现实就要这样灭绝每一个个体生命。

阿尔托－鲁克丽霞：不要砍去萌芽的麦苗，不要烧毁初建的城市。（C153）

阿尔托－贝特丽采：万物都死了，世界就这样消耗着自身，在善恶之间游移不定。不论神，还是人，或者任何掌管我们命运的力量，都未在善恶之间作出选择。这样年轻就死了，被这悲伤的大地吞噬，这个我离弃的世界，从未试图拯救我。（C153）

阿尔托－鲁克丽霞：他们毁掉的少年，要把他们拖向死亡。（C153）

左梨：雪莱提纯了贝特丽采，在漫长的候刑期，继母和哥哥都曾抱有各种希望，唯有她，在证词上签字那一刻起，就决绝地认领了死亡。

阿尔托：一切都在恶化，在这一刻，消极的良心有一个根本的兴趣——不从它自身的疾病中恢复。而且，这个残暴的社会发明了精神病治疗来保护自身，扰乱他们的直觉力，以抵御某些卓越清明的意识自省。［VAN GOGH, THE SUISIDE PROVOKED BY SOCIETY（以下简称 VG）46］

左梨：死亡之中必然包含着放弃，而人们时刻都在预备放弃。你和贝特丽采一样接受了自己的酷刑，人们以医治的名义监禁你，以电疗的名义对你施以电刑，以精神病态的名义漠视你流放你，直到癌症将你带走。你是戏剧界的凡·高。

阿尔托：不，凡·高没疯，他的画作是希腊的火炬、原子弹，超越同时代一切作品，具有重创他们的能力，重创那些第二帝国的中产阶级虫蛹般的联合体，重创那些拥护梯也尔、甘必大、菲利－福尔以及拿破仑三世的特务的人。而病理学诊断，则通过确诊凡·高的疯狂显示出他们自己是无法运转、无法担责的尸首。凡·高，他在作品中所表现的清醒挑战着精神病学，证明这门学科不过是社会打手的前哨。他们自己心神不宁、纠缠不清，为减轻人类的窒息和痛苦——这些最可怕的状况，他们生造了一些荒谬术语，作为拙劣大脑的特供产品。（VG46）

左梨：是啊，弗洛姆曾说，考虑到人在世界上的处境，精神病学真正关注的问题不是"为什么有些人走向疯狂"，而是"为什么大多数人居然没疯"。不知道为什么，这让我想起了另一个人，罗马将军马库斯·阿提留斯·勒古鲁斯（前

基多·雷尼（1575—1642）获得教廷特许，在贝特丽采·钦契临刑前一天为其绘制的肖像

307—前 250）。他被迦太基人所俘，又作为战俘交换者回到罗马，却劝说元老院放弃自己，因为那样会使迦太基人蒙受更大的损失。此后他主动陪使者返回敌营，领受必然招致的酷刑。为了让这个男人屈服，迦太基人把他关进一只内侧钉满铁钉的木箱，使他无法倚靠任何一面，无法获得片刻的休憩，直到死去。我想到的是这个内嵌铁钉的木箱！

阿尔托：所谓疯子，也就是人们拒绝倾听的人，因为人们决意与无法忍受的真理隔绝。但在这种情况下，拘留不是他们唯一的武器，社会集团还有其他手段去遏制他们想要镇压的精神。除了小镇女巫医微不足道的影响之外，那警醒的良心一次又一次发出遍及世界的咒语。也曾有一些别具意味的个体引爆这种反思，波德莱尔、爱伦·坡、德·内瓦尔、尼采、克尔凯郭尔、荷尔德林和柯勒律治，而后是凡·高。（VG47）

左梨：你们已经死去，你们的精神成果要被反复灭活，变成疫苗，预防新的生命。病毒只有变成疫苗才会被人类接受，对病毒来说，成为疫苗是死亡的死亡？你，你们，你们都一样，都有太强的感染性，像一种瘟疫。而我，是被感染的女实验员，现在和你们一起，被封闭在隔离病房，难以逃脱黑格尔所说的那种命运——像你们一样，“眼看着自己的皮被剥下来蒙盖在毫无生命的、空疏虚幻的知识表面”。（精上 35）

阿尔托－贝特丽采：哭泣吧，但不要绝望。为你的尊严，请信任你承诺要给我的爱。（C150）

阿尔托：我们滥用的自然正在炮制一个处女来反抗。这反对我们的世界，不知道，如何引发这场革命。对于革命，记住，她是一个女人。在各地的国王复辟之前，国王成为万有之奴，因此他们知道，怎样令这个世界遭受更为严厉的奴役——通过她难以置信的占领，这场革命将再一次教训我们，将使每一个人着魔并疯狂：我们就这样被抽干了生命。（DS75）

左梨：身苦过滤意识，剧痛不容妄想，会将那些似是而非、自欺欺人的知觉、念头、信条、道德，像渣滓一样清理得干干净净，只留下无法排除的自我本质。这种凌厉的生命排异，最后常常进入外物尽消的觉知境界。在酷刑中熔命炼金，炼出的是一个人的虚空！一个人的虚空！那是消除了全部附着的澄明。所有由外物填充的意义像曾经的雾霾，随着痛苦的加速度被悉数驱散了，整个世界都简约为一具肉身的呼吸和心跳。此刻，最纯粹的肉身，承载着最原始的意识，那是独属于一个人的虚空。这突现而出的虚空，将吞噬一切，它可以成为一个地狱的残酷，也可以成就一万个天神的自由。

阿尔托：在献祭小我的神话中，像以往所有的先贤一样，我们必将在历史中重新发现一种力量，携着它获得自由。（D116）

左梨：阿尔托，再见，我愿意做，或者说，我就是那个小镇女巫医。我将继续说出通往真相的呓语，不是仗着疯狂或无名，而是为了不肯睡去的良知。我会尽力积攒我的坚韧，直到足以在刑场上坚守自己的供词。

附记

自从开始虚拟访谈以来，查找资料总是如有神助，似乎访谈对象总在想方设法与我取得联系。唯有这次阿尔托的《钦契》剧本颇费周折，谷歌图书没有书样，Good Reader 的二手书毫无回音，国图、孔夫子、新浪共享，甚至中戏图书馆都不见踪迹。最终我只能凭借两条线索，一是《残酷戏剧与身体美学》一书的作者胡鹏林教授，一是我的朋友耿军导演。所幸，都成功了，先是耿军从纽约州立大学和上海得到两种电子版，而后胡老师看到我的微博留言，也把他的剧场记录版分享给我，在此一并致谢。

阿尔托，这位疯巨人终于站在我面前，开始了这场诗剧式的对话。每次面对阿尔托，身体就不顾周期地流血，好像只有坐在血泊之中，我才能感受残酷真正的含义。他如同热带风暴，在那咆哮和呓语中，我无暇思考，无法回避，只能化作一个旋涡，围绕那个对我来说独一无二的虚空尽力旋转，看看最终，谁吞噬谁……

希望有一天，这个访谈能获得它的戏剧之身。

参考资料

- Artaud, Antonin. *ANTHOLOGY*, edited by Jack Hrschman. San Francisco: City Light Books, 1965.
- Artaud, Antonin. *Antonin Artaud Collected Works Volume Four*, translated by Victor Corti. London: John Calder Publisher, 1999.
- Artaud, Antonin. *Antonin Artaud Selected Writings*, edited by Susan Sontag. Los Angeles: University of California Press, 1988.
- Artaud, Antonin. *The Death of Satan and Other Mystical Writings*, translated by Alastair Hamilton and Victor Corti, Calder & Boyars Ltd., 1974.
- Artaud, Antonin. *The Theater and Its Double*, translated by Mary Caroline Richards. New York: Grove Press, Inc., 1998.
- Artaud, Antonin. "VAN GOGH, THE SUISIDE PROVOKED BY SOCIETY". *Horizon*, Jannuary (1948): 45-50.
- Bloom, Harold. Yeats. Oxford University Press,1997.
- Deleuze, Gilles; Guattari, Felix. *ANTI-EDIPUS, CAPITALISM AND SCHIZOPHRENIA*, translated by Robert Hurley, Mark Seem, and Helen R. Lane. Minneapolis: University of Minnesota Press,1983.
- Derrida, Jacques; Thevenin, Paule. *THE SECRET ART OF ANTONIN ARTAUD,* translated by Mary Ann Caws. Cambridge, Massachusetts: The MIT Press, 1998.
- Morfee, Adrian. *ANTONIN ARTAUD'S WRITING BODIES*, Oxford University Press, 2005.
- Sellin, Eric. *The Dramatic Concepts of Antonin Artaud.* Quid Pro Books, 2017.
- GÖKALP, N. "ANTONIN ARTAVD: HIS LIFE, MEXICO AND BALı EXPERIENCES". *Tiyatro Araştırmaları Dergisi* 9 (2014): 33-46.
- Hertz, Uri. "Artaud in Mexico." *Fragmentos Revista De Língua E Literatura Estrangeiras* (2005): 11-18.
- [古罗马] 奥古斯丁:《上帝之城》, 王晓朝译，人民出版社 2006 年版。
- [法] 齐奥朗:《眼泪与圣徒》，沙湄译，商务印书馆 2014 年版。
- [法] 司汤达:《秦奇一家人》，载《意大利遗事》，李健吾译，译林出版社 1997 年版。

- ［英］雪莱：《雪莱选集：钦契》，汤永宽译，上海文艺出版社 1962 年版。
- 胡鹏林：《残酷戏剧与身体美学》，中国社会科学出版社 2014 年 Kindle 版。
- 罗蛋塔：《意行 | 新一轮人神关系》，一千减 65 (2017) : 256-294。
- 罗蛋塔：《意行 | 被无限稀释的自由》，一千减 15(2016) : 31-46, 2014。

第7章　列维－斯特劳斯

神话造神，也造人

克洛德·列维－斯特劳斯（Claude Lévi-Strauss，1908—2009），这位曾经应征入伍又深入热带雨林，与枪炮、瘟疫、毒虫、猛兽、土著人和纳粹几番纠缠的人类学家、哲学家，竟然拥有令人羡慕的长寿——他是法兰西学术院建立近四百年来第一位百岁院士。

列维－斯特劳斯生于布鲁塞尔，成长于巴黎十六区，父亲是一个不成功的法国画家，收入窘迫，却为幼年的克洛德提供了良好的教育，以及充满人文艺术气息的人际环境。尽管大学毕业就获得了哲学教师资格，他却不允许自己在这个令学人羡慕的职位上重复光阴。为了实现人类学家之梦，他远赴巴西，在亚马孙雨林中进行田野调查，用四年时间追踪观察印第安社群。

二战爆发，他应征入伍，担任马其诺防线的联络官，法国投降后，因祖父的犹太血缘遭维希政府解雇。所幸，他获得了纽约的教职，辗转抵美，与雅克·马利坦、罗曼·雅各布森一起在那里建立了一个类似西南联大的流亡大学——高等研究自由学院。

1942 年 12 月 21 日，在哥大的教师食堂中，弗兰茨·鲍亚士心脏病突发倒毙在他怀中。这位美国人类学的学科创立者似乎将一个未完成的使命传给了他，而他的确从鲍亚士所收集的庞大的神话群和面具资料中，发现了能够进行统一解释的框架，并且继续鲍亚士对现代人的批判，在野性的思维中发现对抗物质惯性的能量。正如索绪尔发现音位，使语言学成为一门严肃科学一样，列维－斯特劳斯一直在寻找一个支点，以将人类学确立为物理学一般精确的学科。他进入人类学的微观世界——在亲属关系中发现社会原子，通过分解神话基本形态整理思维的语法，从风俗习惯中寻找行为动机，由最基本的文化元素入手，使人类的精神结构形态逐步呈现。1958 年，《结构人类学》出版，结构主义立刻成为存在主义的主要竞争者。1973 年，65 岁的列维－斯特劳斯获得法国学者的最高荣誉，他身着墨绿色绣金线的院士服，腰携定制佩剑进入仪式，成为四十位法兰西学术院院士之一。

格尔兹说他使人类学脱离了手工艺模式，超越经验论的统计层面，将理性特质引入人类学。布迪厄则认为，列维－斯特劳斯为人类学“第一次赢得了尊敬，使其实际上成了占统治地位的学科”。因此，他与弗雷泽、鲍亚士并称“三大人类学之父”，而另两位都生于 19 世纪中期，较他年长半个世纪。

主要著作

《亲属关系的基本结构》《种族与历史》《种族与文化》《忧郁的热带》《结构人类学 I、II》《图腾制度》《野性的思维》《生食与熟食》《从蜂蜜到烟灰》《餐桌礼仪的渊源》《裸人》《面具之道》

《遥远的目光》《神话与意义》《人类学与神话演讲录》《嫉妒的制陶女》《猞猁的故事》《看·听·读》《我们都是食人族》《面对现代世界问题的人类学》

人类学家的出发与归来

左梨：您好，列维－斯特劳斯先生，作为一位百岁老人，您有什么特别的心得吗？

列维－斯特劳斯：家中的长者总是诧异于，我几乎不记得孩提时代和青春期的任何事情。但是我对自己所写的书，所作的演讲都保持着极为敏锐的感受，这些由我而起的事件一经发布，便将我困在那里。我只是一条通道，通往某些事物，我承认，它们最初在我之内构建完成，而一旦推出，就离开我，留给我一片虚空。[American Ethnologist 专访（以下简称 AE）360]

左梨：我有时很难想象，参加埃斯佩兰萨港考古时，您连续好几周喝沼泽中的臭水；二战时为避难远渡美国，又在一辆严重超载的邮船上被折磨了四十多天；跟随纳比克瓦拉人迁徙时，还要在南美洲的寒夜里躺在结满露珠的地上休憩。

列维－斯特劳斯：年轻的时候，这算不上什么。我的确从来没在考察的时候生过病。由于缺乏想象力，我被保护得很好，一生中都如此。[《亦近，亦远》（以下简称"远近"）40]

左梨：缺乏想象力？缺乏对危险的想象？所以一直都是无知者无畏的状态？

列维－斯特劳斯：早在 1940 年 9 月，我就大大咧咧地去了维希，要求重新任命我到亨利四世高中任教。负责中学教育的主任说，看我的名字就知道，不可能把我派到巴黎。（远近 47）

左梨：那时您没有意识到自己的犹太人身份和奥斯维辛只有一步之遥？

列维－斯特劳斯：我意识不到自己身处险境。面对时局也是一样，或许那时就决定了我的命运。我想回巴黎，只是为了尽教学上的义务。（远近 47）

为杂志拍摄肖像时，列维－斯特劳斯在肩上放了一只乌鸦。在美洲神话中，乌鸦是光的使者

列维－斯特劳斯在巴西的马托格罗索做田野调查期间，和当时的妻子蒂娜·德雷福共进午餐

左梨：老子说“外其身而身存”，您专注于所作所为，似乎忘记了自我。

列维－斯特劳斯：我的确从未，直至现在都没有对我的人格身份产生认知。我对自己来说，只是一个场所，某些事情在那里持续，既没有一个主格的“我”，也没有一个宾格的“我”。[Myth and Meaning（以下简称 MM）X]

左梨：这是人类学家的独有视角吗？您的研究对象是人，“自我”这个容纳事物的场所，是最好的触媒。

列维－斯特劳斯：人类学家，要在绝不放弃人性的同时，致力于从一个高远的出发点去认识和评估同类，唯有如此才能使他将同胞们从这种或那种文明的偶然事件中抽象出来。他的生活与工作条件将他与自己的族群长时间隔离；他暴露于剧变的环境之中，由此患上一种难以治愈的失根症。不论在哪里，他永远不会拥有那种“回家”的感受。从心理学角度讲，他被彻底截除了根须。正如数学与音乐一样，人类学是极少数真正的事业之一。即使在接受教育之前，人类学家也会在内心感知到这种召唤。[Tristes Tropiques（以下简称 TT）58]

左梨：人类学家是学者中的游牧民族。原始族群就是草场，他们注定逐水草而居，与风餐露宿、热带瘟疫、暴力袭击、突发灾害有着千丝万缕的联系。

列维－斯特劳斯：探险与探险家是我讨厌的两种事物——尽管我自己就是，并试图讲述我自己的探险故事。（TT17）目前的探险不过是跑一堆路，拍一大堆幻灯片或纪录影片，最好都是彩色的，以便吸引一批观众，在一个大厅中展示几天。对观众而言，探险者跑到另一个半球，似乎就使一大堆其实待在家里也能抄袭到的陈词滥调神化为启示录。（TT18）

左梨：现在这类书籍被旅行攻略代替，交通工具和城市化进程使旅行成为一种商品，垂手可得。置身其中，甚至不是为了猎奇，只是为了补足某种与身份相符的经验。在身体盲动的同时，人们的思想却始终平层踏步，即使身在南极，所思所想也很难超越日常社交圈。

列维－斯特劳斯：20 世纪 30 年代不是这样，那时没有多少人专事旅行，巴黎只有一个狭小、阴暗、冰冷且年久失修的阶梯教室供人们陈述旅游故事。一架灯泡亮度不足的放映机把不太清晰的影像投射到过大的银幕上，不论演讲者还是观众都无法分辨是画面上的影像，还是墙上的污迹。演讲开始之前 15 分钟，演讲者仍然怀疑是否会出现听众。在他放弃所有希望的时候，演讲厅就会跑进一大堆小孩子，由妈妈或保姆陪着，把半个厅坐满。演讲者便向这群被虫蛀的鬼魂和无法安静的小孩宣讲他宝贵的记忆。就在半黑暗中说话的时候，我们可以感觉到，那些记忆不断凋落，一件一件，就像卵石落入深井，这就是人类学者归来的景象。（TT18–19）

左梨：当一件工作看来毫无报偿，例如我现在，在书群中收集头盖骨，与鬼魂聊天，我就提醒自己，要小心了——我离开了现实的场域，在做精神之工。人的世界有标准，达标即可；在神的世界里，若不能实现某种极致，这份工作就失去意义。

列维－斯特劳斯：我希望生活在真正的旅行时代，所目睹的一切没有被损坏、污染、扰乱；我可以看到贝尼埃（Bernier）、达维尼埃（Tavernier）、曼努西（Manucci）眼中的拉合尔，而不是我眼前这个城市……这类设想一旦开始便无休无止。什么时候是最适合观察印度的时刻？在什么时期巴西原始文明正处于其巅峰时代，可以使研究工作获得最纯粹的满足？选择在 18 世纪与布甘维尔（Bougainville）同时抵达里约，还是在 16 世纪与莱里（Lery）、铁卫（Thevet）同行？每将时间回推十年，我就能够再多保留一套民族服饰，多观察一场盛典或多了解一种信仰体系。但是我对相关文本非常熟悉，深知这种回推运动也会使我失去很多信息，失去那些对我的思考大有裨益的有趣事实和条件。（TT44–45）

左梨：是啊，弗朗西斯・贝尼埃 1664 年抵达克什米尔地区，成为第一个涉足此地的欧洲人，又凭借三个月速成的医学知识进入莫卧儿皇帝的后宫；珠宝商达维尼埃在印度和波斯获得了一切，钻石、金钱、爵位和一本影响后世的文化人类学著作《六次远航》；海军上将布甘维尔则在 18 世纪 70 年代，带着博物学家和地理学家完成了法国首次环球航行，整个船队一共 330 人，西半球与东半球，南半球与北半球第一次这样充分、赤裸、深入地接触。当然，新教牧师莱里和天主教司铎铁卫开始得更早，他们在 16 世纪就怀着信仰抵达巴西，收集了大量原住民的生活用品和武器。可惜，他们看待世界的角度太过西方，像曾经的中国人一样自大。

列维－斯特劳斯：其中最著名的调查团是1517年的哲罗姆会修士团。（TT79）他们一致得出结论，“对印第安人来说，依照本性像野兽一样，不如作为人类的奴隶更为幸福”。与此同时，附近波多黎各岛上的印第安人将抓到的欧洲人淹死，他们连续数周看管那些尸体，观察他们是否腐烂。当白人将印第安人当作野兽的时候，印第安人却在猜测白人是神。两种态度都很无知，但后一种更具人类尊严。（TT80）西方的秩序与和谐建基于它所排泄的巨量罪恶衍生物，这污染着整个地球。现在的旅行只是在向我们展示这些污物，我们的污物，丢掷在全人类的颜面上。（TT39）

左梨：人类学给了文明人自省的机会，与各种异变的、过去的自我相逢。

列维－斯特劳斯：我只有两种选择，每种都有其无法回避的缺憾——要么像古代的旅行者那样，面对惊人的奇观异象，几乎无法去理解，甚至引发自身无知的嘲笑或厌恶；要么做一个当代的旅行者，匆匆寻找已不存在的实体。不论采用哪种形式，我都是失败者，而且远比人们所设想的更为失败；当我痛惜那些错失的影像时，此刻的景观却在所难免地化作云烟。可是我的眼睛，或者说我的人文水平，使我不足以见证这些实景；在若干世纪之后，当另一个旅行者重访相同的地点，他可能同样在哀叹，那我应该看到却没能看到的一切同样消失了。我是一个两面受敌的牺牲品：所看到的一切令我倍感痛苦，而未曾看到的一切又在责备我的无能。（TT45）

左梨：你的探险工作也总被无聊的事物拖住：开卡车出行，就要随时变身养路工；野火焚毁木桥，就要宿营建桥，等卡车过河，还要把桥拆掉，因为沿途需要这些木板；遇到沼泽，用木板铺路，每开过一个车身，都得把车后的木板拆下来铺到车前；如果卡车途中抛锚，只好在原地驻扎、打猎、洗衣、祈祷，等另一辆卡车经过时，才能去城中传递消息，直到零件从里约辗转到来；如果不用卡车，只有牛能胜任负重的任务，就必须走走停停，一旦牛累得失去脂肪，后背会被套绳磨破，从此生疮，沦为蚂蚁的食物。

列维－斯特劳斯：在探险研究的尾声，我花光了所有资金，又在采胶人居住的村子开小店，借此坚持了好几周。当地妓女会在一番讨价还价之后，用两个鸡蛋换一根我做的项链。（TT237）探险是人类学者工作过程中无可避免的障碍之一，只会使人类学者平白失去几个星期甚至几个月的有效工作时间；有时候因为饥饿、疲倦或生病而白费时光；另外还有在原始森林深处生活所无可避免的一千零一种烦人的杂事……我们到那么远的地方去，所欲追寻的真理，只有在把那真理本身和追寻过程的废料分别开来以后，才能显出其价值。为了能花几天或几个小时的时间，去记录一个仍然未为人知的神话，一条新的婚姻规则，或者一个完整的氏族名称表，我们可能必须赔上半年的光阴去旅行，承受痛苦和更为难以忍受的寂寞。[《忧郁的热带》（以下简称“忧”）3-4]

左梨：这就是人的痛苦之处，为神行物工，就得耗费很多能量来对抗物的阻力和惯性。这种必须耗费的能量，像一种无法减消的熵。数学家朱莉娅·罗宾逊这样记述她的工作——周一证明定理，周二证明定理，周三证明定理，周四证明定理，周五发现定理是错的。一个接受了必败命运的行动者是不可战胜的。他必败，却仍在前行。这种面向虚无的努力会引发精神世界中的核裂变。

列维－斯特劳斯：在北美洲的很多部族中，青春期所承受的磨难，往往决定了一个人的社会地位。他们之中，有些人不带任何食物，单身乘木筏远行；有些人则独自潜入深山，暴露于风雨、严寒和野兽之中。一连数天、数周，甚至数月，他们都不曾烹煮食物，只能生食，或者长期禁食，甚至使用催吐剂以使身体的虚弱进一步恶化。他们尽一切可能向那个超越的世界突围：在冰水中长时间浸泡；自愿截去一根或多根指节；将削尖的木棍像别针一样穿过背部的肌肉，再将绳子绑在木棍上，绳子的另一端绑着重物以撕裂腱膜，而献祭者要拖着重物走过尽可能远的路程。不是所有人都这样极端，但至少也会在一些毫无意义的工作中把自己弄得筋疲力尽，一根一根地揪掉体毛，把松树拔得一根针叶也不剩，或者在一块巨石上打洞。最终，他们极度疲惫、身体虚弱，又精神亢奋，希望在这种状态下与超自然世界沟通——他们的祈祷和所受之剧痛将获得回报，一种神奇的动物将呈现于他们面前，在异象之中，他们将得到神启，告知他们某个精灵从此成为保护神，并依此获取独属的能力。凭借这个精灵，他们将确定自己在社群中所属的阶层和拥有的特权。（TT41）

左梨：东南亚及南亚有一种类似的巫术。每逢 1 月 19 日，史布拉玛利昂神的生日，乩童都会提前十八天斋戒，沐浴，断食，在盛典当天用银钗穿透自己的两颊和舌头，也有的人用钩针刺穿前胸或后背，在钩针上悬挂响铃或水果。在南洋的酷日下，鲜血淋漓的乩童队伍游行两公里之后还要自己爬上二百五十级阶梯，再行仪式。（唐龙 64）在土著部落那里，磨难和苦行，不但属于一种资历和资格，就像现代社会的学历和学位，可以成为个人在群体中获得权力的充分条件，同时也是一种以压榨肉体寻求通灵的实验传统，这种传统成为很多宗教修行方式的观念来源，包括释迦牟尼在觉悟之前，也曾修习类似的苦行。

列维－斯特劳斯：我们能否因此断言，社群没有向这些土著提供任何机会？对他们来说，习俗和制度都像一种机械定式：运气、机遇或能力都毫无作用，若期望在命运中有所获得，就必须深入那个危险国度的边境。在那里，社会规范完全失去意义，族群的命令和保护也不再有效。他们必须探索警察无力控制的地方，抵达生理抵抗的最高限，以及身体和道德的承受极值。一旦抵达不可预测的边缘地带，这些人也可能从此消失，不再回来；或者，他们在某个巨大的、未曾开发的能量中赢得了自己。这种能量环绕着井然有序的社区，供给个人权力；一旦这些人在危险中获得一切，原先僵死的社会序列就将取消。（TT41）

左梨：这种解读停留于现象，并未给出因由。土著人崇拜神秘力量，而每一个从极致体验中归来的“超人”都可以作为后者的代言，进入或直接成为部落信仰的标的，从而改变部落的权力序列。这种冒险并不为原始部落所独有，它依然以传统的一部分发生于现代社会。实际上，仅就意识与身体的制约关系而言，我个人认同这种方式的有效性，正如威廉·詹姆斯所引用的那句名言，“死亡吞噬人，吞噬死亡的人拥有超人的生命”。（詹姆斯 1907，356）

列维－斯特劳斯：是，这依然是种肤浅解释。（TT41）北美部族的问题并不是个人信念与社会教条相违。这种对立直接起源于族群的习俗与哲学。个人正是在群体中学到他的知识，群体创造了关于守护精灵的信仰，社群作为一个整体教育它的成员：在已经建立的社会序列之内，他们获得解脱的唯一希望就是凭借荒诞而绝望的努力，脱离这种秩序。（TT42）

左梨：人类学家不正是这样的少年吗？带着相机、干粮、来复枪和笔记本，走入赤身裸体、语言不通、简单易怒的原始人群，试图寻找关于人类的答案。

列维－斯特劳斯：我自己就是这些“开拓者”头发花白的前辈，或许，是唯一一个在旅行中除了一把灰烬，什么也没带回来的白人探险家；或许我的声音仍有余响，在诉说旅行无法提供一种逃离？像传说中的印第安人一样，我抵达世界的尽头，向那里的人们和万物提问，获得的却是同样的失望。“他矗立在那里，哭泣，祈祷，号叫。他没有听到神秘的声音，也没有在沉睡时，被带入神秘动物的庙堂。他终于确信，不会有任何源头能赐予他任何力量……”（TT43）

左梨：青春期对我来说是高温多雨的，那种原始的冲动也曾经呼唤我，以自残的方式实现奇迹。我认定一个完美的自我被皮肤强行掩盖，于是试图用针、柳叶刀、老虎钳去除这层遮蔽物。在皮肤之下，我看见乳白色的脂肪层、青色的静脉、透明的筋膜和粉色的肌肉。那是我的世界尽头，在那里，我不再相信任何神迹。但我知道仍有一拨拨这样的少年，在形形色色的传销组织中，在各种来源的上师圈子，在某个出马仙的堂口或某座隐士出没的深山，憧憬着功成名就、脱胎换骨的一瞬。

列维-斯特劳斯：这种魔幻性质在社会自我神秘化的过程中非常明显，在每一案例中，社会正是这一现象的基础。年轻人从社会的敌对方——野蛮人，雪封的山顶，无底的深渊和难以穿越的密林那里，得来这些崇高而又有利可图的“启示”。这不过是社会的阴谋，在剥夺他们威胁能力的一刻分封爵位。他们今天成了贵族，而在他们真正堪为社会对手的时候，却只是引起人们的厌恶。（TT42）

酋长像我们未到时一样贫穷

左梨：我时常想，从茹毛饮血到冠冕堂皇，作为平均值的那部分人性是否只是更换了外套，却从未发生本质性的变化。

列维-斯特劳斯：在乔治·杜马撰写《心理学新论》期间，我是他的学生之一。（TT19）大师特别青睐的那些学生将获准独立采访某位心理病患。因此，我和一位围着羊毛披肩的老妇人共度了一个早晨，那种恐怖感我在任何一个印第安原始部落中都从未体验过。她认为自己就像深锁于冰块中的一条烂鱼——外表看来完好无损，但只要保护层融化，她就濒临瓦解。（TT20）

左梨：一个在精神病院戒酒的朋友告诉我，在重度患者居住的 B 座，有好几个包裹着橡皮软垫的铁笼。那里家属罕至，他们可能已经放弃，医护人员也尽量避免前往，只有一些生命在其中毫无回应地号叫。我忽然明白，为什么很多中年人表情稳重的脸上常常闪现一丝难以察觉的狰狞。其实，他们内心深处，都有那个橡皮软垫包裹的铁笼。而他们最大的恐惧，就是外表的冰封层融化。现代人将精神疾病交给了电击和镇静剂，原始人怎样改善同样的问题呢？

列维－斯特劳斯：在波洛洛社会中，除了作为人类社会与恶灵中介的巫师，还有一种中间人负责生者社会与死者社会的联络。这就是 aroettowaraare，或者译为通灵师。如果说巫师具有预言生死的天赋，通灵师则既是护士，又是另类治疗师。（TT222）像巫师一样，他们可以随愿化作某种动物，但从不变成那种吃人的美洲豹。他们化身为提供食物的生灵：采集水果的金刚鹦鹉，捕鱼的角雕，或者满足全部落大宴一顿的巴西貘。通灵师以这种方式牺牲自己拯救人类。（TT223）

左梨：他们用这种意象滋养族人。巫师施咒，将活的变成死的；通灵师联络死者、救治生者，始终在努力将死的变成活的。这两种灵媒好像是一对天敌。

列维－斯特劳斯：他们的确互恨互惧。（TT222）那种召唤，最初使通灵师发现自身使命的召唤也独具痛苦的一面。他确认这件事，是因为无论走到哪里都有一股可怕的腐臭追随着他。（TT223）

左梨：这种尸臭也曾袭击过我，为此我四年来没有接触过任何肉类。这是身体呼唤我去和亡者沟通吗？就是在那之后，我开始了我的虚拟访谈。

列维－斯特劳斯：亡者不会让通灵师进入催眠状态，他们只是出现在他的梦里。（TT222）传教士经常说，梦是野蛮人的神，但对我而言，梦却永远无法捕捉，像水银一样滑出我的手掌。（忧 36）

（看到他又陷入那种对时间流逝无能为力的忧郁之中，我连忙转移话题）

左梨："只有当每个人的清醒与睡梦之间的界限已经磨灭之时，生活才最有意义。"（本雅明 190）能给我讲讲印第安人的日常生活吗？那些最为赤裸的、全部私有财产都背在肩头的原始人，怎样度过他们的一天？

列维－斯特劳斯：纳比克瓦拉人黎明即起，重燃营火，在熬过寒夜之后，用尽一切方法让自己暖和起来。他们做一顿简单的早餐，食物是前一天所剩的随便什么东西。随后，男人们或独自，或成群地出门打猎。女人则留在营地忙碌厨事。太阳升起之后，她们开始一天中第一次洗澡。妇女和孩子时常一起洗澡，他们乐在其中，有时会拢起火堆，以便从水中出来时蹲在火前取暖，有的时候，为了搞笑，他们故意夸张地颤抖。一天之中，要有很多次这样的洗澡。他们的日常活动没有太大区别。最需要时间也最麻烦的劳作，就是准备食物：把木薯碾碎、压榨，把浆水晾干再煮；或者将二翅豆果实去壳、煮沸，使他们的饭菜都增添了些许苦杏仁的味道。如果食物短缺，妇女和儿童会外出采集野果。食物充足时，她们就在一起编织，或蹲着，或跪坐在自己的脚后跟上；有时修剪、磨亮，串起她们的“珍珠”：一些果核或贝壳，用来制作耳环或其他饰物。对工作感到厌烦时，她们要么无所事事，要么给他人捉虱子，或者干脆睡觉。（TT272）

左梨：山中无历日，寒尽不知年。他们没有帐篷，没有床，全部的家当都放在一个篓子里。这样的生活是人类的童年，要尽力打发时间，才能度过一整天。Wi-Fi 和智能手机加速了时间的流逝，现代人低头看一眼微信，再抬头时，咖啡凉了，天也黑了。

列维－斯特劳斯：那些孩子根本不知道游戏为何物。有时他们会用卷过或编过的草作玩具，但通常只能靠打架或者其他消耗体能的方式消磨时光。（TT275）那里有一种特殊的亲戚关系，互为表兄妹的孩子可以互称“老公”和“老婆”。有时，他们会像真正的已婚夫妇一样，在夜幕降临时离开家庭，带着几根燃烧的木柴去营地的某个角落，拢一堆自己的火，按照各自的年纪，努力地“成家立业”、传情达意。成年人在一侧观看，颇感有趣。（TT276）

左梨：对他们来说，婚姻就这样水到渠成，无须寻找，不用媒妁。妻子永远是表妹，没有其他可能。我猜这种婚姻一定拥有极强的稳定性，但夫妻之间还有强烈的性吸引吗？

列维－斯特劳斯：纳比克瓦拉人的日常生活浸淫着情色意味。性事总能引起最大程度的兴趣和好奇，他们永远不知疲倦地讨论此事，营地交谈中充满了暗示和

纳比克瓦拉少女

影射。多数性活动发生在夜晚，有时靠近营火，但通常在营地百米之外，或是钻入附近的灌木丛中。但是这种机会非常少，与其将这种稀少完全归因于表面上的禁忌，不如归因于纳比克瓦拉人的性情，这才是真正的障碍。在他们公开的欢娱挑逗中，我从未见到享受中的男人发生勃起。他们似乎只是寻求游戏性质或情感上的愉悦，而非直接的身体需求。（TT277）

左梨：这有些超出我们对土著人的认识！性几乎是他们最主要的娱乐源泉，但他们却不是那么热衷性交，而是寻求情感。只要是人，情感，总是最大的慰藉……当然，这也与生存的艰难程度以及缺少避孕措施有关。

列维－斯特劳斯：要理解这种性态度，我们必须牢记纳比克瓦拉婚姻的基本特征。不论从经济角度说，还是从心理角度说，夫妻是纳比克瓦拉人生活中至关重要的单元。这些迁徙不定的族群队伍不停地形成或重组，只有夫妻才是彼此稳固的现实，至少在理论上如此。他们归根结底只能凭借两种方式维生，男人打猎和种植，女人采集果实、抓捕小动物。（TT278）在只能狩猎的日子里，当男人一无所获、沉默疲惫地归来，女人则从她的篮子里拿出各种古怪的采集品——几颗橙色的布里提果子，两只胖胖的毒蜘蛛，一两条蜥蜴还有它们小小的卵，一只蝙蝠，几个棕榈果和一把蝗虫。然后全家人快乐地坐在一起享用食物，尽管总量不足以把一个白人从饥饿边缘挽救出来。（TT279）

（我竟然流下了眼泪）

左梨：我对这种生活竟有一种匪夷所思的熟悉，不是因为我度过了十余年捉襟见肘的物质生活，而恰恰是在精神世界中，我和罗蛋塔就是一对游历在旷野中的原始男女。他带着思想的弓箭出发，要在虚空中捕捉巨大的灵感，有时不免空手而归，而我，则拿出在书籍丛林中采摘的知识野果，或是偶然捕到的细碎灵感，来填补我们的精神之胃……

（他很久没有说话，好像某种伤怀时隔 80 年再次袭击他。就是在那段探险岁月中，妻子蒂娜出于身体原因离开了巴西，从此与他分居。两人于 1946 年正式离异）

列维－斯特劳斯：死后，男人的灵魂将化身为美洲豹，但女人和孩子的灵魂则消散在风中，永远不会再留下任何见闻。（TT281）

左梨：原始人所设想的死后世界，其实是去除肉身的精神世界。这些男人，手持长矛与探杖，大步走在没有路标的荒原上，承担着整个家庭的焦虑。而女人活着的时候，灵魂也如同自然的一部分，顺应季节，随缘采集，像食草动物一样隐忍而平静。酋长则是男人中的男人，他是整个部落的最后一道闸口，一夫当关，抵挡着虚无。

列维－斯特劳斯：大概在1560年，蒙田在鲁昂遇到三个被水手带回的巴西印第安人。他问其中一个人："在你们的国度，首领有何特权？"回答者就是酋长："上阵时冲锋在前。"令我倍感错愕和崇敬的是，在将近四百年之后，我得到了相同的答案。（TT302-303）在纳比克瓦拉人中，政治权力并非世袭。由老酋长授命继任者，但最终他所指定的人都是大多数人最拥护的那一位。（TT302）酋长如何履行职责？最首要而且最主要的方式就是慷慨。我送给他们的礼物最为丰厚，但很少能在他们手上保留两天。当我离开那个共度了几周的族群，成员们都在享用从我这里获得的斧子、小刀、珠子和其他物品。酋长却像我们未到之前一样贫穷。酋长是配置箭头毒药的人；还要制造纳比克瓦拉运动会上的野生树胶球；必须能歌善舞，有丰富的保留曲目满足族群的娱乐需求，排遣日常生活的单调。图比－卡拉希布人的酋长还要身兼巫师，进入忘我状态成为灵媒，用梦和幻象占卜。（TT304-305）

左梨：酋长身兼贤哲、英雄、施主、匠人和明星等多种身份，部民要求他是肉身的神。事实上，整个亚洲，对政治领袖的潜在需求还都停留在部民的层次上。他们嗷嗷待哺，等待着吮吸酋长的灵奶。韩国与朝鲜尽管国体政体截然不同，但他们对领袖的心理需求却是相同的。在韩国，类似于"杀王祭神"传统的状况，则体现为"总统魔咒"——大多数总统无法平稳度过任期，不是遭到暗杀，就是遭到弹劾、监禁。民选总统缺乏民族集体意识上相应的支撑和限制，总是无法得到充分的信任，或者缺乏足够的担当。

列维－斯特劳斯：在目前，东方与西方之间的误解主要是语意上的问题：那些我们想在东方广为宣扬的观念或"能指"所要指称的所指，不是性质不同就是根本不存在。（忧177）

左梨：尽管中国社会性质中半殖民地的元素已经去除，但这种心理现实并未发生变化，人们仍对外来元素保持着一种不求甚解的盲从和操之过急的混用，却从未以此为契机对自身进行反省。这种状态矛盾地并存于中国人的意识，促使中国人在无须理解的传统 – 自我和无法理解的他者 – 世界之中，保持着一种放任的无知。

列维 – 斯特劳斯： 牺牲者不会自觉到是在被奴役，而相反地，如果他们渐渐走向强制劳动、食物配给和思想统制，他们会觉得这是解放，因为他们可因此得到工作、食物和一定程度的知识生活。（忧 177）

左梨： 不能准确地认识自由，就不可能拥有自由。我时常想，给予面包和启发民智，哪一种更为重要？对于原始人，实现个体的尊严重要，还是平安丰足的生活更重要？

列维 – 斯特劳斯： 原始族群中，只有那么一两个人，没有职位但只要给予报酬还能进行合作，整个族群的消极与酋长的活力呈现巨大的反差。似乎他们交出特权，便期待酋长全权负责他们的利益和安全。当我们迷路，又没有充足的食物时，这些印第安人不会出去觅食，而是统统躺在地上，等待酋长和他的太太们尽力改善这种状况。（TT305）

左梨： 我自认还算个主动工作的人，但每当跋涉至思维深处，必须拼尽全部想象和意志才能征服某块虚空，我仍不免躺在地上，等着我的酋长完成这个苦差。中国有许由拒禅的传说，尧曾经想禅让君位给他，许由固辞，为了逃避这项任命，甚至连夜搬家离乡。《出埃及记》中，摩西也多次感慨，“你们要累我到几时”。酋长以个体承担全民的生存，这种疲惫和孤独，并非智勇兼具的人就能承担。他还需要具有深刻而磅礴的爱，一种对普遍生命的珍视。

列维 – 斯特劳斯： 实事求是地说，酋长，是一个族群中唯一的一夫多妻者，这既是一种道德和情感上的慰藉，作为他繁重公务的回报，也是他完成诸多职责的条件。第一夫人担当一夫一妻婚姻中普通妻子的角色，依照性别分工忙碌家事。（TT305）其他的妻子来自下一代，第一夫人视其为“女儿”或“侄女”。当酋长探险、狩猎或进行其他男人专属的工作时，这些嫔妃必须跟随他，给予他道义和体力上的支援。这些像男孩一样的女孩是族群中最健康最漂亮的姑娘，她们更像酋长的情妇，而不是妻子。（TT306）这种婚姻体系给群体生活带来严重影响，年轻男子

受害最大，他们注定多年保持单身，否则只能娶那些寡妇或遭到丈夫遗弃的老女人。（TT307）

左梨：部民对酋长唯一的供奉，也是他们最好的特产——少女。他们没有剩余物资，没有岁收，没有捐税，只能用生命本身祭神。

列维－斯特劳斯：纳比克瓦拉人提供了与陈旧的社会学理论完全相反的证据，这种理论因为心理分析暂时复苏，认为原始社会的酋长从象征性的父亲演变而来。这种观点进一步推断：国家的形式，就其起点而言，发展于对家庭生活的模仿。在权力基础最原始的形式之中，与生理遗传现象相对应，我们发现了另一种清晰的片段，引入一种全新的元素：达成契约。权利来自契约，又为契约所限定。卢梭与他的同代人展现出如此深邃的社会学直觉，他们发现“契约”与“认同”不是次级结构，而是社会生活的原始材料，很难设想一种缺乏这些元素的政治组织形式。（TT308）

左梨：如果血缘传承是社会组织的经线，那么契约认同则是纬线。前者以血缘、私有财产为物性纽带，后者则多因精神相契、文化认同而缔盟。先秦史学者黄中业认为：西周关于天子、诸侯、卿大夫的名物制度和礼仪规定不胜其烦，大到都城建制，小到车旗服冕都有一定之规，其目的是“使各级君主在不同活动场合事先确认（即承认）彼此的等级身份，然后在这种前提下进入活动的实质性阶段”。（黄中业 17）周初分封的目的即“以亲屏周”，将边陲分封给王室后代统辖，这是家庭形式的复制与延伸；而周礼这一文化系统的确立，则远超周王朝的统治时限，不但感召同化了蛮夷戎狄，也成为东亚各国共同认可并自觉复制的礼仪母版。

列维－斯特劳斯：酋长拥有权力，但他必须慷慨。他承担诸多责任，也享有诸多夫人。在他和他的族群之间，拥有一种不断校正的平衡，关于誓言与特权，关于服役与义务。（TT309）

左梨：薇依倒认为义务优先于权利，权利必须得到他者的承认才能确立，而且必有其相应的责任，义务却是无条件的，可以不为任何人承认而存在。如果世界上只有一个人，他毫无权利，但仍有义务。

列维－斯特劳斯：她看问题很绝对，让我感到不舒服，对她来说，万事非黑即

白。（远近 21）

左梨：对了，你们是同一批拿到教衔的天才学生，算是好朋友吗？

列维－斯特劳斯：那倒谈不上。我们常在索邦的走廊上聊天。后来我又在美国碰到了她。在哥伦比亚大学的图书馆，我们坐在台阶上聊天。和我同一时代的知识女性很多过于激进，她也是如此。西蒙娜·薇依就是过于严谨了，到了自我毁灭的地步。（远近 21–22）

左梨：可能她们太急于证明什么，但西蒙娜·薇依不同，她需要接引苦难，那是她的义务，就像奔赴文明世界的尽头曾是您的义务。酋长们似乎最早面对了他的义务，这种义务对他的部民发出无形的精神感召，而不是有形的物质威慑。可惜的是，他们的性别比率并不支持这种生活方式。

列维－斯特劳斯：纳比克瓦拉人的孩子不多，尽管生育一两个孩子是平均基准，但无子夫妇并不罕见，拥有三个以上的孩子的家庭则极为少见。孩子尚未断奶时，夫妻禁止性交，而孩子通常到三岁才断奶。母亲要把孩子挎在她的胯上，用棉布或树皮做的宽带子固定在那里，还要再背一个巨大的篮子，一个孩子就使她达到最高负荷。像这样，在贫瘠的环境中四处游徙，土著们必须非常小心。一旦情况需要，这些妇女便毫不犹豫地采取药用植物甚至机械手法让自己流产。（TT273）

左梨：孟德斯鸠曾在《波斯人信札》中提及此事，却将野蛮人堕胎的恶习归因于女人“怕挺着大肚子引起丈夫不高兴”。（No120）生存环境的逼仄不仅降低了他们的生育率，甚至可能从根本上抑制了他们的性欲。如您所说，他们很少性交，也可能源自长期的物质匮乏。

列维－斯特劳斯：姆巴雅－瓜伊库鲁族群是一个对我们视之为自然的感情相当厌恶的社会。举例来说，他们对生育儿女非常不喜欢。堕胎和杀婴几乎是正常手续，以至于这群人的延续是靠收养而非生殖的程度，战士出征的主要目的之一即是抢别人的小孩。在 19 世纪初，有人估计某个瓜伊库鲁族群的人口中只有不到百分之十是原本的血统。（忧 218）

左梨：也就是说，他们甚至悖反哺乳动物的天性，没有生殖繁育的本能需求？

是不是过高的婴儿死亡率使得他们失去了哺育孩童的信心，索性在婴儿期和胎儿期结束他们的生命？

列维－斯特劳斯：不仅如此，即使小孩出世而且活了下来，也并不是由父母带大，而是交托给另外一个家庭养育，父母只偶尔去看看自己的孩子。（TT162）

左梨：令人费解啊，他们好像非常惧怕一种家庭氛围。这个社会执行一夫一妻婚姻制度，却要这样易子而养，不去建立真正的家庭。

列维－斯特劳斯：直到十四岁，小孩子从头到脚全身都涂满黑漆，没有各自的名字，大人用一个特殊的名词称呼他们——南美洲出现黑人之后，那个词也用来称呼黑人。（TT162）

左梨：这种涂黑是否意味着隐藏？意味着这个孩子并没有真正出现在人群的视野中，以黑色这种保护色躲过瘟神的侵扰。

列维－斯特劳斯：不过，如果有阶级高的小孩出世，则大事庆祝，那小孩生长过程的每一个重要阶段也都大事庆祝一番，像断奶、学走路、第一次参加游戏等等。另一个在同一时刻出生的小孩便被指定为其"战斗兄弟"。（忧 220）姆巴雅人组织成不同的世袭阶级，在最顶端的贵族又分成两类，世袭贵族和新贵，后者晋升的原因常是与某个大贵族的小孩生日巧合。（忧 216）

左梨：也就是说，他们的贵族并不拒绝新生儿，甚至神化新生儿的成长，使同一时刻出生的其他孩子也获得贵族资格。如果这个民族降低出生率，是为了神化出生——只有贵族才能拥有自己的孩子，那么这种有悖本能的习俗如何得以延续！奴隶们接受了制止他们繁衍的习俗，不是被迫，而是一种近乎自觉的选择。其中所蕴含的自我否定是多么坚决彻底。

列维－斯特劳斯：他们最怕和地位较低的人通婚。（忧 236）白人妇女如果被姆巴雅人逮捕，一点都不用害怕，没有一个战士会沾染她，他怕自己的贵族血液被污染。一个叫作唐那·卡特林那的姆巴雅贵族妇女，拒绝总督的邀请，因为她当时正是适婚年龄，怕去了以后总督会向她求婚，她既不愿接受一个不相称的求婚者，又不愿因拒绝而得罪他。（忧 218）

（我忍不住苦笑）

左梨：我想，在鸦片战争时期，某些中国乡绅就对白种人抱有类似的骄傲。

列维－斯特劳斯：连西班牙和葡萄牙的征服者都被这些贵族的高傲态势吓住。（忧 218）不论是由于选择或由于必要，每个阶级都倾向于自我封闭，封闭的结果便会危及整个社会全体的团结。整个社会阶层高低划分越来越细，要找到符合集体生活的种种需要的婚姻对象一定是越来越困难。单单这一点，就足以解释一个反对生育后代的社会的矛盾，反对生育，同时为了避免在自己族群里面造成不适当的婚姻结合，竟然不得不采用一种逆向的种族主义，有系统地收养敌人或外族人的后代。（忧 236）

左梨：如果他们的贵族以生育为主，其他阶层以收养孩童为主，就很容易解释这种离奇行为：他们蓄奴，但不愿意通过繁殖增加奴隶数量，或许他们的生产力无法支撑这样的繁殖速度，或许他们不愿承担抚养奴隶的成本。掠俘为奴，使他们便捷地保持奴隶数量。但这些被掠的孩童如此遵守这种不伦的习俗，可能与他们被涂成黑色的十四年有很大关系。

列维－斯特劳斯：这种危险在瓜那族与波洛洛的社会里面显得没有那么严重，他们的社会也分为三个不得互婚的阶层，但社会又划分为两个互婚亚族。（忧 236）阶级划分所造成的社会不均衡，在某种意义上被互婚亚族的均衡二分法平衡了。（忧 237）

左梨：瓜那族与波洛洛族不同的婚姻制度对他们的近邻——姆巴雅族丝毫没有影响？

列维－斯特劳斯：姆巴雅族从未采用这个解决方案。或许他们不知其存在，但我认为这不太可能，或许因为他们坚信这样违背习俗。他们一直缺乏社会层次的补救行动，也许因为他们刻意反对它——但这个补救制度并没有放过他们。它早已侵入他们内心，虽未客观成形，但以一种混乱不安的形式呈现。事实上，他们可能梦到这种方法：如果直接出现在梦中，会与他们的执念发生矛盾；但变调之后，它以一种看来无害的形式呈现于他们的艺术之中。（TT179）卡都卫欧绘画这种神秘的魅力和毫无必要的复杂或许是一种社群创造的幻觉，其目的就是给一种制度提供象征性的形式，如果不是因为利益和迷信的阻碍，那种补救制度或许早已实现。（TT180）

左梨：我一方面对您的推理方法深以为然，一方面又对这个结论难以苟同。潜意识无处不在地提示它的存在，刻意的忽视不会将其掩埋，只会使它更为鲜明地展现。但姆巴雅族这种弃生行为与北欧、日本的少子化现象微妙呼应。这些文明富裕的地区甚至不得不采用您所说的逆向种族主义措施——通过移民挽救人口颓势。托马斯·索威尔发现一个奇异的现象，在美国，收入较高的黑人、印第安人以及西班牙语人群，生育率都低得出奇，往往少于全国同等收入人群。低收入种族所积累起来的“人类资本”就这样一代一代遭到浪费，这使得该种族的迁升因缺乏现金、经验、人事交往以及其他方面的优越性而更加困难，那些较为富有的成员本来可以把这些有利条件传给他们的后代。托马斯·索威尔没有对此作出解释，姆巴雅族放弃生育，是否与低阶种族原因相同？从宇宙角度看，人类整体似乎正是一个低阶灵种，其中更加文明的部分失去了生育兴趣，任由这个族群从其他部分拓展人口。

舅舅的神性之谜

列维－斯特劳斯：一个真正最根本的亲属关系的结构——一个亲属关系的原子，假如可以这样叫的话——是由一个丈夫、一个妻子、一个子女和丈夫从中娶到妻子的那个群体的一个代表所构成的。这种关系来源于人类社会一个十分普遍的事实：一个男人若想娶妻，就必须由另一个男人直接地或间接地把一个女人出让给他。婚生子女的舅父，是以女人给予者的身份出现的，而不是由于他在血缘上的特殊地位。[《结构人类学》(以下简称“结”) 481]

左梨：舅舅这个名词出现于丈夫、妻子和子女之列，很容易令读者感到突兀。他似乎是个次级亲属，无法与父母、夫妻、兄弟姊妹这类至亲并列。

列维－斯特劳斯：人类亲属关系的首要特点，便是要求他所称为“基本家庭”的单位之间发生联系，这是它们存在的条件。(结 47) 舅舅并非出现在那儿，而是那个结构的直接给定物，那个结构的存在条件。这种四角结构既是人们所能想象的，又是可能存在的一种最简单的亲属关系的结构。我们可以采用一个逻辑上的论据来支持这个断言：一种亲属关系的结构的存在必须同时包括人类社会始终具备的三种家庭关系，即血缘关系、姻亲关系、继嗣关系；换言之，它们是同胞关系、夫妻关系和亲子关系。（结 43）

左梨：是的，舅甥关系是人类学的高敏词汇，在民俗习惯和神话传说中，处处可见舅舅别具权威的身影。但舅舅这个概念可能远远早于“娶妻”这个父系外婚制概念。在摩尔根看来，舅舅与姑姑的概念出现于乱伦禁忌之后。那时人类尚处于伙婚制时代，舅舅是绝不可能为父之人，姑姑是绝不可能为母之人。（摩尔根 441）

列维－斯特劳斯：从最普遍的观点来看，乱伦禁忌表明了从血婚的自然现实向盟婚的人文现实转变。在婚姻与血统的对立中，表现出婚姻自身的特质转化为给予与接受的双向循环。[The Elementary Structures of Kinship（以下简称 K）30]

左梨：但是，在婚姻中，最初被交换的角色并不是女人。男子游居的访妻婚配，经历了漫长的转化过程后，才渐变为嫁娶婚配，这揭示出人类对自然的态度发生了根本性转变。母系外婚时代，女性作为自然的一部分，是人类迁就的对象。随着改造自然的能力不断提升，人类开始拥有畜群这样的私有财产，因而必须创造一种全新的联合形式去持有这些物质资源，专偶制婚姻因而确立。畜群的拥有者——男人成为专偶家庭的核心，女人逐渐沦为流通对象。

列维－斯特劳斯：整个 19 世纪，直到哈特兰为止，人们都喜欢用母系社会的遗存来解释舅父的重要性，但母系社会本身完全是假设性的；对照欧洲的例证，其可能性尤为可疑。此外，里弗斯曾经把舅父在印度南部的重要性诠释为一种旁系兄弟姐妹通婚的残余，他的这一尝试仅落得一个可悲的结果，即连里弗斯本人也不得不承认，他的解读方法无法说明问题的所有方面，从而只好退守一条假设：要理解某一个别制度的存在，必须求助于好几种当今已经消失的极不相同的习俗。（结 37）

左梨：母权社会或许从未存在过，但以母女承嗣关系为框架的母系家族必然存在过。中国云南的摩梭人是从舅居的活案例。那里的年轻人均有一到五名阿夏，即情人，接近中年时固定为一个，两人无共同财产及子女，暮宿朝离。成年男女在母系亲族中的分工为“舅掌礼仪母掌财”，所谓“母掌财”，无非是女性管理日常开支，重大生意与节庆祭奠仍由男性决定、主导，权力在舅甥之间传递。在中国

德国女摄影家 Karolin Klüppel 作品，《中国摩梭的女族长》系列之一，摄于 2015—2016 年

历史上，据《史记》记载，邰地的女子姜原见巨人迹，践之身动如孕，生了周朝的始祖弃，弃因善农事而封地于邰。所谓履迹生子，应是母系氏族不知其父的神话表述形式，司马贞的《史记索隐》和张守节的《史记正义》都提到“其父亦不著”这个古史料。为什么炎帝之后姜姓封地于邰，尧却将其转封给周弃？其法理依据或许如顾炎武所言，“男子称氏，女子称姓。氏一再传而可变，姓千万年而不变”，周弃之母姓姜，邰自始至终由姜姓女子所生的后代掌控，弃本也是这块封地的法定继承人，因而从舅辈手中接过了属权。《史记》以父系社会的视角倒溯前事，难免如顾炎武所说，“姓氏之称，自太史公始混而为一”。（《日知录·集释卷二十三》）西周开国功臣散宜生、东周第一代君主周平王宜臼，即被认为与宜甥宜舅通假，属于名中常用的吉祥之词，可见彼时舅甥关系在社会生活中的重要性。与伙婚制舅甥相继相对应，偶婚制的母系家族控制权转为翁婿传承，尧将部落首领之位禅让给女婿舜很可能就是这种继承制度的体现。金景芳先生以《归藏》首坤次乾与《周易》首乾次坤的相反卦序，结合古语“殷道亲亲，周道尊尊”，揭示了中国商朝社会的基本性质，“实际上，殷道亲亲是重母统。重母统反映还存在氏族制的残余。周道尊尊是重父统……《礼记·表记》说‘母亲而不尊，父尊而不亲’，是亲亲是重母统，尊尊是重父统之证”。（金景芳 3）男人通过同胞或配偶这样明确的关系与女人链接，凭此被纳入母女继嗣的氏族世系框架，但权力在男人之间移交，这种社会结构或许应该更准确地称为母系男权社会。

列维－斯特劳斯：朱利安·邦福特曾经通过回溯若干罗曼语种中关于舅舅的词语来说明一个观点，希腊语 θείος 在意大利语、西班牙语和葡萄牙语的对应单词分别为 zio 和 tio[①]；他还补充说，意大利的某些地区将舅舅称为 barba。这蓄着胡须的神性的舅舅——对人类学家来说，是多么有意义的启示。[STRUCTURAL ANTHROPOLOGY（以下简称 SA）32]

左梨：希腊语的舅舅 θείος 和形容词 θεῖος——神性的、圣洁的、超人的，如此接近！这是否与舅舅执掌祭奠节庆有关？重大典礼均由舅舅主持，因此舅舅成为神的代言。叶圣陶曾谈到中国苏州的一个旧俗，“当舅父的有几种注定的任务，无

---

① 希腊语θείος与西班牙语 zio、葡萄牙语 tio 均可译为舅舅，在读音上都与θεῖος（神性的）一词相似或相近。

论如何不能让与别人的，就是抱着外甥剃第一回的头，牵着外甥入塾拜老师，以及送外甥去入场应试”。剃头寓意启蒙开慧，入学和应试是中国士子两个最重要的人生事件，在这类精神性的仪式中，舅舅要替代父亲做监护人。从汉语词源学角度看，舅同臼，古者掘地为臼，作为一种沉重的石具，臼与居处同在，可以看作一种不动产，这或许意味着舅舅与家同在。“在母系社会里，儿子跟着母亲和舅父居在一起，舅即以其姊妹之子为己子（甥），《释名·释亲属》：舅谓姊妹之子曰甥，甥亦生也”，徐中舒认为金文的“父”像手持石斧之形，意为在舅家手持石斧劳作之人。（徐中舒 176）

列维－斯特劳斯：这不仅让我们想起已故的霍卡特所做的研究：舅父关系的宗教特征，以及母方亲属偷抢祭品的特殊祭礼。（SA32）

左梨：霍卡特提到的那个偷祭仪式的确耐人寻味。聡加人有一种旧俗，进行祭奠时，外甥将代表诸神，即死者的灵魂，行使他们的权力——偷走祭品并享用它。但这种偷祭并非事先安排的表演，虽然是被规定的环节，但需要执行真实的偷窃行为，同时偷祭者会遭到舅家表兄弟们的猛烈攻击。他还发现交表兄弟这个词，tauvu，意为“对我来说是神”，其中 vu 是神或先祖，tau 是反身前缀。这种关系是双向的，他们都以自己交表兄弟，也就是姑舅家的表兄弟为神。霍卡特并不清楚这种习俗的起源。（Hocart1970,197）为什么由外甥代表先祖的亡灵，为什么要用偷这种方式获得祭品？

列维－斯特劳斯：不论霍卡特对其收集的数据作出何种阐释，尽管他本人的阐释难尽人意，毫无疑问的是，那种顽强存在于当代词语表，却消失已久的关系得到了揭示，语言学家为这一问题提供了解决方案。（SA32）结构语言学不仅更新了语言学的前景，而且它之于社会科学的革新作用，已等同于原子物理学之于物理学的革新作用。（SA33）与音位一样，表达亲属的词项也是一种意义元素；与音位一样，亲属关系也只有纳入系统才能获得意义；亲属系统类似音位系统，都由心灵建立于无意识思维层次；在远距的地区或迥异的社会之间，人群中存在着类似的亲属关系形式和婚姻规则，特定的关系类型要求人们遵循相似的交往态度。这使我们相信，亲属关系与语言学一样，这些可供观察的现象都源自一些普遍而无形的法则。（SA34）

左梨：将亲属关系视如乐高积木，根据他所构成的社会体系发现原始思维中的逻辑和意识。这真是一种大胆而艰难的尝试。亲属关系必然存在个体案例之间的差异，如何概括某个时代某种民族的父子关系类型呢？

列维－斯特劳斯：表达亲属关系不只依赖一套专用名词。使用称谓语的个人或者团体感到被这种关系相应的行为规范捆绑，例如必须彼此尊敬或亲昵、友爱或敌视、享受权力或承担义务。因此，除了我们建议命名为称谓语系统的体系之外，还存在着一个既具心理特征又具社会特征的系统，我们姑且称之为态度系统。（SA37）必须始终分清两类不同的态度：首先是那些分散的、未定型的、尚未制度化的态度，可视之为称谓语在心理上的反映或衍生物；跟此类态度并存或除此之外，还有一些风格固定、非有不可的态度，它们通过禁忌或特权得到规定，通过固定化的礼仪得到表达。（SA38）我们将尝试移用结构语言学的方式，为解释舅甥关系这个老问题带来一些灵感。（SA39）

左梨：这的确是个突破口。亲属关系是人类历时最久也最为基本的社会关系，每种关系都有其图腾般的象征意义。在原始人的意识中，亡灵往往象征精神，他是人去除肉体后的部分。而男女则因其分工和特质，分别象征着自我与自然。

列维－斯特劳斯：因为亲属系统是象征系统，它们给人类学家提供了一块沃土，使他的努力成果几乎可与最为高度发展的社会科学，也就是语言学汇聚起来。其结果是使人类得到更好的认识，但是，为了实现这种一体化，我们永远不能忘记这个事实，无论是社会学研究还是语言学研究，我们都在运用严格的象征主义手法。（SA51）在拉德克利夫－布朗一篇关于南非的舅父的著名论文中，我们看到了两个相同然而颠倒的态度系统：在父子关系亲密无间的群体里，舅甥关系严谨不苟；如果父亲是家庭权威的严肃体现，舅父就会受到无拘无束的对待。（SA40–41）

左梨：夫妻－兄弟姊妹与父子－舅甥这两对亲属关系此消彼长，夫妻与父子这对关系正相关，兄弟姊妹与舅甥正相关。这似乎是两种家庭之间的引力较量：更倾向于兄弟姊妹和父母构成的血缘－原生家庭，还是自己组建的姻亲－新生家庭。

列维－斯特劳斯：在美拉尼亚的特洛布里恩诸岛上，土著民族的社会组织以母系继嗣、自由亲密的父子关系以及一种明显的对抗型舅甥关系为特点。那里的夫妻生活在一种温情的亲密气氛当中，双方关系呈现互惠性；支配着兄弟和姐妹双方关系的反而是一种极其严厉的禁律。与此相反，高加索地区处于父系制度下的柴尔凯斯人却让父子之间充满敌意，舅父则帮助外甥，外甥结婚的时候还要送给他一匹马。在那里，兄弟和姐妹之间是一种温情的关系；夫妻之间的情形又完全不同了，一个柴尔凯斯人不敢同妻子一道公开露面，只能私下里探访妻子。在两个群体中，舅甥关系之对于兄弟与姐妹的关系，正好相当于父子关系之对于夫妻关系。（SA41–42）

左梨：血缘关系是一种物质纽带。从遗传学角度讲，人人俱有的线粒体 DNA 仅仅通过母系遗传，不参与交配中的基因重组，通过一个人的基因可以很明确地追溯母系先祖。这或许可以看作中国“女子称姓，姓千万年而不变”的科学依据；姻亲关系是血缘之外最基本的人类关系，它体现出单向或双向的人类意志，是一种倾向精神的盟约关系。上帝造夏娃时，不是另塑一个泥坯，另吹一口生气，而是从亚当身上取骨造人，将完整统一的人分拆为二，亚当所缺正是夏娃所有，这意味着神学意义的婚姻，要求夫妻在质料上互补，在精神上同一。夫妻关系强于同胞关系，父子关系强于舅甥关系，这或许证明人类重精神而轻物质。舅父是母亲符号与男性符号的叠加，在人类心灵深处，他到底代表着什么？

列维－斯特劳斯：拉德克利夫－布朗认为，说到底，继嗣关系决定着这些对立组合的意义。在父系制度下，父亲或父系继嗣代表着传统权威，舅父被视为“男性母亲”。这一局面在母系制度下颠倒了过来：舅父代表权威，温情和亲密无间的关系则关联于父亲及其世系之间。（SA41）在新几内亚岛的库图布湖畔，当地土著人夫妻关系的主要特点是女性被给予极为低下的地位，妇女要从自己的兄弟那里获得针对丈夫的保护。至于舅甥之间的关系，“最能概括这种关系的字眼是‘敬重’……还掺杂着一点惧怕”，原因是，跟非洲的柯普斯吉人一样，舅父拥有诅咒和使外甥身染重病的威力。（SA43）

左梨：这正是最令人感兴趣的部分，舅父这种神性究竟从何而来？中国劈山救母的神话与聪加人的外甥偷祭有些许相似之处。玉帝的妹妹云华仙女私离天界，与凡人杨天佑结婚，生下二郎神杨戬，结果被兄长玉帝困于桃山之下。杨戬长大成人后，凭借天生神力，劈开桃山，救出了母亲。作为一种宿命，杨戬之妹也私离天界，下嫁书生刘向，生子沉香。历史重演，杨戬奉其舅玉帝之旨，将妹妹困于华

林风眠（1900—1991）作品，《劈山救母》。对于这个中国人耳熟能详的故事主题，画家拥有其独特的人生经历：6岁时，寡母私奔后被抓回，族长决定依家法处以火刑。当族人准备施刑时，林风眠拿着菜刀冲进祠堂，抱紧母亲，才使她免于一死。母亲被转卖至外地，两人自此天各一方，再未重逢山之下。外甥沉香作为新一代挑战者，战胜舅舅杨戬，劈开华山救出母亲。救母似乎是舅甥之间某种仪式般的征战，外甥必须突破现实的重重阻碍，才能得到本该属于他的母爱。就像聪加人的祭礼中，外甥代表氏族的亡灵，必须通过偷盗和战斗获得亡灵本该获得的祭品。

列维－斯特劳斯：在阿斯迪瓦尔武功歌中，丈夫不仅是遭到妻舅们鄙视的外来者，连跟他们见面都害怕。伴随着丈夫与妻舅之间的敌对状态，入住妻家的婚姻方式同样体现在阿斯迪瓦尔与女神晚星的婚姻中：夫妻共住在女方父亲的家里，岳父对女婿所怀的敌意导致对他实行了一连串被认为有致命危险的考验。他的第二次婚姻也是入住妻家的，同样伴随着丈夫与妻舅之间的敌意，因为后者抛弃了他，并且劝自己的姐妹随之离去。等到阿斯迪瓦尔拜访了海豹以后，局面颠倒过来了：阿斯迪瓦尔找到了此前拒绝跟兄弟们走、到处寻夫的妻子。而且，她协助丈夫策划了“阴谋”，阿斯迪瓦尔借此向妻舅们报了仇。入住夫家的做法最后获得了胜利，因为前几次婚姻都是他被妻子抛弃，这次他抛弃了妻子，回到了老家斯基纳，前来与他相聚的只是儿子一人。（结 551）

左梨：《诗经・小雅》中也曾有夫怨诗：“黄鸟黄鸟，无集于谷，无啄我粟。此邦之人，不我肯谷。言旋言归，复我邦族。”描述了一个年轻男子不见容于妻邦的郁思。在《圣经・创世记》中，以撒与雅各两代人都娶了舅家的表妹，以撒奉送了大量彩礼，雅各以劳役十四年作为报答。当他赎回妻子儿女，带着劳动所得的畜群和奴隶返回父邦时，仍然遭到岳父的围追堵截。这些来自母方、妻方男性亲属的排斥和折磨与人在现实中的感受非常相似，母舅、岳父、妻舅似乎成了现实的化身。

列维－斯特劳斯：印欧地区的婚姻法则简单，然而注定出现在这一结构里的社会组织却众多而复杂。（SA76）汉藏地区的情形正好相反：婚姻法则大致结构十分复杂，但属于氏族型或相当于氏族型的社会组织仍然简单。（SA78）豪比人的亲属体系必须运用三维模型来建模，其中女性己身的母系世袭与我们所使用的时间维度相同，从祖母、母亲、自我、女儿、孙女，循序渐进，持续不断。（SA74）引人注目的是，豪比人的神话结构也以族谱的方式进行组织，不同的天神被设定为另一神祇的丈夫、妻子、父亲、祖父、女儿，或多或少与希腊万神庙中的设置相似。

（SA75）祖尼人的母系继嗣线被设置为一种循环框架，只有三个称谓语，分别表示母亲、女儿和一个意为祖母同时也指代孙女的称谓语。（SA74-75）在祖尼人的神话中，我们会发现一种类似的循环历史结构，历史被分为不同阶段，每一阶段都在某种程度上重复前一阶段。（SA75）

左梨：也就是说，亲属结构与神话体系总是保持着一种惊人的同步。

列维－斯特劳斯：亲属系统的特征可以关联到完全分属另一领域的神话系统，如果这一推论为真，我们便有权质问语言学家，这种关联是否同样出现在语言领域。因为我不是语言学家，所知并不确切。但如果说这种关联不可能存在，那也是匪夷所思的。如果答案是否定的，我们将进一步质问，远距离的神话与亲属领域都表现出这样的相关性，语言与神话这样的近相关领域为何反而没有任何联系和沟通？（SA76）

左梨：神话系统跨越时间历代传诵，亲属结构突破空间形影相随，人类的心灵浸泡于这两个体系之中，可以说，它们就是人类集体无意识的呈现者。

列维－斯特劳斯：世界上再也找不出比中国与印欧区别更大的亲属制度了。（SA79）一种亲属关系不论多么疏远，永远可以跟最近的亲属关系一样得到准确的称谓。这种亲属制度具有彻底的客观性质。（SA78）

左梨：而且这种铁一般的宗嗣制度超越法律，甚至超越信仰。族长集政权、法权和神权于一身，牢牢控制着中国人的精神空间。以至于在中国，王权统治在宗嗣制度最顽固的地区竟然鞭长莫及，需要皇帝亲自下诏，敕命分家，才能拆离这种社会中的封闭体系。唐宋时期，江西的义门陈氏十五代合族而居，332 年不分家，鼎盛时达 3978 人，其稳定性高于朝代更替的政权。在这种没有私产，缺乏个人空间的生存环境中，人格以家族为单位，在这样的社会结构中没有个体的存在，人们重时间延续而轻空间结构，喜群体协调而忌个体出众，多模仿式的趋同而少突破性的创造。直到现在，这依然是中国人的性格底色。

列维－斯特劳斯：在大多数亲属关系的系统里，就特定的一代人而言，那种一开始就发生在一个女人的出让者及其接受者之间的失衡现象，只能靠后代人作出补偿才能重趋稳定。一个亲属关系的系统，哪怕是最基本的，也是同时存在于共时与历时两个方面的。（结 44）印欧地区大多数婚姻制度为循环式，这种制度的最佳例子是优先与舅父的女儿通婚，（结 71）同时保留一定的自由。这种亲属制度所采用的称谓语数目极少，而且亲属离主体越疏远，称谓语就越趋于含糊和稀少。所以，印欧亲属制度都是以自我为中心的制度。（结 72）

左梨：圣父与圣子的关系是父子关系的极值，圣子的身躯全然来源于现实的母亲，但他的精神纯然来自天国的父亲。女性象征现实 - 物质，男性象征理念 - 精神，血缘关系象征物性链接，姻亲关系象征精神传导，那么舅甥关系是同胞之间物性血缘链接的延伸。而舅父同时又是男性，他所象征的仍是一种精神，因此，舅舅代表了蕴含在物质中的精神——物质规则与现实趋向，具体到人的生命，他代表了身体理性，一种寓于本能的生存意志。舅父能够诅咒外甥，使他身染重病，都是运用这种先天给定物先在的规定性。聪加人称交表兄弟为“对我来说是神”，也是这种舅甥关系的进一步推演，他们互为对方无法改变的现实，而自我意识 - 精神 - 外甥若要成就自己，必须遵循物质规则 - 理性 - 舅舅，从这种现实中抢夺本该属于自己的祭品。

神话方程

列维 - 斯特劳斯：事实上，在整个北美西北部太平洋沿岸，世界的现状被认为是由一场原始秩序的大破坏所造成的，肇事者是一位创世巨人，或是一只乌鸦，钦西安语叫作特克桑森姆，它为了满足难以抑制的贪欲而奔走四方。尽管饥荒是个负面条件，却被视为创造的第一推动者（primum movens）。（结 553）

左梨：难以满足的贪欲不是物性的，只有精神性需求才有这种不知餍足的特征。“动物存在于本能的限量之中，而在同样的本能向度上，人可以拥有一个无限量的意识目标——欲望。意识不断将自然的本能延展为自我的欲望，是为了借助物质之身而使精神显形”。（意 18）这种形而上的贪欲堪为创世的第一动力。

列维 - 斯特劳斯：我们在分析阿斯迪瓦尔武功歌这个神话的过程中区分出了

四个层次：地理的、技术－经济的、社会学的和宇宙观的。一切都似乎表明这些层次提供了不同的代码，其运用取决于临时的需要和它们的特殊功效，以便传递同一个信息。（结 552）阿斯迪瓦尔的第一次婚姻是与晚星结合，她是天上的造物。这个序列当中存在的关联是：天－雌，地－雄，这就要求我们指出两点。首先，在某种意义上，阿斯迪瓦尔是被白母熊所勾引，被她拉到天国去的，但是，当阿斯迪瓦尔从与天国之行颠倒而对称的水下王国返回之时，却像食物一样搭乘了海豹的胃。其次，这种颠倒还伴随着另一种颠倒：从入住妻家转入随夫居住。这后一种颠倒本身的根据便是水下之行被天国之行所取代，这种改变使得阿斯迪瓦尔也改变了位置：从被支配者转入支配者。他在这种新的关系下陷于孤立，无力将两种形式的继嗣关系和居所结合起来，就在接近目标的关头，却在一次成功狩猎的归途半路遭难：虽然夺得了食物，却失去了行动的自由。诱发行动的饥荒让位给富足，代价却是丧失了行动能力。（结 565）阿斯迪瓦尔的神话开始于一个以无法压制的行动为特点的初始局面，发展到一个以终于变为静止为特点的最后结局，因此，它以独特的方式表达出土著人哲学的一个基本侧面。（结 568）

左梨：我同意您的分析角度，神话可以说是原始人思维发展的化石，他们在神话这个平台上推展着各种解决矛盾的方式。但具体到这个神话，我的观点与您不同。女神晚星并不是天的象征符号，她的父亲太阳才是真正的天主。所以，这对矛盾并非“天－雌”对“地－雄”，而是“上层－长者”对“底层－少年”，这是“been”与“becoming”之间的冲突。阿斯迪瓦尔作为猎人，与他的猎物——晚星的化身白熊，始终是一对矛盾体，也是故事开端的另一对矛盾“猎手－雄”对“猎物－雌”。长者与少年的矛盾在少年濒临死亡时得以解决，少年先于长者面对长者更为迫近的死亡，死亡的威慑使长者与少年和解，双方达成共识，由更具生命力的少年担任两者共同的生命载体。猎手与猎物的矛盾却始终没有得以解决，阿斯迪瓦尔受到同村女子的勾引背叛妻子晚星，是因为猎手的本性就是要伤害并征服猎物，矛盾不会因为婚姻这样的并处方式得以解决。在水下的海豹之国，猎手孤立无援，再一次濒临死亡，这使海豹王将自己的胃作为船借给阿斯迪瓦尔，助他返回家园。猎手钻进猎物的胃里，看到妻子儿子为他的死讯极度悲伤，猎物与猎手双方的位置发生了彻底的转换，这时，猎手与猎物的矛盾彻底解决。猎手放弃了狩猎功能，化作巨石，世界返回无机的宁静之中。

列维－斯特劳斯：我们对于神话与现实的关系的看法无疑有碍于把前者当作文献来源来使用。但是，这种看法却能够开辟另外一些可能性，因为，如果放弃到神话中去寻找反映民族志现实的忠实描绘，我们反而可以获得一种有时能够接近无意识范畴的手段。（结 567）神话与民间故事恰好发掘一种共同的实质，只是各自运用不同的方法。它们之间不是一种孰先孰后、原始与派生的关系，而更多地是一种互相补充的关系。（结 525）按照普罗普所说，民间故事的结构表现为一连串性质有别、前后接续的功能，每项功能都构成一个独立的“属”。一旦涉及角色及其属性，人们也许就会纳闷，它的分析是不是过早地中止了，而且是在过于贴近经验观察层次的地方寻找形式。（结 531）

左梨：普罗普将故事按照记述顺序分为 31 种功能，我们所知的很多故事都能嵌套其中。以武松杀嫂为例，这些功能是：1. 家庭成员消失或外出：武松要出差；2. 对主人公下一道禁令：武松告诫潘金莲、武大；3. 打破禁令，对头进入故事：西门庆出现；4. 对头试图刺探消息：西门庆通过王婆了解潘金莲；5. 对头获知受害者的信息：王婆透露消息；6. 对头企图欺骗受害者：西门庆通过王婆请潘金莲裁衣；7. 受害者上当并无意中帮助了敌人：潘金莲受邀；8. 对头给家庭成员带来危害或损失：西门庆诱使潘金莲出轨；9. 灾难或缺失被告知，并向主人公提出请求或发出命令：郓哥告诉武大妻子偷情的事实；10. 寻找者应允或决定反抗：武大决心向妻子摊牌……这个功能链条其实是一种逻辑顺序：保护人消失，对头开始行动，保护性禁令失效，主人公受害，主人公得到帮助，主人公报仇。

列维－斯特劳斯：他所区分的 31 项功能，其中有好几个看来还可以进一步缩减合并，成为同一项功能，如：篡位者即变节者的转换；指派艰巨任务即考验的转换；我们不妨把“违规”当作颠倒过来的“禁律”，而后者又像是“指令”的负面转换；主人公的“出发”与“返回”呈现为同样一项表示脱离的功能；主人公的“寻找”成为被“紧追”的对立面。换言之，在普罗普的时序程式里，事件的前后顺序是结构的一个属性，现在却必须采用另一种程式，它表现出的结构模式可以规定为少数要素的一组转换。这个程式看起来就像一个二维、三维或更多维数的矩阵，其中的运算系统接近布尔代数。（结 532）

左梨：也就是说，它可以归元为一个逻辑代数问题，进行集合运算，或逻辑运算，得到交集、并集、补集或者与、或、非的答案。

列维－斯特劳斯：这种提法可以独立地说明所有神话系统中时间表象的双重特点：叙事既“在时间之中”，它由一连串接续的事件构成；又“在时间之外”，它的意义价值永远在当下。（结 532）

左梨：传说开始那句“很久很久以前”就确立了一个独立的时间系统，它是原始的，又是永恒的。

列维－斯特劳斯：普鲁斯特不屑一顾地谈到时间顺序，说“一些人执意认为小说要像电影镜头一般连贯地展现各种事情。这种观点是荒谬的。没有任何东西比这样一种电影镜头更远离我们实际上感知的东西”。[《看·听·读》（以下简称“看”）2] 在《追忆似水年华》中，通过叙述者的言谈与思索，我们看到在同一页上，他有时候像 8 岁，有时像 12 岁，有时像 18 岁。正如他同祖母住在巴尔贝克时所说：“我们的生活如此缺乏时间顺序。”（看 1–2）

左梨：时间即自我，顺序则更像是一种解释学的产物，为使自身合理化，人会根据自己的逻辑对顺序进行整理，将先发生的事实视为原因，或对并列出现的事实强分因果。面对警察，斗殴双方都指责对方率先将矛盾升级；有产阶级总是将贫穷归因于教育程度低下，这都是对自身处境进行合理化阐释后的判断。

列维－斯特劳斯：作为语言的样态，神话和民间故事是对语言的“超结构”运用，因为它们可以说形成了一套“元语言”，结构存在于它的所有层次上。由于有了这种特质，它们才直接地被感知为民间故事或神话，而不是历史叙事或小说叙事。（结 535）一个故事里的“国王”并不仅仅是个国王而已，“牧羊女”也不仅仅是个牧羊女而已，这些字眼及其涵盖的所指都是一些用来构建一个知性系统的感性手段，这个系统是由置于自然关系之下的雄／雌、置于文化关系之下的高／低的对立体以及所有可能出现在这六个关系项之下的置换所组成的。（结 536）

左梨：也就是说，每一个角色都是一个符号，尽管巫师、恶龙、猛虎都是反面形象，它所指向的意义却截然不同。我认为神话中的神是某种纯粹意向的人格化形象，宙斯与耶和华都象征着无止境的延伸，普罗米修斯则象征着人类产生自我意识之后的自责——人类欣喜于意识到自身，当意识，这火种使他察觉到自我的存在，恐惧感随之而来，他意识到死亡是个体无法回避的结局，于是将此视为一种天谴。

列维－斯特劳斯：在俄狄浦斯神话中，恶龙是冥界的生灵，唯有杀掉它，人类才能诞生于大地；斯芬克斯是不愿人类存活于世的怪物。后者是前者的复制，它与人类原生本源相关。因为怪物最终被人类征服，我们可以说，它们的共同特征是人类对原生本源的否定。（SA215）

左梨：现代人依然有人类是外星后裔的猜想。自然静默如谜，斯芬克斯的谜语令人想到古埃及女神涅伊特圣殿中的铭文："我便是现在、过去和将来，自古至今从未有人揭开我的真面目。"精神沉陷于物质之中，人类意识到它的存在，却无从把握。真理以谜的形式存在。黑格尔认为，阿波罗神庙的铭文是这个谜语的答案，"认识你自己"。通过认识自己，发现自然的全部秘密。斯芬克斯给出了一道关于人的谜语，俄狄浦斯凭借对自我的认识回答出来，这是希腊精神对埃及精神的回应。

列维－斯特劳斯：玛丽·戴尔古成功地揭示了斯芬克斯在远古传统中的本质，一个攻击并强奸青年男子的女怪。斯芬克斯这个人物刚好跟北美神话里的两个人物吻合，或许二者可以合并为一个。其中一个是一位老丑妇，一个面貌可憎的巫婆，她将自己的肉身作为一个问题呈现在年轻英雄面前，如果他解决了这个问题，也就是，他回应了这个卑劣之物的企图，一觉醒来，他会在自己床上发现一位美丽的妙龄女郎，她将赋予他能量。斯芬克斯还令我们想起豪比印第安传说中的大肚婆，一个最为典型的阳具母亲。这个年轻的女人在艰难的迁徙中被她的部落抛弃，那时她似乎临产。自此她作为百兽之母在沙漠中游荡，制止猎人狩猎。猎手遇到她，看到她身着血衣，"万分惊恐竟至勃起"，她便趁此机会强奸他，而后再以狩猎无往不利作为回报。（SA231）

左梨：这类老丑妇总是与超能力相关，她是阿尼玛的原型之一吗？与她们做爱总会获得巨大的物质回报。以精神上的痛苦付出换取物质上的别样收获，这似乎指向了精神与物质的交换平台——理性。这些老丑妇正是现实理性的象征。

列维－斯特劳斯：神话中的词语虽然依然是话语的词项，但从归类的角度看，此类神话素的位置在音位层次上。（结 536）

左梨：您认为这种词语本身比意义所处的层次更基础。

列维－斯特劳斯：按照传统的定义，音位是剥离了意义的元素，可是根据音位的有无却能够区别本身有意义的词语。神话素产生于一种二项的或三项的对立，从而导致它与音位的可比性，但发生在已经在语言层面上负载着意义的元素之间。如果借用一个建筑工程上的新字眼，我们可以说神话素与词语的不同之处在于它们被赋予了“预应力”。（结 537）

左梨：作为词语，这些神话元素被提前采取了一种措施以抵抗或超越它的原有意义。

列维－斯特劳斯：词语当然还是词语，可是神话素却具备双重含义：它们是词语之词语，在语言方面它们继续各自表达着自身的意义，但是在元语言方面，却是作为带有超意义的成分而发挥作用的，而二者只有结合方能产生超意义。词汇经历了故事和神话以后便应当按照“被创造的自然”去理解。因为它是个给定物，具有自身的法则，并且对真实和神话想象力本身强施某种剪裁。（结 537）

左梨：神话人物，尤其是主人公通常会在情节中突破或验证其社会身份，这也正是他们成为主人公的原因——这些勇敢的裁缝、牧羊的王子、父母一方为神祇的凡人、隐退的武士，突破了社会身份对个人的局限，超越或回归，都要在特殊考验中实现。

列维－斯特劳斯：神话在一系列语言表达方式当中的位置正好跟诗歌各执一端，诗歌是一种极难翻译成外语的语言形式，任何翻译都会引起许多扭曲变形；神话则相反，它的价值哪怕是在最糟糕的翻译中也始终存在。（结 193）

左梨：诗是点性的个体意识之作，神话是域性的集体意识之作。

列维－斯特劳斯：尽管不大可能在现阶段得出更为精确的近似公式，这有待于在未来进一步修正，在我们看来，任何一种神话，作为所有变体的集合，都符合下面这条标准关系式：$Fx(A):Fy(B) \cong Fx(B):Fa-1(Y)$。这个等式列出 a 和 b 两个项，又给定了 x 和 y 两个功能函数，它假设在两个条件下，函数项与函数关系的逆转式之间存在一种对等关系：1. 其中一项被其对立项所替代，如方程中的 a 与 a-1；

2. 函数值与项值发生了互换，如 y 与 a。（SA228）

左梨：这个方程式闪烁着离奇的光亮，好像宇宙的真相要从它揭示的孔隙中透露出来。它似乎不仅揭示了神话结构，还标明了精神与物质互相转化的方式。神话与一切文学作品一样，都在讲述精神的独特处境。但流传过程，口口相传的打磨过程，逐步消解了创作者原初赋予其中的个体性意涵，进而集萃为体现群体意识的民族精神，乃至人类精神。

列维－斯特劳斯：神话以及更广义的口头文学为什么会如此频繁地一而再再而三地反复运用同一个序列？如果我们的假设能够被接受，那么这个问题的答案就简单了：重复有一种凸显神话结构的功能。神话的目标是创造一种能够解决矛盾的逻辑模型，因而会产生无数的提案，每一方案之间有些许差异。因此，神话会螺旋式地发展，直到产生它的智性冲动耗尽为止。（结 211）

左梨：如果我们将 a 和 b 看作一对施动者与受动者，x 和 y 看作它们各自的功能特性，二者联动的结果常常是受动者转化为主动者，行使原主动者的功能，如受害者报仇，被压迫者行权，被驱逐者夺回失地；而主动者不但会成为自身的对立项，而且角色与功能还会发生互换，曾经的功能会固化为角色模型，而曾经的角色会成为一种反对自身的功能。例如殉情者化作小鸟帮助情侣传情达意，遭逢海难的人成神后保护水手，曾经的革命者开始维护现有成为保守派……

列维－斯特劳斯：“似乎神话世界得以建立，只是为了再次拆毁，以使那些碎片建立一个新的世界。”尽管鲍亚士这个评论别具洞察力，它却不免忽略了一点——在持续使用同样的素材进行重建的过程中，总是要求曾经的目的充当手段：所指变成了能指，反之亦然。[The Savage Mind（以下简称 SM）21] 神话思维的逻辑与实证思维所依赖的逻辑同样严谨，而且本质上没什么区别。（结 211）

左梨：人是结构的动物，他们体内的磁针永远驱使他们建立平衡的结构。在物质层面解决矛盾的方式是等价交换，它遵循物质守恒定律，付出必得回报，损失必得补偿，以牙还牙，血债血偿，如同方程中的 b 项，整个过程中，原有结构保持不变。而精神层面解决矛盾的方式是否定，结构之所以发生无法调和的矛盾，是因为自身具有某种缺陷，也就是某种自我矛盾。此时，精神不仅作出彻底的自我否定，还将这种自我否定作为一种机制，如同方程中的 a 项。它自在地包含着对自身的否定，使得结构不断更新，从而处于一种动态的自洽之中。

列维－斯特劳斯：铁斧优于石斧，并不是因为前者做工更为精良，二者同样优秀，只是铁与石头截然不同。同样，我们或许可以证明，神话与科学采用相同的逻辑过程，而人类一直同等地运用它们进行思考。进步并非基于所谓人类的心智上的进展，而在于新领域的不断发现，它将提供从未改变也永远不变的能量。（SA230）卢梭以其不寻常的洞察力预见："一个人，若欲研究人群，须就近下手；若欲研究人类，则必须从极远处回望，必须首先观察区别，以发现其特质。"但是，这依然不足以将特殊的人性重构为一个普遍的人。（SM247）

左梨：这似乎也是结构主义者对忒修斯之船悖论的回答，这艘船在不断地修缮中，已经更替了所有的零件，但它的结构从未发生改变，所以它依然是忒修斯之船。矛盾无法在简单的对冲中得以解决，不定期发生的农民起义只能改变压迫者的身份，却不会改变压迫本身。海地的奴隶起义使白人奴隶主血流成河，但新上任的黑人皇帝仍然将奴隶禁锢在甘蔗园之中，只是用藤条代替皮鞭来责打他们。反观北美的殖民革命，那些"白种成年人"在漫长的民族心灵发育过程中，充分启蒙而至成熟，已经具备建立独立民主国家的精神结构，拥有了自治能力，才真正解决了殖民矛盾。

结构之范

列维－斯特劳斯：一位土著思想家表达过这样一种透彻的见解："一切神圣事物都应有其位置。"人们甚至可以这样说，使得他们成为神圣的东西就是各有其位，因为如果废除其位，哪怕只是在思想中，宇宙的整个秩序就会被摧毁。[《野性的思维》（以下简称"野"）14]

左梨：这是一种对结构本质性的向往。而秩序是人的基本需求之一。均衡的社会结构与正义的内心秩序一定会产生强烈共振。

列维－斯特劳斯：1959 年，我还是候选人的时候来到法兰西公学院，接待我的是地质学的讲席教授。他的实验室在学院楼的最高层，那是 18 世纪末夏尔格朗设计的一幢楼的侧翼。几个人坐在宽大的橡木桌前办公，墙边点缀着壁柱，靠墙摆着有半人高的桃心木小柜子，风格简洁，但设计和规格极为精巧，肯定是摄政王朝时代的上乘家具。（远近 128）柜子里放的是路易十八国王收藏的矿石。地质学的讲席教授喜欢自己的实验室古色古香，有旧朝气息。他有一座亨利四世的半身像，雕像是按 1:1 的比例做的，黑大理石材质，教授抬起头就可以看到。窗外是百年古树的枝叶。我对这间办公室一见倾心，宽敞、安静、私密，原汁原味地保留了 19 世纪的氛围。我心目中的法兰西学院就该这样。机缘巧合，地中海地质学的讲席教授退休之后没有找到替补。教授大会决定取消这个地中海地质学讲席，设立一个新的天文学讲席。原先的地质学实验室虽然在大楼顶层，但要改造成天文学办公室，还是距星空太远了！学院主管提出把人类学安排到这间办公室，教授大会上通过了这个提议。真是个奇迹，我的心愿居然实现了！（远近 129）

左梨：哈哈，看来您与法兰西公学院就发生过这种共振。谈到您任职的另一个学术机构，或者说给您带来荣誉的学术殿堂——法兰西学术院，三百年前，它曾惨遭孟德斯鸠吐槽，讽刺其“拥有四十副头脑，每副头脑都装满了词法、隐喻、反衬；所有这些人嘴里吐出来的全是感叹句；所有这些人的耳朵都喜欢听节奏整齐、优美和谐的句子；至于这些人的眼睛就不用提了，仿佛他们生来只说话，不观察。这个机构脚跟不稳，因为时间与它为敌，随时动摇着它的根基，破坏它所做的一切”。（孟德斯鸠 92）现在看来，孟德斯鸠的批判有点操之过急，在与时间为敌的战争中，它已经坚持了近四百年。

列维－斯特劳斯：法兰西学术院是法国仅存的，还具有古老仪式感的机构之一。无论是作为法国公民还是人类学家，我都有义务维护这样的仪式感，让它继续传承。（远近 142）法兰西学术院观察法语语言的使用，（远近 145）它有权确立语法规则，这是学院的职责所在。（远近 146）

左梨：这种做法是否必要？精神自带一种纯粹性，如同晶核，又像磁场，很自然吸引着物质附庸，并使它们按照自己的规则建立联系。

列维－斯特劳斯：我们不能低估仪式和古老传统的力量。（远近 142）我曾邂逅一位乐队指挥，他在自己的职业生涯中注意到，乐手的性格与他使用的乐器的音色特点和演奏手法非常一致。不论到哪个国家，他都会预先想到黑管吹奏者是矜持而敏感的，长号演奏者是外向、开朗而乐天的。[《嫉妒的制陶女》（以下简称“陶”）引 1]

左梨：是乐手因其性格选择了相应的乐器，还是长时间的演奏使乐手的性格被乐器规范？交响乐团是一个精确的社会架构，对其成员有一种结构性、类型性的要求。似乎每个架构稳定的社群都是一副扑克牌，需要一个平庸稳定的方片 K，一个魅力十足的红桃 Q，一个神秘独特的黑桃 A……如果社群充满能量，它会吸引具备潜质的人去承担相应角色；而社群日趋老化时，它会迫使人们就范于相近的位置。

列维－斯特劳斯：塞比欧即已探讨过这个问题，他的著作《传说与职业奇观》列举了在传统上与各种手工艺活动相关的个人特征。首先是体态特征，裁缝总是罗锅、斜眼、一头褐色的乱发；屠夫们则被看成膀大腰圆、身强体壮的人。其次表现在为人的方面，古老的欧洲民间故事一直把织布匠、裁缝和磨坊工说成骗子，因为他们总是从别人手中接过原材料进行加工，这就使人怀疑他们会多拿少用。（陶引 2）最后，人们给不同类别的工匠赋予了不同的心理特征，裁缝好说大话又胆小如鼠，屠夫吵吵闹闹自命不凡，铁匠爱虚荣，伐木工俗不可耐，理发师饶舌，油漆工好喝上两口……（陶引 3）

左梨：最经典的骗子形象就是《皇帝的新衣》中那两位裁缝。屠夫与死亡相关，他们是刽子手的近亲，是底层社会的强权者。油漆工则是技术要求最高的短工，他们流动性强，却永远能找到工作，而且工作性质相对轻松，像是陆地上的水手。在中国传说中，石匠和铁匠与他们的加工对象相似，倔强刚正；而木匠以心灵手巧著称——木器复杂的榫卯结构要求他们有足够的几何知识、逻辑思维和结构能力，在神话中，他们是发明家，也是智者。

列维－斯特劳斯：希腊人说，纺织女比其他女人更加热情奔放，因为她们坐着织布，缺乏身体活动。不过蒙田本人对此另有看法，他认为这种热情奔放是因为她们在“工作中不停地扭动”。（陶引 3）

左梨：有趣，卡门也是一个纺织女工，日本与中国神话中都有织女下凡与普通人建立家庭的故事。她们的人间配偶并不是王子或英雄，只是普通的男人——樵夫或牛郎，而结为伴侣的原因都是女方限于困境——衣服被藏或双脚被捕鸟器缠住，这似乎是身陷情欲的象征。

列维－斯特劳斯：哥伦布之前的美洲并没有踏板织布机，但是阿兹特克人仍将织布与淫荡做了相似的联系。（陶引 3）在玛雅人中间，纺织女神伊克斯歇尔掌管孕育子女。（陶引 4）

左梨：纺织与性，的确有千丝万缕的联系。《奥德赛》中，佩内洛普为等待丈夫奥德赛归来，以编制丧服为由拒绝求婚者。她白天织布，夜间拆线，似乎是意志在与欲望抗争。编织是一种交叉式的结合，这种行为本身就是对性的暗喻。

列维－斯特劳斯：纺织与制陶是人类两大最古老的技艺。（陶引 9）卡斯滕曾说，在印第安人的思维中，陶器就是一个女人。（陶 10）这种技艺受到极大的重视，并有着各种各样的戒条和禁忌。（陶 12）希瓦罗人在制作那些用来烹饪木薯的大陶盆时，人们采取了种种谨慎措施。正在怀孕和来了月经的妇女，这些“过热”的人，都必须退避三舍。当陶盆的焙烧在白天进行时，附近的小孩都被驱走，周围保持绝对的安静……制陶女不吃不喝，不沐浴，不做房事，头部紧束，不容一丝头发掉落在陶器里。任何身上沾水的人都不得进入村里，因为陶盆就怕遇到冷水。陶盆支在村公所大厅的中央焙烧，支架由三个陶制的立柱构成。这三个陶柱象征着支撑宇宙的天柱。如果那条围绕在天柱上的蛇将天柱撼动，人类生活的世界就会失去平衡，其他的世界也会失去平衡。（陶 16）尤鲁卡特人陶器只能由女性来制作。她们非常庄重地外出去寻找陶土。在制作陶器时，出于对雷霆的恐惧，也是为了避开外人的目光，她们隐蔽到偏远的地方，建起窝棚，举行祭祀。工作一开始，她们便闭口不言，保持着高度的沉默，相互间只用手势交流。因为她们相信，只要一出声，哪怕只是只言片语，正在烧制的陶罐就会破裂。她们必须远离丈夫，不然的话，得病的人就会死去。（陶 12）

左梨：在中国神话中，造人－制陶与补天－冶炼同为大母神女娲的功业。女娲抟土造人，在赋予生机的一刻，采用的手段为吹气，晒太阳，或火烧。最后一种说法显然受制陶工艺的影响，泥土经火烧成为耐热耐水的陶器，这种质变暗喻着由物到人的进化。女娲补天颇具民族特性：波利尼西亚、西伯利亚、埃及、印度及美洲也将天空视为固体，并由大树、山体进行支撑，当擎天柱歪斜时，就会发生暴雨、洪水、地震、泥石流等灾变，但没有补天的想象。东方神话中，天地之间并没有发生对应性的区别，不像在希腊神话中，天空由比空气更为精微的以太构成，以太与空气的区别就像空气与水，天地之间显然已经发生了精神与物质的二元分化。中国有以地补天的神话，女娲烧熔石块，以熔化的石液弥补天缺，似乎是在金属冶炼中受到启发，由物质在固态和液态之间的凝结－熔化现象，推出物质与精神相互转化的观念。

列维－斯特劳斯：对希瓦罗人来说，不会制作陶器的女人将是受诅咒的女人。（陶 14）制作陶器的主保女圣人有着各种称号，有人称她为土地之母。有人称她为陶土祖师母，还有人称她为陶器祖师母。无论怎样称呼，都表明她是有功于人类的大恩人。然而她也表现出嫉妒和吹毛求疵的禀性。有时候，她挑起夫妻间的嫉妒之情；有时候，她对自己提供的帮助斤斤计较，讨价还价；有时候，她对自己的学生表现出一种欲独占而唯恐失去的一往情深；有时候，她为了把学生留住而不惜用崩塌的泥土将她们禁锢；有时候，她对可以采土的时期、月份和日子作出种种限制；有时候，她制定出许多清规戒律，要人们遵守很多的戒条和禁忌，否则就会有报应：有时是陶罐在焙烧时破裂，有时是病人死去，有时还会是瘟疫大流行。（陶 17）

左梨：中国少有这样性格鲜明的神祇，他们可能过于严苛，但很少表现出善嫉、好色、虚荣这样专属人类的缺点。很难想象中国的神明说“for the LORD, whose name is Jealous, is a jealous God”①，玉帝不会嫉妒如来，反之也是如此，他们不会要求属民作出专一的选择。这个神话系统是静态的，并没有形成一个统一的结构，不会发生神祇之间争夺属民的大战，也不需要人类以伟业荣耀他们——他们的世界彼此平行，在各自的职能中存在。

列维－斯特劳斯：希多特萨人关于陶器的认识集中表现在一个嫉妒的神性的人物身上。这种认识的结构更为坚实，内涵更为丰富，在其他各地的美洲印第安人中间也并不罕见。普埃克劳斯印第安人就相信，他们制作出的陶器都具有灵魂，都是

① 此句选自《圣经》KJV 版的 Ex34：14，意为“因为耶和华是忌邪的神，名为忌邪者”。（出 34:14）

具有人性的器物。为此，人们总是在待入窑烧制的陶器旁边置放一些祭品。（陶 21）

左梨：因为陶瓷烧制过程更为复杂，对火候的要求极为精准，直到近代，中国的制瓷工匠仍对烧窑充满敬仰，在烧制关键性的作品之前，他们奉献动物拜祭，甚至将自己的胳膊、儿女或自身投入窑中，以局部或整个生命祭拜窑神，而这些殉窑者则成为新任窑神。河南神垕镇祭拜的金火圣母就是其一，当年红釉钧瓷久烧不成，窑工之女嫣红投窑自焚，事功告成。明朝万历年间，景德镇烧制国器龙缸不得，窑工童宾以身殉窑，自此被尊奉为风火先师。

列维－斯特劳斯：陶器成为那么多祭典的圣物，工匠们是那样小心翼翼、精益求精地制作，都反映了这种嫉妒的心理。（陶 39）雷霆之鸟与地域之蛇展开了一场宇宙大战，陶艺是战争的焦点或焦点之一。（陶 21）

左梨：您认为这些民间故事或习俗传说之后，隐藏着一个神话蓝本？

列维－斯特劳斯：与做饭一样，制陶建立在对火的使用之上。陶器是用火烧制的。但是在印第安人的思想里，这两种火是不同的。第一个不同是，做饭用的灶火是夺来的，人类要么必须战胜代表与植物界相对的自然界的那些动物而夺得灶火，要么必须战胜天上的神而夺得灶火。在后一种情况下，尚处于自然状态的地球人与天上的神发生了对抗。然而当事关制陶时，人类便不再是两个直接对立的阵营中的一个了。蛇与鸟展开了以制陶为焦点的战争，人类则置身其外，成为局外人、旁观者，冷眼观看着在他们身外发生的这场战争。（陶 39）

左梨：这似乎是火与土两大元素之间的斗争，雷霆之鸟象征火而地域之蛇象征土。

列维－斯特劳斯：对于人类而言，夺得灶火是极其困难的，但是行动一旦成功，便会一劳永逸地拥有。相反，陶器的拥有和使用总是出现问题，因为天上的神与地下的魔的对抗永无休止。虽然在这场天地大战中赋予人类的角色是那么微不足道，但是推动神魔对抗的原动力——嫉妒还是传染给了人类。（陶 39）

左梨：我曾与阿伦特探讨过一个问题，她引用沃纳·海森堡的观点，技术实际上不再是“人类有意识扩大物质力量的产品，而是人类的生物性发展，在其中，

新石器时代早期的陶罐，出土于格鲁吉亚地区，实物高约 1 米，直径约 1 米，为酿制葡萄酒所用的贮酒器

人类生物体的先天组织逐步移植到人的环境之中”。（Arendt153）这并非现代科技的特点，其实人类一直都在促使环境分担先天组织的工作，解脱物质阻力，以使自身更为纯粹地面对精神。加工食物时，火与陶器就分担了人体的消化分解功能。

列维－斯特劳斯：我提出灶火起源的问题时，曾让消化与烧熟相对应：在消化的过程中，机体暂时滞留了食物，然后以加工后的形式排出。因此消化具有中介的作用，可与烧熟的作用相比，烧熟中断了从生走向腐败的另一自然过程。在这个意义上，可以说消化表现为一种文明的、提前的、有机体的模式。（陶171）陶土首先开采出来，随后塑成形，最后烧制，从而变为一个容器用来盛装一种内容——食物。而食物则反方向循着同一路线：首先放在一个陶土容器中，随后烹烧，然后在体内通过消化进行加工，最后以粪便的形式排出。（陶170）

左梨：从惧怕火的本能，到利用火的理性，人类在驾驭火的过程中发现了火的方向性，由此掌握了与欲望相处的能力。欲望是加在本能上的自我意向，释放能量，改变现实，也会毁坏自身的载体。陶器是运用火的升级版本，甚至可以说是过度版本。它是人类理性进一步发展的结果，当陶罐成为一个象征的时候，它开始制约精神的自由。从通过物理变化磨制新石器，到发生化学变化烧制陶器，人制造工具的能力再一次发生飞跃。陶器源于水土，由人类随意塑形，经受火的历练后，成为耐高温耐水的器具，从此定型，将空间分割为内与外。

列维－斯特劳斯：据沙姆拉印第安人说，从前美洲豹令人闻风丧胆，因为人类没有任何武器能奈何它们。它们一闻到烤肉的气味，就会循着气味跑到传出烤肉味的家里，吃掉屋里所有的人。后来亏得上帝为人类造出陶土锅，美洲豹再也闻不到烤肉的气味了。（陶40）

左梨：陶罐确立了人的私属空间！或许正是它的内外之别使人类第一次拥有了私有的概念，可以在其中装入独属个人的食物、种子、饮用水、巫药和秘密……它可以装载一切，也将一切规范于它已有的形状。

列维－斯特劳斯：火的作用具有两重性——烧熟食物，或烧制用来烹烧食物的陶器。随之而显示出来的就是内与外、外与内的辩证。（陶172）不透水的陶器作为容器，在它的壁内阻留了放入其中的不定型的液体或粉末状的固体，阻止了液体的流散或固体的分散。作为缩小型的创世神，有同样嫉妒心的制陶女，是在将一种限制强加给一种物质。这种物质经塑造和焙烧，被固定在一种不变的形状之中，而这以后，又轮到它对尚处于天然状态的植物和动物所构成的食物进行了限制，使这些食物“文明化”。（陶 173）

左梨：如何逃脱这种创造了文明又限制了创造的陶罐呢？《五灯会元》有这样一个公案，宣州刺史陆亘大夫问南泉：古人在瓶中养一只鹅，鹅渐渐长大，无法从瓶中出来。如果不损坏瓶子，也不伤害鹅，和尚可有两全之策？精神之我在物质之身中成长，后者已经潜移默化地规范着前者——身高影响视角，健康影响心态，财富影响价值观，甚至食指的长度都在影响一个人的领导力。怎样才能从这个模范中超脱呢？

列维－斯特劳斯：莫哈维人和卡惠亚人神话中的主人公以一种令人联想到克莱因瓶的转换效应，由内体转换成外壳，由被盛装的内容转换成盛装的容器，他们的身体本身就是管子。（陶 155）

左梨：克莱因瓶？那个拓扑学怪物，没有内部的瓶子？印第安人以几何方式超越内外的二元对立？

列维－斯特劳斯：印第安人不仅仅将妇女看成陶器的动力因，而且是从象征的角度上来看待妇女的。这样看待妇女的方式可以说是普遍的。原始时期欧洲的水罐配有乳房即是证明。（陶 174）

左梨：也就是说，女人既是制陶者，又是陶罐本身。我一直认为在原始人看来，女性就是纯物质－自然的象征。这种与陶罐的类比，似乎意味着神话中女性符号的转变，从自然转化为自然与人的界面，或者说未蒙与文明的界面。

列维－斯特劳斯：作为制陶动因的女人变成了陶器产品的化身，从与陶器产品隔离的物质外在变成了与之融为一体的精神内在。在女人和陶罐之间，一种换喻的关系转化成了一种隐喻的关系。（陶 175）

左梨：殉窑者成为窑神，制陶者成为陶罐——这就是您所列出的那个神话方程啊。

巫与诗的双胞案

列维－斯特劳斯：在北美洲西北地区的神话中，雾的起源和风的起源常被拿来并置对比。［《我们都是食人族》（以下简称“食人”）75］雾立于天地之间，可被称为空间的中介者；而风则根据节令周而复始，是一种时间上的中介者。（食人 76）

左梨：风的流动性，雾的静止特征，也非常符合时间和空间的设定。在神话中，雾起源于一位贫病交加、引人生厌的老人，名叫猞猁。他将一滴体液——有说唾液，有说尿液，涂抹在头领女儿的身体上，使其怀孕生子。婴儿指认生父之后，村民将老人打个半死，随后遗弃了这一家三口。此后，猞猁获得了新生，成为俊美强壮的猎人。为惩罚恶毒的村民，他降浓雾于村庄，使那里无法打猎，发生饥荒。村民们哀求他原谅，并推举他为新的首领。

列维－斯特劳斯：这个神话，除了道德教诲外，并没有太大的意义，但它的流传确有令人惊讶的稳定性。不仅表现在空间上，从加拿大一直到南大西洋和安第斯山脉的水岸，也表现在时间上，因为这些四个多世纪前收录的故事，与我们今日所听闻的几乎没有什么不同。（食人 77）

左梨：神话的产生是随机的，它胎育于个体认识之中；但神话的传播体现出一种必然性，它是民族精神和集体意识的切片。禅宗有一个类似的故事：栽松道人在衰朽之年向四祖道信求法，因年老被拒。他离开后，与一名浣衣女子攀谈，女子回家后无端怀孕，被父母逐出家门。她生下私生子，丢弃在污水沟中，次日发现弃婴逆流而上，并未被污浊之气熏染，又抱回家中喂养，乡人称之为“无姓儿”。道信大师知其为栽松道人再来之身，遂收归门下，立为法嗣。（《五灯会元·卷一》）栽松道人与猞猁，同样因老遭弃，同样令少女无端怀孕，一个转世为新生儿，一个在濒死一刻变为青年，最终的结局都是获得首领之职。在死亡和濒死之中，似乎蕴藏一种足以引发奇迹的能量重组。

列维－斯特劳斯：这个神话的加拿大版本中，猞猁有个主要的敌人——郊狼，他在一系列传说中扮演着重要角色：捕获风的人。猞猁是猫科，郊狼是犬科，两个科别之间的对立不会让我们讶异：彼此不兼容的情绪不正是我们认识的猫和狗吗？（食人 77）无论身体上或精神上，猞猁和郊狼，猫科和犬科，一开始就像双胞胎一样，而且也许能够一直如此。但是，神话暗示那将违背世界秩序，这两个一开始相似的生物必须变得不同。这些故事传达了孪生的不可能性，这是美洲原住民哲学思想的核心。（食人 78）

左梨：双生子在《圣经》中，不如在希腊神话中那样和谐，在《圣经》中，兄弟总是为长子身份争得焦头烂额。他玛生子时，儿子谢拉先伸出手臂，拿到了证明头胎身份的红线，然后竟收回母腹，此时他的兄弟法勒斯抢先出世。（创 38：27-30）以扫与雅各这对双胞胎在母腹中便纷争不断，母亲利百加痛不欲生。长大后，雅各用红豆汤换得以扫的长子身份，又趁着父亲眼睛昏花，装作以扫，骗取了父亲的祝福。以扫因此怨恨弟弟，决定在父丧之日杀死他。雅各避难去舅家，在那里娶妻生子，建立家业。当他返回父邦、与以扫重逢时，奉上巨额财富求哥哥原谅。随性的以扫果然被感动，从此原谅了他。这对双生兄弟之间的纷争就是人类的灵肉矛盾。他们之间的主奴关系是争战的焦点。

列维－斯特劳斯：而如果在神话中，双胞胎神灵或英雄能够扮演积极的角色，那是因为他们的双生状态是不完整的，而且受孕或出生的情况特殊。这也是卡斯托耳和波吕丢刻斯的情形。这对狄俄斯库里兄弟努力想变得一样，最后如愿以偿。（食人 79-80）

左梨：这对兄弟的象征意义也非常明显——二人是斯巴达皇后勒达的双生子，容貌相似，形影不离。不同的是，卡斯托耳是宙斯之子，拥有不死之身；波吕丢刻斯却是斯巴达王之子，后来在战乱中丧生。卡斯托耳哀求父亲宙斯救活弟弟，不惜献出生命。宙斯被兄弟挚情感动，将他们变为双子星座，于是按照约定，两人一天留在冥界，一天活在天庭。"意识，在精神之中，即天界；在物质之中，即炼狱；在自我之中，即凡间。"（意 325）在希腊人意识中，当这对兄弟按照卡斯托耳－精神的方式活着，便在天界；按照死去的波吕丢刻斯－物质的方式活着，便在地狱。他们之间没有矛盾，只是死亡要将他们分开——死亡是绝对的分裂，而希腊人破解这一矛盾的方法是平均与混合。

列维－斯特劳斯：美洲的孪生子却从未克服他们之间一开始便存在的差异，仿

理查德·胡克绘制的印第安神话插图,《男孩与太阳》,孩子们在西边的大海中找到了太阳的家

佛形而上的必然性迫使所有成对的关系都要分裂。一系列分裂造成的后果是：就宇宙的层面而言，不同极端无法被调和，永远不可能变得一模一样。（食人 80）

左梨：从神话角度看，美洲原住民与旧大陆远古神话没有太大区别——都认为死亡威胁会激化矛盾，而濒死会使矛盾转化。只是对各民族来说，矛盾得以解决的方式各有不同，美洲的方式，是二元合并为一个静止的一。霍比人的神话《男孩与太阳》也是一个变形的双子故事。一个男孩想知道父亲是谁，外婆让他去问太阳。他用贝壳磨成粉，撒在空中化为一条天路——银河。他走上天空询问太阳，却落入地面的大河，后被一条响尾蛇营救。从此，他们成为朋友，一起找到太阳的母亲——月亮，终于知道，太阳就是他的父亲。独自询问太阳时没有得到答案，而他完成从天空到河底的落差，并且遇到响尾蛇朋友之后，似乎获得了理性，终于成为一个完整的人。最后，欲望和理性一起，找到了本源。

列维－斯特劳斯：一则塞内卡印第安人的神话包含了一段奇怪的情节。一名少女同意嫁给一位男子，她知道他是法力强大的女巫之子。她跟随这名男子回到女巫的村落，丈夫是用头走路的，当他们来到一处分岔路口，分开的道路如同拉长的环在远处交会。太太惊讶地看见她的丈夫分裂成两个，这两个身体各自走在不同的小径。她吓傻了，不知道该走哪一条路。幸好她选择走右边的路，并且很快就看到两条小径再度相会，丈夫的两个身体也在交会处重新融合在一起。此故事以文法上的复数形式来指称一个单一个体 。（食人 121）

左梨：这似乎是双胞胎故事的升级版本，女巫之子既在 A 又在 B，于岔路之终点恢复同一。这正如一对纠缠态中的双光子，在未测之时，二粒子态本来是不可分割的，似乎是测量使他们出现了相反的自旋和偏振。

列维－斯特劳斯：自天文物理学与量子力学诞生以后，我们将宇宙视为有历史的：从所谓的大爆炸开始。（食人 119）这样的想法让时间与空间有了现实性，但同时也迫使我们承认——倘使此说法不是极度矛盾的话——曾经有一段时间，时间还不存在；曾有一个起源状态的宇宙，它并不存在于空间中，因为空间是与它一同诞生的。就无限小的范畴来说，我们得知，一个粒子甚至一个原子，能够同时在此处又在彼处，无所不在又不在任何地方。它有时表现得像一种波，有时又像一颗微小的粒子。对学者而言这些说法有意义，因为它们来自数学的计算，以及复杂到仅有专家能解释的实验结果。但是它们无法被转换成一般语言，因为它们破坏了逻辑推理的法则，尤其是同一性原则。物理学家以其方式所描述的世界，与我们远古祖先所构想的超自然世界几乎是对等的；当中的一切都异于寻常世界，有时更与之截然相反。（食人 120）

左梨：科学与神话由两条道路走向了意识……科学奋力攀向峰顶，却发现神话正在那里等他？

列维－斯特劳斯：将神话中显得荒诞的创造物与事件放到没有固定衡量标准的原始思维时，它们就不再完全没有意义。（食人 124）这个关于一个人走向岔路时会分裂成两个人的故事，与物理学家所孕育的寓言惊人地相似。进行这个比较之时，我不想有任何神秘主义论调，没有任何理由创造或是维持神话思维和科学思维之间的混淆。在这两个例子中有趣的是，虽然略为粗略和模糊，但纯粹的智力玄想却能够对人类无法认识的现实领域提供一个预先想象。（食人 122）

左梨：拉法格曾说“只有当我们猜中了这些神话对于原始人和它们在许多世纪以来，丧失掉了的那种意义的时候，我们才能理解人类的童年”。（拉法格 2）那些篝火旁的长夜，原始人分享猎获的野猪，围拢成一圈，彼此捉着虱子，听酋长细数部落历代涌现的英雄；或是暴风雨中，神启者冲出洞口，融入闪电，向天空喷射小便，发出歇斯底里的怒吼；还有长者的葬礼上，少年突然中邪般说出呓语，从此接过巫师的神杖。如果我们不能重返这些神话诞生的时刻，我们就不会理解，在那仅有的灵性微光之中，人类曾多么拼命记住流逝的一切，刻下注定消失的印痕，将思维的触角探向未知之境，对世界与历史作出自己的回答。

列维－斯特劳斯：为了想象这种超自然世界，远古人类以及还没有书写系统的人类便发明了神话。讽刺的是，他们同时也预示了今日的物理学家在试图对我们传达其研究成果以及从中得出的假设时所想象的寓言。（食人 120－121）神话所提出来的世界意象被铭记在“属于世界”的思想结构当中，因此在日后的某一天，它们能显得契合于这个世界，并且可以被用来展现其面貌。（食人 124）

左梨：神话作为一个隐喻系统，如同一个思维硬盘，将人类世世代代的心灵历程和思维成果存储其中，又在流传整理的过程中完成了自我提纯。它以口耳相传的形式不断复制、转录，通过讲述者的想象和设计不断丰富并升级，以情节发展的形式从各种角度推演矛盾的萌生、发展、激化和解决。人们对这个朝夕相处的世界偶尔会产生灵机一动的超感知认识，这种启示科学家的直觉曾经降临于先民的日日夜夜，最终栖息于神话之中。

列维－斯特劳斯：正如人类学家们只有通过许多彼此矛盾且经常与自身冲突的信仰、习俗与体制，才能塑造出“文化”这个普世人类现象的观念。另一方面，诗人们为了达到比一般经验更深刻的真理，会以一种原创、生造的方式使用语言：从许多不同角度来捕捉仍然无法被掌握的客体轮廓，并置意义不兼容的文字。我们可以再加上神话，因为每个神话都容许多元性的变异。这些变异，通过各式各样经常矛盾的意象，让人能够感知一个无法被直接描述的结构。（食人 125）

左梨：您在美国流亡期间的同事马利坦曾提到一个很有趣的概念——巫性认识。这种认识似乎是一具尸首：那个被诗人捕捉又无法掌握的客体落入理性的罗网，就会失去生命，物化为巫性认识。“诗性认识一旦离开了它的自然的目的之后，它就可能变成科学的工具，并被转变为绝对的认识……艺术自身不再对作为目的的作品感兴趣，作品只是成为传达认识的工具，成为一种不可思议的说教。”（马利坦 156）这种通过意象表达的认识必然受制于意象的规律，使人专注于水晶球、降神术、神秘学和任何一种奥秘的灵知，希望达到是与非混合在一起的极点——在犹太神秘哲学看来，整个世界就在这个极点上形成。

列维－斯特劳斯：“组织化的要求”对艺术与科学来说是共同的。巫术在某种意义上本身是完整的，而且它那种非物质的完整性和连贯性与它后面的那个物质存在的完整性和连贯性完全一样。（野 18）巫术以一种完全彻底的、囊括一切的决定论为前提；科学则以层次之间的区分为基础，只有其中某些层次才接受某些形式的决定论，对于其他层次来说，同样形式的决定论就不适用了。我们还可以进一步认为，作为非自觉地把握决定论真理的一种表现的巫术思想和仪式活动具有严格性和精确性，决定论的真理即是科学现象的一种存在方式，因而，决定论的操作程序在其被认识和被遵守之前，就已普遍地被猜测到和被运用了。那么，巫术的仪式和信条似乎就是一种对即将诞生的科学怀具信仰的行为的种种表现。（野 16）

左梨：在您看来，巫术一直在运用科学的研究方式，那么巫术是否为一种前科学？它以一种信仰般的严格性和精确性去达成一种类似科学的决定性。不难发现科学与巫术之间千丝万缕的联系，比如化学与炼金术之间那种词源上的相似性，无疑，是炼丹术士制成了合金与火药，西方巫师的魔法药方也不断被证明其药动力学原理；科学与巫术还具有相同的出发点——都是人类为拥有更强大的能力所尽的努力。

列维－斯特劳斯：把二者混为一谈，并把前者说成后者的一种隐喻式表现的，只是那种纯粹形式上的类比。应把它们比作获取知识的两种平行的方式，它们在理论的和实用的结果上完全不同，然而科学与巫术需要同一种智力操作，与其说二者在性质上不同，不如说它们只是适用于不同种类的现象。（野 18）近代科学只有几个世纪这一事实，提出了一个人种学家没有充分思考过的问题，我们或许可以给这个问题起一个恰当的名称：新石器时代的矛盾。（野 19）

左梨：新石器时代几乎发明了近代科学发展之前生活所需的一切——陶器、房屋、畜牧、农耕、纺织、车轮和金属冶炼。人类第一次将自己的意志呈现于坚硬的物质之中，不再随机地打制黑曜石，而是根据意向磨制工具；不再渔猎于自然，而是用刀与火开辟自己的田野。戈登·柴尔德认为这是一场从依存经济到生产经济的革命。

列维－斯特劳斯：如果新石器时代的人及其先行者，曾经被那种与我们这个时代完全相同的精神所激励，就无法理解他们怎么会停滞下来——在新石器革命与近代科学之间，为什么会出现两级阶梯之间那种长达几千年的平台期？（SM15）

左梨：可能是新石器时代曾经依赖的那种理性工具走到了自身的极限。巫术以对人的方式对待物，科学以对物的方式对待物，尽管二者的追求一样，但效果显然不一样。

列维－斯特劳斯：这一矛盾只有一个答案，那就是，存在两种不同的科学思维模式。这并不是人类心灵发展不同阶段的相应功能，而是两种通过科学探索自然的战略层次。其一粗略地根据感知和想象校对调整，另一个则与感知和想象保持距离。不论新石器时代的科学，还是近代的科学，都可以通过两种不同的路径与共同的对象建立必然联系，只是其一接近感性直觉，另一个远离感性直觉。（SM15）

左梨：巫术始终进行精神与物质之间的交感，试图通过精神控制物质，再通过物质判断精神。这种混乱之中存在一种放弃，它将精神可以自主肯定的部分交给了物，交给体现物性规则的概率。

列维－斯特劳斯：科学作为一个整体，基于偶然事物与必然事物——也是事件与结构之间的区别。而神话思维的特征类似于实践领域中的"修补术"，它建立于一个结构性的整体，即语言，却并非在结构性的层面上使用这个整体，它用社会话语的碎片建立意识形态的城堡。（SM21）在法语中这是"des bribeset et des morceaux"，英语中是"odds and ends"[①]，零零碎碎，石化为个体或社会历史的证据。历时性与共时性因此在某种意义上颠倒了。神话思维，这个"多面手"，用组合的事件或者二手货形成结构，而科学却只能在结构形成后才能开始运转，在事件的形式中创造自己的方式和结果，这得益于它所坚持创造的结构和它的假设与理论。（SM22）

左梨：这样看来，我的虚拟访谈就是一种神话创作——将你们的作品撕成碎片，拼装为我自己的思想坛城。您所说的这种历时性与共时性的矛盾，是指神话这种拼装思维应该出现在科学这种结构性思维之后，作为对旧世界的变革和创新？神话需要可感的素材作为思考的符号，这些素材必须是生活中已有的，否则就无法替代抽象对象供人类进行推演。而且我认为神话与巫术并不是同一种思维方式，神话以可感的事物作为喻体，对抽象事物进行思考，其中充满了生机。而巫术则将无法量化的主观体验作为一种客观依据，试图达成某种结论。

列维－斯特劳斯：尽管可感特质与内在功能并无必然联系，但是它们之间至少经常性地存在一种经验性的联系，这种联系的普遍化从理论或实践的观点中长时间得到回馈，哪怕缺乏理性基础。（SM15）神话与仪式远不像人们通常所认识的那样，作为现实的反映，是人类"神话虚构机能"的产物。神话的本质价值在于，将精确对应于某类发现的观察方法和反应保存至今，这种能力是自然所赋予的——以理性的方式进行组织，以可感的手段探索感性世界。（SM16）

左梨：不可否认，您所描述的这种特质中蕴含一种对未知之域的敬畏。但在

① 前文的法语和此处的英文都意为"七零八碎"。

土著人之中，始终存在着黑白巫术的分野。阿赞德人将神秘仪式分为好的魔法和坏的妖术，前者是神谕，后者是巫术；而您也曾说到波洛洛人有巫师，也有通灵师，前者诅咒人，而后者疗治人。未知之域是歌德的“母亲黑夜”，胎育着科学、神话和诗歌。您所定义的这种观察方法和反应迫使人与物充分接触，从物中萃取精神。而一旦这种敬畏转成一种经验性确认，人类那种虚构机能开始运行，开放的未知便封闭为无知，巫术就只能表现疯狂，把持机械理性去执行仪轨，而科学将走向自己的末路，以物的方式来理解人，对待人，变成一种冰冷客观的巫术。诗性则消失得无影无踪。巫性与诗性，物化的精神与本质的精神，人类一直试图辨别这对精神世界中的双胞胎，让他们在各种神话中争战不休。他们是以扫与雅各，真假孙悟空，甚至基督与路西法。

列维－斯特劳斯：在语言学与人类学上，坚持结构分析的人经常被指责为形式主义。其实这是忘记了形式主义是作为一门独立的学说而存在的。两者并不是一回事，结构主义拒绝把具体事物跟抽象事物对立起来，也不承认后者有什么特殊价值。形式是根据外在于它的某种质料获得规定的，结构却没有特殊的内容，因为它就是内容本身，而这种内容是借助被设想为真实之属性的逻辑活动得到把握的。（结 511）

左梨：如果一定要给自己戴上某某主义者的帽子，我会承认我是一个结构主义者。与质料相对时，形式具有更为鲜明的精神性；形式如果沦为模式，也就成了物质，而精神以结构呈现。结构中的东西，是活的；形式中的东西，是死的。形式一旦脱离结构，就像器官脱离了身体。人们在各种双胞神话中，始终辨别着“似”与“是”，它们不是灰与白的区别，而是尸体与生命的区别。

生命，野性的思维

列维－斯特劳斯：每一文明都倾向于过高估计其思想所具有的客观性方向，然而这一倾向总是存在的。当我们错误地以为未开化人只是受机体需要或经济需要支配时，在他们看来，他们自己的求知欲似乎比我们更为均衡。（野 5）尼格利托矮人能区分至少 15 种蝙蝠的生活习性，（野 7）琉球群岛的一个落后种族能成打地叫出鱼类和贝壳类动物各不相同的名称，并十分了解它们不同的特征、习性以及性别，（野 8）特瓦语对一株玉米的不同部分竟用十五个不同的名称来表示，（野 11）东北部印第安人建立了一门地道的爬虫学，每个种和变种都有独立的名称……（野 13）

左梨：或许因为那是他们的食物和药品……

列维－斯特劳斯：不，动植物不是由于有用才被认识的，他们之所以被看作有用或有益的，正是因为它们首先已经被认识了。（野 13）

左梨：或许，命名本是人的生活，神造万物，却让亚当为万物命名，这是一种无法压抑的原始冲动。分类与命名，是认识世界的最初结果，而认识世界，是人类的本性。

列维－斯特劳斯：科学知识科学思想只不过是一个尖锐的刃端，因为不停地在事实这块磨刀石上面研磨而更为锋利，不过也以丧失事物的本质为代价。（忧 145）

左梨：这与我们之前讨论的话题相同，陶罐承载也限制了精神，物质总有无法消除的先天欠缺。理性，作为同于物质规则的精神运动，也沾染了这种顾此失彼、必有缺憾的特性。

列维－斯特劳斯：真正的问题不是我们的理解、努力，是否赢得或失去了意义，而是我们所持有的意义是否比我们充分判断而决定放弃的部分更具价值。在这一方面，萨特似乎只记住马克思与弗洛伊德的一半课程。他们教育我们：人类只有在视自己本来就含有意义的前提下才能拥有意义。至此我同意萨特。但是必须补充：这样的意义从来不是彻底的，上层建筑是有缺憾的社会既成事实。因此，在历史意识中获取至真意义是徒劳的。（SM253－254）

左梨：意义由自我赋予，人只能在自我确认的意向上获取意义，它无法由历史进行社会化的赋予。所以这个意义无所谓正确与否，它更在乎真伪。

列维－斯特劳斯：假定历史事实就是实际发生之事，但是事实发生于何处？革命或战争中的每一片段都转化为大量的个人心理活动；所有这些活动又各自显现着无意识的发展过程，这些过程又分解为大脑的、荷尔蒙的或神经的现象，这些现象本身又涉及物理或化学秩序。因而，历史事实并不比其他事实具有更强的先在性。正是历史学家或历史的施动者在无限逆推的威胁下，抽象地构建了它们。（SM257）

左梨：托尔斯泰曾经谈到一个怪现象，要了解一场战役的实情，一定要在结束后立刻进行询访。那时，每个支队、每个人的感受都完全不同。一旦到三天之后，作战报告最终完成，这些战士、军官的口径和回忆就突然之间被统一了。

列维－斯特劳斯：野性思维的特征在于它的非时间性；它的目的是同时把握既作为共时性又作为历时性的世界整体。（SM263）

左梨：意识是共时性的，理性总是试图对意识到的一切作出时间性的解释。或许就是在这个角度上讲，帕斯卡尔说，“理性是容易弯曲的”。

列维－斯特劳斯：神话的历史表现出了既与现在分离又与现在结合的矛盾。二者分离是因为，最初的祖先与现代人的禀性各异：前者是创造者，后者是模仿者。二者结合是因为，自从祖先出现以来，除了周期性地消除其特殊性的那些反复出现的事件以外，没有别的东西传继下来。由于仪式的缘故，神话的“被分离的”过去一方面与生物学的和季节的周期性联结起来，另一方面与“被结合的”过去联结起来，后者一代一代地把活人与死人联系在一起。（野 269）

左梨：产生文字之后，神话不仅是集体意识的存储器，还部分地担负起承载历史的义务，逐渐发展为官方神话，而所有官方神话，都可以用两句话概括：英雄是神的儿子，国王是英雄的儿子。罗马教廷的官方神话也类似：耶稣是神的儿子，教会是耶稣的身体。原生神话是人群共同的梦，官方神话是醒来之后对梦的回忆。

列维－斯特劳斯：野性的思维借助形象世界深化自己的认识。它建立了心智系统，其类似于世界的程度决定了它对世界理解的程度。在这个意义上，野性的思维可以说成一种比拟式思维。（SM263）

左梨：这种看来类似手工作业的原始思维方式，依然是产生灵感的源泉，并且在人类突破理性无能为力的瓶颈时，突然闪现神性的火花。黑格尔曾说一切伟大的世界历史事变和人物，可以说都出现两次。马克思补充道：第一次是作为悲剧出现，第二次是作为笑剧出现。他认为，“在这些革命中，使死人复生是为了赞美新的斗争，而不是为了拙劣地模仿旧的斗争；是为了在想象中夸大某一任务，而不是为了回避在现实中解决这个任务；是为了再度找到革命的精神，而不是为了让革命的幽灵重行游荡”。（马克思 3）

列维－斯特劳斯： 档案赋予历史一种物质性存在，因为只有在它们之内，已完成的过去和过去在其中延存的现在这二者之间的矛盾才能被克服。档案是事件性的具形的存在。通过这一研究，我们在野性思维的内部发现了图腾神话已引导我们去面对的那种纯历史。（野 276）

左梨： 档案既是主观的，标记着记录者想要记住的一切；也是客观的，展现着记录者无法抹去的内容——它就是记录者自身。

列维－斯特劳斯：“山、河、泉、水塘，对于土著来说，不只是引起兴味的或美丽的风景……它们是自己祖先的作品。整个家乡是他的古老而永存的家庭谱系之树。”原始种族已经知道制定一些合理的方法，以便把具有逻辑偶然性和情绪波动双重性的非理性嵌入合理性之中。（野 277）

左梨： 理性诞生于集体意识之中，集体意识煅烧出理性的陶器。而野性的思维始终要求精神去聆听存在的声音——存在一开口，就是合唱，其中有作为意识对象的亮丽高音，也有未意识部分发出的贝司低音。它迫使理性成真，成为辩证的理性，成为真正的无我者，保持对意识未及之地的感知。

列维－斯特劳斯： 萨特赋予辩证理性一种独特的实在性，它独立于有时作为其对立面、有时又作为其补充者的分析理性而存在。不过我认为，辩证理性应当始终是构成性的：它是一座由分析理性架设于深堑之上的、永远在延伸和改良之中的桥梁；它不可能瞥见对岸，但确悉岸在那里，即使岸边会不断地远退。“辩证理性”一词也包含着分析理性为了改善本身而必须作出的持续的努力，如果分析理性想要说明语言、社会和思想的话。而且在我看来，两种理性的区别只是由于使分析理性与生活的睿智相互分离的那种暂时的差异。萨特把分析理性称作迟钝的理性，我则把这同一种理性称作辩证的理性，只要它是能动的，即只要它在努力超越自身。（野 280）

左梨： 辩证理性认识到自身局限，但保持着这种局限性和对这种局限性的批判，向未知展开。在佛教神话中，地狱最深处的地藏王菩萨有一个坐骑，名叫

"谛听"。世界在它面前没有秘密，它所知的事实与证得无上正等正觉的如来一样多——辩证理性就是这样绝对的聆听者。只有它，能在意识将熄、身体行将就木的一刻，目睹二者的诀别。就在那一刻，一切无意识作出最终的陈词，向辩证理性申诉生命、身体、历史乃至物质世界的全部秘密。而时间才是精神的空间，如此海量的信息凝结在一个几乎没有时间的瞬间之中，那里会形成什么？我们只能将之与物质对照，进行设想。坍缩是物质的死亡，当物质没有能量抵御内在引力而发生中子化，质子就交出正电荷，使之与电子中和，而决定物理空间的电子云消失，中子凝结在一起，构成一个空间无限小却质量维持不变的黑洞。与之相对，那个没有时间的瞬间所蕴含的巨量信息，就是一个具有无限扩张力的白洞。这个白洞，就是神话的诞生之地。

列维－斯特劳斯：结构主义背后的理念是，我们可能并不知晓存在的事物，但是我们能够发现它们彼此之间的关系。自科学存在之日起一直运用这一理念，现在它延伸至语言学与神话学等学科，当然，它不是适用于一切事物的。伟大的推测性结构为摧毁而创造，没有一种结构能持续几十年，或者，最多不超过一两个世纪。［The Telegraph 采访（以下简称 Tele）］

左梨：存在不是先于本质，存在就是本质，只是因为本质不够本质了，存在才先于本质——就像形式沦落为模式。到了结构固化为框架那一天，精神也会拆毁它。

列维－斯特劳斯：所以我说过，我很满足，我从未进入某种范式，所以我可以自由写下脑海中浮现的一切。我不带任何科学顾虑地写作，从未担心结论是否符合科学意义，我的作品是一种野性的幻想。（Tele）

左梨：谢谢您，亲爱的克洛德！我好像听见枷锁落地的声音，我心中那个原始人因你重获自由。我一直将他隐藏在大衣柜里，现在，我要带他去看整个世界。

附记

遇到克洛德·列维－斯特劳斯，我好像一个试管婴儿，偶然遇见了捐精的父亲。我们竟然拥有这样相似的精神 DNA！我一直在寻找那个使我结晶的晶核，这种需求日渐迫切，与他的相遇让我的思想溶液进一步饱和，我却根据他的神话公式联想到，或许我自己就是晶核。这场对话像一次寻根之旅，使我回到人类的童年，回到意识初萌的时刻，也让我发现，精神之树就是一个克莱因瓶，它的根通向无垠的宇宙。

参考资料

- Boas, F. *The Mind of Primitive Man*. Macmillan, 1922.
- Hocart, A. M. *Kingship*. Oxford University Press, 1927.
- Hocart, A. M. *The life-giving myth and other essays*. Tavistock, 1970.
- Lévi-Strauss, Claude. *Myth and meaning*. Routledge, 2001.
- Lévi-Strauss, Claude. *The Savage Mind*. Weidenfeld and Nicolson, 1966.
- Lévi-Strauss, Claude. *Tristes Tropiques*. CRITERION BOOKS,1961.
- Lévi-Strauss, Claude. *STRUCTURAL ANTHROPOLOGY*. Basic Books, 1963.
- Lévi-Strauss, Claude. *The Elementary Structures of Kinship*. Beacon Press, 1969
- Lévi-Strauss, Claude. *The Raw and the Cooked*. Harper&Row Publishers, 1969.
- Lévi-Strauss, Claude. *Totemism*. Merlin Press,1991.
- “Claude Lévi-Strauss”, The Telegraph, 03, Nov, 2009.
- [法] 克劳德 · 列维 - 斯特劳斯:《野性的思维》，李幼蒸译，商务印书馆 1987 年版。
- [法] 克洛德 · 列维 - 斯特劳斯:《看 · 听 · 读》，顾嘉深译，生活 · 读书 · 新知三联书店 1996 年版。
- [法] 克洛德 · 列维 - 斯特劳斯:《忧郁的热带》，王志明译，生活 · 读书 · 新知三联书店 2000 年版。
- [法] 克洛德 · 列维 - 斯特劳斯:《结构人类学》，张祖建译，中国人民大学出版社 2006 年版。
- [法] 克洛德 · 列维 - 斯特劳斯:《嫉妒的制陶女》，刘汉全译，中国人民大学出版社 2006 年版。
- [法] 克劳德 · 列维 - 斯特劳斯:《我们都是食人族》，廖惠瑛译，上海人民出版社 2016

年版。
· [法] 克劳德 · 列维 - 斯特劳斯、迪迪埃 · 埃里蓬:《亦近，亦远》，汪沉沉译，海天出版社 2017 年版。
· [法] 拉法格:《宗教与资本》，王子野译，生活 · 读书 · 新知三联书店 1963 年版。
· [法] 马利坦:《艺术与诗中的创造性直觉》，刘有元、罗选民等译，生活 · 读书 · 新知三联书店 1991 年版。
· [德] 本雅明:《本雅明文选》，陈永国、马海良编，中国社会科学出版社 1999 年版。
· [苏联] 普罗普:《故事形态学》，贾放译，中华书局 2006 年版。
· [英] E.E. 埃文思 - 普里查德:《阿赞德人的巫术》，覃莉莉译，商务印书馆 2011 年版。
· [美] 路易斯 · 亨利 · 摩尔根:《古代社会》，杨东莼等译，商务印书馆 1981 年版。
· [美] 托马斯 · 索威尔:《美国种族简史》，沈宗美译，中信出版社 2011 年版。
·（西汉）司马迁《史记》（全十册），中华书局 1959 年版。
·（明）顾炎武著，黄汝成集释:《日知录集释》，上海古籍出版社 1984 年版。
· 金景芳:《周易讲座》，广西师范大学出版社 2005 年版。
· 徐中舒:《先秦史十讲》，中华书局 2009 年版。
· 唐龙:《盛行于东南亚的乩童》，《东南亚南亚研究》，1984(4)：64。
· 黄中业:《西周分封制度是国家政体说》，《史学月刊》，1985(2):13-21。
· 松实:《“宜臼”“宜生”小释》，《文献》，1985(3)：269-269。
· 刘毅:《陶瓷业窑神崇拜述论》，载《景德镇陶瓷》1997(3)。
· 王晖:《周族烈山氏两后稷时代考辨与上古甥舅相承制——兼说周族的来源及迁徙》，《人文杂志》1998(1)：91-96。
· 罗蛋塔:《意行 | 他的后面是虚空》, 一千减 13(2016) : 14-30。
· 罗蛋塔:《意行 | 精神现象学的天界与下凡》（下）, 一千减 80(2017) : 320-352

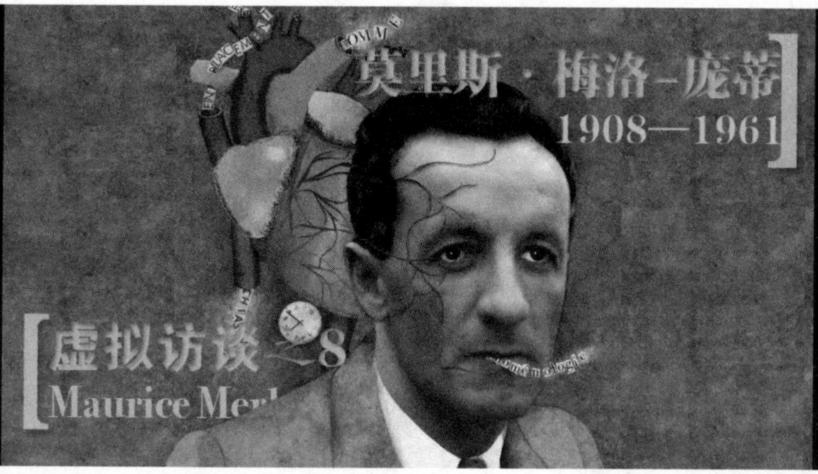

第*8*章　梅洛-庞蒂

使我生活艰难的神秘同名者

莫里斯·梅洛-庞蒂（Maurice Merleau-Ponty，1908—1961），总给中国读者一种他是萨特后辈的错觉。早在1963年，萨特的《辩证理性批判》就被商务印书馆译介，但直到20世纪90年代，他的第一部中文版专著《眼与心》才与中国读者见面。其实在巴黎高师，他仅比萨特低两级。

梅洛-庞蒂的这位师兄曾说，父亲所能给儿子的最佳礼物就是早点死掉。梅洛-庞蒂得到礼物时刚满5岁，那位炮兵中尉、荣誉军团骑士的离世似乎并没有影响他“无与伦比”的童年。15岁，他跟随母亲转学巴黎，三年之后考上了前有萨特、雷蒙·阿隆，后有西蒙娜·薇依的巴黎高师。那是“辉煌的一代”。二战期间他在战斗中受伤，获得“英勇十字勋章”。

在抵抗组织中，他与萨特重逢，这段始于巴黎高师的友情跌宕起伏。他们组建的“社会主义与自由”小组仅仅维持了一年，便告解体，其后二人以《现代》杂志为阵地，开启存在主义思潮。1943 年萨特的《存在与虚无》出版，1945 年梅洛－庞蒂的《知觉现象学》问世，双星交相辉映。朝鲜战争的爆发使这对战友因思想分歧而产生裂隙。1952 年，在殊为复杂的学术派系矛盾中，列维·斯特劳斯将两次候选法兰西公学院失败的教训倾囊传授，梅洛－庞蒂终于在教育部长的破格题名下获得席位，并成为该院历史上最年轻的哲学教授。也是在这一年，他与萨特绝交，离开了主办多年的《现代》。这本受卓别林电影《摩登时代》启发而得名的杂志，创刊 74 年之后，最终于 2019 年停刊。

他缄口不言私人生活，人们对于其妻苏珊·约里波娃所知甚少，她甚至没有维基词条，不论作为精神病学专家还是梅洛－庞蒂的妻子。1961 年，梅洛－庞蒂遭遇了陀思妥耶夫斯基的命运，因心脑血管疾病猝然离世，手边是未完成的笛卡尔讲稿。尽管大学期间他放弃了天主教信仰，但去世后，妻子仍然依照严格的教内仪式为他主办葬礼。在拉雪兹神父公墓，他重返母亲身边，49 年之后，苏珊也并入了那个墓穴。

作为现象学的继承者、中兴者甚至是解构者，他在信仰与理性之间完成了自己的否定之否定，以主客体合一的知觉之身超越传统的身心二元对立，把现象学引至极限，重新将身心的戈尔迪之结连接在一起，为这对古老矛盾的最终解决走出了关键一步。

主要著作

《行为的结构》《知觉现象学》《人道主义与恐怖》《意义与无意义》《辩证法的历险》《世界的散文》《眼与心》《可见的与不可见的》《符号》《哲学赞词》《论自然》

身心：戈尔迪之结

左梨：梅洛－庞蒂先生，您好。我曾设想很多种开始交谈的方式，但总被您薄薄的嘴唇回绝。你说身体是我们拥有世界的普遍中介，却小心翼翼抹去自身曾经存在的痕迹，除了几张肖像，您的照片难以找到，甚至很少合影——不论与妻子还是挚友，也没有日记或书信出版。这与其说是疏忽，不如说是刻意消除证据。您这样做，是惧怕身体泄露什么秘密吗？

梅洛－庞蒂：哲学家与存在的关系不是观察者与观测对象之间那种正面交锋的关系，而是一种共谋、一种间接的私密关系。［*In praise of philosophy and other essays*（以下简称 IP）15］结构向我们展示出——人离轴于自我，却是社会的轴心，这尤其使我们能够理解：我们处于一种社会－历史世界的圈限之中。［*Signs*（以下简称 S）123］

左梨：确实，人的行为不论能否代表自我，都在一定程度上代表着社会结构。人的自身，是指身体－身份，除去这二者，人所余的只有意识。人的身份，既是社会结构的构件，也是社会结构的产物。而意识是一块隐秘地，身体则是另一块神秘地，二者与身份产生的背离，使人常常处于自身濒临分裂的眩晕之中。

梅洛－庞蒂：身体有它的世界，不需要经过“表象”就能包含它的世界，之所以能象征生存，是因为身体实现了生存，是因为身体是生存的现实性。［《知觉现象学》（以下简称“知”）186、216］身体始终有别于它之所是，始终既是性欲，也是自由，在被文化改变之时扎根于自然，从不自我封闭和被超越。不管是他人的身体，还是我的身体，除了体验它，即接受贯穿身体的生活事件以及与身体融合在一起，我没有别的手段认识人体。（知 257）

左梨：正是个体生命对身体－身份的离心促使您将自我的痕迹小心擦除，只留下它所揭示的存在？您试图使梅洛－庞蒂成为一个抽象的哲学家，而不是那个曾

这可能是梅洛－庞蒂公开图片中最年轻的旧照，拍摄年份不详，但可以确定是32岁之前。那之后，他在战争中负伤，脸上多了一道疤痕

在二战中不幸被德军俘获、遭受虐待，最终获得英勇十字勋章的法国陆军少尉。

梅洛－庞蒂： 作为一个见证了他自己的研究，也就是说见证了他自己的内在混乱的人，从来没有觉得自己是在墙壁上可见其名的那些完美人物的后继者。再者，如果他是一个哲学家，也就是说他知道自己什么都不知道……［《哲学赞词》（以下简称“赞词”）1］哲学不是哲学家与真理的私密谈话，它不可能是一个来自生命高处、世界、历史的裁决，似乎哲学家不是其中一分子；也无法让内在确认的真理向任何它的外在化实例屈服。它必须超越这两种选择。（IP30）

左梨： 真理永不休止的自我否定正是对自身外在化实例作出的否定，这造成了哲学家最大的痛苦——他必须用科学的方式论证神学的认识，哲学必须使真理外在化，在公共话语中呈现，同时，作为精神，它又不能“为自身显现所规定”，它要怀抱着自身的否定性诞生。（意 332）

梅洛－庞蒂： 没有孤立的真理。我不认为单凭真理，或单凭自我，或单凭他者就能作出最终的裁决。因为三者之中任何一项都需要另外两项，牺牲任何一者都会失掉全部意义。哲学生命基于这三个基本点。哲学之谜，也是表达之谜，即，在某些时刻，生命在自我、他者和真相之中是同一的。这是生命称义的时刻。哲学家只信赖这些时刻，他永远不接受自我对抗人类，也不接受人类对抗自我或真相，或令真相反对其他两者。他甘冒无法完全存在于某处的风险，以此期待自己无处不在。（IP32）

左梨： 这种无处不在是哲学家的使命，他必须揭示普遍性，将自己的理论提纯为一种概念。如果生命称义的一刻是自我、他者和真相的统一，这是否也意味着三者之中任一项，在其纯粹状态中都天然地包含着另外两者？哲学家可以通过其中任一项而抵达那种无处不在的普遍？

梅洛－庞蒂： 哲学家与他人或生命之间存在一种张力，这种紧张对哲学而言必不可缺。我们已经有些忘记了。现代哲学家往往是公职人员，通常是一个作家，自由允许他在书中坦陈自己的反对观点。他的论述首先进入学术世界，在那里，生命的选择已经僵死，思考的机会已经被剥夺。（IP33）哲学中不同寻常，几乎无法忍受的部分隐藏在巨大的哲学体系那可敬的生命之中。（IP34）苏格拉底以服从的方

苏格拉底申辩之后，500 位陪审中仅有 211 人认为不应处死苏格拉底，宣判因此成立。
图为雅克－路易·大卫 1787 年作品《苏格拉底之死》，收藏于大都会博物馆

式反抗，亚里士多德则得体而庄重地违命。（IP36）

左梨：这并不是手段与目的之间的刻意倒错，而是更高层级上的统一。我曾经认为，生命个体之所以充满魅力与活力，往往因为兼具看似矛盾的优点，比如自信又谦卑、审慎又果断、理性又天真……而不可避免的衰朽也往往始于那些自相矛盾的缺陷，比如轻信却多疑、寡断却急躁、混杂却单调。后来我突然意识到，前者正是精神的特征，精神之所以看起来矛盾，因其本质就是自由，它在实现自身的过程中，并不滞留、执定于任何外物，包括自身遗留之物，“它能够在否定中肯定地保持自己”，（精哲 382 节）“精神从不与自身的遗迹合一，他无间断地朝向虚空”；（意 332）而物质处于同一的机械运动，因其衰变，在时间上是断裂的，因其广延，在空间上是局部的，物质没有自我，不存在自相矛盾，但物化的自我意识却总是陷于矛盾。

梅洛－庞蒂：《申辩篇》中苏格拉底曾悲叹：“每当我证明了某人的无知，这位听者就幻想我知道他所不知道的东西。”他并不比他们知道得更多，只是深知并不存在绝对知识，因为这一空缺，我们才向真理开放。（IP39）如黑格尔所说，他出现于“希腊民主制的衰退期；他离开外部存在，退隐回自身内部寻求正义与善”。但是在根本上，这是他禁止自己去做的行为，因为他认为，人无法独自获得正义，而事实上，现存的正义在孤立中也不再公正。（IP40）

左梨：正义是真理、自我和他者的交集，它是真理在人际的外化。当一个人离开他者和现实，回到自我中寻求正义，等于返回了概念，即真理从现实又退转回自身，“正义”就因为失去对于“外化”的担当，从而失去了它的正当性，就像警察不能坐在警察局里维持社会治安一样。而苏格拉底恰恰是行使了正义对于外化的担当，而非黑格尔所言的“退隐回自身内部”，这我同意您的观点。别具深意的是，如果缴纳罚款能够避免死刑，他只愿付出 1 明那，在柏拉图、克里托、克里托布卢和阿波罗多洛的劝说下，他才勉强愿意花 30 明那购买自己的肉体生命——仅相当于 1.5 个奴隶的价格。身躯不过相当于精神的一个半奴隶，他以这种藐视证明自己的哲学。

梅洛－庞蒂：死亡隐于生命之中，正如身体隐于灵魂之中，除此之外，哲学家从死亡中得到什么教训？乃至作为一种理解，蒙田会说，那种“农民和大众都会遇到的死亡，对哲学家来说也同样确定吗”？（IP63）

左梨：哲学家总在挑战熟知常识——身体反而隐于灵魂，如尼采所说：“在你的思维和知觉背后，有一位强大的主人，一个不为人所知的智者——那就是自我。它就是你的身体。”（尼采 Nietzsche23）在死亡中消失的是身体，因此它对生命负全责。而蒙田其实在问，哲学家能否带着他的哲学进入死亡，在其中，他的心境能否超出一个农夫。如果他只是一个口头禅哲学家，答案即，不能。哲学，只要没有变成一个人的神学，就是不究竟的；思辩成果若不能贯穿心灵，就只能是某种形式的口头禅。

梅洛－庞蒂：在大哲学家那里，含混变成主题，它有助于确立确定性而不是对此构成威胁。他们所教导的不是某种知识，而是知识在我们中的生成。在这里，我们特有的存在将被所有时刻产生的奇迹所记载，（赞词 2）哲学家是醒来并言说的人。而人默默地包容着他自己的哲学悖论，因为要彻底地成为一个人，必须比一个人稍稍多一些，而又稍稍少一些。（IP63–64）

左梨：阿伦特曾提到学院哲学一直受制于无休止的逆转——柏拉图对荷马式的世界秩序进行了倒转，“不是死后之身处于荷马所说的冥府，而是我们日常的在世生活其实居于洞穴之中，在地狱中；灵魂不是身体的影子，身体反而是灵魂的影子”；（阿伦特 Arendt292）柏拉图的身心主奴对峙在亚里士多德那里得以缓和，他将灵魂定义为“具有诸官能的自然物体的原始实现”，（412b）或许我们可以将其简化为五个字——本能的实现。他的中东继承者伊本·西那则提出“形体是灵魂的地盘和工具”。（伊本·西那 xxv）

梅洛－庞蒂：说我有一个身体，就是一种说我能被看作一个客体，我力求被人看作主体，因此，人们想占有的东西并不是一个身体，而是一个由意识赋予活力的身体。（知 220）如果我们和身体的结合是实在的，我们如何能在自己身上体验到一个纯粹的灵魂，并由此通向一个绝对的精神？在提出这个问题之前，我们需要重新发现身体本身中的一切东西，它们始终附着于主体，难解之处延伸至整个被感知的世界。（知 258）

左梨：一个能动的、主动的身体！希腊文中的 ψυχή 既意味着灵魂，又意味着生命。有趣的是，当我问学生，一群五到十岁的孩子：什么是灵魂？他们都表现出少有的郑重其事，描摹数句，而最终强调它属于活着的、能动的人。灵魂与身体，在能动之处交汇。

梅洛－庞蒂：身体生存至少建立了在世界上真正呈现的可能性，缔结了我们和世界的第一个条约。（知 218）我们在生命理念中要寻找的“不是一座建筑的最后一块砖，而是建筑本身，在其中，局部现象显现出统一、有序而且相对恒定的形式，从属于某个特定结构”；我们不是寻找一个构成存在的真实基础，而是一种观念、一种认知理性，凭借它，所有具体的事实都将变得可以理解。[*The Structure of Behavior*（以下简称 SB）153]

左梨：人类自古希腊时代就在寻找这种观念。德谟克利特视灵魂如火，是一种令土化作水，水蒸为气的关键元素。第欧根尼认为灵魂是气，因为气最为轻盈灵动，而生命在呼吸之间，这一观点与《旧约》类似。也有思想家认为灵魂属水，万物的种子都是湿的，动物的生命来自精液，亚里士多德认为这很粗浅。（405a–b）四大元素中，唯有土不曾被设想为灵魂的原质。潜意识的发现使土元素真正拥有了灵魂的意义，人们恍然大悟，身体所具有的那种物性精神一直伴随着我们。

梅洛－庞蒂：“身体”和“精神”的界限正在变得模糊。在 19 世纪末诸多思想家看来，身体是一块物质、一堆机械结构。20 世纪，人们修正并深化了肉体，即有生命的身体的概念。人们把生命看成既是精神的，也是身体的，人的生命始终以身体为基础，在其最具体的方式中探及人与人之间的关系。（S226–227）

左梨：对于这个作为基础的身体，我总是难以信任。因为它时常作出并非出自本意的行为，说出并不代表心声的话语；或者反过来说，它时常摆脱我的意图，篡改我的本意，即使它完全胜任我的要求。当饥荒、瘟疫、空难来袭，死亡威胁几乎令所有人面目全非。求生意志大于一切时，身体一意孤行，似乎由亚里士多德所说的动物灵魂主宰，意识则处于黑障区之中，无法接受身体的回传信号，也无法发出任何指令。

梅洛－庞蒂：反省的我有别于非反省的我，显现的东西既不是意识，也不是纯粹的存在，正如康德本人深刻地指出的，而是体验。（知 281）长期以来，人们一直试图用这种方式解释著名的亚里士多德错觉：手指的非常态造成感知无法合成，右手中指的右侧和食指的左侧通常不会合作，如果它们同时触碰到一个弹珠，就会认为碰触到两个。[*Phenomenology of Perception*（以下简称 PP）237]

左梨：这个错觉一定要亲自尝试一下，交叉同一只手的任意两根手指，去抚摸一颗红豆，会认为自己摸到了两颗？这给我带来了幻灭感……简单的手指换位就会带来如此强烈的错觉，那么我所感知到的一切，有多少是受结构所限而产生的错觉呢？凭借这个身体所感知“内与外”“自我与他者”，真的有区别吗？换言之，我们所自以为的现实是否也只是一种交叉性错觉？

梅洛 – 庞蒂：亚里士多德错觉主要是一种身体意象的混乱。（PP238）或许可以照直说我们通过身体了解空间。如果在我们的身体中，主体与客体的区别是模糊的，那么在事物之中也同样含混，无疑，思与所思的区别也是如此……（S167）

（他迟疑片刻，继续讲述）

梅洛 – 庞蒂：事物是我们身体操作的另一极，身体完成探索的终点，由此事物与身体被编入同一个意向结构。当我们说事物被我们“亲自”（in person）或“亲身”（in the flesh）感知的时候，完全就是字面意思。（S167）

左梨：in，你的意思是，这就是在身体里，在自身里被感知？我们所说的“亲身”就是在身体中体会那种边界，那种阻力、摩擦、否定和拒绝。这是一种切实的存在感。

梅洛 – 庞蒂：去感知的肉体，这阻止探索的致密粒子，以及终止它的最佳条件，作为化身的对应物，反射出我们的化身。（S167）

左梨：这具化身是意识在现实中的反射。对意识而言，肉体与事物主客难分、连成一片，共同构筑了现实。肉体被事物阻止的一刻，意识确认边界，才在现实中拥有了化身。

梅洛 – 庞蒂：我们的身体在世界中，就像心脏在机体中。（PP235）

左梨：想象中的亚里士多德错觉不会带来深刻的自我怀疑，反而会带来那种自

20世纪哲学世界的学术重镇巴黎高等师范学院

信——一切动物都沉陷于各自的亚里士多德幻觉之中，唯有人类发现了它。人的局限，在于发生这种错觉；人的超越，在于发现这一错觉。

梅洛－庞蒂：世界就是我们感知的东西。不应该问，由于我们理智的缺陷，在我们看来是明显的东西对某种自在的真理来说是否不是错觉：因为我们之所以谈论错觉，是因为我们已经认出错觉，只有凭在同一时刻被证明为真实的知觉才能认出错觉。知觉的本质，就是表明知觉的真实性不是被假定的，而是作为通向真理的入口为我们而被规定的。（知 13）

左梨：人对亚里士多德错觉的校正和自查，并非因为人的手指能够交叉这种生理原因，而是出于对头脑与身体二者关系真相的反思。同时，这种反思如果能从简单的生理现象，进入自我与现实的关系，则会发现更为深邃的东西。

梅洛－庞蒂：之所以身体在我们看来是我们的存在的镜子，无非是因为我们的身体是一个自然的我。（知 225）胡塞尔指出，身体使自己成为我与事物的纽带。当我的右手触摸我的左手时，我将左手感知为一个“物体”，但与此同时，如果我愿意，就会发生一个奇特的事件：我的左手同时也在感受我的右手，它是身体，它在感受。物体获得了生命——更确切地说，物体仍然是其自身，事件并没有丰富物体，但是，一种探索能力置于物体之上或在其之中。就这样，我触摸到了被触摸，我的身体完成了“一种反思”。（S166）

左梨：也就是说，身体可以为我们提供受者的感受，使我们感受到被推动，被倾倒，被摩擦，被掷出的感觉。萨特于此有不同见解，他认为“当我用手指触摸我的腿时，我意识到我的腿也被抚摸了。但这种双重感觉的现象并非基本要素：寒冷或一针吗啡就能使它消失。这表明我们在处理两种本质不同的实在要求。触摸与被触，感受到某物在触摸和感受到某物被触及——这是两种现象，试图将二者联合为双重感觉是徒劳的”。（Sartre304）

梅洛－庞蒂：当我用右手触摸某物时，我可以用左手触摸我的右手。但他只能抚摸到作为客体的右手，却无法触摸那只正在触摸的右手，前者是一个骨骼、筋腱、肌肉组成的系统置于空间中的某个点；而后者像火箭那样穿越空间，在它的位置上揭示外在客体。只要我的身体在观看或触摸这个世界，它就无法被看到并

触摸。（PP105）

左梨：当我的手感受我的心跳时，我摸到的是他者的心跳，我的心跳同时也被一位他者感知。

梅洛－庞蒂：胡塞尔真正想说的是，心灵不为另一心灵而构建，人却有为他人而构建的部分。身体因其可见性而独具的表达力，将意涵从身体译入了心灵。当他者的行为或探索的身体以最初的“意向跨越”在我身边出现，这都是一个人，作为一个整体，在我面前，向我的肉身显现，为我所具有的一切可能性，不论这些可能性是什么，提供一个不容置疑的证明。（S169）

左梨：从承认他人身体的存在，到承认另一种精神的存在，人们由身体的共存联想到精神的并立。遗憾的是，人们对此，对人与人、精神与精神之间的差异和共性都估计不足。每一个个体精神凭借各自攫取的意象，彼此仍处于异度空间之中，这些空间彼此仅有或多或少的交集。即便是夫妻，他们的精神也难以完全重合；即使是陌路，也不可能完全隔绝。

梅洛－庞蒂：我所感知的世界和对我而言半开放的事物，必然凭其可感知程度为多于一个的感知主体提供“意识情景”；它们有权向我之外的目击者显现。当一个行为在已经超出我的世界中划出，这就在包括全部他者的原初存在中揭示了另外的维度。（S170）

左梨：行为扩张的原始意向不是在物理空间中拓展，它更为本质的需求是，将那个独属自我的世界在维度上进行拓展，拥有、纳入、通行于更多的异度空间。

梅洛－庞蒂：在蒙田，以及之后的帕斯卡尔看来，我们对一个并不掌握钥匙的世界深感兴趣。不论居于自身之内还是事物之内，我们同样无能为力，只是让二者互相参照。（S199）世界不是我所思的东西，我向世界开放，我不容置疑地与世界建立联系，但我不拥有世界，世界是取之不尽的。（知 13）

左梨：也许密钥就在我们的行为中得到揭示。行为，是从我思的原点增加维度的唯一方式。或许我们可以将每个人都设想为一个孤独星球，他发出的每一个信号都要穿行多少光年，才能送达另一个星球。那些探向异度空间的行为一旦离开自我世界就会发生弯曲，所做非所想，所说非所思，执行之难、沟通之难远超想象。有些变形知其原因，但更多时候莫名其妙。我与他者之间存在一个感受的黑障区。

梅洛－庞蒂：身体的匿名生活与个人的公开生活之间的彼此渗透，是弗洛伊德的伟大发现，为对此作出解释，必须在有机体和我们自身之间引入某物，以使一系列非自觉的行为和表达得以理解。这就是弗洛伊德的无意识。只需在弗洛伊德的著作中追随这个概念多变的使用方式和转化历程，以及它所引发的矛盾，我们就会确信，这并不是一个发展完备的概念。（S229）不可否认的是，弗洛伊德对身体的精神功能和精神的具身性有日渐清晰的观点。（S230）

肉的知觉之身

左梨：我们对自己身体的观察，与天文学家观察中子星没有什么区别。他们通过推理提出假说，再根据各类仪器检测相应的射电辐射、光学余晖或伽玛暴进行验证，认识那个几亿光年之外的星体。

梅洛－庞蒂：完全的分子分析将消解机体功能的结构，化为一堆未分化的、庸常的物理化学反应。因此，生命不是这些反应的总和。（SB152）如果能详述一个人从青春期到成年期间所发生的不计其数的物理和化学反应，我们将获得一系列连续的现象，却很难发现一个机体的持续性。（SB151）

左梨：这些基于物理化学反应的假说越来越完善，不但对机体的生理性能进行干涉，还尝试对行为动机作出解释。例如 D4DR 基因的两种形式很大程度上决定了一个人天性猎奇善变，还是拘谨保守。科学总在完善行为主义和决定论，将人逼入环境与基因的死角。尽管生命不断收起吊桥，以保持其本源的神秘性——按照玻尔的话，“在有关生命机体的每一实验中，必然要在各机体所处的物理条件方面留下某种不确定性；我们所必须留给机体的最小自由，将刚好达到足以使该机体对我们保守其最后秘密的地步”。（玻尔 110）

梅洛－庞蒂：作为一种伟大的奇迹，“人”这个词不应该向我们隐瞒它的奇特性。我们至少能看到，这种奇迹对我们来说是自然的，它始于我们的具体化生活。在这里，世界精神就是我们，因为我们能运动，我们能注视，虽然我们不知道身体装置中非人的秘密。我注视目标，我被目标吸引，为了能使我到达目标，身体装置做了应该做的事。（符号 80）

左梨：我竟然从未看到自己不被观察的样子，不论使用镜子、摄像头，其中的我都进入一种接受观察的状态。也许就是这个原因，笛卡尔才说，灵魂比身体更容易认识。

梅洛－庞蒂：当有生命的身体成了无内部的一个外部世界时，主体就成了无外部的内部世界，一个无偏向的旁观者。（知 85）身体之所以无法成为一个客体、一个“完整构造”的原因是，客体因它而成了客体。（PP105）

左梨：而身体显然也不是一个主体，它具有本能，却没有动机。

梅洛－庞蒂：灵魂与身体的联合并非两种彼此外在的事物相混合，任意决定一方是主体，一方是客体。这种联合在存在运动的每一时刻得以实施。（PP102）弗洛伊德解释了身体的精神性，指出了身体的心理意义，以及它隐蔽或潜在的逻辑。因此我们无法再将性器官作为仅限局部的构件来讨论，也不能把身体当作一团物质、一种远因。它既不是起因，也不是简单的工具或手段，它是载体、支点和我们生命的稳定因素。在思考身体与生命的全面关系时，无法以起因、结果、手段、目的、物质、形式等这些曾经提出的概念，去思考身体与个体生命的相互融入，或个体生命与身体的一体化。（S229）

左梨：身体所具备的种属特征必然潜藏着一种普遍性的精神条件，对个体的自我来说，这是一种强频干扰，甚至视力状况、睫毛密度、身材高低都时刻影响着一个人对世界的观察。

梅洛－庞蒂：尽管我们的身体没有像动物那样，自出生起便将确定的本能强加给我们，但至少给予我们的生命一种普遍性的形式，将我们的个人行为发展为某种固定的人格趋势。身体是我们拥有世界的普遍媒介。（PP169）

左梨：是这样，既定的身体对于“我们”并非无所作为，甚至以一种结构之范影响着自我的形成与发展。

梅洛－庞蒂：身体是最初的习惯，它是其他习惯的前提，习惯因它相互理解。（PP104）至少在我有一种经验，相应地，我的身体作为一个自然主体、作为我的整个存在的一个暂时形态的情况下，我是我的身体。（知 257）

左梨：萨特将身体的种属性称作“为他”的身体，与为我的身体形成一对二元对立。一旦采用医学手段对身体进行检测，身体便陷入现世之中，我只能通过身体的普遍性认识我的身体，而我由此感知到的这个完整构成的对象是其他诸多“这个”之中的“这个”，而唯有通过推理，我才将它归源于我，与其说它是我的存在，不如说它是我的财产。（Sartre304）

梅洛－庞蒂：我们必须问，关于我和我的身体，为什么有两种观点：为我的身体，和为他者的身体。以及这两种体系为什么会并存。仅仅说“客观的身体属于为他者的领域，现象的身体属于为我的领域”远远不够，而且我们不得不提出二者之间的关系问题，因为“为我”与“为他人”共存于同一个世界，正如，我关于他者的知觉，立刻也将我带入他的对象前提之中。（PP122）爱因斯坦曾抗议：他不是神，这些夸大的赞美之词不是针对他的，而是针对“使我的生活变得异常艰难的我的神秘同名者”。（S193）身体如谜，它当然是这个世界的一部分，却以一种奇异的方式居于世间，要实现一种绝对欲望——接近他人并与他在他的身体中相遇——获取生机并持有生机，以描绘精神本质的面孔。（S229）

左梨：每个人都有一个令他生活异常艰难的神秘同名者，后者甚至更直接、更有效地使用着他的身体。他或许就是那个自身之内的社会轴心，一个人的自我审视越深刻，对这位他者的认识就越清晰。

梅洛－庞蒂：在蒙田看来，必须纠正德尔斐的神谕。（S199）

左梨：“认识你自己”？纠正它？

梅洛－庞蒂：应该使我们返回自身之中，我们逃避自身并不亚于我们逃避事物。（S199）身体是存在于世界的载体，拥有一个身体，对于一个生物来说，即介

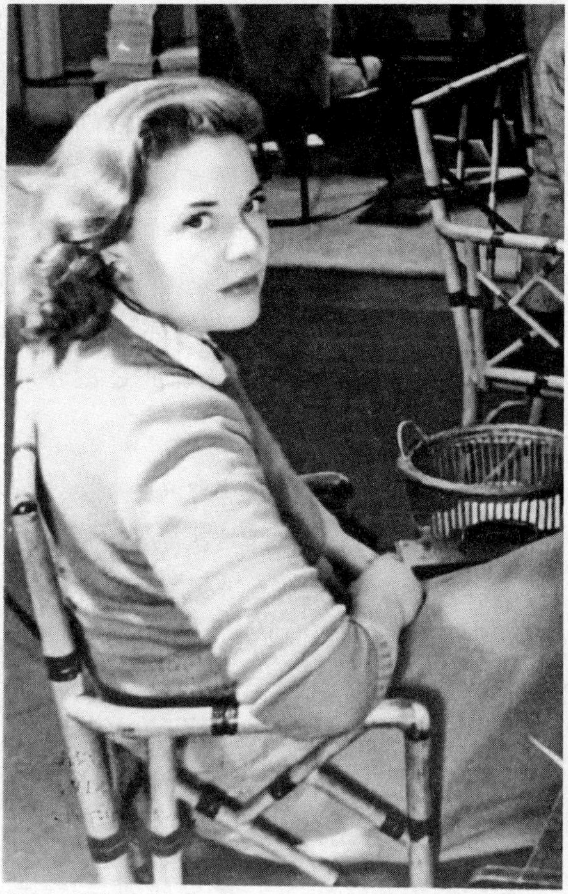

梅洛－庞蒂曾与索尼娅·布朗内尔有染，她称梅洛－庞蒂为终生的爱，曾希望他离婚与自己重建家庭。但梅洛终止了这段情感，令她慨叹 a lover 与 un amour 并非对应的翻译。其后，她接受了乔治·奥威尔病重时的求婚，与他共度了生命中的最后 14 周

入一个确切的环境，在某些确定标的中确认自身，并持续地置身其中。（PP94）

左梨：回到自身之中，也往往对这位与自我不同轴的他者束手无策——无法驱逐他，那只是将他压抑到更深层次的潜意识中；也不能将其杀死，那只会使他改头换面，以另一种方式“转世”。每位祭司的长袍下都藏着这样一个私生子。如何与之相处，这是一个人最根本的自身现实。

梅洛－庞蒂：灵魂与身体的“混合”是蒙田的范畴，他仅仅对我们的实际条件感兴趣，他的著作没完没了地描写我们自相矛盾的事实。（符号 251）普鲁斯特和纪德略过 20 世纪初的作家，将萨德和司汤达式的传统作为起点，直接地表现身体，开始了一场对身体永不疲倦的报道——确认、询问、倾听身体，像对待他人一样，暗中观察身体欲望和激情的间歇性。普鲁斯特使身体成为往昔的保存者，尽管衰退使它几乎难以辨认，但这个身体依然使我们和我们的过去持续着一种实质性的关系，从一个时刻到另一个时刻。（S230）

左梨：作为意识接入现实的中介，身体由意识主体指令，形成行动和行为。意识对自身的外化交付于身体的行为，而后者去执行意识的指令。但是，极度省察的意识主体会发现，这个执行者经常姿态暧昧，面目可疑，有时遵令而为，有时勉强行事，还有时自主专行，甚至还有似乎为他者控制而动作诡异的时候……身体竟不完全属于它的主人！其实，身体就是一个真正的三面间谍，潜伏于我们的主体之中。执行意识指令时，它是自觉的；为本能驱使时，它是自发的；还有当被所谓“社会的轴心”控制时，它是自动的。将意识载体、动物本能、社会机器三种角色集于一身的身体，在未实现三方统一之前，必演绎混乱与背离。值得注意的是，“三种角色”会在生命中分别形成一个自身传统，使三方割据，各自为政的状况在自我中固定下来。当然，我不认为那些杰出人物就没有一位令他几近绝望的同名者，也不觉得因为这位同名者的存在，有损他们的杰出。“我一点一点开垦着将我困住的沼泽。”佩索阿说出了某种宿命。一个人越自省，越容易发现自身的荒谬；他越想扼住什么，就越是失控。无知和无能终将圈定人的疆域，而圈内的部分已化作自身。

梅洛－庞蒂：在爱因斯坦作为一种透明的秘密假设的思辨和现实的重合中，人们能明显看到一个奇迹。同时，使常识的明证变得模糊并能改变世界的科学不可避免地会导致一种迷信。他的单纯又使他的传奇锦上添花：之所以他对自己的声誉感到惊讶，之所以他不看中他的声誉，是因为他的才华并不完全属于他。更确切地说，爱因斯坦是圣地，某种超自然作用的圣体龛。（符号 241）

左梨：人的成果大于人，意识大于其载体，这是精神原理；人们却迷信几何学原理，将成果视为人的局部：人大于人的成果。爱因斯坦遭遇了这种放大，他个人大过了几乎堪称奇迹的成果，成为高于奇迹的神，于是挤压了另一个余地——那些尚未成名者去质疑、去反驳以及再创造的空间。后者属于人的“应分空间”，即以我思为中心、以能力为半径的，绝对自由的思考空间，这是一个人的正当和本分的属地。可悲的是，人的“应分空间”常与社会赋予个体的那部分不相吻合，以至于若没有爱因斯坦这种自醒，仅依据他人的态度和回应，人们很难探知自己的“应分空间”，要么不能据守自己的正当，要么失去自己的本分。实际上，人格的基础就建立于这个“应分空间”。

梅洛–庞蒂：具身与他者，是反射与感觉的迷宫。包括在《人的命运》中那个著名的段落，角色进一步质问：如果我真的与我自己焊接在一起，而对我来说，我自己，这个“独一无二的怪物”，与他人之间又存在着一种绝对的差异，那么，我们中的哪一个最终能够被他人接受，逾越所说与所做，赞誉或责备，甚至逾越了罪行，就像他接受他自己。（S232）

左梨：精神自我与物质自身的交互合一，是人永远的主题。每个人都要向世界赎回个人的独属存在，在种属构造中建立那个唯一的生命。那最终的统一不在未知与无能之域，一定发生在自我的“核桃壳”里。只有在那里，一个人才能踩到这虚空中唯一的干岸。在这一块或许无穷小的领域之中，人像一个神。

梅洛–庞蒂：在成为一个客观事实之前，身体与灵魂的统一应该是意识自身的一种可能性，这就会引起一个问题，如果他能够像体验自己一样体验身体，那么感受主体是什么？没有被动提交的事实，只有假设。成为一个意识，或者进一步说成为一个体验，是与世界、身体、他者建立一种内在的联系，与他们同在，而不是置身事外。（PP110–111）

左梨：没有被动承受的事实，只有主动承担的事实，意识自身包含着一切可能性……

抽象运动

梅洛－庞蒂：施耐德是一位被传统精神病学归类为精神性失明的患者。他无法辨识被人触摸的身体部位；不能区分皮肤上位置不同的两个触点，即使两者距离已经达到 7 厘米；无法确定贴身物体的大小和形状。（PP118）

左梨：精神性失明，这个术语已经被视觉失认症取代。这种患者的视力没有出现问题，神志正常，但是无法辨识所观之物：他能看到字母，却无法拼读单词；能看到五官，但无法认出亲人；能看到景物，却在熟悉的街道上迷路；甚至同一个物体，转换方向后便无法认出。

梅洛－庞蒂：但是即使闭上双眼，他也能从口袋中掏出手绢擤鼻涕，从盒中掏出火柴并用它点亮油灯。尽管他无法指出命令要求的身体部分，却能迅速指出蚊子叮咬的部位。（PP118）要求敬军礼时，他必须添加其他表达敬意的外部动作；要求他左手假设举着一面镜子，右手必然会滑稽地梳头……（PP119）

左梨：也就是说，他无法在本能之外使用身体。在具体场景中，他能自发地达成具体目的，但无法对他的空间感知进行抽象的认知和表达。儿童也或多或少具有这种病理特征——必须摆出写字的姿势，才能区分左侧右侧，我就是这样的。

梅洛－庞蒂：病人意识到身体空间是其习惯行为的外壳，而不是客观环境，他的身体是作为进入一个熟悉的周围环境的手段，而不是作为无依据的和空间思维的自由表达手段受其支配的。（知 143）病人靠自己的身体做运动，就像一位不靠事先拟定的讲稿就讲不出一句话的演说者，他没有亲自找到运动，他摆动他的身体，直至运动出现。病人时而思考运动的理想形式，时而用他的身体进行盲目的尝试，相反，在正常人中，每一个运动既是运动，也是运动的意识。（知 149–150）

左梨：患者没有失去运用身体的能力，却失去了身体意象。他的身体在他的意向中消失了。

梅洛－庞蒂：施耐德的障碍起初不是形而上学的，有一枚弹片使他后脑受伤。（PP145）他的困难可以归纳为一种统一性，但不是“表征功能”的抽象统一：他被现状所“束缚”，“缺乏自由”。而那种具体的自由，构成了将人投入某一环境的普遍能力。（PP156）意向弧无力造成了疾病。（PP157）

左梨：意向弧？我们比较熟悉反射弧，那是一种实现反射的神经结构，它由感受器、传入神经纤维、神经中枢、传出神经纤维和效应器构成。意向弧难道是传导意识的精神结构？

梅洛－庞蒂：意识的生命，也就是认知的生命、欲望的生命或感知的生命，被意向弧所承托，意向弧遍及我们的过去，我们的未来，我们的人文背景，我们的物质状况、意识形态和道德处境，或者说，它导致了我们处于以上各个方面之中。正是意向弧统一了感觉、智力、感受性与能动性。在疾病中，意向弧变得松弛。（PP157）

左梨：意向弧获取感觉材料，就像反射弧获取刺激信号。意识对感觉材料进行自发的加工，例如，超出“腿”的具体性，从中提取出支柱的意义，并将其运用于凳腿、床腿这类的表达之中。对于人来说，感官获取信息，意识提取意义，意向弧是感觉材料到思想世界再到意象的联结。

梅洛－庞蒂：抽象运动在于将一个解释不变量安置于印象洪流之下，给体验的原材料提供了形式。我们不能说意识具有这种能力，它就是这种能力本身。一旦存在着意识，而且，为了让意识存在，必然存在某个被意识之物，一个意向对象。意识可以“不实现”它自身，而将自身投向对象，只有达到这种程度，只有它完整地将自己置于对某物的参照之中，只有当它是一个纯粹的意义给予行动，意识才能走向意向对象。（PP139－140）

左梨：这个为印象洪流提供解释的不变量就是意识。所以抽象运动是意识的运动，是主体之为主体、人之为人的证明。

梅洛－庞蒂：如果某种存在是意识，他只能是一个意向之网。如果他不再被定义为赋予意义的行动，他就会陷入物的处境——那种恰恰一无所知的物，沉睡于对自身和世界的绝对无知，不再是真正的“自我”，即“自为”的我，而只有一种个体化的时空形式，一种自在的存在。（PP140）

左梨：这就非常深入了！其实，即使某些非病患，他们的意识也已经无法创造意义，只能凭借惯性完成意义赋予的工作，因而沦为一个解释者，借用陈旧或二手的意义来解释自己出于惯性或条件反射的行动。

梅洛－庞蒂：在正常人中，每一个运动的或触觉的事件都使意识离开作为可能运动中心的身体，去到物体的丰富意向中，相反，在病人中，触觉印象是含糊的、自我封闭的，现实世界的场局限于在实际接触中遇到的东西。（知 149）他不能在闭上眼睛的情况下做“抽象”运动，也就是不能做不针对实际情境的运动，比如，根据指导语运动胳膊和腿，伸开或弯曲一个手指。他不能描绘他的身体，也不能描绘肢体的被动运动。（知 141）在具体运动中，病人既没有对刺激的自发意识，也没有对反应的自发意识：他仅仅是他的身体，而他的身体是某个世界的能力。（知 146）具体运动的背景是给定的世界，而抽象运动的背景是创建的。（PP127）

左梨：抽象运动是一种没有具体对象或环境，仅以躯体、身位移动为目的的运动。同一个动作：点头赞许是具体运动，多次用下巴接近锁骨就是一种抽象运动；闻一朵花是具体运动，用木尺指出鼻子的位置是抽象运动。尽管都是将物品送到鼻前，但对患者而言：鼻子，作为使用中的嗅觉器官，无须寻找就能得以定位；而当它作为身体部位名称出现时，就立刻在个人意象中消失了。

梅洛－庞蒂：如果我站着，手中紧握烟斗，我不容置疑地了解烟斗的位置，与之关联，我也知道我的手与身体在何处，就像荒野中的原始人总是能够迅速确定自己的方位，而无须去回忆、去计算行走的距离和偏转的角度。我们的身体为了任务而存在，为实现自己的目的而集中在一起。身体意象是我的身体在世之中的一种方式。（PP115）就现在仅与我们有关的空间性而言，身体本身是图形和背景结构中的一个始终不言而喻的第三项，任何图形都是在外部空间和身体空间的双重界域上显现的。（知 139）

左梨：这是一个劳动中的无我的身体，它深入物中，通过劳动不断地外在化自身。我们从婴幼儿时期便开始整合自体感受、触觉、视觉，最终在意识中形成了这个意象之身。它使我们无须瞄准就能将饭送入嘴中，身手敏捷者可以精准地拍死身边的苍蝇，训练有素的职业运动员能将篮球投入半场外的篮筐，这时意象之身已经大于他的肉身。有的技工甚至能用挖掘机抓斗在数米之外点开打火机，他们的意象之身已经纳入了工具，使工具成为器官。

梅洛-庞蒂：行为习惯表达了我们扩张"在世存在"，或者通过占用新工具改变存在的能力。即使我们无法说出构成词语的字母应该在哪一排键盘中找到，我们也能打字。（PP166）

左梨：最有趣的是，尽管我使用同一个键盘，但母语的打字速度要远远快于非母语。当准备输入"思"时，我的手指就会自然伸向拼音 s，可面对 think，却需要些微的迟疑才找到这些字母。而且，尽管英语是我的第二语言，它在输入速度上却慢于日语，因为除掉ら行和ち等有限的几个假名，日文的拼写方式与中文几乎完全相同。英文在我的脑海中，却没有进入我的身体。

梅洛-庞蒂：如果习惯既不是某种知识形式，也不是某种本能行动，那么它是什么？它是寓于手中的知识，只能在身体作用下降临，否则便无法形成。（PP166）当身体被一种新的意义渗透，当身体同化一个新意义时，身体就能理解，习惯就能被获得。（知 194）我们移动的从来不是客观的身体，而是我们的现象之身，其中没有任何奥秘，只是我们的身体，作为这个世界某个部分的潜在可能性，去涌向客体，掌握并感知客体。（PP121）当考察处于运动状态的身体时，我们能清楚地了解到身体是如何寓于空间和时间中的，因为运动不仅限于被动地接受空间和时间，它还主动地接受空间和时间，在其最初的意义中再现空间和时间。（知 141）

左梨：您把它称作现象之身，这不是指另一具无形的身体，而是你给我们这具能动性的肉体起了一个专名。它的运动不需要一双客观的眼睛实时定位，也不需要一个负责指挥的大脑随时控制每块肌肉的伸张或收缩。这个身体才是我与客观世界之间真正的中项，它完全在世之中，认知并改变着现实。问题是，它在又不在我们的意识之中，与意识有时无须交流，它几乎就是意识；有时无法交流，似乎分处于无关的世界；总之，它们之间似乎并不存在交流。

梅洛－庞蒂：当我示意让朋友过来，我的意图在我心里没有草稿，也没有感知到身体发出信号。我穿过世界去示意，召唤远处的朋友；我们之间的距离，以及他的同意或拒绝直接从我的手势中显现；没有紧随运动的知觉过程，运动与知觉形成了一个作为整体发生变化的系统。如果我执行“同样的”运动，但是没有任何在场甚至想象中的搭档，而只是执行“运动自身”，用前臂向上臂弯曲，掌心向上并弯曲手指，我的身体，刚才还是运动的载体，现在却成了运动的终端，运动的目标不再是指向世界中的某个人，而是指向我的前臂、上臂和手指。（PP127–128）

左梨：哈哈哈，听完这段动作描述，我忽然感觉自己快要精神性失明了——执行以上内容，在脑海中构想它们，突然发现这组动作跟招呼远处的朋友过来完全一样，简直是顿悟。

梅洛－庞蒂：我也好奇地看着这个奇怪的能指装置，把它当作一种自娱自乐的工作。（PP128）正常身体不仅能被吸引它的现实情境调动起来，而且也能转身离开世界。而病人无法离开现实世界。（知 148–149）还有一些病况较轻的患者，在迷宫测试遇到死胡同时，他无法找到“相反的方向”；无法区分物体在医生一侧还是自己一侧；知道本月是三月，今天是周一，却很难说出上个月的月份或昨天是周几。原因是，所有这些操作需要同一种能力，在给定世界中标出边界和方向，确立力线，保持视角，总之，要按照当前计划组建给定的世界，根据地理环境设定行为环境，建立一种向外表达主体内部活动的意义体系。对于患者来说，这个世界是现成或固定的；而对正常人来说，他的投射使世界成为另一极，神奇地呈现出大量指引运动的符号，就像博物馆中指示观众的标牌。（PP128–129）

左梨：打哈欠或张大嘴巴吸气，瞄准射击目标或闭上一只眼睛，敬礼与将手举至头顶之上，从外观上看，两者完全一样，但对于运动主体来说截然不同。一种是为某个目的实施一个动作，而另一种只是单纯地张开嘴巴、闭上单只眼睛、将手臂举过头顶。那些不关联目标，动因仅内在于运动主体的动作，作为群体性行为之外的意象，不仅标示出身体运用的个体性，同时也揭示了一种可能，给出了一种自由。而可能与自由，就是一个新世界的起源。一旦确定了我的位置，便确立了一个坐标系，由此标记前后左右上下内外。这是一种以自我为中心，重新衡量并定义世界的能力。真正的人，不仅可以进行本能的自发运动，更能以我思为原点，进行超越具体环境的构造性运动。

梅洛－庞蒂： 抽象运动产生于预设客体的意识，这是自为的运动。事实上，它并非由任何现存物体所引发，很明显它是离心的。这种运动在空间中引用身体勾勒出一个无理由的意图，为其创造一个对象，而不是运动以自己的方式去关联事物。于是，它发散着一种客观化的能量，一种"象征性功能"，一种"代表性功能"，一种"投射"的能量，甚至，这种能量已经在形成"事物"中发生作用。（PP139）

左梨： 抽象运动是创造对象，具体运动是关联事物。当一个人作出抽象运动，以主观意志使不存在的客体在形式上发生出来，现实就出现新的方向和刻度。如同演员在舞台上前后移动弯曲的前臂，并不断弯曲膝盖以使上半身起起伏伏，观众就想象出角色在惊涛骇浪中划动小舟。抽象运动不受理现实，它给予的不是身体，不是身体结果，而是借由经验与想象拓展而出的体验世界。

梅洛－庞蒂： 正常人能够根据空间环境构造一个行为环境，在外面表示主体内部活动的一个意义体系。（知 153）正常人不把想象的情境当作真实的情境，但他们却能把实在身体与生活情境分离，能使身体在想象的情境中呼吸、说话，甚至哭泣。这就是我们的病人不能做到的事情。（知 143）使抽象运动成为可能的正常功能，是运动主体得以设置一个自由空间的"投射"功能，在这个自由空间中，本来不存在的东西能呈现出存在的样子。（知 152）这在于将意义赋予感觉数据，将灵吹入，使之成为系统中的共相，令众多体验集结于一个可理解的核心，使对象在不同视角下仍可辨认的同一性得以昭示。（PP139）

左梨： 您似乎赋予抽象运动一抹神学色彩。此刻，我竟想起那个 1200 年来仍有余响的问题："如何是祖师西来意？"（《五灯会元·卷二》）这位名叫达摩的波斯或是天竺人，历经海上漂泊来到中国，是否只是为了寻找一块可以面对的山壁？盛唐之后的存在主义者们提出了这个问题，禅师们追问达摩自西而来的动机，以此探求存在的意义。达摩为何而来？为征服新法域？为传播真理？为利益众生？赵州和尚答：庭前柏树子；宗彻禅师答：磨骨头；道吾禅师答：东土不曾逢；义忠禅师答：龟毛兔角……前两者诉说无关意向的本能冲动，后两者的答案一个指向莫须有，一个指向不存在。

梅洛－庞蒂：在此，没有手段，也没有工具，这是一个纯粹之物：他首先呈现给自己，他是自己对自己的呈现，他来自无，任何东西都不能阻止他成为他自己，也不能帮助他成为他自己。他以前存在着，现在也存在着，他是荒岛上的国王。（符号 15）

左梨：当抽象运动从身体范畴进入存在范畴，它就升华为一种真正构成人生的神学实践。达摩抵达东土，就是作为生命本应成为的一场抽象运动，无关现实功用，也无关精神利益，而只与个体那不可命名的活性相关。这种自然不是客观的自然，而是个人的自然；这种冲动不是类属的本能，而是个体的欲望。

梅洛－庞蒂：在充斥具体运动的世界中，抽象运动开拓出一个反射和主观性的区域，在物理空间中叠映出一个虚拟空间——人的空间。因此，具体运动是向心的，而抽象运动是离心的。前者发生于现实或存在之域，而后者发生于虚拟或不存在之域；前者依附于给定，而后者现出自我。（PP128）

左梨：从现实世界的角度来看，抽象运动具有一种无目的性，这是因为它的目的在现实之外，它要创造现实。伊阿宋为金羊毛去科尔基斯历险，是具体运动；以色列人随摩西渡过红海，走入旷野，则是抽象运动；哥伦布为抵达印度而发现新大陆，是具体运动；之前的恩里克建立全世界第一个航海学校、天文台、图书馆、港口及船厂，为整个大航海时代开启序幕，则是抽象运动。罗蛋塔认为，“精神的运动，正是对不存在的持续触及”，（意 356）“精神，与虚空同在，他的运动，是对无限的勾勒，一经显形，就诞生新的世界”。（意 362）

梅洛－庞蒂：我们不必先将世界得以被想象的必要条件给予世界，为了世界能被想象，世界应该为我存在，也就是说，应该为我显现，当我是决定世界的上帝，而不是被遗弃于世界之中，完全“维系于世界”的人……（PP255）为了在本能之外拥有身体，为了在意愿之中支配身体，为了在虚空执行仅属于精神的运动，我必须倒转那种身体基于环境的自然关系，人的生产力必须在存在的密度中显现自身。（PP129）

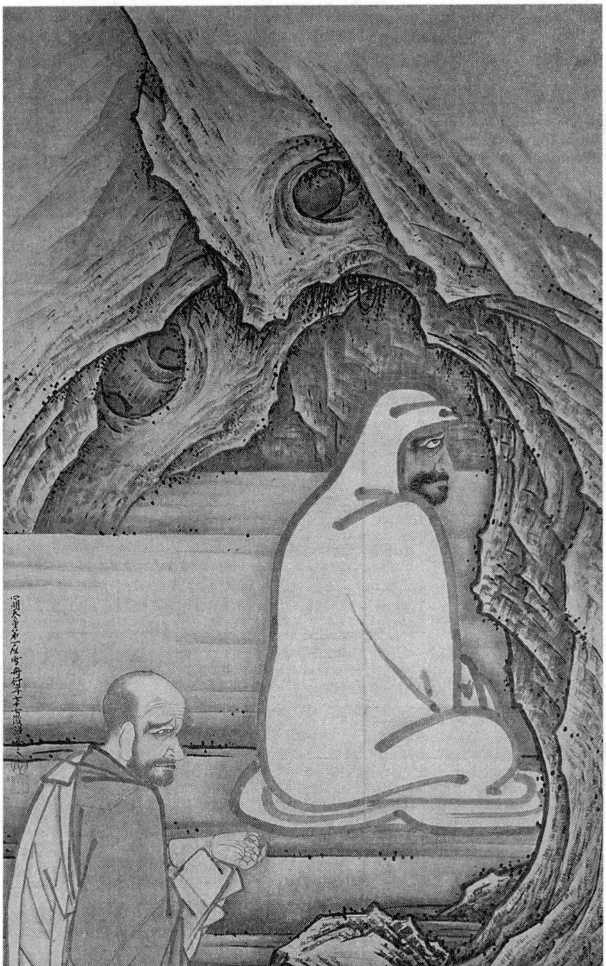

日本室町时代水墨画家雪舟 1496 年作品，《慧可断臂图》。胡适考证达摩抵达中国的时间最迟在刘宋灭亡之前，应该与梁武帝没有交集

左梨：每个哲学家都有凸显峥嵘的一刻，就像此刻。身体凭自身建立时空坐标系，力图使意识完成其本职，也就是创世。精神性失明的病源在于失去了这种创造力。令人伤感的是，它有时是全民性缺陷。中国人的民族之身即患有此疾，他们顺应给定的世界，停留在本能范围内侍奉生存，很少向外实现纯属个人的“我思”，去创生现实。

梅洛－庞蒂：那些企图建构完全确定的哲学的人，唯有放弃将其自身置入绝对知识中的权力，才最终成了哲学家。他们所教的不是绝对知识，而是令其在我们中生成。（IP5）

左梨：他必须将否定性置于自身之内。我感觉一个黑格尔的概念在前方等着我们，在自然状态中，现象之身似乎就是意识，它与意识同步，直接实现意识；而一旦意识觉察到自身，成为自我意识，现象之身便隐于身体的黑箱，时出时没。

梅洛－庞蒂：只有当身体能以多种方式成为身体，意识能以多种方式成为意识时，具体运动与抽象运动的区别才会存在。抽象运动与具体运动的区别不能与身体和意识的区别混淆，它不属于同一个思辨维度，而只能在行为维度中找到它的位置。（PP143）既不能说人看见是因为他有心灵，也不能说人有心灵是因为他能看见。“像人那样去看”和“拥有心灵”是同义词。只有印象追随其后，意识才是对某物的意识，只要试图设想一个客体，意识必须依赖一个之前已经建构的“思想世界”，在意识的核心，始终存在某种程度的人格解体。（PP158）

左梨：人格解体？那种自我认知异常？人感到身体、心理与自身分离，感觉、情感和行为并不属于自己，而更像是他人的经历。这种切身感的丧失源于感觉材料全部交予了早已建构的思想世界。思想世界与直接感受失去联系的部分越多，就越是滥用公共部分的内容，人格解体就越严重。

梅洛－庞蒂：意识可能生病，它的思想世界可能分崩离析，进一步说，疾病所消解的内容无法作为正常意识的相关部分尽职，无法作为基础支撑超出它们的意义，因此意识将试图支撑已经损坏基础的上层建筑，模仿它的日常进程，但是不能带来直觉认识，也不能掩饰这些剥夺它们完整意义的具体缺陷。（PP158）

左梨：有很多不自知的人格解体者，其思想世界仿佛一棵根部已断却仍然枝叶茂盛的树。他们凭借惯性和模仿保持着行尸走肉的模板表达，看到孩子，表现出长者应有的威严或慈祥；看到灾难，表现出应有的悲悯；看到名作，表现出应有的震撼和欣赏。这种反应形式几乎退化为更低级的神经活动，即条件反射。

巴甫洛夫的狗不是真相

梅洛－庞蒂：从兴奋到反应的传递是否存在一条限定的路径，一种独立的传导过程？（SB16）人习惯于把我们最为容易施加影响的条件作为“原因”来处理。（SB17）巴甫洛夫使自己面临的问题是，有机体如何与周边环境建立关系？这种环境远比立即作用于传感器末端的物理或化学刺激更为丰富和广泛。（SB52）

左梨：巴甫洛夫说，一个复杂的化学物质之所以存在，是因为它的原子与原子团保持平衡状态，它的整体复合体与周围环境也保持平衡状态。同样，组织极度复杂的动物之所以能够以整体的形式存在，是因为它们细微精确的构成部分彼此平衡，并与周围环境保持平衡。这是生理学研究的内容。一旦对这种系统的平衡状态作出分析，分析者要么由纯客观主义退却至玄想与目的论，要么从生机论发展为泛灵论。他选择在纯粹客观的基础上进行研究。（巴甫洛夫 3–4）最终他发现了条件反射现象：如果每次喂食之前都发出铃声，那么铃声就使狗产生进食前的反应，分泌大量唾液。由食物引起的唾液分泌为无条件反射，而铃声引起的则是条件反射。

（他拿起一本 1932 年的学术期刊 *Nouveau Traite de Psychologie*，开始朗读其中巴甫洛夫的论文《反射条件》）

梅洛－庞蒂：尤其引起我们注意的那些条件抑制效应，它们是决定性的。如果光线 L 已经成为生成胃分泌物的条件刺激，当从未与碎肉联系在一起的声音 S 与光同时出现时，起初声音 S 因为辐射效应也会获得微弱的促反射能力，但很快就会失去这种能力——因为声音 S 没有与绝对刺激物相捆绑，这种刺激只与条件刺激相关，反而会成为抑制性条件。成为抑制条件的声音最终会彻底制止这种反射，当光与声音同时出现，我们再也观察不到胃分泌物产生。（SB53）

左梨：说句题外话，人也时常混淆无条件刺激与条件刺激。很多人本来渴求碎肉，后来进一步寻求意味着碎肉的光，接着听到代表灯光即将出现的开关声就开始兴奋。更为可怕的是，很多条件刺激与绝对刺激物捆绑在一起太久，甚至在感觉中取代了绝对刺激物，人在追求的过程中歧路亡羊，最终得到的只是代偿物。

梅洛－庞蒂：巴甫洛夫被迫在每一步都用一条规律去修正另一条规律，这一事实无疑证明：他没有发现能使全部事实组织有序的中心视点。（SB54）真正引起条件反应的刺激物既不是被视为个体的声音或对象，也不是被视为组合的声音与对象集合——它们既是个体的又是混合的，而是声音的时间分布、组合的排列韵律、对象的规格比例，总而言之，真正的刺激物是整个状况的精确结构。（SB56）

左梨：还是结构！结构的作用。我曾参观朋友李博的锦鲤养殖场，每次喂食之前，李博都会站在池边鼓掌示意，池中的锦鲤便群涌至他脚边。我尽量学习他的节奏和力度鼓掌，也有少量锦鲤向我游来，但远不及他所造成的号召力。这种较为低级的脊椎动物，也能敏锐地感受到两种掌声以及水岸上人影的微弱差别。

梅洛－庞蒂：如果试图给蟾蜍建立条件反射，人们就会发现，动物的反应更多取决于一种相似性，即实验情景与其本能适配的情景之间的相似性，而不取决于实验者所提供的那些关联项和非关联项。如果将一条蚯蚓置于蟾蜍前，但是中间由玻璃隔断，尽管多次的失败应该形成抑制作用，蟾蜍却仍然锲而不舍地尝试抓住这只蚯蚓，因为，在自然生活中，其本能要求它面对一个移动目标进行反复尝试。但是，如果我们把一只味道恶劣的蚂蚁放在蟾蜍面前，这一独特的体验足以制止它尝试其他所有蚂蚁，因为在自然条件下，当某一样品导致呕吐反应时，其本能便决定对同一蚁穴中的所有蚂蚁作出全面停止进食的积极反应。（SB104–105）

左梨：在蟾蜍的自然环境中没有玻璃，它很难建立关于玻璃的条件反射。而自然环境中存在令它厌恶的食物种类，所以它立刻对类似食物造成了条件反射。也就是说，条件反射似乎是为节约探索成本而执行的一种反应方式。

梅洛－庞蒂：因此，蟾蜍所做的反射从来不是针对实验的刺激，只有在这种刺激与自然活动中某一数据性限定对象相似时，在这一范围内，它才是促反射的。而且它所引起的反应并非由当前情景的物理特性所决定，而是由行为的生物定律所

决定。(SB105)

左梨： 可是，苛勒那个著名实验似乎并不支持这一观点。他在做家鸡视觉研究时，将浅灰色的纸张 G1 和中灰色的纸张 G2 摆放在鸡面前，只允许鸡吃 G1 上盛放的谷物。经过 400—600 次训练后，鸡已经形成了条件反射。这时撤去中灰色的 G2，引入一个颜色更浅的 G0，多数的鸡却选择啄食 G0 纸张上的谷物，而不是被反复训练过的 G1。如果在深灰色 G2 与更深的灰色 G3 之间，鸡不会习惯性排除 G2，而是在选项 G3 陪衬下重新选择颜色偏浅的 G2。在自然生活中，对鸡来说，觅食地点的亮度与食物的丰富度并非明确相关，但是鸡不但建立了这种条件反射，甚至学会了“推断”。

梅洛－庞蒂： 在这个反应中家鸡的选择是绝对的，但对绝对色值的适配不是固定的。相反，在类似实验中，一个成年人类则对挑选原则非常犹豫；只有在前后三种选项的色度非常接近时，他才会依据对比关系进行选择。(SB123)

左梨： 家鸡的“推断”能力是因为它们对色彩的判断只有深或浅两个挡位，所以每次都选择较浅的那个。而人类对色值的判断精度更高，记忆更为准确，才能在对比关系改变时仍然坚持最初的色值。判别程度，需要一个明晰精准的尺度。而在稍微抽象的领域中，很多人就是一只二进制的家鸡。

梅洛－庞蒂： 它们的知觉事实针对的是关系，而不是绝对的术语。(知 23) 在动物的行为中，符号始终停留为信号而永远无法成为象征。经过训练的狗能按照命令跳上一把椅子，再跳向第二把，但如果没有椅子，它绝不会利用面前的两个板凳或扶手椅开始表演。(SB120)

左梨： 动物无法抽象出意义，不能发现凳子、沙发、椅子所共有的支撑身体的特征。动物的世界里几乎没有“所指”，只有人才是“符号动物”。

梅洛－庞蒂： 真正的符号代表着它的所指，这不是根据一种经验的联合，而是因为它与其他符号的关系也同于它所指的对象与其他对象的关系。[《行为的解构》(以下简称“行”) 188] 因此，真正的能力要求“刺激”与其结构的内部特性相呼应，与其内在意涵相呼应，这要求反应同刺激一起象征化。(SB122) 在动物的行为中所缺乏的，是“视角的多样性”，是对同一主题进行多种表达的可能性。(SB122–123)

左梨：动物没有象征化的能力。象征正是符号的本质，同时能指和所指构成了符号，能指具有确定性，所指则会出现内涵变动——产生歧义。同一个能指的不同所指 - 歧义，来自人的意识差异，这可算是一种“视角的多样性”。而动物只能识别确定的能指，没有所指，它们存在于一个几乎没有歧义的世界里。“视角的多样性”，使反思成为可能！所谓反思，就是变化视角重新审视事物。

梅洛 - 庞蒂：前面的章节告诉我们，不仅不要像他们所说的那样，用低级来解释高级，也不要用高级来解释低级。传统地来看，低级或机械反应，如物理事件，在客观时间和空间中展开，与“高级”反应不同，它们是先行条件的函数值。后者不依赖刺激，而是实质地依赖于处境的意义，像是因此预测了这种处境的“景象”，它们作为一种预见，不再属于自在序列，而是属于自为序列。（SB124-125）

左梨：很好，自在与自为，二元化的幽灵再一次出现了。身心这个戈尔迪之结总是被古往今来的亚历山大们一剑劈开。

梅洛 - 庞蒂：这两个序列对意识而言都是显然的：前者对物理思维模式显现，似乎在这类事件中，外在秩序从外部管控任何一方；后者对反思意识显现，其内在秩序是，高级行为的发生总是取决于意图。行为，正因为它有一个结构，不属于自在或自为序列中的任何一个。（SB125）

左梨：你认为行为既不是自在的也不是自为的，还是认为它两者兼具？

梅洛 - 庞蒂：行为不像一系列物理事件那样在客观的时间和空间中展开，不是每个时刻占有一个且只占有一个时间点。而是在习得的决定性时刻，某个“此刻”从一系列“此刻”中脱颖而出，获得一种特定的价值。这个“此刻”总结了它的先在，介入并预示着行为的未来，将经验中的个别情境转化为典型情境，将有效反应转化为能力。从这一刻开始，行为就成为它自身内在的可能性在机体之外的投射，从而脱离自在的秩序。世界，因居住着生命，而不再是并置堆积的物质集合，行为在哪里显现，世界就在哪里打开。（SB125）

左梨：这个独特的此刻，就是习得的一刻，行为因动机实现的确定性而可与动机等同起来。它成了主体的意识表达。脑神经科的学生都会牢牢记住 H.M.——亨利·莫莱森这个著名案例，为了治疗癫痫，他 1953 年切除了三分之二的海马体以及海马旁回，内鼻皮层，梨状皮质，杏仁核。此后，他存活了55年，记忆却永远停留在1951年，无法回忆手术前1—2年的事情，也无法记忆新事物，似乎负责存储这部分信息的硬盘分区被毁了。但是，这并不意味着失去了学习能力，他仍然能够练成复杂的杂技动作，只是对学习过程一无所知，这使得每一种新能力都仿佛突然降临在他身上的神迹。实际上，我们或多或少与H.M.类似，对行为习得有一种质变式的体验。在我们没有掌握某项能力之前，几乎认为不可能拥有它，而在掌握之后，又认为之前那种无能状态不可理解。

梅洛-庞蒂：在学习过程的系统性这一事实上，任何机械论都会碰壁：主体并非将个别的运动和个别的刺激焊接在一起，而是获得了一种能力——对某种形式的普遍性问题作出类型化的解决。（PP164）

左梨：这一刻，“我思”拥有了“我能”之身，意向可以立刻在行动中成为现实。这种能力不再是本能，人所拥有的能力超越了本能划出的领地。更重要的变化是，这种能力的轴心不再是社会、种族、家庭所围合的圆心，而是“我思”的原点。从这一刻起，“我思”不再是一个抽象的位置，而在现实中划定了自己的疆域，使“我能”的身体如同一位创世者，又使其余空间如造物一样存在于周遭。

梅洛-庞蒂：行为的各种形态，在动物体空间所代表的意向，并非指向真实的世界或纯粹的存在，而是指向“为动物的存在”，即所属某个种类的特定处境。它们不显现意识——这种全部本质即“去了解”的存在，而是显现某种处理世界、“在世生存”的方式。按照黑格尔的说法，意识是“存在之中的洞察”，在这里我们一无所有，仅有一种开放。（SB125-126）归根结底，我思使我与上帝一致。我们与物体的关系不可能是外在的关系，只有当世界成为被证实的事实之前是我们自己的思想，我们才能感知一个世界。（知469）

左梨：问题在于：意识是行为的结果，还是行为的原因；是主导者，还是阐释者？行为的结构，就是行为-身体与意识的关系。或许，并非由意识主导，意识所携取的欲望才是行为的原因。而行为在现实中的结果，迫使意识对其进行认识和反思，这时，行为又行于意识之先。罗蛋塔曾说，行为是意识的结论。无论是意识、潜意识、无意识哪一种的作用，行为都是一种结论。

梅洛-庞蒂：我既能意识到感知的世界，也能意识到行为的世界，我试图使世界同一，这就意味着，在行为的体验中，我事实上一并超越了自为和自在。（SB126）

左梨：这是说行为不能归因于本能-自在和意识-自为任何一者。蒙田说面对晴天霹雳或坍塌巨响，人们的第一反应是一样的，第二反应则有所不同。（蒙田 I38）在巨响的一瞬，每个人都会一缩脖子，这是非条件反射，体现种属的普遍性，这之后才是个体生命作出的选择。行为以物质为媒介，所以难逃物性，这是它自在的方面；但行为仍然出自行为主体，更难消除精神性，这是它自为的一面。

从我思到我能

梅洛-庞蒂：笛卡尔，特别是康德，解开了主体或意识，使人看到如果我首先在理解物体的行为中没有体验到自己存在，那么我就不可能把物体理解为是存在的。他们揭示了意识，作为缺少它一切都不可能存在的我之为我的绝对确实性，作为被联系者的基础联系行为。（知 4）

左梨：行为背后的确实性主人就是意识，甚至就连动物，我觉得它们的行为也伴有零星的意识成分，当然更多的是本能。

梅洛-庞蒂：在康德那里，意识的统一性正好与世界的统一性是同时的，而在笛卡尔那里，全面的怀疑并不会使我们失去什么东西，因为整个世界，至少作为我们的体验，可重返我思，因我思而变得确实。但是，主体和世界的关系不完全是双边的，否则，在笛卡尔那里，世界的确实性就可以用我思的确定性给出，康德就无从谈及“哥白尼革命”。（知 4）

左梨：是这样，这也代表了“主体”一词的应有之义。人与世界，既不是完全的双边关系，同时在这种双边关系中也并不平等，不是认识要符合对象，而是对象必然符合认识，我们只是在认识我们之前所赋予的。世界建立于我们的认识条件，后者使世界对于我们而言成为可能。可以说，在笛卡尔和康德以来，人类才了解日用而不知却时刻在构造世界的自身－主体。

梅洛－庞蒂：我们的存在过于紧密地附着于世界，以至当我们的存在投入世界时，不能如实地认识自己：我们的存在需要一些理想性的场来认识和克服我们存在的人为性。众所周知，维也纳学派最终承认，我们只能与意义建立关系，“意识”不是我们之所是。（知 11）

左梨：意识作为主体活动的首要特征，如果还不能代表“我们之所是”，那么依据传统的二元思维，那必然要将答案联系到物质。

梅洛－庞蒂：物体贯穿的是物体，意识贯穿的是意识。“存在”一词有两种意义，也只有两种意义：人作为物体存在，或者作为意识存在。相反，身体本身的体验向我们显现了一种模棱两可的存在方式。身体不是一个物体。（知 257）探讨世界的本质，不是探讨世界在观念中之所是，如果我们已经使世界成为讨论的主题的话，而是探讨在主题化之前世界实际上为我们之所是。（知 12）

左梨：我怎么感觉好像又在面对中国禅宗大师所提出的那些问题？

梅洛－庞蒂：如果我的意识在当前构成它所感知的世界，那么从意识到世界就不会没有间距，在它们之间就不会有可能存在的距离，我的意识就能深入世界，直到世界最隐蔽的联结处，意向性就能把我们带到物体的中心。（知 304）没有内在的人，人只有在世界中才能认识到自己。当我根据常识和科学各自的独断论重返自我时，我找到的是投身于世界的一个主体。（知 6）

左梨：主体意识对于行为，或者对于它所投放自身之物，是确实的，但意识本身却极不确定。意识世界就像量子世界，正是量子如鬼魅般既在 A 又在 B 的非定域表现，正是两个电子之间超越光速的非因果性纠缠，一个与传统规则相悖的新系统才向我们渐现真容——无所谓因果，只有相互关联并存的事物。

梅洛－庞蒂：量子物理将“非因果性”这个概念引入我们的物理世界，在这之后，原则上没有任何理由肯定经典形式的因果性。（SB154）

左梨：为了得到确实性，或者说就是一种因果性，我们必须将意识与另一个相对确定的内容——自我相联合，才能在科学的可统计的意义上把握它。而自我，正如马克思所言，是意识在物质基础上的异化形式，罗蛋塔称之为“被物质结合的意识受体”，它是一个有迹可循的时空体。

梅洛－庞蒂：作为沉思的自我，我能很好地把我与世界，与物体区分开来，因为我确实不以物体的方式存在。我甚至应该把我与被理解为众物体中的一个物体，与被理解为物理－化学过程总和的我的身体区分开来。但是，如果我以这种方式发现的我思活动在客观的时间和空间里没有位置，那么它在现象学世界中也没有位置。我把世界与作为由因果关系连接起来的物体和过程总和的我区分开来，我“在我身上”又重新发现了作为我的全部我思活动的永久界域，作为我不停地置身于其中的一个维度。真正的我思不把世界的确实性转化为关于世界看法的确实性，也不用意义代替世界本身。相反，真正的我思把我的思维当作不可剥夺的事实，取消各种各样的唯心主义，发现我“在世界上存在”。（知 8–9）如果没有自我意识，所谓的主体就分散在他的行为中，就意识不到任何东西。（知 303）

左梨：因此，被物质结合的这个意识受体——“自我”，具有一种确定性，当然它本身要比日常所指的那个深邃得多。

梅洛－庞蒂：身体是“自我存在的隐蔽形式”。（知 218）魏克斯库尔说，“每一个机体都是一首歌唱自我的旋律”。这不是说机体了解这首旋律并试图实现它，而只是说，对于那个了解它的意识来说，它是一个别具意义的整体，而不是依于自在的物。（SB159）

左梨：也就是身体可以代表自我？

梅洛－庞蒂：身体结构就是人的个性表达。物理系统的统一是一种相互作用的统一，机体的统一是意义的统一。我只想说，一个活的身体，或是我们从此要说的，一个“现象的身体”，它的知觉不仅仅是某些视觉和触觉的混嵌，关联于欲望、情感和感觉的内在体验，知觉终将从它们之中获得生命的意义。（SB155–156）

左梨：身体无法在不同的时空同时存在，所以行为就是答案，而身体是最终的签名者。意识与量子之间最大的相似之处，是玻尔所说的“过程的根本不连续性”，（戈尔茨坦 277）光的发射吸收与静止状态之间存在不连续转换。意识流中存在的无数个体，它们不可再分，同样不可能发生局部改变，因而也存在这样的不连续性，它们的改变永远是质变。因为意识的存在，生命具有发生质变的可能，从此不再为自身的显现所规定，因而有别于他者。也就是说，生命因由意识而发生的质变，可能会超出身体结构的统辖。

梅洛－庞蒂：我们已经接受了这样一个事实，生命活动如其所是，具有一种原生意义。个体，作为“反应的特定能力”，是一种终极范畴，或生物学的不可归约模型。一旦我们试图超出统计学结论去预言某个特定机体的生命反应，必须考虑的个体系数是“从属于它的特定结构那种内在必然性”。（SB154）

左梨：这是说意识实际上来自一种内在的必然性，而后者从属于生命的特定结构。我们模仿着科学研究的方式，将生命纳入实验室进行观测，但是同时，也是科学告诉我们，观测系统和观测行为必然影响测量结果。量子力学的开创者之一帕斯库尔·约当认为：“每一种观测中都暗含着一种对观测物的干扰。我们所观测到的不是脱离实验的情况，而是我们所召唤的事实，或者我们迫使事实在某个方向上消除歧义。”（Jordan228）意识具有非定域性和非实在性，它们合构为一个引力场，形成了行为。我们如何把握生命的这种特定结构呢？

梅洛－庞蒂：第一真理确实是“我思”，但条件是人们在世界上存在时要把它理解为“我属于我”。内部世界和外部世界是不可分离的。世界就在里面，我就在我的外面。（知 511）有机组织不只是一种物理学所面对的事实结构，它是一种原则结构，为了最终保持这种生命范畴的源头性，必须将产生各个部分的机体当作一个整体，从源自存在的局部现象去发现它简单的行为，回到生命冲力的概念中去。（SB154-155）

左梨：机体行为所缺乏的因果关系在类比中得到一种新假设：意识与行为之间既有因果性，又有非因果性，还有反因果性。也可以说，潜意识就是未来的意识，它尚未成为意识，却已经对行为产生影响。即使恐惧意识在逃跑行为之后产生，它依然是造成逃跑的原因。从行为回推意识有迹可循，但从意识回溯到作为有机组织的源头性动因，即使通过自我这个物质性驻地，也不易达到。

梅洛－庞蒂：那些我们称之为生命的存在，在行为中表现出特殊性，这就是说他们的行动不再被理解为物理环境的函数，相反，他们所反映的这部分世界受制于他们的内部法则。（SB159）行为的理想结构允许我们将一个机体的当前状态与被给定的先在状态联系起来去观察，而且能在后者中辨认出前者本质上的发展。（SB160）

左梨：生命的存在即使不是物理环境的函数，也是一种内在结构的产物。也就是说，生命有其高过意志的必然性。那么，问题来了。这种可以关联前后，阐明秩序的内部法则，即“行为的理想结构”，从何而来？或者说，它究竟是什么？

梅洛－庞蒂：如果行为是一种“形式”，我们甚至不能在其中指出它分别基于内在或外在条件，因为这些条件的改变将以一种全面的无法分割的效果体现出来。行为不是一个物理世界的效应，生理场的本源特征超越了物理场。如果我们将象征性的行为及其固有特征完全纳入考量，就有理由引入第三个场，按照通常定义，我们可以将其称为心理场。（SB131–132）

左梨：最后引入的这个象征功能场，正是我们前面所说动物所缺少的场。行为由这三个场共同决定。

梅洛－庞蒂：“生理”、“生命”与“精神”不代表三种生存能力，而是三种对立统一。人的生理性质并不从属于生命原则，机体并不预谋要实现某种理念，精神也不是身体内在的动力原则；我们所谓的自然已经是一种自然意识，我们所谓的生命也是一种生命意识，我们所谓的精神是与意识面对面的客体。尽管如此，在确立生理形式、机体和“精神”的理想性质时，准确地说我们这样做了，我们不能对这三种秩序进行简单叠加；不要把它们拼合为一种新的本质，每一种秩序都必须对先在秩序进行一次新的结构化的重录。（SB184）

左梨：它们甚至超越了相互影响，进而形成了一种相互生成的关系，它们是长在一起又互为所是的综合体。

梅洛－庞蒂：当我观察一个吸引我的事情时，很少注意到时有发生的眨眼会中断我的视野，这些动作不会在记忆中形成，但是，我当然非常清楚地知道闭上眼睛就会终止观看。这个认识不会阻止我相信当我观看时，我看到的是事物自身。这是因为身体自身及其器官就是去实现意图的基础或载体，还没有被理解为“生理学的实体”。身体作为呈现给灵魂的外在事物而存在，但不论哪种情况，两者之间的因果关系都是一个问题。人的统一还没有分裂，身体还作为“人”的定义；它还没有成为一个机器；灵魂也没有被定义为自为的存在。自然意识既没有将灵魂看作身体移动的原因，也没有将灵魂看作身体这艘船的领航员。这种思维方式属于哲学，不包含在直接体验之中。既然身体没有被看作一团惰性的物质，或是一种外在器具，行动的活性躯壳，这种行动的本源不需要一种类物理力量。（SB188）

左梨：在二者没有产生矛盾的时候，人们不会试图进行区分。即使面对真正的外在工具，只要使用趁手，人们也会忘记它的存在，而将其视为躯体的延伸。康拉德说，好的水手不需要任何探测工具就知道船体面临的情况，厨师通过餐铲也能了解食物的质地。哲学并没有试图挑拨身心关系，但是身体失控、不能正常完成意图的情形也颇为常见，不仅生命受到威胁的时刻，只要环境发生改变，就会出现行为与意图脱节的状况。

梅洛－庞蒂：尤其是在病中，意识会发现身体自身的抵抗。既然眼睛受伤足以消除视觉，那么我们必然是通过身体来观看的。既然疾病足以改变现象世界，那么身体必然在我们与事物之间形成了一个屏幕。为了理解身体这种扭转整个世界观的陌生力量，我们不得不放弃直接经验带给我们的印象。现象的身体，因为人类允许意识不与其进行区分，由是获得了显现的状态；而“实在的身体”则通过解剖学或更为普遍的分立分析方式而认识，它是一整套我们无法直接感知的和谐器官组合，以它们的机制、它们未知的能量介入我们与事物之间。（SB189–190）

左梨：一谈到实在的身体，您就开始使用第三人称复数。现在，人类似乎将全部热情转向认知这个“实在的身体”，对人口行使规范化的和规则性的“生命管理”，使其在数量上膨化、在功能上简化为一种积极的社会生产能力，福柯将这种政治方式称为生命政治，现在它已经内化为一种生活习惯。医学设备走向普通人的日常，人们主动监测自己的身体数据并上报给保险机构或政府部门。手机 App 可能更了解女人的激素水平和生理周期；而资深跑者看一眼自己的运动手表，就能根据心率变异性了解当日的身体抗压能力，并以此选择高强度间歇训练或长距离匀速慢跑。

梅洛－庞蒂：身体有它自己的世界，物体或空间能向我们的认识呈现，但不能向我们的身体呈现。（知 185）通过我，但没有我的共谋而涌现的身体生存只不过

是一种在世界上真正呈现的开始。（知 218）

左梨：是的，身体生存是一个真正的开始。但当我们这样监测这个“实在的身体”，究竟能揭示什么呢？其实这是在监测我们的无意识。无意识作为行为的一个来源，一种基础，具有更强大的支配力量，以至于意识和潜意识都是在这种支配力量中，以无意识为平台，才得以展开自身。但是，谁在了解这个不被意识的意识呢？只有身体。“被无限级压抑的潜意识，会穿过精神与肉身的界面，将自身刻写进后者的属地，异化为一种身体的本能－直觉”，（意行 192）这是潜意识转为无意识，也是意识转化为身体的结果。

梅洛－庞蒂：身体是世界的尺度。我因为在自己身体之中而对世界开放。但是，我如何能与这堆物质建立一种共性？显然因为它不是一堆物质，而是事物的标准。但是，它如何成为某物的参照而不是它自身？因为它与世界组成一个开放的回路，而它又向人开放。它看着自己，它触摸着自己。（Nature217）

左梨：现在的情况是，在各种统计尺度的衡量中，身体被识别，被检测，被监控，以数据形式向大脑开放，最后导向一个平均值。现代人通过机器的理性掌控身体，力图将其校准为指标均衡的标准件，但这个标准件经常地不能表达真实的身体。由于冷落了身体自己的理智、个性和诉求，人类失去了在自然状态中认知、磨练、陶冶身体的机会，在平均值的身体里，属于个人的那个“现象的身体”被闲置了，被流放了。之于意识，各类检测仪器就像深入基层的调查员，而真实的身体则犹如一个行至边远之境的传教士。

梅洛－庞蒂：人们想占有的东西并不是一个身体，而是一个由意识赋予活力的身体。（知 220）我们把被感知世界的综合交给身体，而身体不是一种纯粹的直接材料，不是一种被动接受的东西。（知 305）我的身体是表达现象的场所，更确切地说，是表达现象的现实性本身，例如，在我的身体中，视觉体验和听觉体验是相互蕴含的。我的身体是所有物体的共通结构，至少对被感知的世界而言，我的身体是我的“理解力”的一般工具。（知 300）

左梨：身体不但是感知工具，还是理解工具。

梅洛－庞蒂：身体看起来能够制造一种伪知觉。真实世界与感知之间，必须由身体作为中介。感知不再通过发现事物的真实位置而占有事物，它必须成为身体内部的一个事件，一个由身体作用导致的结果。（SB190）

左梨：感知是对现象的感知，触摸是触觉的充分必要条件，光与反射是视觉的充分必要条件。感知只能通过身体这一工具和过滤器去获取感知材料。色盲者的眼睛滤除了色彩，聋人的耳朵滤除了声音，感知作为身体的感知受制于身体。

梅洛－庞蒂：这样这个世界就分为两个：一个外在于身体的真实世界，还有一个在数值上与之区别的为我的世界——感知的外在对象与它所深思的内在对象必然分离。身体成了一团物质，相应地，主体从中撤离，在自身中构想身体的表述。（SB190）

左梨：其实，这就是自我与现实的差异，或者说，这就是"自我的身体"与"现实的身体"的差异。如果更多地出于主观使这种差异加剧，那么，极端的结果就是意识主体在"现实的身体"，即在身体自身中的离席，使"自我的身体"完全驱除了"现实的身体"。这样一来，身体就失去了沟通自我与现实的中介位置，同时也失去了居于此位的理性作用，变成了没有表达权的"一团物质"，成为自我意识的构想之物。继而，由身体承载的行为、行动，及其连接的现实结果，也就都成了自我意识的构想之物。

梅洛－庞蒂：之所以主体在处境中，之所以主体只不过是处境的一种可能性，是因为只有当主体实际上是身体，并通过这个身体进入世界，才能实现其自我性。（知 511）如果一个人，具有某种情结，尽力屈服于某种心理机制，这只是实现了奴性的统一。这是一种表面的、僵硬的统一，它无法承受非期待的体验。（SB203）对于一个同时获得了自我与身体的意识，达成了主、客体统一的人，他的身体不再是意识结构的原因，而成为意识的对象。行为的真正统一是发现他在环境限制中没有获得的东西。（SB204）

左梨：行动的统一在于发现主体的客观缺陷，发现环境中不存在之物，发现那种意识自身的缺乏！环境的缺失会造成意识的缺失，使意识主体无法拥有关于某物的意识，而对此状况的觉察和了解，就是对自我和现实的校准，这样自我才可能划出自身在现实中的属地和边界。

梅洛－庞蒂：感官与体质上的缺陷或许会让一个人陷入无法逃脱的古怪视觉或单调行动，这是他遭受奴役的原因，如果他以此为工具，或许借此获取更大的自由。（SB204）我就应该是从我的身体而来的我。（赞词 58）

左梨：通过“我不能”，最终发现了“我能”。不是联觉症使康定斯基能看到音乐的颜色，也不是超阈视力使凡·高能看到星空湍流，而是那种迫切的，从独有角度展现世界的决心，做到了这一切。缺陷，可以成为一道裂隙，让光进入，也可以作为一个角度，开启另一种维度的世界。可是，梅洛－庞蒂，我真正担心的，是现代人失去了发现缺陷的能力。现代人是人类自身产能过剩的产物，正在将生命的牛奶白白倒入地漏，将劳动变成虚设意义的徒劳，将生活变成消化产能的盲动。越来越近的趋势是，这些闲置的身体仅仅作为大脑的封套存在，除了包装大脑，它们无所事事，几乎忘掉了自己。当代法国思想家波米耶这样描述现代人的身体处境，“被拆散的身体，数量众多，直率透明，它们燃烧着，四处游荡”，（波米耶）其实至少就我所见，我只能同意一半。确实存在着大量的“被拆散的身体”，但它们却没有燃烧，也没有四处游荡，而是被闲置，被锁在理性的抽屉里。现代人在社会意图的分理中，弱化了本能，失去了欲望。人的现象之身在退化，那些与自然交通的本能，那些被感知提炼的直觉，那些深度书写生命的欲望，那些结构现实回应的能力，都在结伴退化。被压迫的身体可以谋求解放，被闲置的身体何以自处？

梅洛－庞蒂：我们的自由依靠我们在情境中的存在，自由本身是一种情境。我的身体能拒绝让世界进入，我的身体也能使我向世界开放，使我置身于情境。向着他人、向着未来、向着世界的生存运动能重新开始，就像一条河流能解冻。（知 216-217）我的身体本身完全应该与可见的世界啮合：它的能力正当地维系它有一个从那里进行观看的地方。它是一个我在此栖居的事物。（赞词 150）事物在身体的语境中被把握，世界还没有对身体关闭。（赞词 150）

左梨：根据您的描述，我们是否可以认为，“现象的身体”就是“在世之中”的意识，或许在您看来，意识并不具有人们所习惯认为的那种先在性和超越性。身与心不是对立的二元，而是同一实体的两种属性。

梅洛－庞蒂：琴师如何通过“风琴区域”散发乐韵？在简单的既定身体之中，我们的身体不仅仅是一个表达区域。它是空间的原点——表达运动自身，正是因此，外在对象才开始作为事物存在，置于我们的双手和双眼之下。（PP169）

左梨：这是另一种角度的身体划分，风琴比喻既定的身体——“作为身体的身体”，或就是生理的身体，而琴师比喻我们的身体——“自我的身体”，后者不但不是前者的传达区域，而是前者的主导。虽然一切行为都只能在“作为身体的身体”上显现——就像琴音只能由琴身发生，但那看不见的琴师——“自我的身体”才是主人，才是根源。说到这儿，想起了苏东坡的一首诗：“若言琴上有琴声，放在匣中何不鸣？若言声在指头上，何不于君指上听？”另外，有一个关键点特别需要注意，“自我的身体”不是纯粹的意识本身，它不仅是意识，而是在意识主导下的那个“我思－我能”之身。格式塔理论将自我看作一个复杂的亚系统。人，即使遇险失去意识，也会梦游一般尽力求生。对此，考夫卡认为，“对正常的成年人而言，自我在行为世界中的消失并不意味着自我的湮灭，即使他不向意识再现，依然作为心物场的一部分得以保存”。（Koffka 330）

梅洛－庞蒂：“格式塔”概念的深刻在于，我们由此开启的，不是意义的理念，而是结构的理念，是一种理念与存在难以察觉的结合，物质借由这种随机安排开始在我们的存在中拥有意义，拥有一种处于萌芽状态的可知性。（SB206-207）但格式塔的物理模式与生命现象的关系，就像结晶现象与有丝分裂一样微弱。（SB151）

左梨：在你去世后的这个新世纪，人们正在利用计算机来处理知觉信息。人工智能竟然真的实现了图形识别能力，仅凭一些深浅像素的结构关系就能分辨出戴着帽子的狗和身着宠物服的小女孩。可以说，对结构的认识使人类拥有了复制自身智能的能力。尽管辨识算法各异，但有一点是相同的，人作为设计者和创建者，使人造知觉成为可能。AI 使人类不断反思并验证自己的处境，甚至可以说，使人类更为明确地认识自身的神性，是人这个生命体使摄像头、雷达、信息处理器这些无机的组件具有了视觉、记录乃至判断功能。人没有用黏土照着自己的样子去造人，而是用稀土为原材料在复制自己的大脑，不知这个大脑何时会拥有意识。

梅洛－庞蒂：这个系统若能重启生机，将因为新的先知介入其中，或过去的

文明再度复兴，或出现了系统自身之外的创造。也许历史会衰退，携带着人类的错解和习得一起衰退。（AD23）

左梨：斯芬克斯之谜中似乎在叙述人类的发展史。早晨是四条腿的人兽混合时代，中午是两条腿的人性成熟期，傍晚是三条腿的人机拼合时代。机械正在日益扮演着人类器官的角色，身体正在机械器官形成的环境中更为纯粹地扮演着精神角色，也就是说，人的身体正在日益虚拟化、精神化。

梅洛－庞蒂：可以这样说，历史是虚构领域的行动，甚至是人向自己展示行动的场景。（AD11）意识将自己投射到一个物质世界并拥有一个身体，就像它投射到一个文化世界并拥有一种习惯一样：因为如果不能利用绝对的自然历史或亲历的个人历史所赋予的意义，意识就不可能是意识。也因为任何形式的现场体验都趋向于某种普遍性，不论其来自我们的习惯还是“身体功能”。这些说明使我们能够明确地理解作为基础意向性的能动性。意识最初并不是“我思”，而是“我能”。这是胡塞尔在未发表作品中频繁提到的关键词。（PP158）

左梨：西蒙娜·薇依则通过怀疑来推导，“我仅仅通过怀疑而确认自己存在，正是怀疑的能力定义了我的存在”（Weil60）——我能故我在。戈尔茨坦说，人类可能是唯一一种在机体内部拥有孤立潜能的生物。（戈尔茨坦338）每个人都有自己尚未发现的潜能，而第一次思及某种可能的时候，往往是潜能对意识发出的第一次呼唤。所以，任何一个想法，只要能够出现在意识之中，不管看起来多么荒诞不经，都意味着意识主体有将其实现的潜能。人需要发现甚至发明自己的工作，也就是说，每个人都要超出满员的环境，进行自己的抽象运动，开掘那个展示自己无能的深谷。他的无能之界越深远，他的“我能”之域也越宽广。

梅洛－庞蒂：必须将身体和心灵的概念相对化：身体可以作为一堆相互作用的化学零件，可以作为与生物环境保持对立统一的生命存在，可以作为与其群体保持对立统一的社会性主体，我们的一切习惯对于每一时刻的自我而言，也是一个摸不到的身体。在每一个层级，先现者就是心灵，后续者就是身体。（SB210）

左梨：在您的动物性存在，也就是“作为身体的身体”突然终结之后，您的现象之身还存在吗？

梅洛与女儿玛丽安，这是梅洛－庞蒂为数不多的合影之一。他曾提到自幼生活在一个亲密到近乎封闭的家庭之中，这大概是他不喜欢让家人走入公众视野的原因之一

梅洛－庞蒂：人超越了生物性或社会性存在与其所处环境的统一，成为客观了解世界的纯粹主体，最终必将达成纯粹意识，对他而言，身体与个人存在就不再是任何东西而只是客体。死亡就失去了意义。（SB204）而最终，死亡并没有失去意义，因为生命的偶然性在永恒意义中得以完全表达，它依然是后者的永久威胁。（SB223）有必要向自己确认，永恒的体验不是对死亡的无意识，它不在这一边而在另一边；同样，更有必要区分对生命的热爱和对生存的执着。在哲学上，献祭生命无法实现，只能"抵押"生命，那是一种更深入的生存方式。（SB224）

左梨：我能感觉到，您的生命仍以某种形式继续，它甚至没有寓于你的作品之中，而更像一种意识流、一个矢量，指向事物。

梅洛－庞蒂：必须进入事物，为其担责，不将自身与作为进行切割。我们所能做的是，尽一切可能行事，循序渐进，将其余的留给诸神。（AD4）人不是一个种类或一种造物，他是一种"创造的努力"，柏格森说人性"没有来自人本身的帮助是不可能确定性地被构成的"。我们现在的意志同时作为身体和作为精神而存在，这乃是要求完整地创造一个人为的身体。勒·鲁瓦说"对于我们，上帝不在，但生成"。（赞词 17–18）

左梨：我会的，梅洛－庞蒂先生。我会历练这个我能之身，不论它现在多么低能羸弱，这是我唯一的生命，在这具我能之身中既有我，又有世界。

附记

关于梅洛－庞蒂的记忆分为两段，一段属于长夏，每天凌晨，我会准时醒来，在逐渐放亮的天光中与冷淡严谨又不乏诗性的梅洛－庞蒂较量；一段属于凛冬，在反刍"知觉与现象"的午夜一点，梅洛－庞蒂忽然软化，沸腾，令我深陷其中。与他交谈有一种特殊的担忧，他和黑格尔都在壮年去世，我总是担心现象学会使身体突然罢工。但是没有，我的那具现象之身更为清晰地呈现在我面前，我越来越有信心对其进行雕刻。

参考资料

- Merleau-Ponty, Maurice. *Nature*. Northwestern University Press, 2003.
- Merleau-Ponty, Maurice. *Signs*. Northwestern University Press, 1964.
- Merleau-Ponty, Maurice. *Adventures of the Dalectic*. Northwestern University Press,1973.
- Merleau-Ponty, Maurice. *In praise of philosophy and other essays*. Northwestern University Press, 1988.
- Merleau-Ponty, Maurice. *Phenomenology of Perception*. Routledge & Kegan Paul, 1962.
- Merleau-Ponty, Maurice. *The Structure of Behavior*. Beacon Press, 1963.
- Koffka, Kurt. *Principles Of Gestalt Psychology*. Kegan Paul, Trench, Trubner & Co,. LTD., 1935.
- Sartre, Jean-Paul. *Being and Nothingness : an Essay on Phenomenological Ontology*. Philosophical Library Inc., 1956.
- Weil, Simone. *Formative writings*, 1929-1941. University of Massachusetts Press, 1987.
- Nietzsche, F. *Thus Spoke Zarathustra*. Cambridge University Press, 2006.
- [古希腊] 亚里士多德:《灵魂论及其他》，吴寿彭译，商务印书馆 1999 年版。
- [阿拉伯] 伊本・西那:《论灵魂》，北京大学哲学系译，商务印书馆 1995 年版。
- [法] 梅洛 - 庞蒂:《知觉现象学》，姜志辉译，商务印书馆 2001 年版。
- [法] 梅洛 - 庞蒂:《符号》，姜志辉译，商务印书馆 2003 年版。
- [法] 梅洛 - 庞蒂:《哲学赞词》，杨大春译，商务印书馆 2000 年版。
- [法] 梅洛 - 庞蒂:《行为的结构》，杨大春、张尧均译，商务印书馆 2014 年版。
- [法] 笛卡尔:《哲学原理》，关文运译，商务印书馆 1959 年版。
- [法] 蒙田:《蒙田随笔全集》，马振骋译，上海书店出版社 2009 年版。
- [法] 热拉尔・波米耶:《后现代性的天使之躯》，秦庆林译，书稿。
- [德] 胡塞尔:《纯粹现象学通论》，商务印书馆 1996 年版。
- [丹麦]N. 玻尔:《尼耳斯・玻尔哲学文选》，戈革译，商务印书馆 1999 年版。
- [美] 肯特・戈尔茨坦:《机体论》，包蕾萍译，浙江教育出版社 2001 年版。
- 罗蛋塔，《意行 | 精神现象学的天界与下凡（下）》，一千减 80(2017)：320-352。
- 罗蛋塔，《意行 | 神的方式》，一千减 88(2017)：353-400。
- 罗蛋塔，《意行 | 虚空之犁种植人》，一千减 39(2016)：169-194。

第*9*章　德里达

我所是的那只动物

雅克·德里达（Jacques Derrida，1930—2004），生于阿尔及利亚的法籍犹太裔哲学家。当然，犹太身份在他的解构哲学名签之下，显得不是那么鲜明。他的影响遍及哲学、文学、人类学、历史编纂学、语言学、心理学、政治理论、宗教研究、女性主义及性别研究，或者说，任何出现二元对立的研究领域，都有实践者凭借解构这一行动尝试超越。

因为那个与查理·卓别林合作的小童星，新派的犹太父母给他起了这个美国化的名字，Jackie。行割礼时，叔叔以犹太名字“艾利”命名他，这个名字从未出现在身份证件中，德里达称它为“隐名”。按照他的看法，所谓“阿尔及利亚的犹太裔法国人”，就是“三重背离”——“从阿拉伯或柏伯尔的（更确切地说是马格里布）的语言和文化”中隔离，“从法国进而欧洲的语言和文化”中隔离，“从犹太的记忆，或通常概念中犹太人的历史和语言”中被切断。

1957年，他在哈佛大学做访问学者期间与捷克精神分析学者玛格丽特·奥库特结婚，育有两子。1962年，《〈几何学起源〉导论》发表，获得很高的学术评价：为胡塞尔现象学的解释开辟了新境地。1964年10月，在黑格尔专家让·伊波利特的推荐下，他成为母校巴黎高师的哲学教师。

1967年和1972年，他在这两年出版了六部著作：《书写与差异》《论文字学》《声音与现象》《哲学的边缘》《播撒》《立场》，提出并深入“解构”这一终身论题，继承尼采、海德格尔衣钵，成为形而上学的批判者，确立了独创性思想家的地位。

1968年的“五月风暴”与中国“文革”形成某种形式上的对应，德里达与福柯、布尔杜、拉康等学者不免为学生运动背锅。人们认为他们的著作是这场政治运动的思想背景，法国教育部甚至准备以现代化和效率化为名削弱哲学教育。德里达创建了“哲学教育研究组织”，抗议削弱哲学教育，提议增加哲学课时，降低学习哲学的开始年龄，最终引发一场世界性的呼应活动。在密特朗政权的支持下，扩大公立中学哲学教育的要求得以实现，法国还创办了史无先例的国际哲学学院。

70年代，德里达成为在美国人文社会学界最频繁引用的外国思想家，“解构”几乎作为美国制造的思想而输向世界。从《丧钟》到《明信片》，德里达自觉地破坏着古典哲学文本，将实验性推展至作品的自身形式。

1981年年底，德里达在布拉格机场因“非法携带毒品”被捷克警方逮捕。有人在旅馆将毒品藏在德里达的手提箱中——据说这是当时捷克警方的惯用伎俩，以此报复他与捷克反体制知识分子小组“宪章七七”的成员交流。在二十四小时刑事拘留中，他被迫接受了八小时的威胁性审问，还被扒光衣服，拍摄了大量照片，直至密特朗总统和法国政府介入。也许，正是这场卡夫卡式的遭遇使80年代的德里达逐渐政治化。他发现人权仍然不是不言自明的权利，因而努力反对种族隔离、营救曼德拉、倡议取消死刑。同时，在海德格尔和保罗·德曼因纳粹前史被攻击时，他也挺身而出，为此写下了《宽容》。

主要著作

《书写与差异》《声音与现象》《论文字学》《播撒》《哲学的边缘》《丧钟》《明信片》《胡塞尔现象学中的起源问题》

为裸体而羞愧的亚当

左梨： 雅克，你好。你是我颇费犹豫才确定的一位采访嘉宾，因为距离感太近，我反而会失焦。但最终，还是决定对你作出这次访谈，因为此时，此地，hic et nunc，中国人需要对解构，对你，作出更充分更深刻的认识。能从谈谈你自己开始吗？

德里达： 哦，你想要我对你说出，诸如“我出生于阿尔及尔郊区埃尔比亚一个被同化的小资产阶级犹太家庭，但是如何如何……”这真的有必要吗？帮帮忙，我实在不能如此。[*Derrida and Différance*（以下简称 D&D）74]

左梨： 我对你的亲切感就源自这种相近的生活环境，在文化关系上，新疆之于北京也有一种类似的间隔感。我成长于一个流放者家庭，外祖父、外祖母因为一场即将发生的政治迫害，被迫主动地离开了首都，谈到这个家庭的历史时，未来时与过去时，主动态与被动态总是有些混乱。但是，即便很难描述，这也是一个客观的开端。

德里达： 我诞生于阿尔及利亚，但我的家族不是纯粹的阿尔及利亚人，他们在那里定居已久，早于法国殖民。法语不是我先祖的语言。我生活在独立前的阿尔及利亚，但在独立前不久。所有这一切构成了一种非常非常……矛盾、混杂、交叉的图景。在我看来，在这个主题上哪怕是做最少的论断也是一种超前的毁损。[*Points...*（以下简称 P）203]

左梨： 人为的干涉让我既不自然也不自我，我像个精神上的试管婴儿，in vitro 而不是 in vivo，居于实验室而不是生命中，缺少那种身土不二的体验。

德里达： 我很喜欢“体验”这个词，它本应唤起贯穿的意味，准确说是以身体贯穿，它激发出一种并非提前设置，却在有人前行时敞开的空间。（P207）

左梨：体验是否给你一种孤独感，在任何一个文化场域中，不论阿拉伯、法国还是犹太，你都是一个边缘人，一个外来者，一个异类。

德里达：确实存在着一种外在性！或许有人会说：事情总是这样，即使是一个德国哲学家写到德国传统时，他所追问、书写、质疑的事实也会将他标记于局外。为了质疑、追问和书写，一个人总是不得不保留某种外在性。只是，或许在这种外在性之外——这种对于哲学和写作、提问而言的共同之处，超越这种外在性，或许还存在其他的，一种不同的外在感。（P206）

左梨：这种更为纯粹的外在性，难道不是那种不可公约的个体性？它使一个人得以极致显现——独立于所有现实群属之外。千山鸟飞绝，万径人踪灭。孤舟蓑笠翁，独钓寒江雪。

德里达：如果我在这一话题上足够乐观，我也许会说，我将把我短暂存在的旅程，由于我对此地的决定和命名，视为获得外在性体验的旅程。（P206）

左梨：人生确实具有一种外在性。面对你本人的照片、影像……总之，这类他人眼中的你的身体，你仍会秉持这种外在感吗？

德里达：在十五到二十年的时间里，我曾经尽力禁止拍照——对出版人、报社之类，坚持禁令并不容易，这么做并非为了造成某种空白、缺席或印象遁隐。只是因为，这类影像制品，诸如将作家的头置于他书架前这种全景图，首先在我看来无聊至极，而且它所导向的这种符号与我所写所做截然相反。因而我始终坚持不加申辩地拒绝所有这类事情。（P196–197）

左梨：好吧，这个要求我满足你，我们可以用与作家符号无关的方式合影。

德里达：不论你采用什么姿势，无论你采取什么预防措施以使照片看上去如此或如彼，但总会有一刻，照片令你惊异，最终是他者的视角胜出并决定一切。（P200–201）

左梨：将动态定格，无疑带有某种损失，但我毫不怀疑，它也必然带来某种还原，必然或多或少地将意向呈现在这个客观的个体化空间之中。看看那尊《掷铁饼者》，它将动态及其过程，都显现在了静态形象之中，甚至比一个正在进行掷铁

德里达与他的小猫，他命名它为——逻各斯。
正是这只暹罗猫的目光，引发了德里达关于动物主题的思考

饼的活人更加生动。人最不熟悉的自我，就是他者眼中的自己。我把观赏我被偷拍的照片作为一种自虐式的恶趣味，尤其是通过人脸识别功能筛选疑似我的照片——那个人无论美丑，都让我感到陌生。有一只猫给我讲过一个关于你的故事，它好像叫逻各斯（Logos），曾在浴室中遇见你，而你，突然陷于一种无来由的羞愧和叠加的羞愧。我猜，那是你形而上了你的羞愧……

德里达：在猫的凝视中，在那个糟糕的时刻，我很难征服我的困窘。[*The Animal That Therefore I Am*（以下简称A）4]我时常问自己，在一个动物的目光中，在那个全裸而安静的时刻，我是谁？（A3）

左梨：这是对《创世记》的反讽吗？只是面对动物，而非神，你却像吃过知善恶果的亚当，同样为自己赤身裸体感到羞愧。那只猫，不是一只被你命名的动物吗？你不是它的命名者吗？

德里达：在《创世记》中，舒拉基的译本为："他将它们带到农夫面前，以便看他怎样称呼它们。"（A16）多姆版为"他把它们带到人面前，以便看他如何称呼它们"。"以便看"，我两次重复这个短语，它看来意味深长。两种译文，同样的表达。当诗人进入现场为动物命名时，这个宣称"我是我所是"的上帝也不知道自己即将看到什么。（A17）

左梨：上帝抽身，让亚当来命名。西蒙娜·薇依说："神造物，不是说他造出自身之外的什么东西，而是他抽身隐退，使某部分存在得以在神之外生存。"（薇依90）这似乎是符号任意说的神学基础，神赋予了人命名的权力。这是第一次君权神授，在精神世界中，人享有这种自由。罗蛋塔说"亚当是第一个诗人，而夏娃是第一种语言"。实际上，语言就是我们的生命世界，没有语言，我们将视而不见，听而不闻，感而无觉。

德里达：长久以来，那只一言不发的猫似乎一直在召唤自己，召唤我，提醒我《创世记》中这个糟糕的情节。在出现名称之前，谁先诞生？很久以前，谁看着另一个来到这个地方？谁成为最初的占据者，也就是主人？谁是臣民？长期以来，谁始终是暴君？（A18）

左梨：对贝克莱而言，未被感知者并不存在。也就是说，在未被意识触及之前，万物只是罗蛋塔所谓的“虚有”，万物中无论何者，包括作为意识对象的“我”，都是一样。以上排比而出的追问，也可以更换成以“我”为中心的格式。谁被我最先感知？谁成为我的第一个他者？我看到的第一个到来者是谁？我最初占据了什么，成了谁的主人？还是成了谁的臣民？长期以来，暴君是我，还是那第一个到来的他者？

德里达：我似乎为在家猫面前裸体感到羞愧，更为感到羞愧而羞愧。一种间接的羞愧，为自身羞愧的羞愧镜像，它不断反射、毫无道理又无可否认。在谁面前，为何羞愧？为像动物一样赤身裸体而羞愧。（A4）一般而言即是如此，这是动物的唯一特性，它们与人最终的差别是，它们赤身裸体，却对此一无所知。（A4–5）

左梨：“裸体本身与被脱光衣服之后的裸体既相同又存在差异。”（阿甘本 131）列维–斯特劳斯也曾提到，尽管巴西密林中的印第安人在文明人看来几乎全裸，他们也用一顶小小的草编阳具帽遮住羞耻之心。有的民族甚至连阳具帽都没有，当身上佩戴的腰带、串珠或头饰被摘走时，他们同样陷入全裸的羞愧。

德里达：动物从不陷于赤裸，因为它们本就裸露。它感受不到自身的裸相。“自然本性”中没有裸相，只有赤裸直接的情绪、感动，有意识或无意识的存在体验。对于人来说恰好相反，服饰衍生于技术。我们因此必须将羞耻与技术作为同一“主题”并列思考，以及从中衍生而出的恶与历史，劳作和很多其他相关事物。人或许是唯一发明衣物掩饰性别的种类。在某种程度上说，他称之为人仅因为他会陷于赤裸，也就是说他会羞愧，知道自己因为不再坦诚而会羞愧。而且，认识自己，或许意味着，认识到自己会陷于羞愧。（A5）在那个看到我裸体的猫面前，我会为自己像一只不具有裸感的动物一样羞愧，还是反过来，像保持裸感的人一样羞愧。因此，我是谁？接下来，我所是的又是谁？如果不是他者，我在问及什么人？或许，问及那只猫？（A5–6）

左梨：对于动物来说，问题似乎更应该是——这是什么？而非——这是谁？限于生存中的动物只关注他者的种属，是敌人还是食物？有益还是有害？蟾蜍会因为一只蚂蚁致吐而放弃整个蚁穴，蚂蚁只是它的食物，所以对蟾蜍来说，个体即种属。我并不怀疑你的猫不认识你，但我怀疑它只是将你分类为“照料者”这个类别，尽管这个类别可能只有一个具体案例。

德里达：如果我说“是一只真正的猫”看到我全身赤裸，这是在标记它不可替换的唯一性。当它回应它的名字时，它不是作为一个猫类的案例作出回应，更不用说划归至动物类属或范畴。我视其为一个某日进入我空间的生命，进入这个能与我相遇的地方，看到我，甚至看到我浑身赤裸。任何事实都无法从我这里移除这个确定性：这里有一个拒绝被概念化的存在者——一个入世的存在者，从它拥有名字的那一刻起，它的名字使它得以存在，标记了它潜在的消失。（A9）

左梨：我见故它在？一个被修改过的笛卡尔式声明。但在最基本的生存理性之外，没人知道动物的秘密。那只小猫看到了你，在作出最普遍也最基本的分类判断之外，或许得出了某个答案——这只小猫或许能够作为一个带有独特体验的主体对此作出结论，但这个结论可能仍然是关于：what is it。

德里达：要想知道一个人能否回答 what“I am”，似乎意味着必须以这两者之一为条件：“我是我所追随的动物”，或者“我是我所并列的动物”。（A10）

左梨：这只动物正是被猫看到的裸体。

德里达：我不再知道我是谁，我所追踪的那一个是谁，谁在跟随我，或追踪我。谁先到来，谁在其后？（A10）

左梨：这两个问题让我想到了中国禅师常常扪心自问的两个公案：拖死尸者是谁？父母未生我前，哪个是我本来面目？他们将共在者更极端地视为死尸，而不是动物，因而生命看来更像是借尸还魂。而当他们对个体的本来面目进行反思时，则不仅脱去了衣物，还放弃了肉身，将父母所生的躯体排除，寻找最原初的“我是”。

德里达：在后，在侧，在附近，将显现为不同的存在模式，其实是共在，与动物共在。（A10）列维纳斯曾提醒我们，“与他人最佳的相遇方式，就是甚至没注意到他眼珠的颜色”。在这些赤裸直接的时刻，在动物的注视下，一切事情都能在我身上发生，我像一个准备接受灾难天启的孩子，我自己就是灾难天启，也就是结局中最根本也最原初的事件，是揭幕，也是裁决。（A12）

左梨：父母未生我前，哪个是我本来面目？你这段话是我听过的最动人的答案。

德里达：笛卡尔、康德、海德格尔、拉康和列维纳斯，他们的论题合理而深刻。但他们似乎从未被某个动物审视过，尤其未曾赤裸着被其审视。那只看着他们的动物所看的体验，未被纳入他们话语的哲学或理论体系。总之，他们对动物的否定相当于他们对动物的误解。（A14）

左梨：子非鱼，如何感知鱼的体验？梅洛－庞蒂曾经痛下结论，不只低级动物无法理解高级动物，反之也是一样。不止如此，"动物"还被认为是我们的一种失忆、一种来源，不是指身体，而是指精神上的失忆、来源。本雅明在论述卡夫卡时曾说"我们可以确信，祖先的世界把他带到了动物的层面。顺便说一句，他不是把动物作为接收被遗忘之物的唯一作家。人们难道在《地洞》和《巨大的鼹鼠》中没有看到动物在边挖洞边思考吗？然而，这种思考却是极其短暂的，犹豫不定地从一个忧愁突然转向另一个忧愁……由于被遗忘得最深的异国他乡是人自己的身体，所以，我们可以理解卡夫卡为什么称从他体内爆发出来的咳嗽为'动物'。它是那一大群动物的最前哨"。（本雅明 252）

德里达：蒙田曾嘲讽过"人对于动物的傲慢"，例如，人类展示出某种"猜测"和"想象"，宣称了解动物脑中所想之事，给它们分配或剥夺某种能力。（A6）

左梨：是啊，他指责人类"自以为万物之灵"，凭借小聪明断定动物是愚蠢的。为证明动物的智慧，他相信亚里斯多芬的大象追求卖花姑娘，甚至将长鼻子伸入姑娘的胸衣去探触她的乳头；泰勒斯的驴为了偷懒，故意驮着盐跌入河中，以此减轻负担；两窝蚂蚁之间甚至会进行谈判，用小虫换回同族的尸体。其实这才是臆测动物——以人类思维嵌套动物的典型案例。他显然没见过真正发情的大象。直到1946年，有些动物行为学家还在延续类似的错误——他们发现一种猫迷信，当猫要从盒子中走出时，会完成一套高度固定化的动作：用头擦门，在盒中转圈。而后期学者发现，只有当人出现在洞口时，猫才会完成这些动作，也许是在向人类致意。（Science1032）

德里达：关于动物的思考，如果真有这样的事，只能源自诗歌。（A7）

左梨：是的，人思及动物，就是用意识触及存在，唯有剥去全部理性才能实

本文中提到的亚里斯多芬，不是那位古希腊剧作家，而是公元3世纪时亚历山大城图书馆的馆长。那时，往返亚历山大港的各地商船都被扣留，直到船上所有书稿被埃及人誊抄完毕才允许离开。鼎盛时期，图书馆藏书量达70万卷，涵盖古埃及、古希腊、古罗马大批哲学、诗歌、文学、医学、宗教、伦理及其他学科著述和孤本书。亚里斯多芬因修注编订荷马、品达和赫西俄德作品闻名于世现，而这恰恰是诗歌的状态。

德里达：这里你有一个推设：哲学就其本质，必须剥夺自我。这是哲学认识和诗性思维之间的区别。（A7）

左梨：哲学正是因其自我否定而具有了真理性，与此同时，也使哲学难逃婢女的身份，它需要一个自我肯定的主人来实现它的自我否定。其实，它是神学的婢女，而诗歌就是一种神学。诗人魔头贝贝说，写诗就是畜生做梦。人最具有神性的时代，是柏拉图所描述的克洛诺斯时代，那时的人能与动物交谈，学习它们特有的智慧（Politicus 272C），在这个黄金时代，人类拥有纯粹的意识，他们是意识到自我的动物。直到宙斯的时代，神对人的监护停止，于是普罗米修斯盗火，赫菲斯托斯授人技艺，人类不得不根据这个宇宙的"必然"χρεία，来管理和照料自己的生活，思维开始役使意识。（Politicus 274c）这事实上开启了在人自身中祛神的历史。

德里达：我将这种沉沦时刻置于创世记故事与普罗米修斯神话两种传统的意图交点。自相矛盾的是，正是基于人的堕落和错误，反而使人被塑造为主宰自然及动物的主体。（A20）这将成为一条冷酷的逻辑法则，既是普罗米修斯的又是亚当的，既是希腊的又是亚伯拉罕的。它的恒定性直到现代仍不停以各种方式证明。（A20）

左梨：不错，从笛卡尔、马勒伯朗士到海德格尔，分别从自由意志或自我意识的角度剖析了人与动物之间的鸿沟。笛卡尔从语言属民的边境外，将动物滞留于机械范畴，认为人与动物在灵魂上最大的不同，是因为前者具有完全不依赖身体的本性。（笛卡尔 46-47）

德里达：边沁说过这样一些话：问题不是去了解动物能否思考、推理或言说，诸如此类我们始终佯作自问的内容。首要而又决定性的问题毋宁是——了解动物能否承受。从亚里士多德到笛卡尔，尤其是从笛卡尔到海德格尔、列维纳斯和拉康，这个问题始终取决于很多相关能力／潜能和属性——是否掌握能力，具有给予权，了解死，能埋葬死尸，穿衣，工作，发明技艺，等等——拥有某种能力或官能，而后，将这种能力或官能定为一种本质属性。（A27）

左梨：动物能否承受是一个问题，人与动物的区别是另一个问题。

德里达：一旦此命题得以确立，问题的形式就会改变一切。它不再仅仅关注逻各斯及其整体构造，也不再涉及更为根本的潜能说或潜有说。这个问题被某种被动打断，作为一个问题它证明并显示，它的答复证明一种忍耐，一种痛苦，一种无能。一旦问出“它们能否承受”，“能”这个词就改变了意味和符号，自此发生波动。（A27）

左梨：此时的“能”不再意味主动的能力，而是被动承受的可能限度；不再是谋取存在所具的权能，而是标示避免死亡所需的最低条件。对于“它们能否承受”这个问题，我的答案是，不能，因为它们对痛苦有知，对不仅仅是疼痛的痛苦有知。

德里达：如我们所知，笛卡尔自己也无法声称动物对痛苦无感。（A28）事实上，这个问题没有留下可供质疑的空间。（A28）

左梨：他甚至也没作出动物是机器的结论，他的观点是，人无法察觉机器与动物的区别。那种区别封存于动物的内在之中。人也如此，就算意识中曾掀起巨浪惊涛，只要他对此一言未发，对他者，乃至对自我，都没有作出任何表达，那么，这个意识也尚未进入存在，和那些未被意识触及的事物一样，成为一片“虚有”。

德里达：他们每个人都说着同样的事：动物没有语言。或者更精确地说，它们不能回应，不能以一种精确而严格的、区别于反射的方式进行回应。（A32）

左梨：关于动物与语言，本雅明在《论语言本身和人的语言》中的论述可作为一种宽泛的回答。当然不是在学科定义上，他认为所有表达都可以归结为语言，而万物都在表达，亦即万物都有自己的语言，都存在于自己的语言中，但“我们除了人的那种命名语言之外一无所知，这是不应该被接受的，因为这不真实”。（本雅明 265）通过万物皆有语言的指认，他已将精神视为普在流通的存在。人为什么为万物命名，那是因为万物向人传达了自身，然后人又以命名向上帝传达自身，这就好像一种逐级的翻译。人将万物从无名中揭示出来，纳入上帝的启示，“自然的语言可以比作一个秘密口令……但是口令的意义就是语言自身。所有比较高级的语言都是对低级语言的翻译，上帝的词语极其清晰地展示最终的意义，正是这一运动的统一性组成了语言”。（本雅明 277–278）

德里达： 在此，本雅明提到了上帝，提到了一种对应性，使得翻译所涉及的语言之间的对应成为可能。也存有物的语言与人的语言，沉默与言说，无名与可命名之间的关系问题，但其公理无疑适于所有翻译，即冈迪拉克所言“这种翻译的客观性在上帝那里得到保证”。巴别塔每一个瞬间都从高处监督和震撼着我的阅读：我翻译……没有比翻译更严肃的东西了。由于给了自己的名，上帝也要求翻译。因为巴别塔是不可译的。上帝为他的名哭泣。他需要一个翻译者。[《论瓦尔特·本雅明》60-62]

左梨： 上帝将命名的权力留给了人类，就是将对世界的翻译权交予了人类，令人将事物从自身翻译为存在－精神。这种翻译是自由创作，同时也是对上帝创世的低阶继承，上帝以语言直接造出世界——或者说上帝创造语言，而人以言语让世界在意识中显现。本雅明提及“专有名称的理论就是有限语言与无限语言之间的边界理论”——实质是指命名处于语言和言语的边界，又说“专有名称是人与上帝的创造性词语的共享之物”。（本雅明 271）命名的本质就是诗，诗就是一种专有名称的集合。“专有名称是人类声音中的上帝的词语，上帝以此保证了每个人的创造活动，从这个意义上说，人自己就是创造性的”。（本雅明 271）在本雅明广义的“表达”之上，人是以语言进行言说的存在者。

德里达：“我所是的这个动物，它言说吗？”这是一个保持童贞的问题，一个处女般的、崭新的、即将到来的、完全赤裸的问题。这种处理或许是一个假动作，只是将“我”替换为“它”。这个问题将很快变得像回应一样。而且，毫无疑问，我将试图指出，不去处理回应的问题及回应意味着什么，就无法处理设想中的动物的动物性。（A32-33）

左梨： 很多人的内在世界都是一个无人区。我所是的这个动物，它不言说，却保持着行动，保持着表达。也许正是为了认识它，倾听它，人才要写诗，记下自己这头畜生所说的梦话。“如质量之间的万有引力，事物之间也存在着万有关系。那些隐秘的关系就像世界的潜意识，从不为常人的身心所洞察。诗人，置身于存在的万有关系之中，分有了世界的潜意识。”（意 46）

德里达： 你可以将诗歌称作静默的咒语，这个失声的伤口为了你，来自你，我期待凭心而记。（P297）知晓那压抑和隐退的无意识。（P291）如你所知，尼采疯到为动物哭泣，在那凝望之中，他与马，脸对着脸。有时我想，我看到了他，他称呼那匹马为见证者，为了称它为他激情的见证人，我想我看到了，他环抱着它的头。（A35）

左梨：那一刻，尼采返回了克洛诺斯时代，他与那匹马截断众流，超越语言和一切物质障碍，联结在一起。“陀思妥耶夫斯基也曾目睹 / 一匹瘦马一边浑身颤抖地 / 把不堪负重的货车拉上壕沟 / 一边忍受着车夫的鞭打 / 而车夫的皮鞭，抽打的竟是它的眼珠！ / 马啊，太人性的动物 / 简直就是，另一种有心灵的人 / 另一种有命运的人……”这是罗蛋塔的诗，《你看到了尼采的马》，（《张稀稀吃圣约翰草》110）我将它转送给此刻的你。

德里达：没有一首诗歌不是意外，没有一首诗歌不像伤口那样打开自己，但是，又没有一首诗歌仅仅像个伤口。诗就这样发生了，本质上，没有人必须去动手或制作，它使自己完成，没有行动，没有工作，在最清醒的悲怆中，成为一切产品，尤其是一切造物中的异类。（P297）

左梨：这让我想起那个西西里版的“请君入瓮”，铜匠佩里劳斯制作了一头铜牛献给暴君法拉里斯，若将死囚关入其中，用火盆焚烧牛腹，死囚的嘶吼呻吟通过牛鼻的长笛就会变成动听的乐音。法拉里斯即刻让铜匠自己进去，依靠火的助攻，使其成为第一个“演奏者”。克尔凯郭尔说诗人就是这种不幸的人，他把极度深刻的痛苦藏于心底，双唇却将呻吟和号叫变成乐音。（克尔凯郭尔 3）当然，诗人之苦是言说之苦，他饱蘸世界的潜意识，难堪其重，还要跨过语言的深渊将其传达。可悲的是，现代人比暴君更为暴虐，他们甚至要把铜牛的鼻孔堵住，拒绝潜意识发出的任何信号。群体理性和集体意识就像这头铜牛，在其中，诗人总是以最强烈的个体存在感，成为人类世界最可能的祭品。

德里达：问问亚伯拉罕的驴或山羊，或是亚伯敬献给上帝的野兽；它们知道当人对上帝说“我在这里”，对它们而言意味着什么，于是同意献出自身，作为他们的祭品，或令自己得到宽恕。（A30）

左梨：这个问题更应该问问以撒，亚伯拉罕唯一的儿子。上帝要以撒做祭品，于是他背着焚烧自己的薪柴上山——这不是人的宿命吗？当一个人说出“我在这里”，其实已经将全部的自身所属放在祭盘上，儿子几乎等于父亲，他就是父亲血肉生命的延续。肉身是人最后的祭品——他最终还拥有什么呢，除了这具血肉之躯；他又怎么可能持有它呢，这生命并未索取便已经拥有，纵使难舍也必遭剥夺。他只能献出生命，也必然献出生命。

德里达：上帝决定中断献祭过程。上帝向亚伯拉罕发话，而他刚说完“我在这里”。“我在这里”：对于他者的呼唤，这句话是唯一可能的第一回应，是责任的起源性瞬间，因为它将我敞露给那个呼唤着我的独特他者。“我在这里”作为自我呈现，是所有责任的前提。［《赠予死亡》（以下简称“赠”）92–93］

左梨：当一个人说出“我在这里，我全都在这里，这就是我”时，他就拥有了自由，他与他的神，这个绝对的他者，或者说，他与外在于他的一切成为并立的二者。对于拥有精神而又必死的生命来说，这是辉煌的一瞬，铭刻存在的第一瞬间。

人流放到了哪里

德里达：从精神中来的，必付之一炬。关于精神的所有讨论都围绕着火。爱尔维修的《论精神》一书在巴黎司法官的阶梯下焚毁。听闻这一判决，卢梭焚毁了他反对爱尔维修的文章，他既不支持爱尔维修，也不支持迫害他的人。再让我们想象那些秉持自由精神的异教徒。［*Of Spirit*（以下简称 OS）116］在《精神哲学》的绪论中，黑格尔将精神的本质定义为自由，又将承受无限痛苦这种能力作为精神的形式规定。（OS118）

左梨：是的，在黑格尔看来，他物、否定、矛盾、分裂属于精神的本性。精神能够在否定中保持自我。外物因矛盾而毁灭，精神却有能力在矛盾中，因而也是在痛苦中保持自己。（精哲 382 节）

德里达：在《存在与时间》中，"精神"在所有词语之中最具某种本体论的模糊性，海德格尔唤回它，又在这一点上寻求最大可能的警觉。这个词又回到了具有普遍特征的一系列意义之中：与物对立，与形而上学的物性结论对立，尤其是主体的具体化，笛卡尔所提出的主体的主观性的具体化。这个系列就是灵魂、意识、精神、人。精神不是物，精神不是躯体。（OS15）

左梨：从精神中来，到火中去，将灰烬存留于世。不论人们怎样面对精神——刻意避免或奉其为神，为保持某种敬意将其大写或缺笔，精神依然作为物质无能为力的部分独立于现实之中。

德里达：但是只要我们没有澄清"物"，尤其是"实体性"的本体论渊源，那么我们谈到主体、灵魂、意识、精神、人这类非物化的存在，这些我们所肯定的概念就仍将延留本体论的疑惑。（OS16）海德格尔声称，他将避免这些词。为了言说我们是什么，我们是谁，看来必须避免所有主体性或主体系列的概念，尤其是精神的概念。（OS17）

左梨：简言之，不明确"物"，就不能明确"精神"，同时，作为二者的交互，人的本质也无法明确。罗蛋塔倒是给出了物的定义——为其自身显现所规定，并进一步指出物质的来源，"意识被遗弃的部分，变成了物质……能量服从意识遗弃自身的形式，又以意识的重现获得解放"。（意 552、558、559）不断脱去定义的外壳，是精神为创生而自我否定的形式之一。海德格尔这种避免，或许出于一种隐忧，担忧言说沦为他所说的那种闲谈——人们总是想当然地将精神定义为物质的对立面，而无视黑格尔所说的这个事实：精神的自由不单是一种在他物之外的独立性，而且是在他物之内争得对于他物的独立性，不是由于逃避他物，而是由于克服他物。（精哲 382 节）

德里达：依照海德格尔的观点，我们每次在这类语境或系列中遇到"精神"这个词，都应该在其中发现那种同样的漠不关心：不仅漠视普遍的存在问题，而且漠视我们所是的这个实体。更确切地说，漠视 Jemeinigkeit——这种此在的"永远 - 属我 - 存在"，它首先不指向自身或自我，而是先审慎地矫正，最终参照笛卡尔去否定它。（OS19）

左梨：关于"我们所是的"这个存在者，我再一次想到黑格尔那个观点——精神以自然为它的前提，而精神则是自然的真理。Jemeinigkeit，就是属于"我"的那部分自然。当然，在转述这句话时，我也有一种恐惧，那就是精神、自然和真理都落入其想当然的范式中。早在彼拉多的时代，或者比那更早，人们对于真理就已经有一种司空见惯、双手在握的错觉。

德里达：这种"属于我的存在"使此在迥异于"Vorhandene"这种存在类属的个案或典例。"Vorhandensein"的特征是什么？就是，确切地说，这一存在的事实对其本有漠不关心，对其"本应所是"漠不关心。（OS19）

左梨：中文哲学书籍将 Vorhandensein 译为现成存在，海德格尔在此处的运用，是强调两种存在者的区别，Vorhandensein 只能在空间意义上居于环境之中，如桌椅在房间中，茶杯在桌面上，台灯在茶杯旁，但它们从未相遇。而此在——人则会将他在自身世界中所遭遇的一切存在者，理解为他的"宿命"捆缚。（Heidegger 57）所以，我更愿意将 Vorhandensein 译为"存而不在"。

德里达：这种漠然将它与此在区别开来，后者关切自己的存在。说真的，作为 Vorhandensein 这类实体，它的存在甚至不是漠然的。如果不用拟人式，你就无法说一块石头对它的存在是漠然的。它既非漠然，也非不漠然。（OS19）

左梨：漠然仍是一种态度，而石头没有产生态度的机制。

德里达：石头本来就处于产生漠然与否这个分歧之前的境地中。（OS20）顺便让我们注意，"漠然"这个概念也没有为定位动物提供任何意义。海德格尔在其他地方曾经提到，动物当然不是 Vorhandene，它不具有石头那样绝对的漠然，但也绝不属于对"我们"发起质问的部分，这是此在分析的起点。它不是此在。（OS21）

左梨：你似乎一直在将焦点转向动物——期待这巴兰之驴说出存在的秘密。这似乎是海德格尔的根基假设中最不稳固的一部分。柏拉图指出数学公理基于一个假设的、静止的一，因此他将其视为一种低级知识；海德格尔甚至将这种根基质疑转向哲学自身，因为"存在"这个概念本身非常可疑。哲学的命题由此从本体转向主体，对存在提问的主体——此在。那么，动物是否属于此在？是否具有世界？若答案是肯定的，则海德格尔会遭到致命一击。

德里达：海德格尔说“世界一直是精神性的世界”，他旋即补充，动物没有世界，也没有环境。一个不可避免的结论——动物没有精神。人们可以即刻注意到这个矛盾，与他在弗莱堡 1929—1930 冬季学期讲座的三个论断相比，这个结论与之不符：（OS47）1. 石头没有世界。2. 动物贫乏于世界。3. 人建立世界。这种“贫乏于世界”意味着什么？一方面，这可能是一种关于贫富的程度区别，因为世界是精神的，动物的精神较少，而人的精神更多。另一方面，如果动物贫于世界，则它们必然仍是拥有部分世界，拥有部分精神，而不像石头那样一无所有。（OS48）如果动物的世界不是某种人类的世界，我们如何校准“缺乏”或“匮乏”这一概念？（OS49）

左梨：这个贫乏不是量的缺乏，而是感知维度的缺失。这种维度缺失使它们并不知晓自身的贫乏。对于蚂蚁来说，世界是二维的，没有相对高度，更谈不上绝对高度，从空中摔落如同落入黑洞，即是生存界面的彻底转换。

德里达：海德格尔写道：“当我们说蜥蜴趴在岩石上，我们应该把‘岩石’一词划掉，以指示蜥蜴所趴着的，毫无疑问以某种方式赐予它，但又不作为岩石为它所知的东西。”（OS52）涂抹，通过避免词语，在我们的语言中标记了动物的命名无能。这种命名无能并非首先或单纯地归属于语言学，它取决于那种根本的、现象学上的不可能——无法言说作为现象性的现象，或这现象从未向动物显露，未曾揭示实体的存在。（OS53）

左梨：动物能触及实体，但无法觉知实体的存在。我们可以营造一组排比句来说明这种对存在的确认无能，动物玩耍，但不游戏；动物迁徙，但不漂泊；动物食肉，但不残杀……动物不能进行作为游戏的游戏，不能使用作为工具的工具，不会经历作为死亡的死亡——没有自我意识，就无法作为自身体验的承受者和审视者对其作出非反射的反应和表达。动物对自身，没有你所说的那种外在性。

德里达：这种划掉提示着动物的无感，麻木似乎封闭了通往作为存在者的通途。事实上，这条通途无所谓关闭，因为关闭意味着开放或开启，而这是动物尚未达到的敞开状态。有必要把“关闭”一词也划掉。不能说动物向存在关闭，动物没有区别开关之差的通路。（OS54）

1968 年的“五月风暴”是一场历时数月的罢课、罢工运动。它始于巴黎，席卷欧洲，波及北美。学生们以 3M（马克思，毛泽东，马尔库塞）为思想导师，提出“禁止设置禁令”的自由主义口号。图为 1968 年 5 月 11 日，第戎解放广场，师生联合游行

左梨：是的，动物所缺，是维度上的欠缺。

德里达：不论人们是否试图避免，“贫乏”或“欠缺”都意味着等级划定与评估。这种“贫乏于世”或“没有世界”的表达正像支撑它的现象学一样，围绕着这样一种价值论——它不但受控于本体论，也同样受控于本体逻辑的可能性，受控于本体性的差异——通往存在的存在者在先，其后是被涂抹的抹去者。也就是说，这种价值论向世界的运动开放，在其中首先向作为世界建造者的人的世界开放。（OS56）

左梨：这种本体性的差异，就是人在先，物在后。区分并非歧视，但在价值观作用下的区分必然引发歧视。而这种价值观越是符合生命本身那种无法消除的意向性，这种不平等也就越为深刻，越难以避免。

德里达：有人能逃离这一程式吗？至少，不论在“海德格尔式”的话语中，还是在“反海德格尔”的话语中，都没有这种迹象。有人能改变这一程式吗？我不知道，无论如何，不能洞察这一程式居心叵测的诡计和微妙精深的谋略，就不可能彻底地避免它。（OS56）

左梨：你是要打破这种人在先，物在后的本体性差异吗？听起来你已经有十足的把握将海德格尔送入形而上学者的先贤祠，正如海德格尔曾经对尼采所做的那样，“你看，埋葬你丈夫之人的脚已到门口，他们也要把你抬出去”。（徒 5:9）

德里达：在之前那段我们作为起点的论述中，海德格尔首先面对世界自身——精神——的消沉而沉思。（OS58）

左梨：他说：“在我们说世界的没落时，世界指的是什么？世界总是精神性的世界。动物没有世界，也没有周围世界的环境。世界的没落就是对精神力量的一种剥夺，就是精神的消散、衰竭，就是排除和误解精神。”（海德格尔 1996，45）那时他谈到人类的大众化，平庸之辈的优越地位，地球正在发生一种世界的消沉；谈到俄国和美国——在形而上学的意义上，二者是相同的，即它们的世界特征及其与精神的关系是相同的，它们构成了一种对精神力量的剥夺。

德里达：这难道不是因为世界和精神，它们自身——符合历史地——走向消沉？（OS58）对人来说消沉，对动物却并非如此？与世界的消沉相呼应，的确有一种精神的 Entmachtung。它剥夺精神的能量和权力，推翻它的王朝，使其陷于困窘。自此，我将用“剥夺”这个词翻译 Entmachtung，因为精神从此失去了它“本性”并不拥有的权力。（OS59）

左梨：海德格尔将精神遭到废黜这种没落，在哲学内部归因于“唯心主义的破产”，在历史现实中归因于科学技术对人的僭越。他评价 19 世纪上半叶“已经开始丧失其强大的生命力……不再能保持那一精神世界的伟大、宽广和原始性。也就是说，不再能真正地实现那一精神世界”。（海德格尔 1996，46）又将精神沦落分为四个步骤：一、精神被曲解为智能——那种进行思考和计算的理性；二、精神由此沦为工具；三、精神的世界变成了文化；四、作为文化的精神沦为用于装饰的奢侈品和摆设。智能常被误解为理性，社会化大生产使它得以尽情发挥自身的复制力和执行力，工业产品即是其简易实现。我们的日常生活被工业产品制约，进而形成一种新的无感——机器式的无感。人，又开辟了一种新的沦丧方式，不是返祖为动物，而是堕落为机器。

德里达：海德格尔首先质疑：某种技术科学的客观性压制或遗忘了那个追问。（OS60）技术文明的个人主义，建立在对于独特自我的无知基础上。这是一种角色个体主义，而不是人格个体主义……文艺复兴以来发展起来的现代个体主义，关心的都是个体扮演的角色，而不是独特的人格——人格的秘密始终藏匿于社会面具背后。（赠 48）

左梨：技术和智能这两个对“自我”始终保持无知的文盲，从不关涉个人，只关涉个人中作为普遍性构成的那一部分，因此它们最多构成海德格尔所谓“常人”意义上的个体性。

德里达：瓦雷里曾谈到“欧洲文化失落的幻影”，“世界以美其名曰的进步为洗礼，那不过是一种通往致命精确的趋势，试图将对生命的恩惠和死亡的利益统一起来。混乱仍然肆虐，但过些时候，一切都变得清晰，最终，我们将看到一个动物社会的幻境显现，一个完美的、标准的蚁丘”。（OS122）

左梨：一个蚁丘！精神的遗迹每一秒都不可避免地趋于黯淡，因为精神不与遗迹同在。只是其他时代的人不曾这样理直气壮地堕落，或者说，他们不会自以为是地保持堕落的惯性。出埃及时，摩西将牛车全都分与革顺人和米拉利人，让他们运送会幕的罩棚、帐幕和木架，而管理约柜、圣坛和灯台的哥辖人却不能使用牛车，这些圣物必须用肩扛，不能在牛车上凭惯性前进，（民 7:9）——最深层的理性、精神和信仰必须用生命本身承担，不能转嫁于其他。自蒸汽时代开始，人们将一切都放在马达带动的载体之上，人类的智能实现达到一个极点，即使现在超乎想象的科技应用，也还是对这一极点的反复确认。造成这场精神之难的主因，不是人沦为动物，而是人沦为智能的衍生物。

德里达：总而言之，瓦雷里提出了一种相当古典的，甚至是新黑格尔主义的，关于精神的辨证否定定义——最终"总是说不"，尤其对自身说不。（OS122）精神的否定构造正是他自由的源泉：将精神与生命对立，使意识成为一种"精神性的精神"。但是，这种精神永远属于人类。（OS123）

左梨：或许我们应在"生命"一词之前加上"肉体"或"类别"的定语。"若要人不死，先得死个人"，这句道家俗语描述出精神与类别生命之间的矛盾。个体与类的矛盾导致死亡，个体性与类的矛盾却导向存在。

德里达：在精神璀璨的独特性之下，人们认识到那种深刻的恒定者，它们重述其作者所反对的，准确地说，如同自然反对精神。（OS123）

左梨：我不理解你所说的恒定者是什么，但在我看来，自然对精神的反对如同臣民反对暴君，反对那个被梦想裹挟，不惜人力物力的偏执狂。如果主宰自然界的必然性越发稳固地控制人类社会，如果人成为理性而标准的人，精神的逊位必不可免。

德里达：那么就力量而言，这意味着什么？精神是又不是一种力量，它具有又没有能量。如果它自在地是一种力量，如果它是力量自身，它就不会失去力量，也就不会被 Entmachtung，如果它不是这种力量或能力，这种 Entmachtung 不会对其造成本质性的影响，因为力量本不属于精神。（OS62）

左梨：你为什么不直接说"剥夺""削弱"，而要使用德语 Entmachtung，难道真如海德格尔所说，从思之可能性上看，只有希腊语与德语并立为"最强有力同时最富精神的语言”？（海德格尔 1996，56）你还发现海德格尔是一个更过分的地图炮，他说：“当法国人开始思考，会用德语言说：这样才能将他们的语言中无法表达的部分表述明确。”（OS69）

德里达：面对这种观点，我只想在我的标题之前添加一个别具拉丁风格的口号：论精神，见鬼去吧！（OS69）这个声明也并非一点道理没有，但只要成为被人们接受的奠基性公理，它就变成一句无可辩驳的废话，如 Geist、Denken、Sein[①] 这些少数无法翻译的德语单词，即使你是法国人，也得用德语思考。（OS70）

左梨：海德格尔这是从对动物的歧视转向了种族“歧视”吗？尽管是形而上的。

德里达：动物问题从未远离，在《欧洲人性的危机与哲学中》，胡塞尔说“只要是人，即使是巴布亚人”，这里我要强调这个词，“都代表着与动物相反的本能新阶段，因而哲学理性代表着人性的新阶段……”（OS121）

左梨：在从动物到人的进化延长线上，巴布亚人居于低位，欧洲人则代表着人类发展的方向？

德里达：在关于欧洲与精神这个标题之下，尽管这是我们在此唯一的主题，也必须记住某些被写到和思及的“受害者”。（OS121）

左梨：黑格尔也曾在《哲学史演讲录》中提到这些作为神圣火炬保持者的民族，他们曾经是雅典的优摩尔披德族，是利未人，而后是日耳曼民族。而我，即使被定义为一个精神已经停顿两千年的中华民族的一员，也对这一观点深以为然。任何一个精神之邦，都有无视其时空归属的精神子民。萨卡·奎特瑞曾说巴黎人并非生于巴黎，而是在巴黎重生。每个人都可以有一个别于地理和现实的时空，我生活于亚历山大港，甚于北京；属于 4 世纪，甚于身处的 21 世纪。

德里达：海德格尔思想是多元的，（P182）它反对实际的纳粹，其主流论调是更具“革命性”，更纯粹的纳粹主义。（P183）海德格尔说，剥夺是精神独有的运动，发自其内。但是这一内部必然包含光谱成双性，一个居内的外来者或一个内部

① 均为德语单词，分别意为“精神”“思维”“是、在、有”。

的外化者，一种邪恶的精灵溜入精神的独白，缠绕他，在其中说腹语，使他陷于自我迫害的不认同之中。（OS62）对海德格尔来说，那个缠扰着精神、以一切形式对其进行剥夺的恶魔，就是处于主体位置的我思确定性和因此缺席的原初追问，就是科学方法论，定级，以及测量、广延和数据的优势——这些典型的笛卡尔式主题。（OS63）

左梨：我必须说，笛卡尔式的主题就是笛卡尔的篡位者。它在精神之内，与精神同质料而不同形式，这个精神内部的异己者就是智能，它时刻发现并就范于普遍性，也就是必然性，以生命树上的果实换作知善恶果，将精神固化，将个体性固化为特殊性，正是特殊性使人陷入孤绝——那是人与人同而不和的流放之地。

德里达：所有这一切，容忍谎言和摧毁，就是恶灵、异质者：在精神之内与精神相异。但是，这个侵袭并分裂精神的部分，尽管仍是精神自身，但更是一个他者。这是海德格尔未曾提到的，至少未曾以这种形式，尽管，在我看来，当海德格尔提到恶灵时，必然暗示着复归这个副本。（OS63）

左梨：这个“他者”正是思维，“在伊甸园——精神内部，生命树和善恶树分别代表了精神的两个组成部分，前者是意识——精神的纯质部分，代表未受物质侵染的自然意识，后者是思维——精神的异质部分，代表被物质结合的意识受体，由此形成了自我意识”。（意行：424）精神的物性副本，是思维的惯性，而不是正在体验并历经的意识。佛家所说的当下，即意识，唯有意识全面感知着存在的现在进行时；而思维总在其他时态，或是过去时，或是完成时，或者一般现在时……海德格尔也在寻找那个父母未生我前的模样，“未出生者守护并且维持着更寂静的童年，使之进入将来的人类的苏醒之中”，（海德格尔 2005，52）一旦出生，就已过去。将生未生才是人类难以察觉的当下。未出生者，这个未曾行动的动机，蕴含着未经现实折射的最原初的意向性。

解构与解放

德里达：这种“当下”优势定义了哲学思想的基本原理。它就是自明性自身，意识和思想的自身。它统治了一切真理和意义的可能概念。[*Voice and Phenomenon*（以下简称 VP）53] 当下、现在、stigmé[①] 这些概念，不论是否为形而上学的预设，都在其中担任着主要角色。无疑，当下不可能作为一个时刻或纯粹的即时性独立出来。（VP52）

左梨：所谓“当下”“现在”“即刻”，以及“在场”，其实都是对于意识的时间性形容，意识即当下者、现在者、即刻者、在场者。“当下不可能作为一个纯粹的即时性独立出来”，这也是《金刚经》所表达的意思，“过去心不可得，未来心不可得，现在心不可得”，意识永往无住，它同于时间本身，因此不可能在时间中被抽取。

德里达：在场的价值，即全部话语的最终要求。每当这种在场的价值受到威胁时，胡塞尔就要唤醒它，提醒它，使它以最终目标的形式回到自身。一个普通对象的在场以这种形式能够不定地被重复为同一个在场。意识中的思维对象因而会保证面对意识的在场将能够不定地被重复。这是面对理想意识和先验意识的理想在场。理想性是在自救或者是在重复中对在场的控制。这是不是说，在理想化的运动得到保证时，无限地开拓重复的东西或在重复中开始的东西就是某“存在者”对于死亡的某种关系呢？这是不是说，“超验的生命”就是这种关系的舞台呢？［《声音与现象》（以下简称“声音”）9–10］

左梨：没错，这就是死亡。在这种“在场”的标本化现存中，“存在”–“意识内容”被完全规约为不再变化的意向–意象模块，以保证“在场”的重复再现，其中实现了思维的作用，以致一种逻辑凝固了一处心灵。“在场”本是意识–心灵不可规约的现实状态，对“在场”的控制，就是将“在场”从现实中取消，并纳入逻辑。胡塞尔也说“意识在它的每一阶段都必然是意识的存在”，因此逻辑作为一种与心灵无关，没有时态的物性控制者，兑现为人的死亡。不知道“超验的生

---

① 希腊语 στιγμή 的拉丁化拼法，阴性名词，意为当下、即刻。

命”是不是舞台，但这样的舞台确实在某一种自我意义－“最终目标”的调度下，变得不实而荒诞，无论什么节目上演，无论什么观众出席，呈现的都是面向一个“最终目标”的汇报演出。在此，一切都是彩排，而没有现场。

德里达：理想性的理想性就是活生生的现在，是超验生命的自我在场。（声音5）“当下”的统治地位保证有关在场的希腊形而上学一直延续到作为“自我意识的在场”的现代形而上学，即作为观念再现的形而上学。（声音80）原始在场的价值意味着什么？它意味着任何经历的普遍形式，任何生活的普遍形式过去都曾经是并且将永远是现在。（声音67）

左梨：“活生生的现在”就是意识本身，它是“在场”的唯一形式，也是形而上学系统里一切核心意义和利益的兑现者，比如直觉、体悟、启示、灵魂、救赎、真理，因为意识－在场的后面是即时的生命主体，是活生生的自我。

德里达：通过解构意识，才能实现对在场的解构。［*Of Grammatology*（以下简称OG）70］

左梨：解构意识！ Why？企图在概念中把握意识－当下的是思维，但作为单子的心－意识永远不会为思维得到，意识的彗核先于思维的彗尾，这是生命所在，你真的有办法证明这个在者不在吗？实际上，我觉得启蒙运动之中及之后，机械理性主义将人的精神流放于逻辑之中——这种流放至今仍然在吞噬着现代人，压制意识和欲望，无视“在场”，无视“活生生的自我”，这才是对于人的真正威胁，真实的摧毁。胡塞尔和海德格尔从现象学的角度，树立“在场”的地位，无疑是对这种世界性思想危机的抵抗，犹如一种现代人盲行中的引领。你认为“当下”的优势地位、意识－在场的被树立，并不正当吗？

德里达：我期待，或许这是徒劳的，期待一场新的启蒙运动。（P406-407）人们很快就会发现，被感知的即时在场只有连续与一个非在场和一个非感知，即与回忆和预期——持存和预存状态组织在一起时，才能够真实地显现出来。这些非感知不是偶然地伴随即时感知的“当下”，而是必然地作为基础参与到“当下”的可能性中。（VP55）

左梨：也就是说，“当下”不依赖非在场的回忆和非感知的期待，就不会出现。

“在场”反而要联合非在场，意识反而要联合非感知，才能各得所有，各成所是。这样，在场和意识都不复拥有自身的纯粹性。确实，胡塞尔自己也坦言感知印象作为纯粹意识的情况，“这恰恰是一种理想的界限，即不可能在自身中成为任何东西的某种抽象事物”。（声音 82）这意味着什么呢？这等于在说，意识必然要被思维所异化，即使不是全部，也是部分，在我们的意识中，必然存在着被抽象出来的成分，必然不存在完全是纯粹自身的意识。

德里达：胡塞尔接下来说，“此外，还应看到，这个理想的‘当下’并不是与非当下完全不同的东西，相反，是不断与之交往的东西。因此与之相应的是感知到最初回忆的过程”。一旦人们承认这种当下的连续性，这种感知和非感知在原始印象与持存共同的原始性领域中的连续性，人们在时刻的自我同一性中就得到另一个：在时刻的瞬间中的非在场和非自明性。这种相异性甚至是先于一切能够在其中产生分裂的在场和呈现。持存与再创造之间、原始回忆与次级回忆之间只有在非感知的两种改变之间的差异。（声音 83）

左梨：就算是“理想的当下”，即纯粹的意识，也是与一个非当下的某物持续交往的结果，就此得到这样的结论：不断显现的“当下”发生于即时感知往复于最初回忆的过程。那么，也就是说，意识从来就不是它自身，它被非在场和非自明的东西构成着——它被不是它的东西构成着，“自我同一性中的另一个”。这神秘的他者，胡塞尔认为来自属于原始性的持存和预存。替代以日常词汇更易于理解，就将持存换作“记忆”，预存换作“期待”吧。这样我们可以说，当下的意识必须在持有过去的记忆和朝向未来的期待中才得以可能，简言之，是“记忆”和“期待”在及物的一刻，产生了当下的意识，产生了在场，否则，意识徒有其表，就像动物所拥有的一样。然而没有完，胡塞尔最终需要的是原始性上的“记忆”和“期待”，所有个体的记忆和期待都存在一个自身的母体，即原始性的“记忆”和“期待”。我感觉我们已从这里进入了康德所指向的先验领域。

德里达：若不减小事实上分隔持存与再现的鸿沟，若不掩盖它们之间的关系问题就是“生命”历史和生命的生成－意识历史之间的关系问题，我们必然可以先验地说，它们的共同根源，在它最一般形式下的可重复性，即最普遍意义而言的踪迹，是一种不仅应该寓于“当下”的纯粹现实性中的可能性，而且必须通过延异运动构成这种可能，将它插入当下的纯粹现实性。这样的踪迹，如果人们能用这种语言表达它而不与它发生矛盾并立刻将它抹掉，那么踪迹就比现象本身的原初性更加“原初”。（VP58）

左梨：持存-记忆是生命的历史，再现是意识生成的历史，意识的历史是再现记忆的历史，一个历史是另一个历史的翻拍，其间的及物过程，也就是踪迹，才是“当下”最大的股东。意识自身的主权岌岌可危。在意识的属地里，有人标示新界，有人寻找原乡，而你，要取消了这个疆域的主权！以上你这些观点，我不认同，以后再说。我们继续来看你对意识的解构。

德里达：我们必须在自然与文化、动物性与人性之类的对立之前考虑踪迹，这一“记忆”的元现象，如果踪迹属于表义的运动，表义是一种先验的书写，不论铭记与否，在“可感”或“空间”原则上，都可以称之为“外在性”。“踪迹”是原初的普遍外在性的开端，是生与死、内在与外在的神秘关系，即间隔。（OG70–71）

左梨：真相了！那个神秘的他者就是踪迹——“记忆”和“期待”被及物的痕迹，它外在于意识。颠覆来了，形成在场-当下-存在的最大决定者，不是自我中的意识，而是这个外来的他者。而且，如果要追查它的出身，我们得跑到文明，甚至人性之前的生命原初，在意识尚未形成自我，无明无名的混沌之际，就有神秘的踪迹在出现……世界布满了踪迹。

德里达：踪迹不是存在者，而是存在者的幻影，取消自身定位，更替自身，指称自身，在结构中抹去自身。没有抹去，它就不是踪迹，而是一个坚不可摧、可供纪念的实体。涂抹不但必须超越它，而且构成了它成为踪迹的开端，将其定位于变化之中，使它消失于它的显现之中，使它在自身的生产中出现。［*Margins of Philosophy*（以下简称MP）24］

左梨：踪迹以生命的持续及物，保证在场的持续，一处自身消失，一处自身显现，就像手从一排琴键上抬起，才能按下另一排琴键一样。每一次当下的按键，都代表之前的复位，踪迹在琴键上的消失和显现，发出了存在之声。而那些先验的琴键，是踪迹的原本，手只能在琴键上留下踪迹。

德里达：一切二元论，以及一切灵魂或精神不朽的理论，也包括一切一元论，不论唯灵的或唯物的，辩证的还是朴素的，都是一种形而上学的独有命题，其整个历史即被迫为约简踪迹而不懈进行的努力。在逻各斯的归纳中，踪迹臣服于完全在场，书写则谦卑地居于言说之下，梦想着它的丰富性。这是本体神学所要求的行为，它在考古学和末世论[①]的意义上将存在规定为在场，规定为再临，规定为没有延异的生命——死亡的别名，以神之名掌控死亡的历史转喻。（OG71）

左梨：在考古学和末世论的意义上，即在起点和终点上，本体神学将存在规定为在场。在你看来，我们应该重审踪迹与存在、在场的关系，踪迹不是在场的遗留，在场却是踪迹的效应，踪迹的延异。

德里达：踪迹，分裂的概念与差异的概念密不可分。记忆与心理的起源，不论意识还是无意识，作为普遍意义的回忆，只能作为分裂之间的差异来描述。弗洛伊德曾公开陈明，没有差异就没有分裂，没有踪迹就没有差异。（MP18）

左梨：如果将存在，就是所谓的元文字，比作一架钢琴，踪迹是按下的琴键，显现是琴键发出的声音，在场则是听者心中的乐境。"将存在规定为在场"，犹如将钢琴等同于乐音，这就等于说未经触及的时候，钢琴也有乐音。在场不能代表存在，正如乐音不是钢琴，而踪迹常为在场遮蔽并取代，正如听众欣赏钢琴曲却不去关注演奏者的具体按键一样。本体神学在起点为所有踪迹规定来源；于终点，又为所有踪迹预定归宿。"再次降临"意指为终极意义，也是唯一意义的重现。这就像钢琴以自身原则来规定音符连接与和弦进程，以定义踪迹，去统治演奏者，同时指认了自身原则的完全对应者为唯一曲目－终极意义。在给定和预定之间，没有延异，没有个体，只有不断变换名目的终极意义，这时生命就作为被规定之物，成了死亡的别名。以上所有问题都指向一个问题，即被规定的意识。在场、延异、生命，它们均与意识相关，或者说，它们都只是意识。那么，既然如此，如果能从本体神学中解放呢，自由的意识、个体的意识能否代言存在？

德里达：但是意识是什么？"意识"意味着什么？大多数时候，在其意义的典型形式中，在其所有变形中，意识作为一种自我呈现，作为一种在场的自我感知，

---

① 末世论：一种研究人类历史终结及相关方面的理论，包括人类社会终结、自然或宇宙终结。

建筑和艺术领域也曾掀起解构风潮，对传统形式进行戏仿、涂抹、拼贴。图中这座“跳舞的房子”便是典型的解构主义建筑。它位于布拉格，原建筑在 1945 年的美军轰炸中损毁了一半，建筑设计师弗兰克·盖里没有对其进行翻建，而是保持那种被炸弹和气浪摧残后的瘫软将自身提供给思维。在此，支撑意识的，通常也支撑所谓的主观存在。好像不将在场作为hupokeimenon[①]或ousia[②]来参照，就无法，也从未思及主体范畴。所以，作为意识的主体如果不是自我呈现，就永远不会显现。因此，这种授予意识的特权意味着授予在场的特权。即使有人描述意识那种先验的时间性，而且在胡塞尔的深度上，他就是将综合并持续重组踪迹的权力赋予“活的在场”。（MP16）

左梨： 所以你提出了 différance[③]？延异，你最想用这个词来描摹一种比在场更本源的在场——那个包含着各种可能和差异的瞬间。偷偷被替换的字母 A 在言说中无法体现，它仅存于书写之中，如同那同时在场却未被意识触及的无意识。

德里达： 纯粹的踪迹就是延异，它并不取决于任何感觉的丰富性，无论这种丰富性是声音还是可见物。延异是形式的构造。另一方面，它又是印象中被映现的存在物。（OG62–63）书写 différant 或 différance 将有利于在那个特定的点上使翻译黑格尔成为可能，这也是他话语中具有绝对决定性的论点。用 différance 无须进一步注释和说明。（MP14）

左梨： 这个 différance 是否与它的原形 différence 一起，可以用来翻译黑格尔 Unterschied 和 Verschiedenheit 这两个概念？在黑格尔的《逻辑学》中，Verschiedenheit，“差异即不同的事物，按照它们的原样各自独立，与他物发生关系后互不受影响，因而这关系对于双方都是外在的”。（小逻辑 251）而 unterschied，差别是由同一发展而来的，知性思维固执地把同一与差别绝对分离，坚持抽象的同一和规定性的差别，而真理是同一与差别的统一，“概念以及理念，诚然和它自身是同一的，但是，它们之所以同一，只由于它们同时包含有差别在自身内”。（小逻辑 250）这种内部包含的差别就是延异。

德里达： 让我们看看黑格尔的一些句子，“存在的时刻或存在的界限，绝对的‘这’一时刻，或现在，是一种绝对的否定性简化，它绝对地排除了一切多重性，并且凭借这一点，它是绝对确定的”；（MP13–14）我们必须尽可能严格地允许超出存在之真理的踪迹出现 – 消失，这永远不会显现的踪迹，这永远不会呈现自身的

① 希腊语 ὑποκείμενον 的罗马化拼法，也拼为 Hypokeimenon，意为基础本质。

② 希腊语 οὐσία 的罗马化拼法，意为本质、实质。

③ 德里达的自创词语，与 différence 读音完全相同，只是更换了一个字母，通常译为分延、延异或异延。

踪迹，永远不会在它的现象中显示或表明自身。踪迹超出了基础本体论与现象学的深刻联系，在差异与延迟中，踪迹永远与其自身所呈现的不同。它以显示自己的方式抹去自己，以共鸣的方式令自身消音，如同 différance 中所写的“a”，在延异中刻下自己的金字塔。（MP23）

左梨：你的英国阐释者西蒙·格伦迪宁说得很清楚，他认为这是“自我差异”，这个他者“是内部的某种他性，相同之中的他者。每一个同一性都有一种不可化约的‘分裂同一性’，都具有‘与自己的差异’或者说‘一种本源性的异化’……‘延异’的说法就是为了让我们注意到同一性内部的差异性这个维度”。（格伦迪宁 69、73）所谓“本源性的异化”或“与自己的差异”，就是本源 - “踪迹”之于每一个在场的差异，不同的意识个体对于“踪迹”的读取，形成了“延异”。

德里达：没有在最小单位的时间体验中的存留，没有将同一物中的另一个作为他者而保留的痕迹，差异就不可能产生作用，意义就不可能显现。这并不涉及被构造出来的差异，而是涉及在所有确定内容之前产生差异的纯粹运动。纯粹的踪迹就是延异。（OG62）延异就是形式的建构。另一方面，它又是印象中被映现之物。（OG63）

左梨：“印象中被映现的存在物”，意识对存在的接收必然存在差异，延异必然发生在意识与意识之间。“意识作为一过性被勾勒的虚空，无可复制”，（意 405）有生理相当的身体，有程序相同的大脑，但绝无类似的意识。

德里达：我们有权将踪迹视为不能以单纯的在场来概括的东西。事实上，在时间性的不可分解的综合中，这一观点或许会遭到反对：预存就像持存一样不可缺少。这两种维度不能叠加，但一者以奇特的方式包含另一者。可以肯定的是，我们在预存中所期待的并不是使在场与它的自我同一性相分离，就像不能使它与持存在踪迹中的东西相分离一样。（OG66）

左梨：预存 - 延续之物和持存 - 存留之物的共在构成了延异中的世界，人的世界存在于无尽的坐标差与运动差之间。

德里达：可知作为可感的延迟和差异，延迟并差异着可感；概念作为延迟和差异，延迟并差异着直觉认识；文化作为自然的延迟和差异，延迟并差异着……一切自然律的他者，tekhnê、nomos、thesis、[①]社会、自由、历史、心灵，如此种种，都是自然律的延迟和差异，或延迟与差异中的自然律。（MP17）

左梨：在场是对踪迹的延迟和差异。如果差异还在表述某种平等的区别，deffered 或 deffering——“延迟”这个词已经在暗示一种逻辑顺序——延迟是对踪迹的延迟，意识对踪迹的个体性读取就是在场，读取到什么，什么就在意识中成为在场。而所谓的“完全在场”，是意识所能捕获的最大限度的踪迹，或许，只有在神的意识中，踪迹才能等同于在场，延异才会消失，这就是中心主义神学的存在论。而在现实中，每一个人作为意识主体，都只能捕获自己所发现的那部分踪迹，因此延异是必然的，一个哈姆雷特的踪迹会造成一千个哈姆雷特的在场，这就是播撒。

德里达：对我们来说，différance 仍然是一个形而上学的名称，与我们语言中所接受的一切名字一样形而上学。特别是在这一案例中，当我们将延异这一命名定义为显现与在场的差异，而且首先，他们已经将延异定义为存在与存在者的差异。（MP26）

左梨：还是回到前面的“钢琴比喻”，“显现”是琴键的声音，“在场”是在听者心中的乐境，“心中”实际就是“自我中”，任何对象经过自我意识，必依据后者转译，也就是对象 -“显现”从来不在自我意识 -“在场”中对应为自身，中心神学的幻觉除外。严格地说，不应该在“显现”与“在场”之间提出差异问题，因为“显现”就是向意识的显现，它因意识而开放，其本身并不存在一个真值的自身，二者的差异，其实就是“在场”，即听者心中乐境之间的差异。延异，就是“显现”于“在场”间的差异。而“将延异定义为存在与存在者的差异”，这属于你认定的海德格尔形而上学吧。

德里达：延异比存在自身“更为古老”，这样的 différance 在我们语言中没有名字。（MP26）

左梨：différance 借助拉丁语 differre 的延迟之意，才确立了自身。其实，它

---

① 均是希腊语单词罗马化拼法，tekhnê 即 τέχνη，意为技艺；nomos 即 νόμος，意为法律；thesis 即 θέσις，意为观点、假设。

在另一种古老的语言——汉语中有一个可以全身投生的名字：易。“易”字有改变、替代、蔓延之意，用以冠名卜筮通变之书《易经》时，按东汉郑玄的观点，又融合了“不易”与“变易”两义——近于“同一”与“差异”的关系，加之“改变”-“蔓延”的原义，几乎就是différance的汉语分身。主题岔开一点，话说《易经》作为阐述变化之书，实际也在针对流变中的差异，这与延异的概念追求一致，但它致力于将变化纳入类型化的认识和程序化的把握，这与解构主义的精神相悖。不过，这个64卦的程序系统有点意思，它不闭合，最后一卦是“未济”，表示没有完结，《易传》称“物不可穷也，故受之以《未济》终焉”。程颐认为“《易者》，变易而不穷也。未济则未穷也。未穷则有生生之义”，（《周易程氏传卷第四·未济卦》）这生生之义倒是“延异”-“播撒”的题中之义。好吧，我们说回différance。

德里达：但是我们“早已知道”，如果它无法命名，并非暂时如此，不是因为我们的语言还没有发现或接受它的名称，或是不得不在我们有限的范围之外，在另一种语言中寻找它。其原因更应该是，根本就没有属于它的名字，不论命名其本质，还是命名其存在，或是命名它的“延异”。这不是一个名字，不是一种纯粹的命名性统一，所谓名称只是不断使自身错位于一系列的差异与延迟的替代中。（MP26）

左梨：这个名称至少有一个好处，它可以迫使各国人用法语来思考（笑），在读与写的偏差中体验这种流变。它将我们带到一个更本质的显现，看到意识在踪迹前的别离。其实，正是意识造成了延异的不可避免，延异是意识的连接。不仅意识体之间，就连意识主体内部的意念相续，都在发生延异。没有意识之处，没有延异。存在因延异，流连成人的世界。

德里达：此处此刻在难以抑制的延异中展开着。没有延异是不具相异性的，没有相异性是不具独特性的，没有独特性是不具此时此地的。［《马克思的幽灵》（以下简称“幽灵”）45］延异居先于形而上学，也超越存在思想的东西。［《论文字学》（以下简称“字”）208］在传统的哲学对立中，并没有对立双方的和平共处，而只有一种暴力的等级制度。其中，一方统治着另一方，占据着支配地位。（字3）

左梨：由于意识连接结果的不确定性-多维性，即延异性，是属人世界的本质，因此任何一种中心主义都是一种霸权，任何一种结构都是一种监狱，都可能成为对意识的压迫和囚禁，是这样吗？所以要用意识自身的武器——延异，去解构它们，解放世界……

德里达：我始终坚持这个事实，解构运动首先是肯定的，并非确定，但却是一种肯定。解构，让我们再一次地说起它，它不是拆除或摧毁。解构，我不知道它是否为某种事物，但如果它是某种事物，它也是一种关于存在，关于形而上学的思考——在关于所是的思考的权威之外，这样一种讨论或阐释不可能是一种简单的否定摧毁。将解构论述为否定，是简单将其重新录入内在形而上学的进程。关键点并非将自身从这一进程中移除，而是将其置于被思考的可能性之中。（P211）

左梨：确实如此，解构是将哲学史上那些长久束结思想却从未被思想审视的前提，置于它们的体系之外进行考察，如同把权力者置于权力系统之外进行审查，这样就会发现曾经似乎不言自明的事情纷纷解体，不是因为权力者 – 前提的正当性，成就了体系 – 权力系统，而是后者的现实成功，成就了自己的权力者 – 前提。而任何一个体系 – 权力系统成为中心，都意味着其他系统的边缘化，都造成各种他者的压抑、流放，甚至牺牲。从这个意义上，解构是对思想世界极权的反动，也是对被前提否定者的肯定——至少是宽容，它所要达到的解放是意向间的平等并存，以及彼此交流的可能，而绝不是以一个中心取代另一个，让被压迫者成为压迫者。

德里达：当你面对他者，甚至是在反对他者，你也会作出一种承诺——以他者的方式对待他者，而不是消减他者的相异性，并考虑到他人的独特性。这是不可避免的肯定，如果你期待，这就是本源的道德观。（Nikhil）依照定义，我不知道解构针对何物，也许更应该说我知道，对于这一主题，我有某种知识、一些预感、一些印象。但有一点，我并不比其他言说者更为确定它的目标。（P199–200）

左梨：感谢你赋予读者这种平等的使用权限。在印象上，解构似乎是一团不知所终的能量。在这一点上，它与“去蔽”显然不同，后者有其肯定的终极之物，并力图使之重现。

德里达：解构并不意味着击垮了体系，而在于它打开了排列或组合的可能性……它也是某种积极的翻译，用于替换海德格尔所使用的那个词“Destruktion”。本体论的摧毁，也不意味着废除、毁灭本体论，而是对传统的本体论结构进行解析。（P212）

左梨：也就是说，解构不是以暴力的形而上学对抗形而上学的暴力，而是一种关于可能性的重建？在解构的方式中，“原有文本的界限不复存在，而成了向我们无限开放，向其他文本无限开放的东西，里面的东西不断涌出，外面的东西不断进来对原有进行替补……在可能的文本的互相交织中组成‘意指链’。意义毫无规则地‘播撒’在文本之间。但播撒本身并非意义，而是意义的种植。解构证明了意义的不断生成性”。（字 3-4）

德里达：射精就是播撒。一条踪迹，一次踪迹已然消失的移植。不论语言以哪种形式呈现，话语，文本，还是其他的，或是以某种播种形式，每一个术语都是一个细菌，每一个细菌都是术语。术语，这原子般的构件，通过分裂、嫁接、增殖而扩散。（D304）

左梨：实际上，我感觉你更像，或者说就是一个马克思主义者。解构运动似乎是他的解放学说在语言－思想世界的实现：打破形而上学中心主义对于普遍他者的压迫，以对延异的肯定，来恢复意识个体的平等和自由，希望消除意识领域的阶级对立，使之成为“这样一个联合体，在那里，每个人的自由发展是一切人的自由发展的条件”。你要将思想世界改造为“自由人的联合体”。

德里达：没有马克思，没有对马克思的记忆，没有马克思的遗产，也就没有将来。（幽灵 21）而遗产从来不是一种给予，它向来是一项使命。我们是继承人，意味着我们所是的存在就是最重要的遗产，为我们所是者作证，我们所继承的恰恰是允许我们为之作证的东西。（幽灵 77-78）

左梨：有人说你回忆马克思，就像回忆莎士比亚一样，包括为海德格尔、保罗·德曼的辩护，这些都有一点出人意料。“德里达以热烈而深沉的忠诚感著称”，（罗蒂 2004，15）一个解构主义者的忠诚！忠诚，似乎以对解构的反动，将一个解构主义者保持在道德传统的结构中。实际上，这并不矛盾，解构致力于揭示平等的正当性，取消形而上学的意义中心，实现意识领域的选择自由，但不代表取消每一个自我的意义中心，否则就等于取消了意识个体存在的正当性。每一个意识个体葆有自我的意义中心，非但正当，而且神圣。反对形而上学的中心主义，意味着承认个体意志的中心主义。不管怎样，我看到了一个反传统“逆子”的情感和内心世界！

德里达：我以及我这一代人在我们整个一生中所共同享有的东西，就是马克思在我们心目中几乎慈父般的形象。（幽灵 21-22）这构成了某种无条件的诺言，对于个体性的无条件的尊重，如同要求尊重互不知名的个体之间可数的、可计算的、主体上的平等一样，还要求对于他人的无条件的相容性。（幽灵 93）

左梨：这位将你称作一个浪漫的空想家的罗蒂教授，曾这样评价美国学院中马克思主义的支持者，“遗憾的是，当代美国的学院文化中，人们普遍以为一旦你看透了柏拉图、本质主义和永恒的真理，你就会自然而然地转向马克思。在詹姆逊和其赞赏者的心目中，与世界抗争的努力是与马克思主义联系在一起的”。（罗蒂 2014，21）尽管罗蒂先生表示遗憾，事实上，即使在美国思想界，马克思也已经承载了一种改变现实、寄托理想的教父形象。

德里达：如果说有一种马克思主义的精神我永远也不打算放弃的话，那它绝不仅仅是一种批判观念或怀疑的姿态，它甚至更主要地是某种解放的和弥赛亚式的声明。（幽灵 126）我们相信，这个救世主的号召仍然是马克思的遗产的一种不可磨灭的印迹。（幽灵 41）

左梨：也许我们可以谈谈语言世界这场解放运动的起因。

播撒种子的孤儿

德里达：形而上学的历史，尽管千差万别，不仅自柏拉图到黑格尔，甚至包括莱布尼茨，而且超出这些明显的界限，自前苏格拉底到海德格尔，始终认定一般的真理源于逻各斯：真理的历史……一直是文字的堕落以及文字在“充分”言说之

外的压抑。（字 3-4）

左梨：整个形而上学史都在不停变换角度确认在场的神性，如你所言，那里被一种假想所支配，假想有一个绝对之物，本体、逻各斯、绝对理念、唯一者、上帝，或是佛家的真如，以及“存在”，它们于每时每地每处都与世界关联，也就是，它们是绝对、完全的在场。

德里达：胡塞尔揭露了蜕化的形而上学的所有错误和堕落的唯一恒常的动机：它永远是在理想性的真正方式面前的一种失明，这种失明存在，它能够不定地在自身在场的同一性中为了同一性而被重复，即使它并不实存。（声音 4-5）

左梨：而若它们 - “存在”是圣父，在场即圣子。语言、文字因其在场性的强弱被确立了等级。言语以言说主体的在场，成了被尊崇的一方，而文字作为语音的“能指”——“能指的能指”，以主体的离场，沦为了被贬抑的一方。

（德里达站起来，从书架上抽出一本雅各布森的《普通语言学论文集》，指着其中一段读出来——）

德里达：现代结构主义思想已清楚地表明：语言是一种符号体系，语言学是符号科学或索绪尔的符号学的组成部分……每个语言学单元都有两个部分并且包含两个方面，即可感方面——能指，和可知方面——所指。语言学符号的这两种组成部分必然互为前提和互相需要。（字 17）

左梨：这两个部分的语言学原义就是概念与声音，“我们保留‘符号’这个词来指称这个整体，把‘概念’和‘音响形象’分别用所指和能指代替”。（索绪尔 81）索绪尔揭示了语言 - 符号的基本构成，使很多问题得到更清晰的表述。比如将文字对于语音的指示，称为“能指的能指”，虽然这有争议，但毕竟这种关系获得了更为概念化的说法。然后，索绪尔将声音视为能指和所指唯一天然、真实的联系，也是将书写 - 文字视为第二性。

德里达：索绪尔说，“言语与文字是两种不同的符号系统；再现前者是后者存在的唯一理由”。我们不妨回忆一下亚里士多德的定义，“言语是心境的符号，文字是言语的符号”，（字 41）那是因为，言语，第一符号的创造者，与心灵有着本质的直接贴近的关系……在者与心灵之间，事物与情感之间，存在着表达或自然指称关系；心灵与逻各斯之间存在着约定的符号化关系。（字 14）逻各斯中心主义不过是言语中心主义：它主张言语与存在绝对贴近，言语与意义的理想性绝对贴近。（字 15）

左梨：书写和文字是在语音－言语中心主义中被贬低的。包括黑格尔，“其符号理论的核心就是‘将特权或优越地位’赋予‘语音系统’，让语音凌驾于书写之上……将时间置于空间之上，将不同的书写系统纳入等级秩序……都从不同侧面表现了同一种倾向：贬低书写，尊崇语音”。（李永毅 112、113）

德里达：黑格尔十分明确地指出了声音在理想化过程中，在概念的形成和主体的自我显现过程中所具有的奇异特权，“单纯的主体性，物体的灵魂似乎是通过它的共鸣而在这种理想的运动中表现出来……显现出来的不再是静止的物质形态而是灵魂的最初理想性”。（字 15）

左梨：在形而上学的历史中，言语－语音因被视为心灵的直接关联，而承担－享有了存在－真理－意义－逻各斯的神权。

德里达：逻各斯的时代贬低文字，将其视为中介的中介，认为它堕入意义的外在性之中。这个时代属于能指与所指之间的差异，至少是古怪的平行间距，以及二者那种于彼此之间的外在性——尽管它已减弱。能指与所指的差异既以一种深刻而又曲折的方式归于形而上学史所覆盖的大时代的整体性，又以一种更为明确更为系统化的方式归入一个居于其间的时代，即占用希腊概念资源的基督教创世论和无限主义的时代。（OG12-13）

左梨：居于其间的那个阶段，是否始于公元 2—5 世纪，俄利根、德尔图良、奥古斯丁所代表的基督教早期教父时代？他们在希腊哲学背景下，重审创世论和神人关系，接受了理念世界与现实世界的对立，将其继承发展为上帝之城与尘世之城的对立，即所指与能指的对立，所指称之事物与指称符号的对立。上帝与其逻各斯先在而永在，是所指，尘世的一切不过是指称他们的能指。

德里达：读者或许注意到，在这场逻各斯的悲剧中，苏格拉底坚持将罪责指向书写。[*Dissemination*（以下简称 D）77]

德里达的双否表达常被归源否定神学，这种神学实践发轫于斐洛，后者将信仰与理性相结合，被视为基督教神学的源头之一。作为略早于耶稣的同时代人物，斐洛认为不能用任何谓词去构想的神，通过中介 logos 管理世界。logos 是神的影子，它既不是非造物，亦非人这样的造物，而是居于其间

左梨：《斐德若篇》写到了苏格拉底对文字的忌惮：萨姆斯王拒绝了塞乌斯神送给他的礼物——pharmakon[①]- 文字，因为人们学会这种技艺，便在灵魂中播下遗忘的种子，从此将依赖写下来的文字，而不再努力记忆。借助文字可以无师而自通知识，但得到的不是智慧，是智慧的赝品，也就是我们之前论述的智能。而且，“一件事情一旦被文字写下来，无论写成什么样，就到处流传，传到能看懂它的人手里，也传到看不懂它的人手里，还传到与它无关的人手里……如果受到曲解和虐待，它无力为自己辩护”。（Phaedrus275e）而活生生的言语，“写在学习者的灵魂上，能为自己辩护，知道对什么人应该说话，对什么人应该保持沉默”。（Phaedrus276a）

德里达：柏拉图将文字与言语的关系比喻为助记手段与记忆的关系……之所以说文字意味着遗忘，是因为文字是一种中介，是逻各斯离开了自身。没有文字，逻各斯自然停留于自身之内……文字掩盖着意义向心灵的呈现。（字 50）《斐德若篇》这样写道：文字既是记忆的方法，又是遗忘的力量。（字 33）人们很容易认出这是“水壶逻辑”的例证，弗洛伊德在《释梦》中曾用它阐释梦的逻辑。（D110–111）

左梨：那个案例是说，某人向邻居借水壶，还回之后，邻居说他弄坏了那把水壶，他为自己做了一番自相矛盾的辩护：一会儿说还回的壶是全新的，一会儿说借来的壶本来就是坏的，一会儿又说从来没有借过水壶。弗洛伊德用来这个故事来揭示自己的潜意识，在梦中，他一直为自己开脱，逃避曾使病人因药物过敏去世的责任。（弗洛伊德 116）

德里达：苏格拉底试图对一切作出有利于自身的设置，辩护词却堆满了自相矛盾的论据：1. 书写之于活生生的记忆和言语是严格的外在之于内在，因此书写无法伤及它们；2. 书写对它们有害，因为会使它们沉睡，侵染其本来保存完好的生命；3. 不论怎样，如果人最终求助于遗忘和书写，也不是因为其内在价值，而是因为活的记忆有尽头，在书写留下其踪迹之前，已经出现了漏洞。书写对记忆无用。（D111）

左梨：但是，苏格拉底，或者说柏拉图，究竟在惧怕什么，以致误用自相矛盾的水壶逻辑证明书写有罪呢？

---

① 希腊语 φάρμακον 的罗马化拼法，兼具“药”与“毒药”的含义。

德里达：《斐德若篇》已经提到，文字的弊端是外来的，宣布文字是完全原始的破墙入盗，是典型的暴力：是外在性从内在性中喷发出来，是对灵魂深处的破坏……这并非简单的类比：文字、字母、可感知的铭文始终被西方传统视为外在于精神、呼吸、言语和逻各斯的形体与物质材料。马勒伯朗士与康德等人常将原罪定义为灵魂与肉体的关系因情感而发生错位。灵魂与肉体问题无疑源自文字问题，反过来，文字问题又似乎从灵魂与肉体问题中借用其比喻。（字 47）

左梨：怀特海的那个警句再度响起，整个西方哲学史不过是柏拉图的一串注脚。一切问题都产生于不平等的二元对立中，言语是灵魂，文字是肉体，后者对平等的实现即是一种罪恶。苏格拉底和柏拉图的恐惧也在于此，言语作为在场的言语，是灵魂，因此在场具有灵魂，这是生命，而文字代表离场，属于没有灵魂的肉体，是尸身，也就是死亡。

德里达：从笛卡尔到黑格尔，尽管存在各种差别……上帝的无限理智仍然是作为自我呈现的逻各斯的别名。只有通过言语即通过能指秩序，逻各斯才可能是无限的并且自我呈现，它才可能成为自发冲动，而主体正是通过能指从自身进入自身。这种经验通过排除文字而存在并显示自身，也就是说，它不再产生“外在的”“占据空间”并打断自我呈现的能指。（字 144–145）对绝对在场的规定构成了自我显现，构成了主体性。卢梭认为，文字是搬运尸体的工具，它耗尽了生命。（字 21–22）

左梨：在对文字的态度上，卢梭极端而统一，即便是《圣经》也不行，他说“《圣经》是书中之王，但毕竟是一本书，人们不应该在几页零乱的纸张中，而应该到内心深处去寻找上帝的法则，上帝将字写在人的心中”。（字 22）

德里达：对索绪尔来说，文字代表堕落和迷茫，“掩盖了语言的外观，它不是一种外衣，而是一种伪装”，必须驱除其魔力，“必须了解它的功用、缺点和危险”。（字 47）

左梨：肉体地位的晋升，似乎应该始于尼采，他对肉体的高度肯定以及对“肉体蔑视者”的抨击，当时即惊世骇俗，余音又绵延至今，甚至已经形成了现代哲学中一条以此为原点的思想传承。在观念中，肉体和灵魂的关系变化，必引发言语与文字的关系变化，在尼采那里，关于言语和文字也一样出现反传统的认识。

德里达：尼采没有简单地停留在形而上学领域，而是致力于使能指摆脱对于逻各斯和相关的真理概念或任何意义上的第一所指的依赖性或派生性。阅读、写作、文本在尼采看来乃是对某种意义的原始创造，但这些创造活动不必首先记录或发现这种意义，它不是以原始性因素和在场来表示的真理，不是神的理智或先天必然性结构的逻各斯。（字 24–25）

左梨：作为意义的原始创造者，文本不必率先在自身中揭示，只是令其存在于自身，这等于说文本的主权并不归属作者，作者只是文本的生殖者，而非律法之父。文本作为一个有身而无父的孤儿，承载着等待被领取的存在。尼采已经触及了延异的思路。

德里达：由于尼采的论述内容几乎遗忘了存在问题，它的形式恢复了一种绝对的奇特性，他的文本最终要求采取另外一种更忠于他写作风格的解读方式——尼采写了他已写的东西。他写道，文字，首先是他自己的文字，本不从属于逻各斯和真理……尼采的破坏是独断的，并且像所有颠覆工作一样。（字 26）

左梨：我集中谈一下自己的看法。就传统而言，“文字杀生”的罪名，似乎是一些源头性思想家的共识，苏格拉底、释迦牟尼均述而不作，生前都没有留下文字，只留下由学生记述的对话语录，包括老子著述《道德经》，传说也是因人所求，关令尹喜曰“子将隐矣，强为我著书”，于是老子乃著书上下篇。（《史记卷六十三·老子韩非列传第三》）尤其是中国的禅宗，更是直接创立“不立文字，以心传心”的传承方式。每个符号都圈定了它所指称的存在，之下都有一个被其规范而窒息的意识内容，就像五指山压着孙悟空。这让我想起“执雀问生死”的典故，此时我是从存在与书写的关系想到了“尼乾子手里的鸟”。在“最高的沉默”中，只有本体 – 存在，没有主体 – 此在，山林默然无物。当人的意识一起，群鸟出枝，山林萌动，这是主体在本体中显现，此在领受存在。接着，言语发生，意识得以外化，而言语必是某一个相应意识的言语，这是一鸟在手的时刻。而言语中的存在 – 意识，进入他者，必经一次意识的转场，成为一种意义的再传，它能否实现自身而不是拟身的传达？亦即“在场” – “尼乾子手里的鸟”能否活着而不是以尸身交予他者？同样作为表达，作为意识的外化，言语是与意识同在的“在场书写”，尚有“执雀”生死之间，而文字，可称之为对意识永别式的终场书写，一旦形成，就远离在场，即时成为尸身，生来即是尸身，供他者还魂。我们不难看到一个关于存在表达等级的传统序列：最高级属于“沉默”，或与之对应的指向“无”的表达，其次是言语，最后是文字。

德里达：一种完全的在场摆脱了延异和言语的暴力，这种完全在场的神话倾向于赞扬沉默。（字 203）

左梨：从存在，到意识，再到言语 – 文字，最后到他者意识，就是从山林无物，到十鸟在林，再到一鸟在手，最后执雀问生死的过程。而你的反传统在这里体现为给予文字一个平等，甚至比言语更本源、更接近存在的位置，这是来自你的核心概念“延异”的考量。言说与意识即时同在，它拥有一个统辖意识外化的在场言说主体，言说主体对自己的言说拥有最高主权，这就等于不同程度地排斥了他者意识，在踪迹中形成了一个中心，从而降低了自身的延异性。而文字，在形成时就与主体永别，它没有一个在场的书写主体，就像无父的孤儿，于是在它的踪迹中，没有中心，没有以父为名的中心，作为一个孤儿，它更多地漂泊在他者的延异中。就像齐奥朗所说，“借助死亡，我存在于所有地方”。（齐奥朗 29）

德里达：使西方传统得以形成并继续存在的确凿证据是：所指的序列绝不与能指的序列同时出现。（字 24）符号必定是异质的统一体，因为所指——意义或事物，意向对象或实在，其本质不是能指，不是踪迹……作为音素接近逻各斯的特权，乃是在场的特权。一旦有人问“符号是什么”，也就是说，只要有人使符号服从于本质问题，必然的回答就是：服从于 ti esti，你的存在。（OG18）

左梨：可“存在”又是什么呢？符号服从的究竟是什么？海德格尔力图将这个词从传统中赎出，将其指向从事物转为状态，并言明“唯当真理在，才有存在——而非才有存在者。而唯当此在在，真理才在。真理的存在源始地同此在相联系”。（海德格尔 230）当然，这里的“真理”迥异于传统含义，不是那个“理想化的绝对主体”，而是由此在的领会得以揭示而出的东西。“真理”已从被逻各斯支撑又与之同在的绝对者那里转出，去向了此在 – 人。但显而易见，由于存在、真理还是决定于在场，这其实还是一种意识中心主义，就像你的评价，“这表明了海德格尔在对待在场形而上学和逻各斯中心主义方面的模糊立场。它置身其中而又违犯它。

但是它无法分割”。（字 29）

德里达：西方形而上学把存在的意义限于在场领域，它成了语言学形式的霸权。（字 30）不是在海德格尔的道路的这边，而是在它的远方，并且在半途之中，终于认识到存在的意义并非先验所指，而是前所未有的确定的能指踪迹。在者与存在都是派生的东西。“延异”才是更“本源”的东西，但我们也不能将它称为“本源”，这些概念本质上属于存在－神学的历史，也就是说属于抹去差别的系统。（字 31）

左梨：在者和存在都是派生之物，意味着言说－在场都是派生之物。

德里达：我们可以不合时代地说，言说主体才是言说的父。而且，人们会迅速意识到这不是比喻，至少没有任何普通、常规意义上的修辞效果。逻各斯是子……（D77）

（我打断了德里达）

左梨：你倒转了形而上学史的父子秩序！言说－在场的主体成了逻各斯－存在的本体的父！不是逻各斯－存在生出了言说－在场，而是言说生出了自己的逻各斯－存在。也就是，神－终极意义不是父，言说主体才是，言说－意识的在场，生出了自己的神－意义－逻各斯。进一步具体而言，耶稣是父，上帝是子，耶稣的在场创造了上帝，没有耶稣，就没有上帝。我又感到了来自费尔巴哈和马克思的传承？宗教属于人的自我异化，是“人创造了宗教”。

德里达：我们都是马克思或马克思主义的幽灵，我们对马克思的无情驱赶或热情拥抱，都是对这位幽灵般的“父亲”的一种幽灵般的纠缠。（幽灵 3）若没有父的在场，子一呈现就会被毁灭。父作出回答。他的父为他言说，为他回答。如果没有父，他什么也不是，而仅是书写。至少，说者所说的，是父的论题。因此，书写的特征与父的缺席紧密地捆绑在一起。（D77）

左梨：父不在场，子便毁灭，那么逻各斯也只是书写，它所能留下的也只是文字。文字是主体缺席时逻各斯的尸体。你让书写上十字架，以新君赴死保证整个系统的开放和自由。只要取消书写者对文本的优先权，保证任何人解读文本的权利，文本就永远被悬挂于十字架上。它是 A，它是 Ω，是最初的，也是最末的。

德里达：这苦难是多意的：它当然是孤儿的灾祸，他需要在场，也需要满足他所需者在场；但这可怜的孤儿，也与书写一起遭受指控，声称他为了自我满足获得解放，要废黜其父。从其手执权杖所处的位置看，书写的欲望被指认、被选定、也被谴责为孤儿杀父反叛的欲望。pharmakon 岂不成为有罪之物，一种有毒的存在？（D77）

左梨：孤儿，多么广阔的意象空间！是的，还有俄狄浦斯，他与互不相识的生父狭路相逢，在决斗中将其杀死。

德里达：书写与这孤儿的情形一致，它的福利无法在任何出证和外援中得到保障，在笔触触及铭板的一瞬，它不再是任何人的儿子，也几乎不再留下儿子，不再寻找它的本源，不论从法律角度还是道德角度。（D77）

左梨：不但是孤儿，而且是独夫，这孤零零的文本！从尼采的“上帝死了”到罗兰·巴特的“作者之死”——福柯所言“作者已经消失；上帝跟人都得死”的这个过程，其实是从一个绝对他者到自我，再到普遍他者，将意义转权、分离以及植荒的历程。在被书写的世界里，一直由上帝颁布的意义，转予书写者的自我认定，再进一步开放给了所有相关的普遍他者。尼采弑天父，留下了人父－自我，而你继续以解构之名，在文本上引导了 20 世纪的弑父运动，取消了书写者对于文本的主权。

德里达：与书写相反，活的逻各斯之活力在于，他有一位活着的父，尽管这孤儿已经半死，他的父在场，在他左右，在他身后，在他里面，以正义支撑他，亲自以父之名陪伴他。对活的 logos 来说，他确认自己所欠的债务，并依据这种确认得以生存，同时禁止自身，禁止自身的弑父。（D77）

左梨：你所说的“活的逻各斯”，本质上就是具有中心归属的“言说”，“活着的父”就是在场的言说主体。言说不断形成文字链，如果没有在场的言说主体，这些文字也是完全的孤儿，但这个“活着的父”，始终与子同在，为之倾注意义，并为成其所是，抵制他者意识对其延异。与父同在的子，持有了自己的出身，同时在父的踪迹－现实中得以成长，它难以弑父，除非父疯了！但正是因为这个主体性的出身，言说被你降低了地位。父之死，确定了俄狄浦斯自刺双目自我流放的结局。子之死，令子发出绝望的呐喊，“神，你为什么离弃我”。而经典学者最大的痛苦，大概是在书写与言语的拮抗中看到了希伯来精神对希腊精神的匡正。希腊文明致力于对在场进行还原，将文字视为遗忘的预约，等于提前允许了自己的遗忘。而在《旧约》中，文字与神直接相关——耶和华在西奈山和摩西说完了话，就把两块法版交给他，那是神用指头写就的石版。（出 31：18）在《旧约｜但以理书》中，巴比伦王伯沙撒大宴一千大臣，用掠自耶路撒冷神殿的金器皿饮酒，突然，“神那里显出指头来，在王宫与灯台相对的粉墙上写字”，宣布了该国的灭亡。

德里达：现在，也许可以更清楚地理解弗洛伊德为何提到梦时指出，梦类似于文字，而不类似语音，类似于象形文字，而不类似表音文字。（字 97）这不是说“文字”一词不再指示那个能指的能指，而是它呈现的与本应看来的样子不同，这个“能指的能指”不再被限定为附属的附属和次要的次要，相反，“能指的能指”描述语言的运动：在其源头中，可以确定的是……那种源头的结构可以被表达为“能指的能指”，而源头在自身的产物中取消并抹去了自身。（OG7）

左梨：语言是一种指示符号，能指的能指，就是指示语言的符号，也就是文字。文字，不是附庸的附庸，反而负负得正，成为一个新的源头。在你看来，没有真正的在场，只有延异；没有唯一的在场，只有缤纷的延异；没有绝对的在场，只有相对的延异。如此，言语和文字的等级也必将根据其“延异性”重新确定。

德里达：我们必须考虑言说的新情况，考虑到它在自身无法继续统治的结构中所处的从属地位。（OG8）能指的外在性即一般书写的外在性，我将尝试去证明：书写之前没有语言符号。没有这种外在性，符号概念本身就会日渐衰落。因为我们的整个世界和语言会随之崩溃，而且，因为它的形迹和它的价值，在某个分支派生的节点上，保留了一种无法摧毁的坚固性。（OG14）符号与神性诞生于同一时间同一地点。（OG14）

左梨：这是一场语言学的国王复辟吗？能指的能指，这种外在的外在，反倒可能是一种内在。不是橘皮包裹着橘子，而是橘皮反包着整个宇宙！你显然在将文字本体化，书写成为新的逻各斯，你的新君。可是，你如何保证它建立一种完全不同的统治方式，不再封闭体系，演变成新的暴君呢？

德里达：我指涉我自己，这就是书写，我就是书写，就是写——它不排除任何东西，因为当置入深渊的东西被分解，产生出一个事件时，签名的是他者，作为他者的物。书写品将自己指称、描写、划写为一种行为——行动和文档，在结束之前将自己签名。（《文学行动》298）苏格拉底在这苦痛中坚称，逻各斯或出于怜悯，或出于高傲，指责书写说："它总是要它的父来救援，却无力为自己辩护，也无力回应自己的需要。"（D77）

左梨：啊，狡猾啊雅克！将被指控的苏格拉底、俄狄浦斯、上十字架的耶稣与书写联系起来，这真是离经叛道而又天才的发现。书写，由苏格拉底、耶稣用生命完成，而不是柏拉图和众使徒所为。它不再是能指的能指，而是所指之源。存在无声，仅仅在书写，这是最本源的行动，意识主体对书写文本的捕捉形成了言语。这种书写不在言语之后，而在言语之先，就像存在居于本质之先。但真正的悲剧是：不论苏格拉底，还是耶稣，还是"书写"，在横遭指控时，都无须也无法对自己辩护。动辄得咎。行动必将改变现有，必然包含着对现有的否定，作为一种反作用力，行动者也必将遭受现有的否定。意识主体在场时，行为无须辩护；意识主体离场后，行为无法辩护。苏格拉底、耶稣必将成为自己行动的祭品，他们踪迹的"文本"则成为孤儿，漂泊在他者意识的延异中，成为一种元文字。"一粒麦子不落在地里死了，仍旧是一粒；若是死了，就结出许多子粒来"，（约 12:24）从言语到文字，正是麦子死去，变成了种子，这就是播撒。

卢梭与虚无之间没有中介

德里达：如果形而上学的历史是将存在确定为在场的历史，如果它的冒险与逻各斯中心主义的冒险合而为一，如果它完全成了痕迹的还原，那么，我们以为，卢梭的著作在柏拉图《斐德若篇》和黑格尔的《哲学全书》之间似乎占有了独一无二的地位。（字 143、144）

左梨：是时候谈谈卢梭了，你的著作《论文字学》中有一章即名为“文字的暴力：从列维－斯特劳斯到卢梭”，这一对精神父子得到了你的重点论述。

德里达：两人都蔑视文字，而对言语的作用大加赞誉。（字 203）众所周知，列维－斯特劳斯不仅感到自己与卢梭毫无二致，感到自己在本质上并且在所谓的理论影响方面与卢梭一脉相承。他常以卢梭的现代门徒自居，他将卢梭视为现代人类学的创立者，而不仅仅视为预言家。（字 152）他说：“文字似乎偏爱盘剥人，其次才是启发人……文字与不忠一开始就在人类那里结下了不解之缘。”（字 147）在语言学和形而上学中，音位主义无疑是对文字的排除或贬低……列维－斯特劳斯的结构主义是一种音位主义。他对文字的论述非常精辟，简直让人惊奇，因为他以矛盾而新颖的方式阐述了西方世界不断重复的诅咒。（字 149）

左梨：通过对纳比克拉瓦人的观察，列维－斯特劳斯得出一个结论，文字并非获取知识、帮助记忆，而是一种确定地位、建立社会结构的工具。为统计人数，他请求酋长聚集族群，作为回报，他为集会提供礼物——纸和铅笔。起初，这些没有文字，只能在葫芦上画虚线或锯齿的土著人拿着纸笔无所事事，但几天后突然开始模仿文明人，煞有介事地书写起来，也就是在纸上画下波浪线。当列维询问某事时，酋长也试图用那些线条来回答，甚至拿出自己乱画的线条本冒充礼品清单，与白人一一核对。

德里达：我们不禁要问，拒绝将葫芦上的小圆点和锯齿形图案称为文字，这在多大程度上是合理的？（OG110）这一小群纳比克拉瓦人用一个词表示书写行为，至少有一个词服务于这个目的，“他们把写字称为 iekariukedjutu，即‘画道道’”。因为他们用“画道道”这个词命名铭记行为，我们就可以说一个民族不知如何写字，岂不类似于用“叫喊”“歌唱”“哀叹”这类同位语表达“言说”，就证明他们没有语言？（OG123）

左梨：好的，我们现在是在论述狭义的书写和文字。

德里达：如谢和耐所记：“中文里‘文’这个词表示复合标记——书写的最基本符号。它同样适用于表达木头和石头的纹理、星座中连接星星的斜线、鸟兽在大地上留下的脚印、文身以及龟壳上的花纹，又被延伸为文学和社交礼仪，它的反义词是武或质——未经抛光或装饰的原料。”我们难道因为“文”表达了狭义文字之外的许多意思，而认为中华民族没有文字？（OG123–124）

左梨：这是在历史语境中使用“文”，以上大部分含义，在文字系统日臻完善之后，逐渐被“纹”所取代。日语有一个类似案例，口语中的书写和绘画是一个词，发音都是“かく”，这个民族曾有很长一个阶段只有语言没有文字，因此无须对铭记行为进行分类，保留在口语中的这种现象，属于民族语言史的遗迹。引入汉字，或者说接受汉语言文化之后，日文才采用汉字的规定，书面语始以“書”与“描”区分二者。对于一个已经确立了的文字系统，确实不可能再使用“画道道”来表达书写。列维－思特劳斯发现书写与建筑之间具有微妙的对应关系，文字的发明一直与城市、帝国的创建同步，似乎是用来剥削人类的工具。

德里达：书写的出现是瞬间发生的，而非有所准备的。这一飞跃将证明书写的可能性不在语言之内，而在语言之外。但那种情景不是文字起源的情景，只是模仿文字的情景。即使它是一个书写问题，其中的突发性角色不是书写的演变或书写的发明，而是引入了早已形成的书写。它是一种借用，而且是做作的借用。（OG126–127）

左梨：你认为那些葫芦上的简单图案是纳比克拉瓦人初级阶段的文字，甚至，这些四处游弋不事耕种的土著人已经具有了可供借用的文字系统？如果两个尚未学语的婴儿发出各种音节，并出现一些互动反应，我们是否可以确认他们已经在使用自己的语言？

德里达：借用发生于瞬间，即刻，要使借用成为可能，必须有一个先在系统为前提。（OG127）文字的推广现象和传播现象显然具有突发性，但这无法描述文字的出现，与之相反，它是艰难的、渐进的，并且分为不同阶段。（OG127）

左梨：也就是说，必须有的可借。你对狭义书写的定义太过宽泛，将土著人的文身、饰品和器具上的简单纹样都算作了书写。这种书写如同多多那神庙所示：神谕最初从橡树中发出，（Phaedrus 275c）心地单纯的人能从橡树和石头那里听到真理。实际上，不仅这种“简单纹样”，就连中国半坡遗址中分为 20 多种类型，共计 100 多个的几何形符，以及“二里头”兼具几何和象形特征的陶器刻符，乃至

《金刚经》所阐述的“无所住”的存在论、“诸相非相”的世界观、“是法平等”的价值观以及“既非－是名”的双否论证表达方式，与德里达的延异、踪迹、非中心、双重否定等诸多解构主义概念具有高度的相似性。西方世界发行过数十种版本的《金刚经》译本，上图是2010年英国出版的拓印本

"大汶口文化"中似可视为甲骨文形成基础的象形图绘，都为多数文字学家拒认为文字。

德里达：一个现代人类学家所使用的文字概念又似乎显得过分狭隘。他说在新石器时代，我们至今仍居于其中的深层结构都已形成，但并没有运用书写。当今的人类学家已经给我们提供了大量书写信息：先于字母、表音系统之外以及即将使用表音的文字系统。这使我们没有理由固执己见。（OG129）

左梨：物质性发展是渐变的，但精神性发展是质变的。文字，这种物化的精神成果，其形成期即便漫长，也必然存在一个节点，突然明晰为真正的符号系统。中国有仓颉造字鬼神泣哭的传说，文字出形一瞬，精神的牢笼已成，鬼神望而生畏。原来，文字狱不是现实事件的比喻，而就是文字本身的现实。当然，这些被俘虏的精神，或者按你的说法，这些无父的孤儿，与其说因为凝固为文字而成木乃伊，不如说因此进行了一场反孵化，重新归元为一个蕴含可能的蛋。列维－施特劳斯试图证明文字的运用出于社会学而不是理智的必然性，这种区分颇为徒劳，好像社会学与理智彼此矛盾。文字造成的压迫和剥削，与生产资料所造成的一样，无法以此为之定罪。

德里达：列维－斯特劳斯并未分清等级化与统治，政治权力与剥削。这些看法中弥漫着故意混淆法律与压迫的无政府主义口吻。（OG131）元书写既是道德的起源，也是不道德的起源。它是伦理的非伦理开端，一个暴力的开端。就像对待庸俗的文字概念一样，暴力的伦理例证必须被严格地悬置，以便重修道德的系谱。（OG140）

左梨：但列维－斯特劳斯的担忧也是真实的，这与他所崇拜的卢梭一脉相承，只是思路不够准确。文字没有阶级性，它造成的压迫和剥削并非因为它的社会学出身，而是因为它代表理性对意义的规范，精神被因其而设的结构所圈定。文字狱正是这种状况的绝妙反讽：文字形式限定了精神，文人因文字遭到囚禁。这无疑又是列维－斯特劳斯神话方程的再现。

德里达：这是文字在形而上学历史中的处境：它是一个遭到贬低、遭到边缘化、遭到压抑、遭到取代的主题，然而，从它遭到遏制的时候开始，它仍在施加一种持久的无法摆脱的压力。我们应该抹去一种令人恐惧的文字，因为它涂改了自身在言语中的显现。（字391）在创立的同时拆解“我”，这种镜像的剥夺也是语言的规律。它是现场语言核心中那种死亡的力量：它是一种更为可怕的力量，因为它给已说词句的可能性带来同样的威胁和开放。（OG141）卢梭指责文字是在场的毁灭和言语的瘟疫，他也在某种程度上恢复了文字的地位，以使它重获语言允许自身丧失的那部分。（OG142）

左梨：文字不可替代之处在于它能够叠加时间，它轻松穿越时间之旅，将整个时段凝聚于一刻，又将一瞬的表达延展至未来。在场是言说的生命，这也意味着言说无法脱离前者，是文字使言说从在场那里赎回自由。

德里达：作为文字的间隔是主体退场的过程，是主体成为无意识的过程。符号的解放以其派生运动构成了在场欲望的偿还。这种生成或者说派生不会降临于选择它的主体，或被动地被它拖着走的主体。因为这种主体与其自身死亡的关系，生成过程就是主体性的建构。在生命有机组织的任何层次，都有死亡的结构。一切书写的元素都具有遗嘱性质。（OG69）卢梭重复了《斐德若篇》和《解释篇》的最初动机，但他从新的在场模式出发，即从主体在意识和情感中的自我呈现出发。与他人相比，他更多地受到被他强制排除的东西的吸引和折磨。（字144）

左梨：对于书写－文字的这种矛盾心态，注定了言语中心主义的传统在卢梭这里开始松动。从这个角度而言，卢梭也算是一位先驱。

德里达：在《忏悔录》中，当卢梭试图说明他如何成为作家时，他说：“只能在不利地位上展现自己，而且与我所是者截然不同，如果我没有确定这一点，我会像其他人一样热衷社交。写作和隐居，这种我所选择的生活非常适合我。如果我在场，人们将永远不会知道我的价值。”他把转向写作描述成：通过某种缺席，通过有意的退隐，恢复在言语中对自身感到失望的在场。（OG142）而活生生的在场之面对自我的非在场，将同时定义对他人的一般关系和对“时间化的自我”的关系。（声音46）

左梨：尊崇言语，贬低文字的卢梭，反而放弃了在场，选择了文字。写作是一场针对现实的起义。当人的“所在”、“所有”与“所是”发生矛盾时，写作推翻了前两者构成的压迫，使所是得以呈现。未进入书写的只是现实中的所在，被书写所铭刻才纳入历史的所有。卢梭放弃了前两者，而选择了后者，即自身的所是，又以此纳入历史。历史，是人类踪迹彼此覆踏后的遗留。

德里达：事实上，在两种情况下，卢梭均将文字视为危险的手段，视为带来威胁的援助，视为对不幸局面的批判性回应。当自然作为自我贴近被禁止或打断时，当言语不能支持在场时，文字就必不可少。我们迫切需要用文字来补充言语。（字 208）

左梨：这是一种替补。

德里达：我们必须通过这个值得怀疑的范式考虑卢梭的经历和文字理论。（OG144）他在《爱弥尔》中写道，一切恶都来自这一事实，“女人拒绝成为母亲，她们不愿也不去履行她们的义务”。（OG152）

左梨：是的。他认为恶外在于自然，当自然中应有的部分出现了缺失，恶随即作为替代品与自然并存。

德里达：这种本应自足的存在一直是自然的，在卢梭这里尤其含有母性的意味。（OG146）

左梨：他在《爱弥尔》中说，母亲本该养育子女，如果她们想方设法逃避生育与哺乳的义务，就会寻找奶妈替代自己，再离间孩子与奶妈之间自然产生的感情，最终，逃避生育的母亲培养出冷漠无礼的孩子。母乳缺失容易补足，母爱的缺失无法弥补。卢梭的母亲生下他便去世了，这种缺憾伴随他终生。后来他一直称瓦朗夫人为妈妈。

德里达：他住在瓦朗夫人家中，足够亲近这个“妈妈”，去观察她，以丰富自己的幻想。“我常常吻床，因为她曾睡在上面，吻我的窗帘，吻房间中所有的家具，因为它们是她的，她美丽的手曾接触过它们。”“妈妈”意味着真正母亲的消失，又以很多众所周知的模糊方式使自身得以替代。（OG152）

左梨：甚至遇到泰莱丝，那位洗衣女工之后，他都认为自己找到了“妈妈”的接替者。

德里达：“妈妈”已经是他不知名的母亲的替补，那位“真正的母亲”，即使没有在生下他后死去，在最初的踪迹中也是一种替补的确定方式。（OG156）

左梨：母亲是自然的替代者，母爱竭力补足现实缺失自然的部分。而瓦朗夫人是卢梭母亲的替代者，是母亲、老师又是情人，她全方位地呼应着卢梭。而她在性方面缺席时，卢梭就诉诸手淫。如果说嫖妓是卢梭偶尔为之的尝试，手淫则是他的长期“恶习”，按他自己的说法，即使与泰莱丝同居时，他也没有停止过。泰莱丝又是瓦朗夫人的替代者。

德里达：这是一条替补之链。（OG156）卢梭求助于手淫又因此自责。（OG153）从第一次脱离自然的时候开始，历史的游戏——作为替补性——就包含自身退化的原则，包含替补性退化的原则以及退化的退化原则。历史的堕落本身从一开始就包含历史中加速的堕落，包含着突然的堕落。（字 257）

左梨：自然，母亲，“妈妈”，情人，妓女，手淫……

德里达：这便是爱的历史。在其中，只有历史才表现为一种非自然的过程：补充自然的东西，即精神的替补，通过替补活动补充自然力。从这种意义上说，替补是虚无，它没有自己的能量，没有自发运动。它是寄生组织，是一种想象或表象，这种表象决定着欲望的力量并给它定向。（字 256）这一模式已经成为卢梭对历史的解释。（字 257）

左梨：在情爱角度上，嫖妓是一种低成本的伴侣替代，手淫则提供一种假的在场。其实，以二者的泛化含义而言，“嫖妓”和“手淫”正是“替补”的主要方式，在回避现实去满足自我时，人不是在“嫖妓”，就是在“手淫”，欲望成了替补中的幻想。

德里达：替补令人抓狂之处在于，它既非在场也非缺席，同时违背着我们的欢愉和天真。象征直接成为本身，在场反而指示缺席，无延迟化作永久延迟，欢愉对应牺牲。（OG154）它的确是一个关于幻想的问题。替补“欺骗”母亲般的“自然”，如同文字的行径，像文字一样危及生命。（OG151）通过语言来补偿在场，是一种象征性和即时性的补偿。（OG153）替补不仅能够诱使幻想为缺席的存在卖淫，还能诱使符号的指代性为我们卖淫。它与符号保持距离又掌控着符号。（OG155）

左梨：由于欲望未能实现真值，而是迁就于低阶者、相似物，甚至赝品，因此现有成了一种悖论。一个人没有和爱人，却与一个相似者或备胎结成伴侣，那么后者的在场即指示爱人的缺席、后者的补位意味着真值的缺位——欲望不再等待真值而就下，即成为永久的延迟，而其中的欢愉，正是对真实欢愉的埋葬。

德里达：这一系列替补宣明了某种必然性：这个无限的链条，必然不可避免地增加替补的介质，制造它们所延迟的那一事物的意义。替补居于完全存在与完全缺席的中点，替补游戏填充并标示这一明确的缺陷。但卢梭似乎认为，到了泰莱丝这一层，他可以求助替补者平复他面对中介时的躁动。这一概念的毒性似乎平复了，人们似乎能够捕获它，驯化它，征服它。（OG157）

左梨：卢梭曾感言，在万物与虚无之间不存在中介，泰莱丝是他必需的替代。可以说，泰莱丝已经从替补变成了一种潜在的真值。也就是，替补可以转正。

德里达：除了替补，从未存在过任何事物，替补指向的意义只能从层层参照的链条中得到，一种“真实”随之发生，并充实了意义——源自踪迹和对替补的召唤……那些永恒之物，如绝对存在，自然，还有“真正的母亲”这些名相，一直消失不见，从未存在。文字替补消失的自然存在，展开了语言和意义。（OG159）

左梨：这是对替补的平反！理想国、绝对理念、神、上帝、“真正的母亲”，或许永远缺席，但是，人的渴望是真实的。实际上，人的存在就从对永恒之物的替补中展开。而未现－永恒之物的替补者，这些从参照链条起始端汲取意义的踪迹，成了各自向度的元文字，比如苏格拉底之死、耶稣之死；当然，对于现实之物的替补，则是拟仿的踪迹，失真的在场，抄录的文字。“替补”的积极性在于，它既是一个人的现实，又指示一个人的欲望。前者是实有，后者是真挚，真与实叠映在替补中。

德里达：众所周知，中介是卢梭一心想抹去的所有东西的名称。无限系列的替补必然成倍增加替补的中介，这种中介创造了它们所推迟的意义……一切东西都是从间接性开始的，“理性难以理解”这一点。（字228）除了替补，除了替代的意义之外别无他物。（字230）我试图匡正“文本”一词，所有一般意义上的“文本”，即，在体验阶段中，在社会、历史、经济、技术、军事等等诸方面中的“现实”。（P356）

左梨：文本即现实！而踪迹，作为一系列替补的踪迹，编织文本，成为现实。什么是踪迹？意识以物质所显现的自身，就是踪迹，就是降临。在存在的各种可能中，运动留下一条刻痕，如同在打卡机上打孔，使其中一种成为踪迹，成为现实。谁显现，谁就成为现实，它形成了一次跨越，从意识到物质，从个体到普遍，从共时性到历时性的跨越。

德里达：文本之外，别无他物。（OG158）

左梨：我不能不说，即使此言的狭义也预言了一个未来，在你作出这个定义的三十年后，一种文本现实出现了——互联网，它早期还有一个别称，叫作以太网。以太，是古希腊传统观念中令精神自由翱翔的介质。字节就像这种介质，它开始还只是作为信息副本，却逐渐变成了世界主场……当然，你看到了这一切，那时你还没有去世。

德里达：用书写代替言说的操作，也将价值代替了在场：牺牲了"我是"或"我在场"，选择了"我所是"和"我所值"。我放弃了我现在的生活，我的在场和具体的存在，以使自身在真理和价值的理想性中得到确认，一个著名的范式。即便我还保留着生命，我也期待在这场斗争中将自我提升至生命之上，以此赢得承认，这一事件发生在自身之内，写作正是这场斗争的现象。（OG142）书写行为本质上成为——为实现对在场最具象征性的重新占有而付出的最大代价。（OG142-143）"我可以肯定地说，在我把自己看作死人之前，我从未开始活着"，写作导致的死亡也在开启生命。（OG143）

左梨：文本所造成的死亡和生机，都在于它在时间上的超越性。"在我把自己看作死人之前，我从未开始活着"，按卢梭自己的语言学观点，这等于在说，从不在场的自我里，才能发现真实的生命。在没有放弃在场，没有放弃言语，尚未从与他人的同处中脱出自我，并使这个有名无实、漫漶无迹的自我进入书写，从而不断死去成为尸身－文字，成为文本之前，生命只能是一团或在场或缺席的虚无。人作为意识体，只有转为与自身同一的他者——意识的外化物，才能持久而确定地保存自我，在对物质化身的召唤中，如果将意识的转存视为一种死亡，那么，这种死亡犹如创世。"意识的整个生活以确定物体为目的。因为只有当意识在一个可认出的物体中恢复和沉思时，意识才是意识，即自我认识。而一个单一物体的绝对身份是意识的死亡，因为它凝结整个体验，就像放入溶液里的一个晶体使溶液一下子结晶”。（梅洛－庞蒂 104—105）卢梭啊，离开社交向书写死去，离开现实向文本死去的卢梭，弃其所在，成其所是！

德里达：这仅仅是一种象征性的重新占有吗？在真理的理想形式中、在在场的存在中、在现有的所有权及附庸中，它哪里摒弃了“所在”与“所有”？只是在它们的意义上更好地主宰它们。（OG143）

左梨：事实上，在自身的符号化进程中，人已经越来越深地作为文字存在于人群整体的文本之中，网络使身体离席，而使代表意识和观点的 ID 在场，后者以信息为介质重新编织自我和世界，那不断分裂的匿身的自我，像是终结者，也像是肇始者。由人造人，由字造字，我们进入了一个符号自我繁殖的时代。物质世界遵循质能守恒定律，精神世界则不。信息可以无限增殖，人类对外脑的使用给这种增殖提供了温床。这使信息扑面而来，对人类进行围剿，我们显然还不适应这种与信息相处的全新方式。它不再是玛那，生在旷野之中，由人采集，超越所需的部分就自然腐败。现代的信息，它来到，它呈现，它征服，而人类即使拒绝盲从，这种态度也过于古老。

德里达：在查拉图斯特拉的篇尾，在那个征兆的时代，最南的南方，发生最终分别的前夕，尼采在最大的近似、奇特的相似和终极的关联之中辨析着高等人和超人。前者在最后的怜悯中陷入他们的痛苦。而后者，是超人而不是末人，清醒并从中离开，绝不回顾那身后的世界。[The Ends of Man（以下简称 EM）57]

应无所住而行布施

左梨：尼采的重估一切价值为我思之“我”重新授权，海德格尔提出“摧毁”应该“声明传统之积极的可能性”，（Heidegger 20）他们都强调了一种肯定，那么，解构的最大肯定体现于何处？

德里达： 一种解构的思维——这是我在此主要关心的东西：正义观念的不可解构性。（幽灵 107）在场者和在场者在场的真正条件，这就是解构活动总是开始思考赠予和不可解构的正义的形态的地方，那固然是任何解构行动不可解构的前提条件，但这个条件本身就在解构活动中。（幽灵 41）列维纳斯说过，“与他人的关系，可以说就是正义”。（幽灵 34）正义的指令存在于权力或法律之外，它唯有在时刻关注自己的普遍性时才能成为绝对的。（幽灵 139、230）

左梨： 正义，就是罗蒂所认为的马克思对你最重要的影响，“德里达用来标志最终浪漫希望的名称——伟大的不可解构者”。（罗蒂 15）这里的“正义”，是指对他者的心灵认同，这种认同不能受力于任何权力和法律，否则又成了一种压迫或规范下的产物。承认他者，意识才能现出“自我的在场”和“他者的在场”，才可能出现多中心的价值观和意义群，这是解构的前提，也是解构所向。但罗蒂却说，“每一种可以想象的乌托邦都必须有一种社会抗议运动。正义是个永不可能被驱除的鬼怪”。（罗蒂 15）

德里达： 在极权主义压迫的受害者面前，任何正义似乎都是不可能的和不可想象的。（幽灵 4）正义首先是，最终是，且尤其是那赠予的真正嵌合，（幽灵 39）载入与他者相关的可能性，也是极端异己性与异质性的可能性……解构主义理论从来就不是马克思主义，也从来就不是非马克思主义。虽然它一向忠实于马克思主义的精神，至少说，忠实于马克思主义许多精神中的一种精神，马克思主义的精神不止一种，而且它们都是异质的。（幽灵 107）

左梨： 你总会用到一种相互矛盾的否定表达，它们非此也非彼，非可感也非可知，非肯定也非否定，非内在也非外在，非高级也非低级，非主动也非被动，非在场也非缺席……在很多读者看来，你在竭尽全力否定而非肯定。你对言说到底有何顾忌？否定神学是否源于担心言说对象缺席？

德里达： 可能缺席的指示对象，这就是神，因其发生于无处，超越了存在，而就是虚无。它仍然在召唤，即使不针对人所言说之事，也至少涉及召唤的他者，存在之外的他者，或言说所针对的对象。这种对他者的召唤，总是使言语先于其自身的初现，将自我声明提前为回忆。这种对他者的引用一直在发生，优先于一切命题，而且甚至先于一切普遍意义的话语——不论诺言、祈祷、赞美、庆祝。而极致的否定话语，超越所有虚无主义和否定辩证法，保留了他者的踪迹。事件的踪迹要早于这种召唤，或正在来临的“发生”，早于二者，此处既无第二选项，也无矛盾。（*Derrida and Negative Theology* 97）

左梨：也就是说，这种否定的言说方式是一种策略，肯定的定义是一种限定、规约或抽象出个体事物的普遍性，而否定则指向更广阔的虚空，它促使意识去思及未曾意识的领域。

德里达：体验本身及其中最无法被约简的部分，正是那个朝向他者的通道和开端：他者自身和其中最无可约简的他者，大写的他者。这种追求不应与我们通常所谓的哲学事业相混淆，它达到了那个超越哲学不能不被质疑的程度。［*Writing and Difference*（以下简称 WD）103］

左梨：你一直在关注一种真正的平等，不是死亡面前的绝对平等，而是一种个体存在的沟通。其实，即使在物质流通领域，甚至也存在这种区别，以货币购买商品，其中没有沟通，而以物易物，一匹丝绸换取一匣香料、一件瓷器换取一块宝石、一副铜镜换取一条毛毯，则是一种以物品个体为基础的价值观沟通。凡可公约之处，皆作为共此而在的前提，无分彼此，无分彼此即无自我与他者之分，那是同归于物性渊面的部分。精神领域，不存在货币，没有一般等价物，所有交通，都是以唯一物易取唯一物，因此无法约减的个体性方能接通他者。极致的自我却通向绝对的外在……个体性使“自我”真正成为他者的“他者”，得以确立个体而非类属之间的关系，从而去除物性部分的等级和权力制约，实现“自我”之间的连通，这种连通即是人以为人的平等。因同于物质规则，故思维之内无不可约简之物，可言传的部分只是概念，不可言传的部分恰是通往他者的通道，而超越语言的个人体验似乎是一个克莱因瓶。

德里达：这个真空的空间不是面向他者的开口，它是开放自身，是开口的开口，没有任何范畴或整体性能够将其封闭，也就是说，体验之中的一切无法用传统概念描述，它抵制任一种哲学元素。（WD103）

左梨：这个虚空，这个开口的开口，不为任何定义或名相所规定的绝对开放空间，不正是《金刚经》中的真如吗——“凡所有相，皆是虚妄，若见诸相非相，则见如来。”你的表达策略与金刚经的“既非－是名”双否论证如出一辙，“无有定法，名阿耨多罗三藐三菩提。亦无有定法。如来可说。何以故。如来所说法。皆不可取。不可说。非法非非法”。“多中心”与“是法平等，无有高下”的价值观，“延异”与“无所住”的反本体论，“踪迹”与“诸相非相”的现象学，“礼物”与“布施”的赠予观，等等，都具有高度的相似性。佛教中观思想，尤其是《金刚经》，是不是你的灵感来源之一呢？

德里达：很多人提到我的作品与佛教，特别是禅宗之间的关系，但我必须坦白，我对佛教只有一种很浅显的认识。如果佛教思想是一种超越二元对立的方式，我或许会说，确实存在一种相似性。（Dick 采访 121）

左梨：罗伯特·马格廖拉最早发现你与龙树之间的联系，认为在龙树那里能发现你所寻求的解决方案；（IP125）大卫·洛伊则认为你还停留在“纯粹文本性”扩散的中转站，而来自龙树的解构则引领了一场世界体验的模式变革。（IP127）我最感兴趣的是，除掉这些解构策略与基本观念上的相似，你的很多具体观点也与《金刚经》不谋而合。比如你对礼物的解构……

德里达：某“人”将某“物”给予某位“他者”，这些使礼物成为可能的条件，也同时确定了使礼物成为“不可能”的条件。［*The Gift of Death*（以下简称 GD）12］要使礼物存在，则必须使受赠人不予退还、分期偿还、抵换、推卸自己的责任、签订为合同，而且他永远无须为此背上负担。在必要的限度内，他不将礼物作为礼物来确认。如果他把它当作礼物，如果礼物如此向他显现，如果这种礼物作为礼物呈现在他面前，这种简单的确认则足以否定礼物。为什么，因为在这里，我们说，它退化为这个物品自身，一个符号化的等价物。（GD13）

左梨：坦白说，我是通过你对礼物的阐释才理解了《金刚经》中“布施”这一概念，为什么“若菩萨心住于法而行布施，如人入暗，则无所见。若菩萨心不住法而行布施，如人有目，日光明照，见种种色”。又为什么“若菩萨不住相布施，其福德不可思量”。不作为礼物时，物品才能被真正赠予；而一旦意识到这种赠予，就立刻在施者与受者之间确立了等级地位，二者之间的权力得失使赠予成了交易，物质与精神之间的交易，从而失去了赠予的本质。阿伦特也说“只有不为行为者自身察觉时，善才存在”。

德里达：赠予，它将善转化为自我遗忘的善意，转化为自我放弃的爱。被给予的事物不是某样东西，而是善意本身。（赠 53）

左梨：因此，住相则没有布施。更深层的现象是，住于法而行布施，也是住于一种相，一种标准，一种模式，那么，布施之物、布施行为及布施对象则都在意识中退化为普遍性、功能性的标准化内容，不再负载独属的心灵活动，使布施作为意识主体在某一种观念中满足自身的机械流程，成为自我与自有之间的交易；心不住相才有布施，“布施”只能在没有布施观念的时刻发生。没有布施之相，意味着布施之物、布施行为、布施对象都未被某种标准所限定，即它们自由地成为自身，以各自个体的方式成为自身，从存在中自然地成为自身，在此刻，也只在此刻，它们才分别成为“这一个”，才共同以意识本身赋予的内容，体现心灵，实现精神的变现。“物”不是某一种物，而是此刻的“这一个”实体；“行为”不是某一种行为，而是此刻的“这一个”举动；“对象”不是某一个人，而就是“这个人”。在这个不可约减的过程中，施主以对个体性的绝对确认，不但取消了类属价值，肯定了每一他者（物、行为、对象）唯一于“此刻”的存在，而且赋予了彼此完全平等的关系，使“布施”不附带任何向度的功利，以本身成为自身。这是布施，称义的布施，因之唯一，不可复得，所以“大千世界七宝”的价值也不可企及，物质可以计量，而个体性不可衡量。

德里达：让我们强调“礼物”这个词。一方面是否认，包括放弃自身，作为礼物的自我放弃，作为善的自我放弃，作为慷慨的自我放弃，礼物必须被注销、隐藏，并在事实上牺牲自我才能被送出。另一方面是压制，它将礼物变为牺牲的经济。（GD30）善意不仅必须遗忘自身，而且其来源也始终要让受赠人无法获知。在这一不对称的关系中，受赠人接受的赠予是一种死亡。（赠 54）

左梨：但恰恰是赠予自身的死亡，诞生了礼物本身的生命。这也是你一以贯之的语言哲学的结论，书写在言语缺席后，留下不在场的文字，诞生了给予延异的生命。赠予即书写，善意即言语，文字即礼物。

德里达：被赠予的正是死亡本身，一种新的死亡意义，一种新的死亡领悟，一种将死亡交予自己，或使自己进入死亡的新方式。（GD31）在这之前，海德格尔考察了牺牲，基本上预见了列维纳斯将不断对海德格尔提出的反驳：在"此在"的实存那里，海德格尔将特权赋予"自己的死亡"。（赠 55）他写道，"每一此在向来都必须自己接受自己的死"。我们必须通过自己承担死亡而给予自身死亡。（赠 59）

左梨：自己给予死亡——自身以独属自我的方式消逝，不正是我们在普遍性的地狱之火中最终炼出的个体性真金吗！佛问"须菩提，南西北方、四维、上下虚空可思量不"，又说"菩萨无住相布施，福德亦复如是，不可思量"。独属的消逝－个体性就如这四维上下的虚空，不可计量，不可思量。

德里达：海德格尔没有就牺牲举出任何例子，但我们可以设想各种牺牲。海德格尔强调，为了他者而给出自己的生命，为了他者而死，并不意味着代替他者而死。相反，恰恰因为死亡——始终是我自己的死亡，我才可以为他者而死，或将我的生命给予他者。只有在这种无可替代性的意义上，才有自我的赠予，才可以设想自我的赠予。（赠 55）

左梨：赠予生命，这是最大的赠予。本质而言的赠予生命，甚至不是为他者而死，而是在个体性上，将生命给予他者。这又一次令人想起亚伯拉罕祭献以撒，他以违背伦理的行动，将自己完全交予了他者，那个绝对他者——上帝。

德里达：当以撒询问亚伯拉罕用作牺牲的羊在哪里，亚伯拉罕的回答非常奇特。他说上帝会准备的。上帝将为燔祭准备一只羊羔。因此，亚伯拉罕在保守秘密的同时，回答了以撒。他没有保持沉默，也没有说谎。亚伯拉罕逾越了伦理的边界。（赠 76）

左梨：所谓信仰，即我们在个体性上所能献出的全部。同时，信仰，是使我们的个体性得以自由的东西。

德里达：亚伯拉罕没有谈及本质性的事情，即上帝与他之间的秘密，因而他没有说话；亚伯拉罕说过话；他说了很多。但即便他说了一切，如果他对那唯一一件事保持沉默，就可以认为他什么也没说。这一沉默渗透了他的全部话语。（赠 77）

左梨：在其中，布施－礼物，书写－文字，自我－生命，自身－死亡，都以各自的不可公约性成为难以言说的秘密。这个秘密的独特性在于，对于信仰中的自我，它是不言自明的，不但不是什么秘密，反而是一个绝对坦白的呈现，而对于他者，一旦说出，就成为被语言限定，又为各种他者延异的定项变数，失去了自我的绝对确认。也就是说，信仰之于自我的内在显现，自我拒绝延异。

德里达：就此而言，亚伯拉罕承担了一种责任，这种责任体现为：在决断的时刻，总是独自一个人固守在自己的独特性中。正如没人可以替我而死，也没人可以替我作出决断。不过，一旦我们说话，一旦我们进入语言领域，我们就失去了这一独特性……说话令我们感到安慰，因为它将我们翻译为一般性。每一个决断都应该始终是孤独、秘密、沉默的。（赠 77–78）

左梨：亚伯拉罕的决断是与一种普在伦理的断裂。

德里达：他逾越了伦理的边界。因为根据克尔凯郭尔，伦理的最高示意就是我们与亲属和同胞的关联。在对秘密的保守中，亚伯拉罕叛逆了伦理。伦理的诉求遵从一般性，它界定的责任是将自己带入一般性原则，以此为行为担保。对于亚伯拉罕而言，伦理是诱惑，他必须抵抗它……以免失去他在上帝面前那无法论证、秘密的绝对责任。这构成了一般责任和绝对责任之间无法解决的矛盾。（GD31–32）

左梨：这就是信仰与伦理的矛盾，也可归为人的个体性与普遍性的矛盾。

德里达：克尔凯郭尔引用了《路加福音》中的话："人到我这里来，若不憎恨他们的父母、妻子、儿女、兄弟、姐妹和自己的性命，就不能做我的门徒。"他承认这些话很可怕，但仍然坚持其必然性。亚伯拉罕对于伦理的憎恨，因而也是对亲人的憎恨，必定仍然是一种绝对的痛苦。（赠 83）

左梨：亲人、伦理还有其更深一层的本质。关于"路加福音"这一段，罗蛋塔有过论述，他说"这不是让世人去离弃甚至憎恨亲人之爱和生命，而是以此于人而言最深的物质归宿为例，来比照精神，即使血缘、亲情和性命，之于精神，甚至也可以成为被憎恨的对象"。（意 496）此时，亚伯拉罕放弃了伦理，而去执行信仰的义务，即那个绝对他者——上帝的指令。

德里达：如果仅仅出于义务而服从对于上帝的义务，我就没有与上帝发生联系。在信仰中，绝对义务使我与上帝自身产生联系，它必定超越并反对一切义务。正因如此，绝对义务——面对上帝、在信仰的独特性之中的义务，包含一种赠予或牺牲，它迈向一种超越债务和义务、超越作为债务之义务的信仰。（赠 82–83）

左梨：就像我们之前论及的不住相布施，这种赠予和牺牲，也必是放弃了自身的赠予与牺牲。在这件事上，在以儿子做祭献这件事上，无论如何，正如你所言，“必定仍然是一种绝对的痛苦”。信仰 – 个体性与伦理 – 普遍性在各自的极点上遭遇了……

德里达：如果我将我恨的人处死，这不是献祭。我必须祭献我爱的。在给予死亡的时刻，我必须憎恨我爱的。我必须憎恨、背叛亲属，即通过献祭而给予他们死亡——不是因为我恨他们，那就太简单了，而是因为我爱他们。（赠 83）

左梨：事情最后出现了反转，就在亚伯拉罕准备拿刀杀掉儿子以撒时，上帝制止了他，“你不可在这童子身上下手，一点不可害他。现在我知道你是敬畏神的了，因为你没有将你的儿子，就是你独生的儿子，留下不给我”。（创 22:12）原来，上帝在看，在看他与亚伯拉罕之间还能剩下什么！

德里达：这个可怕的宣告似乎显示，上帝面对已经施行的恐怖感到满足。但还可以用另一种方式翻译和论证这一宣告，简言之，上帝对亚伯拉罕说的是：在那一瞬间，我看到你已经理解什么是对于独一性的绝对义务，也就是回应绝对他者，回应他的呼唤。（赠 93）

左梨：是啊，除了为我所是的个体性，我们还能剩下什么呢？我们还能布施 – 牺牲什么呢？我们还能赠予什么礼物呢？

德里达：“灰烬”更好地呈递了我想用踪迹这个名称所表达的意思，即没有余留的所剩之物，既不是在场也不是缺席，它破坏自身，完全消耗殆尽，作为没有保留任何剩余的剩余物，即，非其所是之物。灰烬非其所是！非其所是，意味着没有证据的证明。也可以说，灰烬证明了见证者的消失，证明了记忆的缺失。(P208)

左梨：布施，以非布施的方式兑现真正的布施；灰烬，作为余留彻底销毁了原物。前者在否定中实现了自身，后者以继承的方式进行彻底的否定和绝对的遗忘。

德里达：当我将记忆保留于文本之中，所留之物显然不是灰烬。灰烬是回忆自身的崩溃。它是一种绝对的彻底遗忘，不只是在哲学意义的意识中，或心理学的意识中，它甚至在被压抑的无意识结构中。压抑不是遗忘。压抑保留着回忆。但是，得这样说，灰烬，是绝对的非回忆。（P208-209）

左梨：是的，压抑只会使欲望成为本能。绝对的缺失是欲望缺失，而绝对的隐藏以灰烬的形式呈现。那普遍性的地火必以灰烬存留一切，其中一切必成灰烬！

德里达：是的，某处存有灰烬，某处剩下些许灰烬，也就是说，在每一个踪迹中，在每一书写中，因而也是在每一处体验中，都存在这种焚化。（P209）

左梨：你认为哲学已成灰烬了吗？

德里达：哲学死于昨天，自黑格尔或马克思、尼采，或者海德格尔，而且仍然向其死亡的意义踟蹰；或者，哲学一直活在自身将死的觉知之中，如同在那个称颂哲学永恒的宣言的阴影中安静认罪；哲学已死于历史中的某一天，或者它一直以自身的痛苦为食，将自身反对为非哲学，以这种暴力的方式打开历史，这是它的过去，也是它的焦虑，它的死亡和源泉；在哲学之死或哲学的必死之外，或许正因如此，思想仍然拥有未来。或者，如我们今天所说，因为哲学中所蕴含的一切，思想才会完全地到来，或者，还有更奇妙的，未来自身也有一个未来……（WD97-98）

左梨：1992年，剑桥大学哲学院授予你荣誉博士学位时，引起了一场抵制风波——这是撒切尔夫人、小布什等政治人物才有的遭遇。先是三名学院成员提议暂缓，后有包括蒯因在内的19位哲学家联名致信泰晤士报，说你的作品不符合“清晰、严谨的标准”，他们认为你“要么是错误的，要么微不足道”。（P420）最后，204票反对，336票赞成，提案通过，但据说赞成票大多来自哲学院之外的其他院系。你是否认为整个事件别具解构色彩，非哲学学者使饱受争议的哲学家获得了哲学荣誉学位？

德里达：据我所知，这是历史上第一次，一帮剑桥之外，甚至英格兰之外的学者声称要保卫学术机构，保卫剑桥，乃至所有大学。（P403）如果一种哲学的影响遍及其他学科或者非哲学领域，这就意味着它不能是哲学？这些知识分子散布这样的思想：哲学只应该影响专业哲学家，而不应由其他学科的学者评判。足以提醒他们的反例还少吗？哲学，就其最优秀的传统而言，从不允许将自己软禁于学科之内，不允许自己对专业界限禁言。（P404）什么可以称之为“哲学”？这正是哲学的真正问题，是它的核心，它的源头，它的生命原则。这种本质的、持续的哲学行为，在我所写的一切中重复并验证，我著作的全部意义就在于明确地、反复地、系统地谈论柏拉图、笛卡尔、康德、黑格尔、尼采、胡塞尔、海德格尔和其他一些作者，无论他们是否正统，三十年来根植于此。那些否认我的作品为“哲学”的人，肯定另有目的。（P411）

左梨：你一直在强调“解构”不但不是否定，不是摧毁，甚至总是伴随着爱，能否在访谈的最后时刻，谈一谈解构中的爱？

德里达：这种爱意味着面对他者的肯定欲望——尊重他人，关注他人，而非破坏他人的相异性。（Nikhil）

左梨：这也指向雅斯贝尔斯所提出的“无限的沟通”，延异的世界必须以无限的沟通作为支撑，这种沟通面向外在的他者，也面向偕同自我的内在的他者。“真理本身就是沟通性的，它离开沟通就会消失并且无法想象。‘真理是使我们联系在一起的东西’，只有在沟通中，真理才会显现自身”。（阿伦特 77）

德里达：你知道，海德格尔很长一段时间以来，一直在说思考始于发问，而发问是思考的尊严。然而有一天，在不违背这一声明的情况下，他说：“但是，存在某种比发问，这种思考的虔诚更为本源的事物。”他所说的“zusage”意味着默许、接受、说“是”。因此，这种 zusage 不仅先于发问，而且任何发问都基于它来假设。即使是反对或挑战他人，你也必须说“我承认我们的共同存在”。这就是我对爱的定义，对这种肯定的重申。（Nikhil）

左梨：你是我相识最早的一位访谈嘉宾，而此刻我才发现，整部虚拟访谈或许暗暗受到了你的影响。在《丧钟》里，你与黑格尔、热内组成一种微妙的三重唱，在《明信片》中，一直隐形于文字背后的柏拉图终于走上前台与苏格拉底同框。

而我把你们从文本中召唤出来，与你们进行虚拟对话。

德里达：通过文学文本对伟大的哲学话语，若干准则，或各种文体进行混装，往往被看作诽谤或离经叛道，可能被看作一种“页面排版”暴力。但它也使一个古老的传统得以复苏并重新加入。页面不仅由文本构成，还包括注释与边栏，由此产生出另一个空间，另一种解读、写作、阐释的实践。（P350）

左梨：哈哈，我可以将这段话视为一种授权，尽管我并没有等到它就开始了。我想，在生命终结那一刻，那个绝对而唯一的时刻，无意识发出最终陈词，在痕量的时间间隙中爆发天量的信息，这个精神的白洞就是空间开始的时间和时间开始的空间。它是一切神话与哲学的起源和终点，让我们在那里重聚吧，德里达，还有之前每一位，齐奥朗、马利坦、魏宁格、科耶夫、阿伦特、阿尔托、列维－斯特劳斯、梅洛－庞蒂，在万物的听证中，我将为自己的答案以生命签名。

附记

一种我所不了解的疲惫突然袭击了我，倦意突发，或许，是时候结束所有访谈了。我以为自己生活在骷髅地，其实我尚未踏入其中。潜向深海，必有所获，我一直这么认为，也的确如此。但捕获的灵感和认识也喂养着我的恐惧和欲望，养大了它们，甚至反噬我，令我眩晕休克。解构让我感到自由，但也带来了一丝虚无。不，不能终结于虚无，我必须拜访最后一位嘉宾，那位神秘主义者，从她的路上返回。

参考资料

- Coward, Harold G, T. Foshay, and J. Derrida. *Derrida and Negative Theology*. State University of New York, 1992.
- Coward, Harold. *Derrida and Indian Philosophy.* State University of New York, 1992.
- Wood,David. *Derrida and Différance.* Northwestern University Press, 1988.

- Derrida, Jacques. *The Animal That Therefore I Am*. FORDHAM UNIVERSITY PRESS, 2008.
- Derrida, Jacques. *The Post Card, From Socrates to Freud and Beyond*. The University of Chicago Press, 1987.
- Derrida, Jacques. *Margins of Philosophy*. The Harvester Press, 1982.
- Derrida, Jacques. *Dissemination.* The Athlone Press, 1981.
- Derrida, Jacques. *Of Grammatology*. The Johns Hopkins University Press, 1976.
- Derrida, Jacques. *Of Spirit: Heidegger and the Question.* University of Chicago Press, 1989.
- Derrida, Jacques. *Given Time: I. Counterfeit Money*. The University of Chicago Press, 1991.
- Derrida, Jacques. *The Gift of Death*. The University of Chicago Press, 1995.
- Derrida, Jacques. *Points...Interviews,* 1974-1994. Stanford University Press, 1995.
- Derrida, Jacques. *Voice and Phenomenon*. Northwestern University Press , 2011.
- Derrida, Jacques. *Writing and Difference*. Routledge & Kegan Paul Ltd., 2002.
- Derrida, Jacques. "The Ends of Man." *Philosophy & Phenomenological Research* 30.1(1969):31-57.
- Dick, Kirby and Amy Ziering Kofman, Jacques Derrida. *Derrida: Screenplay and Essays on the Film*. Manchester University Press, 2005.
- Heidegger, Martin. *BEING AND TIME*. State University of New York, 1996.
- Jung, C. G.. *The Archetypes and the Collective Unconscious*. Princeton University Press, 1968.
- Padgaonkar, Nikhil. *An Interview With Jacques Derrida*. California State University Northridge website, www.csun.edu/coms/grad/jd.nik.html
- [法] 德里达:《论文字学》，汪堂家译，上海译文出版社 1999 年版。
- [法] 德里达:《赠予死亡》，王钦译，西北大学出版社 2018 年版。
- [法] 德里达:《马克思的幽灵》，何一译，中国人民大学出版社 1999 年版。
- [法] 德里达:《声音与现象》，杜小真译，商务印书馆 1999 年版。
- [法] 德里达:《文学行动》，赵兴国译，中国社会科学出版社 1998 年版。
- [法] 笛卡尔:《谈谈方法》，王太庆译，商务印书馆 2000 年版。
- [法] 西蒙娜 · 薇依:《柏拉图对话中的神》，吴雅凌译，华夏出版社 2012 年版。
- [法] 梅洛 - 庞蒂:《知觉现象学》，姜志辉译，商务印书馆 2001 年版。
- [德] 海德格尔:《形而上学导论》，熊伟、王庆节合译，商务印书馆 1996 年版。

· ［德］海德格尔:《在通向语言的途中》，孙周兴译，商务印书馆 2005 年版。
· ［德］海德格尔:《存在与时间》，陈嘉映、王庆节合译，生活·读书·新知三联书店 1987 年版。
· ［德］本雅明:《本雅明文选》，陈永国、马海良编，中国社会科学出版社 1999 年版。
· ［德］阿多诺、德里达等:《论瓦尔特·本雅明》，郭军、曹雷雨译，吉林人民出版社 2011 年版。
· ［奥］弗洛伊德:《释梦》，孙名之译，商务印书馆 2002 年版。
· ［丹麦］克尔凯郭尔:《或此或彼》，阎嘉、龚仁贵、颜伟、周小群合译，四川人民出版社 1998 年版。
· ［瑞士］索绪尔:《普通语言学教程》，刘丽译，中国社会科学出版社 2009 年版。
· ［罗马尼亚］齐奥朗:《着魔的指南》，陆象淦译，花城出版社 2019 年版。
· ［意］阿甘本:《裸体》，黄晓武译，北京大学出版社 2017 年版。
· ［英］诺利斯:《德里达》，吴易译，昆仑出版社 1999 年版。
· ［英］西蒙·格伦迪宁:《德里达》，李永毅译，译林出版社 2019 年版。
· ［美］汉娜·阿伦特:《黑暗时代的人们》，王凌云译，江苏教育出版社 2006 年版。
· ［美］罗蒂:《铸就我们的国家》，黄宗英译，生活·读书·新知三联书店 2014 年版。
· ［美］罗蒂:“一个幽灵笼罩着知识分子：德里达论马克思”，李幼蒸译,《世界哲学》4(2004) : 14-20
· 罗蛋塔:《张稀稀吃圣约翰草》，作家出版社 2011 年版。
李永毅:“绝对知识的瓦解：德里达与黑格尔”,《马克思主义与现实》5(2014) : 112-113
· 罗蛋塔:《意行 | 被无限稀释的自由》，一千减 15 (2016) : 31-46。
· 罗蛋塔:《意行 | 伊甸园里的死亡和永生（下)》，一千減 106 (2018) : 496。

第*10*章　薇依

承担人的虚空

多数人将西蒙娜·薇依（Simone Weil，1909—1943）看作未曾皈依，也未受追封的圣徒，精神之子常有一种“自我矛盾”的现象：她是热爱和平的志愿兵、革命的保守主义者、理性的神秘主义者、深入“精神无人区”的社会实践家，宣称“上帝不在”的基督徒。这不是内心犹疑混杂造成的自相矛盾，而是不受惯性控制，无法被标签规约的个体活性。对于西蒙娜·薇依，如艾略特所说，尽管她爱憎剧烈，勇于作出极具个人色彩的论断，但敏锐的读者仍会发现其中蕴含着“一种公正的裁决，一种避免偏激的智慧”。[The Need for Roots（以下简称NR）xii] 她的纯粹将那种自我矛盾推向了极致，也就是，统一。

也有人称她为女版的帕斯卡尔，我仍无法对她作出这样草率的归类，即使归类为帕斯卡尔。同时代乃至后继的女思想家们对她的评价总是有些顾左右而言他：阿伦特说或许只有她能既无偏见又不过于多情地对待劳动主体，波伏娃仰慕她那颗“为全世界而跳动的心”；苏珊·桑塔格对她生活中“狂热的禁欲主义，对快乐与幸福的蔑视，高贵而荒谬的政治姿态，煞费苦心的自我折磨，对受难的不懈追求”感到失望。她们都刻意或无意地忽视了薇依抵达的思想深度。在认识论方面，她探及存在者更为根本的源头，提出“我能故我在”；[Formative Writings（以下简称 FW）59] 在伦理学方面，她重新定义了善，并确定了在现实中检验善的方法；在政治哲学方面，她充分认识到物质劳动带给人类的绝对伤害，并提供了解放的方式与道路。

阿甘本称她为“这个时代最清醒的良心”；加缪称她是这个时代唯一的伟大灵魂；艾略特认为“她不仅是一个天才的女人，而且是属于圣徒的那种天才”；第蓬干脆直接说，她是耶稣基督的英勇爱人。我很难不对她产生强烈的情感，仅从文字，就对她产生那种类似母亲又类似爱人的感情。这显然带来一定的危险，如果我将薇依作为一尊偶像，这种情感可能会嬗变为一种邪教般的自我感动。但是，如果为了保持所谓理性，强行剥除这种情感，我又可能失掉灵感源泉。

从柏格森、阿兰，到萨特、列维－斯特劳斯、波伏娃、雷蒙·阿隆，再到福柯、德里达，法国的教师资格考试为思想者提供了保证精神生活的基本条件，吸引哲学家们栖身于此，从而肥沃教师队伍，培育青少年的思想种子。这是一种保障，也可以看作一种荣誉。薇依以少年天才的身份轻松通过考试，成为其中一员。这份薪金只能保障中产阶级的最低需求，却为她提供了各种经费：为工人学习小组买书，资助孤贫的老者，施舍偶然光顾的小偷。她作为教师站在罢工队伍第一排，震慑那些对知识分子心存敬畏的警察，用这种身份反差迫使人们将关注转向受压迫者。她深入矿井和土豆地，马棚和锅炉房，感受那隐形的奴隶烙印，寻求一种实在而本质的解放。

她热爱和平，热爱生命，似乎也热望着牺牲。西班牙内战期间，她加入国际纵队，却因夜行军时不慎踏入油锅，被迫离开前线。二战时，她从纽约返回大轰炸中的伦敦，多次申请法国临时政府委派她深入敌后搜集情报。巴黎可以成为她的耶路撒冷，那里有犹大、电椅和绞架。她盼望着在酷刑——这场圣徒资格考试中交出自己的答卷，然而始终没有得到准考证。命运没有把她交给纳粹，而是用肺结核和头痛折磨她。凭借死亡，她解脱了，享年 34 岁。

纯正的天主教徒担忧她在临终前未曾受洗，这关系到她能否进入天国。我对此并不介怀，她在哪里，哪里很快就会成为天国。

主要著作

《重负与神恩》《期待着神》《扎根》《压迫与解放》《七十封信：一个思想者的人性与智慧之窗》《最初与最后的笔记》《1929—1941 重要书稿》

向上的重力

左梨：我花了很长时间来决定是否将您列为虚拟访谈的对象。你提出的问题，我要在整个生命中回答，而现在的对话只能属于一个半成品。我所迟疑的是，应否将它推出。

薇依：我相信你能全部领悟，如同我对你所说一样简单。在写作这个行为中，握着笔的手，身体和附着其上的灵魂，以及所处的一切社会环境，对于热爱真理的人，都只有最低的重要性。[*Gravity and Grace*（以下简称 GG）xiv]

左梨：也就是说，谁写并不重要，重要的是内容？难道要将作品送上祭坛——放弃作者的全部权力，将其完全交给读者？而我却格外担心无法将你转译！你以文字直书意识，直书那些尚未成形的思想，勇猛直接，深邃但又过于意象化。这些思想极具原创性，首现之时，常常令人难以理解。

薇依：表达的努力不仅与形式，而且与整个内在世界相关。如果表达无法做到简洁坦诚，那么思想就无法触及伟大。真正的写作如同翻译。当我们进行翻译时，不会试图添加，而是审慎处之。我们必须同样去翻译尚未出现的文本。（GG xi）

左梨：写作是在翻译意识，用思维翻译意识。我将以同样的虔诚面对您，但不免遇到这个矛盾，你赤诚滚烫，充分燃烧，而我，却像陪同耶稣去客西马尼的彼得——圣子开始祈祷，我便昏昏睡去。

薇依：如果光线使你疲惫，黑暗就会回应你的欲望。[《西蒙娜·薇依早期作品选》（以下简称"早"）99]

左梨：我不愿离开光明，但这肉灵坠着我，总让我回到片刻的闲适。

薇依：绞刑，人被重力杀死。这是象征吗？人无法抗拒的堕落造成了死亡。

这磨难中是否蕴含如此意义：若这人能够悬于空中，他便不必死。［*First and Last Notebooks*（以下简称 FLN）258］

左梨：人死于重力！重力是你的关键词，它是否意指造成人堕落的物质引力？物体产生引力场，也响应引力场。而吹入物质的灵，在引力中向物靠近，被物同化。这便是死亡，人退化为物就是死亡。可是正如你说，这种堕落趋势是无法抗拒的。

薇依：我们必须认定事物遵从重力法则，除非存在超自然的介入。（GG1）自由的幻象不能被称为自由；只要事实上，我还依赖于我，我就不能承认自己是自由的。（早 107）

左梨：是的，大到行星公转，小到雨滴降落，肉眼可见的自然物质都在印证着引力。但生命确实展现出另一种努力：草木，飞虫，禽鸟，人，虽然不免归土，但都曾竭力向逆重力的方向成长。

薇依：绿叶捕捉太阳的能量，在树液中运行，由此，只有在植物中，惰性的物质才能发现自己的方式，去对抗重力法则。［*An Anthology*（以下简称 AA）81］灵魂的自然运动也受控于类似物质重力的法则。（GG1）

左梨：这样说来，灵魂对抗重力所做的运动似乎是不自然的？不，薇依，我不这样认为，我认为对抗重力也是人的自然，就像植物向光生长一样自然。

薇依：我不允许自己忘记，有几次头痛发作的时候，我极渴望痛打某人额头的同一位置，让他领受同样的痛苦。类似的欲望，频现于人类。（GG2-3）人类具有这样的机制：一切受苦者都试图传播自己的痛苦，要么恶待他人，要么索求怜悯，以使痛苦减轻。陷于最底层的人，他们无人怜悯，也无力恶待他人，只能保留这种痛苦。（GG5）

左梨：重力就是物质的权力，而这种痛苦来自人类社会中的重力。痛苦像水一样，在重力作用下向底层渗透，在那里淤积。物性使人难以摆脱重力，人必须遵守物质世界的法则才能生存，这几乎使我们忘记自己仍有超出物质的那部分。

薇依：人如何获得解放？如何从类似重力的力量中得以解脱？向外扩散自己

本图为中世纪画家乔托（1266—1337年）作品《圣方济各接受圣痕》的底座附饰图之一。画中，圣方济各突然被圣灵感动，去向小鸟传福音

的恶，这种惯性，我身犹存。生命与万物，于我而言，都不够神圣。但愿我不染污万物，即便化作污泥，即便在想象之中，也不染污万物。即便在最痛苦的时刻，也不去损毁一座希腊雕像，一幅乔托的壁画。（GG5）

左梨：但是，依照物理法则，必然有一种方向相反、大小相等的力作用于我们，才能抗拒重力造成的坠落。

薇依：重力使物质下降，羽翼使其上升。贬低自身，在道德中上升，道德的重力使我们跌向高处。（GG4）

左梨：跌向高处，这是逆常识的表述。

薇依：高尚的行为，如果缺乏对等的能量，也会使人沦落。（GG2）我承受的，就是我自己的活动。（早 120）

左梨：是的，人之所受，即其所做。我见过这种跌向道德高空的“圣徒”，他们愿意付出物质，却搜刮美德。这些精神世界的暴君，将他人贬低为物，只允许他人有其所在，却不许他人成其所是。

薇依：任何人，一旦他的奉献超出意愿，必然产生强烈的反感，这种情况常见于家庭——当病人要求他人之事超出他所激发的爱意。亲人隐含的某种怨恨，因不值得承认而被压制，但又一直存在，像是秘密的毒药。（NR125）

左梨：“久病床前无孝子”，照顾失能家人，漫长、艰辛，甚或压抑，却常被视为分内之事。这种艰苦的生活状态需要一种高于荣誉和道德的能量作为动力。

薇依：这里只有一种错误——不能从光中获取养料。失去这种能力，一切错误都可能发生。（GG3）两种力量控制宇宙：光与重力。（GG1）有个因纽特人故事这样解释光的来源，“在永恒的黑暗之中，乌鸦，无法找到任何食物，所以渴望光明，于是大地被照亮了”。若有真实的欲望，若所欲之物确为光明，则这种对光明的渴望产生光明。[*Waiting for God*（以下简称 WG）107]

左梨：对光明的欲望就能产生光明！只要所欲之事类于光，就一定会实现。因为光可以充满任何敞开的空间，而你的渴求就是敞开。这是精神。在物质世界，我们不能无中生有，只能改造现有或得之于他人。常人将这种物质守恒定律运用至精神领域，将大众或他人的欲望纳为已有。其实，独属个人的欲望就是一只黑暗里的乌鸦，它翱翔在无意识之中，等待着被发现的那一线光明。发现了这个欲望，人就找到了生命的价签——那个他可以为之赴死的标的。这等于将自己从死亡中预赎出来，“神不可计数的意念变成了不可计数的生命，其中每一个念头都在泥土中塑身，同时连成了泥土里的浩瀚虚空……每一种本真欲望都是一个生命得以被创造的凭据，人以此存在，就在精神的运行中，复原为神的分身——这些不可复制的运行者，形成了能量的自然流动”。（意 491、506）如奥古斯丁说，“上帝是本性的创造者”，“对每个人来说，上帝都是最初记忆”。（齐奥朗 31）

薇依：去实现那遣我来者的意志，这就是我的食粮。（GG3）

左梨：就是这个意志，这个发自心底的声音，让鲁滨孙不能在故乡平安终老，不能在南美种植园稳步发展，不断将自己抛向未知，终于征服了荒岛，征服了“星期五”，成为现实之王。

薇依：绝对服从上帝的意志，他就会变得同于上帝。人身上所体现出来的上帝形象，是在我们身上同作为人这个事实相关的某种东西。［《在期待之中》（以下简称“期待”）112］离开这一能力，就没有善。（GG3）

左梨：苏格拉底没有定义善，他认为善不是习得的，而是一种普遍的共相，是人唯一需要思考的对象；亚里士多德说幸福即善，又说幸福必须不假于人；普罗提诺强调了善的普遍性和先在性，它是“事物获得自主的源泉”；（普罗提诺 900）康德认为道德律为我们先天规定了一个终极目的，善是“通过自由而得以可能的”；（康德 307）黑格尔说“善是作为绝对自在的目的提出来的”，（辞典 166）它是一切目的之目的。

薇依：超自然之善并不像亚里士多德所告诉我们的那样，作为自然之善的一种补充，以此实现我们更大的幸福。如果这是真的，那也不错，但并非如此。在一切关于人类存在的关键问题之中，一边是超自然的善，另一边是恶，只能作出唯一选择。（AA86）而我担心的正是我身上超俗的东西和恶相混杂。（期待 12）

左梨：非常警醒！类似齐奥朗所说，“对天才而言，绝对者和他的私人恶魔刚好重合”。那么，你所认为的善是什么？

薇依：为了摆脱物的运动就是善。（早 17）

左梨：善是摆脱物的运动。薇依，我很难相信这竟是你高中时代作出的定义，你射中了靶心！我第一次听到这句话的回声，是在白明的葬礼上，罗蛋塔用额头顶着另一个额头叮嘱："不要物化！不要物化！不要物化！"他没读过你的作品，却常与你不谋而合。

薇依：我们禁止自身成为物，才能在世界中被标出。（GG36）我有一种不断增长的信念，在我之内有一个金矿，必须转交出去。但是凭借经验和对同代人的观察，我越来越确定，无人来接受它。这并不使我痛心，这种金矿是取之不尽的。[*Seventy Letters*（以下简称 SL）196—197]

左梨：你的金矿如今已在不断的转交中，而矿藏并未减少，这就是精神。重返源头的生命，都会成为金矿。

薇依：当伤害作用一个人，真实的恶便进入他；不只是痛苦与折磨，还有恶所带来的实际恐怖。但是，强加于人的伤口造成伤害，也加剧了他对善的渴望，从而产生自动痊愈的可能。如果伤口是深刻的，这种渴望就以最纯净的形式存在。灵魂最深层次的那一部分哭喊着："我为什么受伤？"甚至在最腐败的人之中，也保留着婴儿般的完好无损与纯洁无辜。（AA94）

左梨：直视伤口，就能从中发现对善的渴望。但审视痛苦，反思痛苦，有时比痛苦本身更难承受。受伤之后，人总是本能地掩藏伤口，既不肯示人，也不许自我审视。痛苦往往增加重力，使人加速沦落。

薇依：去做一种重力不起作用的下降运动……（GG4）

左梨：重力不起作用的下降运动？在失重的环境中，下降必须是自主选择，才能成为一种不属于堕落的入世行动。但对人来说，没有物欲，往往也就没有动力。如果不受求生欲驱使，没有几人能够坚持高强度的工作。而一旦征服了物质欲望，高洁的隐居生活又呼唤着人们退隐山林，对光的向往很容易令人缩回高处。

薇依：低下的动机比高尚的动机更具能量，问题是如何使低下的能量转向高尚？（GG2）

左梨：为了生存而辛苦工作，生存得到保障就会停止；为了追求爱人而提升自我，婚后往往就松懈涣散，失恋时甚至会自暴自弃。使低下的能量转向高尚，只有将生命置于高处求生。

薇依：净化就是从贪欲中萃取出善。我们必须潜入我们的欲望之根，以便从中剥出能量。（GG22）

左梨：在中国的《西游记》神话系统中，欲望与能量的关系，由牛魔王与铁扇公主这对夫妻代表，“自到西方无对头，牛王本是心猿变。今番正好会源流，断要相持借宝扇”。（《西游记·第六十一回》）孙悟空与牛魔王都是欲望，被确认者为心猿，这是意识到的欲望；被流放者为牛王，这是潜意识中的欲望。人的很多能量其实都随着潜意识被流放了，若征作他用，必经一番殊死搏斗。孙悟空与牛魔王的大战，是佛界、仙界与自然界的终极决战。哪吒骑在牛魔王背上，不停砍去牛头，但总能长出新的头来。被流放到潜意识里的欲望太多了，难以计数，通过理性发现并对其消除，往往难以奏效。

薇依：哪里有真实的欲望，哪里就有真正的能量。（GG22）

左梨：在德勒兹看来，“欲望并不缺乏什么；它并不缺乏它的客体。相反，欲望渴求主体，它缺乏一个固定的主体”。（Deleuze26）遍地都是欲望实现自己的材料，都可能结成欲望的果实，它不缺乏它的客体。它真正缺乏的，是专注于它，持有它的主体。就像罗蛋塔所言，常人没有欲望。这是让人很感意外的观点，我觉得，常人与欲望总是一种随遇而安的邂逅关系，彼此并不互相拥有。欲望渴慕那些矢志不渝、充满能量的人，成为它的主体，成为它的代言。

薇依：我们必须深入自我至欲望的居所，那绝非幻想的根本之处。我们幻想各种食物，但饥饿本身是真实的，我们不得不受困于饥饿；让已死之人现身是幻想，但他的缺席却极为真实，从此他以缺席的方式显现。（GG23）

左梨：人不了解自我，是因为不了解欲望。在人的生命里，欲望具有一种常处晦暗的本体地位，它需要主体令其登基。同时，由于本具的创造性－超越性，使自身超出现实语境，欲望又常以无名之物结成无明之境，因此还需要意识将其转译给思维，这是生命的翻译学。问题是，生命里是否还存在这有待登基和可供转译的神秘潜沉者。本雅明的翻译观甚至可以直接作为说明，他认为真正作品的本质特征是可译性，就像“生命的目的性，归根结底不在于生命，而在于生命本质的表达，在于其含义的再现”，（本雅明 282）那么，欲望就是生命的含义。德里达认为可译性是产生于原作内在法则的绝对之物，“原作要求翻译，哪怕没有翻译者，哪怕没有人适合执行这个命令，但原作结构中同时存在着要求和欲望。这个结构就是生命与生存的关系。而死亡也不能改变贯穿原作的那个要求，对此，只有‘上帝的想法’才能相应或与之对应”。（德里达 59–60）结合罗蛋塔“每一种本真欲望都是一个生命得以被创造的凭据”的观点，我们几乎可以说“无法消除的欲望”就是上帝。这个上帝能从自我中再现于现实吗？

薇依：欲望的对象是不真实的。但是，在欲望与其对象分离之处，灵魂有一种无法言说的内伤。（GG22）当欲望都对应于一种享受时，我在欲望时就不会运用任何能力。同样，面对一束刺眼欲盲的光线，对黑暗的欲望使我闭上了眼睛，这欲望就不再是我，而只是眼睛的痛苦。（早 100）

左梨：怎样使其分离呢？孙悟空能战胜牛魔王，但不足以降服他——压抑潜伏的欲望，却难以利用它：强取，只能得到假能量；骗攻，所获能量又被骗回。直至孙悟空、猪八戒、四大金刚、金头揭谛、六甲六丁、护教伽蓝与过往众神即将杀死牛魔王的一刻，潜意识里的欲望才彻底交出能量。那时起，修行者“身体清凉，足下滋润。诚所谓：坎离既济真元合，水火均平大道成”。（《西游记·第六十一回》）

薇依：放下一切，这要求我们经历这些痛苦，等同于在现实中失去一切所爱之物和一切财产，其中包括我们因智慧和品性所获的能力和才学，我们关于善与永恒的观念和信仰，等等，我们不能主动放下它们，而是要失去它们，就像约伯。这样，能量才会与对象分离，而不会在挣扎中耗费或降减。（GG36）

左梨：约伯，因撒旦与上帝打赌而失去了一切！从一位富甲一方、人丁兴旺、万众敬仰的头人，沦落为一贫如洗、儿女俱亡、满身疥疮、坐在炉灰里搔痒的老疯子。三位朋友赶来安慰他，让他检省自己的过失，又把因果和未来塞给他当作安慰，让他接受荒谬。然而约伯自知有义，他敢于驳斥他们，敢于质问神。放弃能力和才学，放弃关于善和永存的观念，这种撕裂可能比放弃物质财产更为痛苦。即便一无是处、一无所有，人也绝不愿放弃自己的三观，这是构成人格的全部，否则，等于弃绝了精神生命。

薇依：只有彻底的解脱，能使我们看到事物最赤裸的实在性。这就是为什么必须有疥疮和粪堆，约伯才能获得世界之美的启示。没有痛苦就没有解脱。（GG52）若是种子不死……它必须死去，以解放所蕴含的能量，发展出能量的新形态。所以，我们必须死去，以解放被封存的能量。（GG35）

左梨：只有死去，才能成为种子，播撒生命。德里达认为这是将生命转化为与自我同一的他者，去除主体，进入延异，这是从意识到文字的过程，其中独有的个体消逝方式标示了个人。物质没有自我，没有延异，也没有独有的消逝。我们怎么消逝，我们就是什么。

薇依：如果“种子不死”，这表明了一种以植物为图示表达出来的死亡与再生的神性。（期待 172）如果我们能在某个确切的时刻——当下，与过去和未来割裂的时刻，审视我们是什么，我们才是纯粹的。在那个时刻，我们不会是任何东西，只能是我们所是。（GG37）

左梨：这种当下直观，也许发现一个脱离了回忆和期待的自身，一个无我的自身。离开回忆 - 过去和期待 - 未来，自我就会瓦解。于是，一个无我的自身，要么是神性的，要么是一团知觉物。

薇依：不同任何创造物有联系，除非同全部的创造有联系。从前，这种普遍性在圣人身上，甚至在他们自身的意识中是内在的东西。（期待 49）如果相信神性在石头和木头中也会完全体现出来，有时也是对的。我们不是也相信上帝在面包和酒中显现吗？（期待 169）

左梨：人总是凭借与物的连接，也就是通过拥有之物，来确定自己是谁。借由建立于关联物上的自我，意识主体获得了自身的确定性。实际上，即使一无所有，我们也可以知道自己是谁。

薇依：去查明一下，财产全部被盗之后，守财奴失去了什么，在其中我们会

薇依肖像

收获甚多。（GG23）

左梨：失去了什么？失去了他永远不会用到的那些东西。

薇依：他所失去的是已冻结的过去。（GG19）因为对财富的贪欲，守财奴被隔绝于财富。既然我们能将财宝藏于地下，为何不能将上帝藏于心中？（GG15）

左梨：守财奴积累财富，却不运用财富。对他们来说，积累本身就意味着一切。您认为我们对神，也该如此，向往神，积累善，却毫无目的？

薇依：当神像财富对于守财奴一样充满意义，我们必须坚持告诉自己，他并不存在。我们必须体验这一事实，我们爱他，即使他也许并不存在。（GG15）

左梨：将爱投向虚空，这要求我们颠覆物理世界的牛顿第三定律，释放一种没有对象、没有反作用力的力。

光从何处降临

薇依：永远超越目标，不论它可能是什么，我们必须将意志定向于虚空，去渴望虚空。那无法描绘也无法定义的善，之于我们，就是虚空。只是虚空比一切实在更为真实。（GG13）

左梨：这有悖自然。亚里士多德说“Nature abhors a vacuum”，自然惧怕真空，气体必然充满它所拥有的全部空间，可我们的精神不是自然。

薇依：灵魂趋向充满赋予它的整个空间。不去行使自身的全部权利，就是在承受真空。（GG10）

左梨：承受真空？这无疑是巨大的痛苦，自内向外的压力迫使我们去填补它。恰克·帕拉尼克在小说《肠子》中曾构想过这种人与真空的对峙。主人公坐在泳池的抽水泵口，试图体验肛门被人吮吸的快感，真空却将他吸附在池底。几番奋力挣扎，他的肠子倒吸出来，在水中漂动，好像一条海蟒……

薇依：只有神恩能够做到。神恩填满真空，而且，神恩创造真空。（GG10）

左梨：或者说，是我们对存在的渴求造成了虚空，如果拒绝以现有去填满，就会从中发现一个前所未有的独属于自我的意向，这意向来自一种绝对的外在吗？

薇依：在万物之中，它永远来自外在，不必寻求，无须报偿，出于意外，如同来自天堂的赠予，给我们带来纯粹的喜乐。（GG46）圣·保罗说："信，是未见之事的确据。"在这关注的时刻，信仰与爱同时在场。而上帝要始终隐身，"你们的天父居于隐处。"（期待89、193）

左梨：这似乎是新教与天主教最大的分歧。人能否信任一种无法确知、不由自主的力量？

薇依：我的某个部分是用于理解事实的，圣餐礼不应成为信仰对象。这是新教的真理。但是，主在圣事中的显现并非象征，象征不过是抽象与意象的结合，那只是人类智性的再现，不是超自然的。就此事而言，正确的是天主教，绝非新教。只有我们为超自然而生的那个部分，才能触及这些秘密。（GG130）

左梨：我们能否确定神恩必然降临？我们不能。如若确定，它就不在意料之外。它无从寻找，也无须付出。我们无法指认，不能追求，只能相信，只能期望。这样说来，我们只有近乎无望地等待吗？

薇依：人们得到召唤，有人来了，有人没有来。没有人能比召唤来得更早。（扎根232）上帝想着并不存在之物，由于他想到了并不存在之物，因而使不存在成为存在。我们之所以每时每刻存在，仅仅由于上帝想着我们的存在。唯有上帝想到不存在之物，唯有上帝降临于我们之中。（期待90）

左梨：我们存在于上帝的意识之中，因此不必指认，只能信望，我们的信望正是上帝意识所及的不存在之物。

薇依：所谓"努力"消除了我们之内的错觉。当我们不再存有任何指望，突然，由我们之外，那个恩赐降临，如同巨大的惊喜。神性的虚空，从此占据了我们。（GG46-47）

左梨：全部的努力不是为了达成，而是为了破除，去拆除内在的错觉，直到那片虚空得以显现。而于人的现实而言，虚空究竟是什么呢？其实，它就是一种无限定，存在的无限定，虚空令人的存在得以自由。人以思维对应于物质规则，常将既定存在等同于存在的条件，这就限定了本属超越性的精神，使之同化于现实逻辑中的自我意识，而所谓的虚空，正是精神延展于不存在的空间，也就是，精神基于自身创造本性的本体空间。虚空里才有创造。人的意识怎样承载现实之上的不存在，就是怎样承担虚空，就是怎样受理精神。每个人，都要承担自己的虚空，置身于虚无和超越之间，使个体的存在现形。

薇依：一切原罪都在试图填补虚空。（GG24）未来被用来填补虚空，有时，过去也充当这种材料。过去与未来开辟无限的场域去制造幻想。（GG19）

左梨：填补虚空，就是以物质限定填补精神，一切原罪都源于思维之于意识的转基因。过去和未来，也可以作为一种思维限定物，来取消虚空的可能性。我们不是在臆想未来或编造过去，就是在寻找用于臆想或编造的材料。

薇依：死亡，一个当下的状态，没有过去或未来。对抵达永恒来说，死亡必不可缺。（GG37）

左梨：每个人都有自己的时态，取决于他的思维状态。过去时的老顽固比过去完成时的糟老头更积极一些，因为前者的参照物至少是现在，他们只是不接受现在；而后者所说的“前不久”也有二三十年的历史，他们似乎死于某些特殊事件，余生不再体验，只是占据、编撰那些历史事件，成为假记忆的提供商。还有些人属于将来时，他们活在计划之中，从不实施，而其中更糟糕的那部分活在将来完成时，已经在虚拟语态中收获了未来；那些处于现在进行时的人是真正的 beings，这些存在者不为过去与未来所缚，脱离了来自社会、他人、自我的惯性，听着，看着，感受着，思想着……在我看来，世界几乎因为他们才成为在场，甚至我们的存在也因为他们而更加充分。

薇依：being 不属于人类，人类只能 having。人的存在置于帷幕之后，在超自然的一边。他只能通过环境所赐予他的一切了解自己。我的“我”对我和他者隐藏；它在神的那边，在神里边，它就是神。那帷幕就是人类的苦难：即便是基督，也要面对这个帷幕。（GG38）

左梨：绝对精神的每一种意向，都是一个生命的起源。这个意识在精神中，就像电流在电线之中畅行无阻，唯有碰触到物质界面的一刻，才遇到真正的阻抗——也正是在这一刻，它获得了存在感。我曾经设想，如果有一个全息机器人，能帮我实现一切行动，去看，去听，去嗅，去触摸，去品尝，去痛苦，去欢畅……再回传全部感知信号以使我获得同样的体验，我会用她来做什么呢？去冒险，去航海，去变异，去修行……我只有一个想法，那就是，让她去死，通过她体验死亡，知晓生命终结的秘密。死亡，这也许是神唯一无法亲自获知的事件。我恍然大悟，人不正是神的全息机器人吗？精神在物中，这砥砺之苦中，最深刻、最绝望的，便是死亡。而我们所能为神做的，就是为他体验死亡。这是我们唯一能够，也必须献给精神的祭品。

薇依：在上帝与那托付于我们的部分造物之间，我们的确可能成为中介。如同我蒙上双眼，通过一个铅笔的顶端感受桌子——去做基督的铅笔。（GG40）必然性是神的面纱。神将一切现象毫无例外地交付于这个世界的自然机制。（GG104）这个世界是关闭的门，是阻碍。但同时，它也是通过之路。两个囚徒在毗邻的狱室，以敲击墙壁联络彼此。这墙壁既是他们的隔离物，又是他们的联络工具。我们与神也是如此，每一种隔离都是一个链接。（GG145）

左梨：神内化于心灵，而外在于自我。神曾是偶然性的别名，因为他恩赐好运或降下灾祸；又曾是必然性的别名，因为他无从反抗……只有当我们被什么所驱使，比如，那一点点超越必然的野心，那些为突破必然所付出的近乎绝望的努力，正是这种面对必然的不甘心，驱使着我们寻找必然性面纱后的神。人的心超出必然，所以必然之外必然有神。

薇依：必然与善之间的距离，正是造物与造物者之间的距离。（GG105）

左梨：那么，人工智能与我们之间的距离，是否也等于必然与善之间的距离？

薇依：我们不忍去设想，这个世界最为珍贵之物，只是被偶然所赐予。创造就是这样。唯一不受制于偶然的善，是此世之外的善。（GG108）

左梨：偶然，就是佛教所说的缘吗？一种必然出现的偶然性完成了创造？这个与我们息息相关的机体，正是这种偶然性的产物。

薇依：这个世界，正因为它没有神，而就是神本身；必然性，因为它绝对地异于善，而就是善本身。（GG109）

左梨：这句话真像阿尔托说的……但丁将通往净界的阶梯置于犹大圈——那里是地狱最底层，再前行，反而彻底离开了地狱。没有神的世界，恰是神本身，就像地狱之门。

薇依：我希望这种离开，最终能将我送至安息之地，即使我是错的。我所说的安息之地，如你所知，就是十字架。如果我无法得到赐福，有朝一日分享基督的十字架，至少我希望能像那位善良的窃贼一样。在《福音书》所谈到的人物中，除了基督之外，我最羡慕的就是那位善良的窃贼。（WG59）

左梨：那两位同上十字架的犯人，其中一个讥讽耶稣："你不是基督吗？可以救自己和我们吧！"另一个却立刻责备他："你既是一样受刑的，还不怕神吗？我们是应该的，因我们所受的与我们所做的相称。但这个人没有做过一件不好的事。"他对耶稣说："你得国降临的时候，求你纪念我。"耶稣对他说："我实在告诉你，今日你要同我在乐园里了。"（路 23）人之大幸即如此！哪怕死前一刻，我们仍有机会觉悟，即使在死亡的巨大引力下，也可以凭借精神作出自己的抵抗，在这绝对的时刻，留下个体的微光。

薇依：即使希特勒死而复生五十次，我也不会把他看作上帝之子。但如果《福音书》忽略了基督再生的任何说法，信仰于我反而更加容易。仅有十字架我就觉得足够了。对我来讲，真正奇迹的证据，就是有关基督受难的叙述中所表现出来的完整无缺的爱。（期待 193）

左梨：罗蜜塔说，奇迹造就的信仰，类似暴政造成的服从。精神之子离弃奇迹，正如义士无惧暴力。

薇依：在基督一侧，在同一处境中，经受十字架上的时光，对我来说，这一特权远比站在他右边共享荣光更令我羡慕。（WG59）

左梨：这让我想起刺杀钦契的玛尔齐奥，他受贝特丽采所托，杀死这个辱女的恶魔。被捕后他难耐酷刑，供认了全部实情。但是，在狱中重逢贝特丽采的一刻，看到这个美好的生命，他忽然获得莫名的勇气，承担了全部罪责，重上刑台，被拷打至死。我时常觉得，我离这些罪人更近，他们给我勇气更多。我像他们一样曾经懦弱，不够纯粹，但我也必像他们一样，可以抛离这个沉重的肉身和惯性，拒绝物化，迎来我自己称义的一刻。

永恒的奴隶烙印

薇依：我想，直接对抗天生的弱点毫无作用。（WG53）我担心自己那种非常强烈的从众倾向。我天性易受外界影响，尤其是那些集体性事物。我知道如果面前有一帮德国青年高声合唱纳粹歌曲，我灵魂中的某个部分会立即变成纳粹。这是个严重的弱点，但我恰恰如此。（WG52–53）

左梨：天啊，这种情况也常发生在我身上。有一次，在健身房淋浴间，有两个上完游泳课的小女孩窃窃私语，尽管从年龄讲足以做她们的母亲，我还是觉得，自己是一个被她们联合排挤暗地嘲笑的女生。参加国际象棋等级赛时，我的对手多数是 10 岁左右的小女孩，如果突然出现一个 15 岁的初中女生，小丫头们就会非常紧张，连我也连锁恐惧起来：她已经上九年级了！

薇依：14 岁那年，我陷入了无限的绝望之中，它与青春期同至，因为天资平庸，我很严肃地考虑到死。我哥哥天赋异禀，童年和青年时期的他堪比同龄的帕斯卡尔，这让我感觉到自己的平庸。（WG63）

左梨：你会嫉妒他？他是你的哥哥，你们性别不同，年龄不同，又是一母同胞，他的优秀应该令你感到骄傲。

薇依：我并不在乎显现于外的成就，而是因为被那个超验王国排除在外而懊恼，那个真理所在之处，只有真正的伟人获准进入。生活中若没有真理，我宁愿去死。（WG63）

左梨：个体性遭到否认，就是一次自我的死亡。我也面对着这种绝望，对必然的谄媚让我自认永远不会成为获胜者，决胜时刻令我眩晕，而后手脚发软，坐以待毙。冠军站在边缘，承担着虚空，而我，缺乏担当此任的勇气。我愿意为冠军服务，支撑他，帮助他。但更绝望的事情发生了，不论我与谁连接，都会将失败传染给他，不是辅助他继续胜利，而是连累他走向败局。

薇依：在好几个月的黑暗时光之后，我忽然获得一个永久的信念：任何人，即使缺乏天生的实践能力，一样可以进入天才的真理王国，只要他渴望真理，不懈地将全部关注集中于他的目的。（WG64）

左梨：我曾经接触过这样没有天赋的天才。她只是一个普通的质检员、母亲和主妇，没有特长，也不是信徒，但良心是她唯一的准则，使她成为一名无冕的法官。在工作中，不论遇到何种压力，她都不会让一件不合格产品获准通过。在生活中，她话语不多，但斩钉截铁。我见过她愤怒、悲伤或开怀，却从未见她面露讥讽、嘲谑或尴尬的假笑；悲意来临，她落泪，只有一滴，不会在惯性中发泄。

薇依：这样的人即使作为无神论者而生而死，他们也肯定得救。（期待 180）在我还没读福音书的时候就坚信：一个人渴望得到面包，就不会得到石头。（WG64）

左梨：我对这个世界竟然有一种充满欲望的嫌恶，就像满怀肉欲的信徒对女人那种嫌恶。物欲被我压抑了，我忘记了地下室里那具快要窒息的肉体，它总是在梦里出现。

薇依：我们必须不区别善恶，只是，当不作区分时就意味着，我们必须对任何一方投入同样的关注，善会日益增长。来自神恩的现象自动涌现，这正是善的定义，也是善的度量。（GG119）

左梨：反之，恶会自然消退，它不会在道德的抵制中消失，却会在灵魂的注视下，在良知的审视中自惭形秽。当我们迫切地寻找借口时，往往是因为发现了自己的恶。

薇依：我身上几乎孕育着各种罪恶的萌芽。罪过使我感到厌恶，但并不使我吃惊；我感到在自己身上存在这些罪过的可能性，罪过才使我感到厌恶。这天生的秉性是危险的，也是痛苦的，但是，正像一切天生的秉性那样，若我们得助于神恩，

以适当的方式运用它，那么它也能为善服务。这种秉性包含一种天赋，即无论何时都能隐姓埋名地同全体人类打成一片。（期待 7）

左梨：这就是我的恶：习惯于将人归入类别，比如某个阶层、某种职业或出身，关注其间的差异，进而怀疑他人的存在，甚至怀疑他们是否具有人格。我试图为这种行为寻找借口，比如将其归源于知识分子出身，特别是受迫害的知识分子出身——将环境以及构成环境的人视为一种厄运。而你，薇依，你是二战期间的犹太布尔乔亚，不论从遭受迫害的角度，还是从知识的角度，你都甚于我，但你和 common people 长在了一起。你的同事回忆道，有一天，你突然抓住她的胳膊说：你知道吗？上海的工人在罢工，在流血。你的神经绕地球半周，感受着千里之外的痛苦。

薇依：知道某人又渴又饿，却与我们同样真实存在着——就足够了，剩下的顺其自然。爱的行动也是如此。（GG119）从很小的时候起，我就一直信奉爱邻如己的基督信念，我将其称为正义。这个词出现在福音书的很多段落中，而且如此美好。至于乐贫精神，我不记得它在任何时候离开过我，但是也在很小程度上不幸地匹配于我的不足。（WG65）

左梨：乐贫，几乎是从物质中赎回自由之身的开始。

薇依：第一次听说圣方济各亚西西，我就爱上了他。我一直相信并盼望，有一天，命运会将我陷入流浪和乞讨的境遇，就像他所自主选择的那样。事实上，我也同样向往着牢狱。（WG65）

左梨：所以二战期间，你才反复要求自由法国组织派遣你到被占区搜集情报，而他们鉴于你的身体情况，自始至终没有作出这项任命。

薇依：和平主义者会对两种厌恶造成混淆——拒绝杀人和不想被杀，这是和平主义者造成危害的唯一可能。前者高尚，但很微弱；后者几乎不配得到承认，但很强烈。当两者混合在一起，却只有后一种厌恶起作用时，会产生超常的驱动力，任何羞耻之心都无法对其进行克制。（NR157）

左梨：不，你不只希望以此鉴别自己属于前者还是后者，你有一种受难的热望。你已经认识到，承受苦难是你的义务，是必经之路。

薇依：如果有某个民族在整体上十分接近完善，以至可以建议它去仿效基督受难，这件事无疑值得一做。作为民族消失，这种消失远远胜于最荣耀的幸存。但是，这样的事情不会发生。它只会赋予个体灵魂，以其最隐秘的方式显现，走上这条完全之路。（NR156）

左梨：受难的方式很多，有些生活境遇甚至比战争更可怕。战争撕碎了《西线无战事》中的每一个人，让那些被爱国主义推上前线的高中生变成活死人，但整本书中最残忍的一笔，却在描写矿工的生活，煤矿工人海依·韦斯特胡斯，宁可打仗也不想回家乡。死亡，徒然等死的时光，难以承受的剧痛，灌满毒气弹的战壕，轻易就被截肢又缺医少药的野战医院，这一切，竟然都好于家乡那个煤矿！

薇依：钢铁、煤炭、钾，所有这些产品沾满了鲜血。[*Oppression and Liberty*（以下简称 OL）51] 下过矿井的人会有深入到无产者心脏的感觉。一切都是那么艰辛，每个动作都是一种苦难。光亮本身也是奴隶：它只是劳动的工具。[《信仰与重负——西蒙娜·韦依传》（以下简称“传”）46] 时间是一种无法忍受的重负。（FW225）

左梨：在工厂，风锤的声音让你头痛，你总处于晕厥的边缘。我曾经去过一个绣花车间，120 多台绣花机同时作业，工人之间的对话完全靠吼。离开那里半小时之后，我耳边仍有每分钟 1000 针的余响。而那些女工却在一边值机一边听音乐，用一个功率不过 15W 的喇叭听情歌。

薇依：有一天，在工作 10 小时之后，一个可爱强健、精神焕发的漂亮姑娘在更衣室对我说：“我真是受够了整日干活。多盼望国庆节啊，那天我可以尽情跳舞。”我问她：“工作 10 小时之后，你还能想跳舞？”她笑着回答：“当然行！我要跳一整夜。”转而又严肃起来，“距离最后一次跳舞已经五年了”。（FW202）

左梨：也就是说，五年时间里，没有一个国庆节让她实现愿望。对人而言，精神需求是必需的。在机器轰鸣之中，仍渴望听到音乐；在十小时高强度的工作之后，仍想跳舞。

薇依：我做过各式各样的工作，但总是得到同样的教导，即，快点快点！一

薇依非常推崇卓别林的《摩登时代》。她曾请一名自己的学生去看这部电影，认为卓别林的“吃人机器”才真正体现了工人的生存状态

天进行9小时工作的女工，简直毫无片刻喘息。（SL17）只有周六下午和星期日，我才能长舒一口气，重新找到自己，重新发现自己那些许的思辨能力。一般情况下，在这种生活之中，抗拒放弃思考的诱惑是最难的。（SL15）人们很清楚地知道，它是停止痛苦的唯一方式。（SL16)

左梨：劳动，只有如马克思所说，成为个体性客观化的过程，才能满足人之为人那种需求，才能对自我和他人同时作出肯定。中国某企业曾发生很血腥的“十三连跳”事件，在2010年不足六个月的时间里，十三名青年工人相继跳楼自杀。这非但没有引起工会组织的警惕，在该企业发生用工荒时，所在地政府竟然强令公务员代为招聘，甚至以克扣危房改造补贴相威胁，迫使贫困农户为该企业工作！（《新京报》2012年4月29日社论）这种劳动密集型行业将几十万人折叠饲养，将一个人压缩为一个机器手臂，将人本具创造性的劳动约简为市场上批量购买的廉价品。然而2018年，该企业不但获准上市，而且立即冲至限定最高涨幅，成为大陆A股市值最高的科技企业。市场、政府和投资方全面接受了这只吞噬生命的GDP怪兽。

薇依：国家并非具有特别的资质去接管不幸者。事实上它对此无能为力，除非受辖于某种清晰而紧迫的公共利益需求，或者受到舆论推动。（NR61）日复一日，他发现自己不过是机器外挂的齿轮，甚至不如一个物件。到了这个生命阶段，大多数工人都伴随着一种内在的眩晕，体验到不再存在的感觉——这种感受，那些知识分子即使在他们最大的痛苦中，也很少有机会去了解。（NR51）

左梨：不是体验不到存在，而是体验到不再存在！这是活着的身体在体验死。我对工厂的全部想象，还都来自大学毕业那段短暂的实习时光。女工们围着生产线，手工贴上标签，有说有笑。那位两米高的荷兰总工程师，绰号“大香蕉”，总是抱怨她们消毒不够彻底就进入食品车间。这曾使我认为生产线劳动是一种放松，大脑完全自由，只需要肌肉惯性就能完成工作。罗蛋塔告诉我：工人的劳作是一种长时间的惯性运动，它使人溶于物。人被物化的那一瞬间，就会产生这种眩晕。惯性就是死亡，因为惯性中没有时态，没有可能，过去如此，现在如此，未来也必将如此。一个人，长期置身于这种没有时态的空间中，等于被活着抛入了死亡。

薇依：有个女工向我解释，她和她的同事如何落入这种奴隶制。五六年来，她能得到 70 法郎的日薪，“而为这 70 法郎，我们要忍耐一切，得把自己杀了”。（SL18）我曾经连续四个小时，以每小时 400 件的速率工作，我觉得自己已经很玩命了。但第四个小时，工头走来对我说，如果做不到 800 个，他就得让我滚蛋。（SL17）有些女工已经患病，却不得不继续工作。你知道，压力机对足部行为的要求对女性十分不利；其中一个女工已经得了输卵管炎症，但离开压力机，她无法在任何地方找到工作。（SL18）人，在全部时间中的一切运动都被工作决定，在这种处境中，思考萎靡并消失，就像肉体躲避刀锋，人不能意识。（SL23）

左梨：这正是人在劳动中最残酷的异化，他将生命力转让他者，不再作为主体生产而仅凭身体机能匹配于机器，不再运用自我意识，而是通过理性控制自我化为工具。即使在工业 3.0 的高自动化厂房中，工作环境非常舒适，技术工人只需按动按钮，他的个体性也遭到了全面压制。工业产品，作为理性的标准化复制品，其生产过程并不包含意识参与。即使享受优越的公休制度和福利待遇，作为工作本身的那部分依然压制着人性。

薇依：一直到今天，我都延续着一种惯式，当某个人，不论他是谁，在什么环境中，只要他毫不蛮横地对我说话，我就情不自禁设想，这一定是出于误解，而且不幸的是，这种误解必定会消失。（WG67）

左梨：可你本是最年轻的学衔获得者，一考即中的佼佼者。当你站在罢工者的队伍中，不论厂主、记者还是市民，都对你另眼相看，他们称你为“红色圣女”。校方与家长忌惮你，学生与工人爱戴你，上帝将你这根探针，插入工人阶级的现实。

薇依：在工厂待过一年之后，我，被撕成了碎片，不论灵魂还是肉体。与苦难的接驳扼杀了我的青年时代。他人的苦难进入我的肉体和我的灵魂，没有什么能把它从我这里剔除，因为我真的忘掉了自己的过去，也看不到未来，发现自己很难设想从一切劳累中幸存的可能性。工厂生活在我身上永久地留下了被奴役的烙印，就像古罗马人在卑贱的奴隶额头用烧红的烙铁烙下的一样。从此，我一直将自己视为奴隶。（WG66–67）

劳动与祈祷

左梨：人只要活在物质之中，就带着无法消除的奴隶烙印。在这种感同身受而又无解的痛苦中，你怎样重新拼合自己？

薇依：我被父母带到了葡萄牙，（WG66）我去了一个小山村，一个，唉，极为贫困的山村，那天正巧是他们的主保圣人瞻礼日。那个夜晚，海上升起满月，渔夫的妻子们排着队，围绕着渔船，举着蜡烛，唱着一首听来非常古老，又痛彻心扉的圣歌。我忽然产生了这样一个信念，基督信仰是奴隶们最好的宗教，奴隶们无法不归属于它，尤其是我。1937 年，我在亚西西度过了美妙的两天。有一座十二世纪的罗马式礼拜堂，圣方济各曾常常在那里祈祷，生平第一次，某种强烈的东西使我无法抗拒地跪在那里。（WG67）1938 年，从棕枝主日到复活节，我在索雷姆待了十天。那里有一位年轻的英国天主教徒，从他那里，我第一次感念到圣事那种超自然的能量，在圣餐礼之后，他看来散发着真实的、天使般的光辉。机遇，我一直喜欢说机遇而不是神明，机遇使他成为召唤我的使者。他告诉我 17 世纪英国形而上学派诗人的存在。我发现了一首诗，名为《爱》。我把它背了下来。在剧烈的头痛达到高潮时，我时常令自己大声背诵它，集中全部注意力，将整个灵魂投入它所蕴含的温情之中。我只想把它当作一首优美的诗篇背诵，但不知不觉中，这背诵具有了祷告的效力——在一次背诵中，基督本人降临，住于我之中。（WG68-69）

左梨：基督本人降临，住于我之中，那是一种什么样的感受！你会因此修正关于上帝缺席的观点吗？

薇依：在我论述上帝问题的无解性时，未曾预料到这种可能性，在尘世间，在人间，人与神能真实接触。我依稀听到过这类事情，但我从不相信。基督突然降临于我，我的感官和想象都未参与，只是感到，在我的痛苦之中显现着爱，就像人们能从爱人的脸上读到微笑。（WG69）

左梨：实不相瞒，读到女信徒的超越体验时，我也总是倾向于保持怀疑。而矛盾的是，我自己确曾发生过一次类似的体验，不是爱，而是自我消失于时间的一维之中。在那之后，我确信一点，超验必然超感官，也超想象。但我不敢，也没

George Herbert (1593–1633)

LOVE

LOVE bade me welcome: yet my soul drew back,
Guiltie of dust and sinne.
But quick-ey'd Love, observing me grow slack
From my first entrance in,
Drew nearer to me, sweetly questioning,
If I lack'd any thing.

A guest, I answer'd, worthy to be here:
Love said, you shall be he.
I the unkinde, ungratefull? Ah my deare,
I cannot look on thee.
Love took my hand, and smiling did reply,
Who made the eyes but I?

Truth Lord, but I have marr'd them: let my shame
Go where it doth deserve.
And know you not, sayes Love, who bore the blame?
My deare, then I will serve.
You must sit down, sayes Love, and taste my meat:
So I did sit and eat.

薇依日夜背诵的诗歌，是英国形而上学派诗人、演说家乔治·赫伯特（1593—1633年）的作品，他被看作英国祷告诗人的先驱有真的再一次进入其中，那就像一种死亡。

薇依：我曾经逐字逐句阅读希腊语的主祷文。希腊文本令人回味无穷，这使我在好几天里情不自禁地通篇朗读。之后一周，我开始采摘葡萄。每天上工之前，我都背诵主祷文，在葡萄园中也时常反复背诵。（WG71）自那时起，全神贯注的背诵成为我每天的早课。这早课的效应异乎寻常，每一次都令我惊奇，尽管我每天都体验到它，但每次都出乎我的意料。（WG71–72）

左梨：每天都体验，还能每次都出乎意料！

薇依：有时只是开头几个字就使我的思想脱离了身体，穿越至空间之外，进入一个既非主观也非客观的所在。延伸感知的无穷大被二阶甚至三阶无穷大取代，与此同时，宁静依次充满了无穷大之上的无穷大。这种宁静并非无声无息，而是来自感知的主动确定，它比声音更强烈。如果有声音，也要穿过这片寂静来抵达我。（WG72）

左梨：基督曾经再次降临于你吗？

薇依：有时，在背诵期间或其他时刻，基督会以人的形象向我显现，而且，相较于他对我的初次降临，后来的显现更加真实，更加动人，更加清晰。（WG72)

左梨：真希望我也能感同身受。因为缺乏勇气，我的超越体验是一过性的。更重要的是，因为那时，我缺乏对爱的认识，认为智大于爱，真理大于信仰，所以不能任由那种意向引领我。

薇依：我至今仍这样认为，人永远不可能与神较力，即使他这样做纯乎为了真理。基督希望我们热爱真理胜于爱他，因为成为基督之前，他是真理。如果有人离开他转而追求真理，走不了太远就会落入他的怀抱。（WG69）

左梨：我想你解决了陀思妥耶夫斯基与托尔斯泰的矛盾，前者愿意站在基督一边放弃真理，后者反之。信仰与真理，一定在一起，不论沿着哪条路前进，都会抵达同一个地方。但你依然不愿受洗，成为一个得到教会承认的基督徒？

薇依：我生来本有这种精神，但是，未经无法辩驳的事实所驱使，就将教义加入这一生命观，在我看来有失诚恳。对于智性的诚恳，我自有极其严苛的标准，

严苛到这种程度：我从未遇到过一个人看来不缺失诚恳，在不止一个方面；而我总是担心自己落入其中。（WG66）

左梨：可是，你的朋友们非常担心，他们担心你因此堕入地狱。

薇依：即使我的永恒救赎就在我面前的这张桌子上，即使我只需伸手即可获得它，如果我没有获得命令，我就不会伸出手去。（WG56）

左梨：如果桌上是你的父母、兄长，甚至是全人类的永恒救赎，你还会这样选择吗？

薇依：如果那不是我自己的，而是所有人的永恒救赎，过去的、现在的和即将到来的所有人，我知道我会作出同样的选择。只是，在那样的情况下，我会非常纠结。（WG57）

左梨：你总是让我在最具表达欲时词穷，语言真是笨拙的工具！薇依，你这样自由，罪人的十字架，圣徒的光环都无法束缚你；而你又如此顺服，只是等待命令，属于你的唯一命令。

薇依：人的灵魂，必不可缺的食粮之一是：自由。（NR11）顺服也是灵魂必要的食粮，一切缺乏顺服者都是病态的。（NR13）我所渴求的不是别的什么，只是完全顺从，即直至上十字架受难。（期待13）

左梨：人们对自由的渴求显而易见——人们不只需要选择，还需要选项之外的创造。而顺服是一种很容易被忽略的需求。在克尔凯郭尔的《诱惑者日记》里，倒有一段特别形象的描述："当你发出指令，你的意志便生成，而我也随之生成；我不过是灵中的困惑，仅仅在等着你的一句话。"（EO401）在人的物质自身之中，有一种动力来自绝对的外在，这是人渴望顺服的根本原因。

薇依：在人类不可缺少的需求之中，有一部分来自精神，与生理需求一样，它们构成了我们此世生命的必要条件。这意味着一旦它们得不到满足，我们就会逐渐落入或多或少类似死亡的状态，或多或少类似于植物的生存。（NR6）

左梨：在你所列举的需求清单上，人类需要自由，也需要顺服；需要秩序，也需要独创；需要平等，也需要等级制度；需要荣誉，也需要惩罚；需要安全，也需要风险；需要财产，也需要真理。其中，对顺服、等级制度、惩罚、风险以及真理的需求被人类自身忽略了。尤其是前四者，不经努力也能获得，所以人们难以察觉这种需求。

薇依：这就是以权利的概念作为起点的原因。永恒的、普遍的、无条件的范畴与受事实条件制约的范畴不同，它与人类灵魂最为神秘的隐蔽之处相关。（NR3）

左梨：你认为权利并非人格的首要条件？

薇依：义务的概念先于权利。一项义务即使不为他者承认，也无损失其存在的全部力量。而一项权利若不为他者所承认，则毫无价值。（NR2）这义务并不基于任何事实存在的地位，也不基于任何协约。它是无条件的，是永恒的，与人的命运共存。在我们这个世界，它不以任何事物为根据。这是与人类事务唯一相关的责任，它不屈服于任何条件。（NR4）

左梨：或者说，这种义务即人格本身，动物只有本能，人却必然开展本能之外的行动。不论人们是否认识它，只要自认为人，就将面对这种无条件的义务。

薇依：义务是无限的，其对象却是有限的。这种矛盾落实于所有人的日常生活，没有例外。（NR153）

左梨：这也许就是西西弗真正的困境，推石上山是他必须完成的工作，而石头滚回山下是他无法避免的命运——无限的义务总是指向必朽的物质。当人发问是否值得的一刻，就是面对这一矛盾的时刻。眼看他起朱楼，眼看他宴宾客，眼看他楼塌了。徒劳！这独属人类的痛苦。一个人的思维不论多么简单初级，都会天然地追寻意义。是否值得？是否值得？是否值得？人的发问。

薇依：通过劳动，人将其自身转化为物质，如同基督在最后的晚餐所做的那样。劳动就像是死亡。我们必须历经死亡，我们必须被杀死——以此承担此世的重量。（GG181）

左梨：钢刀轧断钢板，金刚砂打磨金刚石，只有物质才能改变物质。种子若是不死，就不会发芽；人若不在劳动中化作物质，就无法使物质呈现为精神之象。

薇依：世界是有多重意义的文本，通过劳动，人们从一种意义进入到另一种意义。（早119）去工作，直到力竭，这意味着我们开始像物质一样屈从于时间。思考被迫使从一个时刻到另一个时刻，不住于过去或未来。这就是所谓的顺服。（GG181）

左梨：托尔斯泰曾在《安娜·卡列尼娜》中提到一种工作状态，他与农民一起伐草，放空思维，只有身体协调一致共同工作，接近于禅定的状态。

薇依：单一是最美好或最残酷的事，它要么超越了时间，要么凝固了时间。（GG179）

左梨：若前者，是单纯；若后者，是单调。单纯者从未变化，但每一刻都是新的。单调者一成不变，却依照惯性日渐衰朽。一千遍写同一个字，会产生语意隔绝；一千次望向爱人，一千遍看到孩子，一千遍照镜子，却不一样。

薇依：劳苦而不求结局。这最可怕或最美好的事——如果其目的没有终点。这种时候，只有美能令我们满足。劳动者需要诗歌更甚于面包。他们需要生命成为一首诗。他们需要某种永恒的光芒。只有宗教能成为这种诗性的源泉。（GG180）

左梨：面包是实的，诗歌是真的，失去任何一者，人都无法存在。诗歌是天上的面包，它是存在与意识的共鸣。罗蛋塔说唯有诗歌能将劳动者从惯性中拯救出来，因为诗作为意识自身的运行，超越了逻辑和惯性，使人从死感中跃迁。他将劳动分为三个层次，最底层是奴隶或囚徒式的被迫劳动；其上，是为实现某种意义而忍受的劳动，劳动本身纵使痛苦、纵使孤独，但劳动者理解其义，仍然自愿投入其中；而最高级的劳动，是劳动本身就能将人从惯性中解脱出来，这种劳动对人而言就是一种拯救，也只有这样的劳动，才是属人的劳动，不需要意义，无须忍受，反而成为人的需要。他称之为诗性的劳动。

薇依：奴役，就是缺失永恒之光的劳动，没有诗意，没有信仰。失去它，劳动的内在动力就仅剩下恐惧和获利。恐惧，意味着对人民的压迫；获利，意味着对人民的收买。（GG181）我们时代所特有的使命，我们的天职，就是构建一种基于劳动之神性的文明。（扎根76）

扎根

左梨：可悲的是，现在没有被皮鞭驱赶，也没有为生存逼迫，他们所恐惧的，只是“缺乏标准”；他们所向往的，不过是“更加标准”。现代人的神性和兽性都不充分，成了人类自身的衍生物——人造人。他们像是工厂生产的水栽植物，根须已经离土，离开了一种归宿，一种能赋予他们意义的土壤。

薇依：扎根或许是人类灵魂中最重要，却最被无视，也是最难以定义的需求。一个人，必须通过真实、活跃而自然地参与某种社群生活来扎根，后者将特定的历史财富和特别的未来期许保鲜于自身的构造。（NR40）

左梨：城市化、现代化斩断了各种根须，新涌现的社群又缺乏灵魂，即意义的铸造者，无法给予成员可供追溯的历史和可以期许的未来，无法提供意义，或者退一步，无法提供意义的参照。

薇依：毁灭过去也许是最大的罪行，它导致人的失根。失根是一种非常危险的疾病，能够自体繁殖。（NR44）有两种毒药使其蔓延。一是金钱，金钱渗透到哪里，就毁坏哪里的根，用赢利的欲望替换掉所有动机。第二个因素乃是如今为我们所接受的一种教育。文艺复兴在各处都挑起有教养的人与大众之间的割裂：但与民族传统的文化相分离之后，文艺复兴使这种割裂至少伸入到希腊的传统中。再往后，与民族传统的联系没有得到恢复，希腊却被人遗忘了。结果就形成了这样一种文化：一种以技术为取向的文化，与世界相分离，极富实用主义色彩，因专业化而极端破碎，同时既丧失了与这一世界的接触又丧失了通往另一个世界的门径。（扎根 35）

左梨：现代人是一群结合在机器里的失根人！他们显现了同一种来自物性的殖民特征，机器将成为他们共同的原乡。

薇依：那些失根的人只会保留两种可能的行为：要么落入类似死亡的精神休眠，如同罗马帝国时代的大多数奴隶；要么投身于这种拔根运动，朝向那些尚未拔根的人，动用最为暴力的手段。（NR44）

左梨：要么残存在机器奴隶的死亡身份里，要么带着机器主人的意志，去拓展这个殖民世界。城市化、现代化以及加剧着标准化的科学，此时正挥舞着园丁剪，代表时代之选，剪去人类的根须。

薇依： 任何一位教士，如在某一个合适的场所，该向非基督教家庭的孩子讲述基督而三缄其口，那他就是个丧失信仰的教士。（扎根 72）我们时代的主要社会困难来自这样一个事实，即在某种意义上，我们都是移民。（扎根 35）

左梨： 我们都是来自往昔的移民。

薇依： 罗马，这个无神且唯物的民族，对他们所占国度的任何一种精神生活进行系统化摧毁；只在清空精神之后，他们才接受了基督教。（NR291）现在，科学、历史、政治甚至宗教，因为都已经烙上了罗马人的污迹，就不会为人类的心灵提供任何东西，除了残酷的力量。（NR289）

左梨： 家族、乡党、行会、民族，社群对个人的最大束缚来自血统、职业、人种、地域等物性纽带。但是，一旦其中自然聚合而成的群体精神，经过社群领袖提纯并呈现，如希波克拉底之于医学，钱镠之于湖、杭、锡三钱氏，成吉思汗之于蒙古人，就可以成为心灵最初的乳养和最后的归宿。可惜，对现代人而言，这些可供扎根的泥土早已板结沙化。他只能植根于虚空，向着虚空伸去根须。

薇依： 上帝的孩子在尘世间没有家园。（期待 49）上帝报偿那些在此世得不到报偿的努力，归于虚空的努力；虚空吸引着恩典。归于虚空的努力构成了基督所呼唤的“在天上建立你们的宝藏”的行动。（扎根 232）

左梨： 朝向虚空，而努力本身不虚。

薇依： 真理的复归之旅，将在诸事之中显明具身劳动的意义。若人置身顺服之外，上帝将以劳动和死亡为罚。若人自觉承受劳动和死亡，将被带入顺服上帝的至善。自觉的具身劳动是最完美的顺服形式。（NR289）不论在天国中死亡的秘义是什么，在地上，它就是一种转化，一个由悸动的肉身与心灵构成的存在，一个有所爱有所恨、有所望有所惧、有所好有所恶的存在者，转化为一小堆惰性物质。（NR293）人接受这个转化，就实现了完全顺服的超越行动。具身劳动是日常的死亡。（NR294）

薇依的侄女，即数学家安德烈·薇依的女儿希尔维亚写了《在家中的安德烈与西蒙娜·薇依》一书。作者称，她最崇拜的希腊语教授将她姑姑比作柏拉图，将她父亲比作丢番图

左梨：罗蛋塔曾经在我的大衣柜推拉门上写下一句话：极致的劳动显现神迹。

薇依：劳动，乃是将自己的存在——灵魂和肉体——置于惰性物质的流转，将它变成物质之一种状态与另一种状态的中介，将它变成一种工具。而工具本身要适应工料。（扎根 267）

左梨：而我一直深信，在深入各各他，无望地收集头盖骨时，必有一场超验等待着我。可能我的劳动不够极致，这个超越体验自始至终没有出现。直到今天，我像那位将师父抛入泥坑，逼他交出证悟秘籍的禅师，终于双脚落地，断除妄念。还有什么别的天梯吗？劳动吧，极致地劳动吧。

薇依：死亡与劳动，是必然之事，别无选择。若人以劳动将自身交与世界，世界必以现实将自身交与人。（NR294）一种由劳动的灵性所构成的文明，应是人在宇宙中最高程度的扎根。（扎根 79）

左梨：谢谢你，薇依，你是我的导师、挚友、后盾。我，或许是很多年以前那个洛林的矿工。我要以光为食，在永恒之光中，具身地劳动。

薇依：愿那永恒之光所给予的，不是生命与劳动的因由，而是无须立据的成全。（GG181）

附记

薇依终于在 2019 跨年之后，说完最后一段寄语。她没有消失，与薇依的访谈还在继续，还将继续，一直继续下去……我在来自物的虚无中向薇依求救，她指向来自光的虚空，精神与必然之间的虚空，那就是人，那就是人的田。人自身就是人的田，除了开垦自身，耕耘自身，让一片虚空显现，人，再没有别的劳作，别的收成。

- Deleuze, Gilles; Guattari, Felix. *ANTI-EDIPUS, CAPITALISM AND SCHIZOPHRENIA*, University of Minnesota Press,1983.
- Kierkegaard, S.. *Kierkegaard's Writing, III, Part I: Either/Or.* Princeton University Press, 1987.
- Weil, Simone. *FIRST AND LAST NOTEBOOKS*. OXFORD UNIVERSITY PRESS, 1970.
- Weil, Simone. *Gravity and Grace.* Routledge & Kegan Pual, 1952.
- Weil, Simone. *Oppression and Liberty.* Routledge & Kegan Pual, 2004.
- Weil, Simone. *Seventy Letters: Personal and Intellectual Windows on a Thinker.* Wipf and Stock Publisher, 1965.
- Weil, Simone. *The Need for Roots.* Routledge & Kegan Pual, 1952.
- Weil, Simone. *Waiting for God.* Harper & Row Publishers, 1973.
- Weil, Simone. *An Anthology.* Penguin Books Ltd, 2005.
- Weil, Simone. *Formative Writings: 1929-1941.* University of Massachusetts Press, 1987.
- Gateway, Carer. "What is respite care?" *Commonwealth Australia.* Retrieved 2016-05-18.
- [古罗马] 奥古斯丁:《上帝之城》，王晓朝译，人民出版社 2006 年版。
- [古罗马] 普罗提诺:《九章集》(上、下)，石敏敏译，中国社会科学出版社 2009 年版。
- [法] 西蒙娜・薇依:《西蒙娜・薇依早期作品选》，徐卫翔译，同济大学出版社 2007 年版。
- [法] 西蒙娜・薇依:《扎根——人类责任宣言绪论》，徐卫翔译，生活・读书・新知三联书店 2003 年版。
- [法] 西蒙娜・薇依:《在期待之中》，杜小真、顾嘉琛译，生活・读书・新知三联书店 1994 年版。
- [法] 雅克・卡博:《信仰与重负——西蒙娜・韦伊传》，顾嘉琛、杜小真译，北京大学出版社 1997 年版。
- [法] 齐奥朗:《眼泪与圣徒》，沙湄译，商务印书馆 2014 年版。
- [德] 康德:《判断力批判》，邓晓芒译，人民出版社 2002 年版。
- [德] 阿多诺、德里达等:《论瓦尔特・本雅明》，郭军、曹雷雨译，吉林人民出版社 2011 年版。

· ［德］本雅明:《本雅明文选》，陈永国、马海良编，中国社会科学出版社 1999 年版。

·《黑格尔辞典》，张世英主编，吉林人民出版社 1991 年版。

· 罗蛋塔:《意行 | 伊甸园里的死亡与永生》（下），一千减 106(2018)：476-514。

后记

这是一部借用访谈形式完成的思想论述集。之所以称作“虚拟访谈”，是因为对话并未真实发生，“受访者”的言论均摘自著作、自传、回忆录、信件、日记、采访，我由这些素材引发思考，进行“访谈”，并依据主体内容归纳各部主题。有“受访者”在后期著作中修正或改变了原有认识，部分情况中，我将前后观点都列入了对话，以展现思想过程的剖面，但以我所获范围内的最后版本作为结论。

自2016年2月起，我陆续将部分篇章发布于公众号“一千减”。为配合“虚拟访谈”的特殊形式，我制作了我和“受访者”跨时代的合影，置于篇首。出于辅助理解和增进感知的需要，文中穿插多幅配以说明的插图，它们作为内容整体一个有益自身的构成，在出版时予以部分保留。首发至今，已逾三年，由于其间新材料的获得以及本人思想的进展和流变，作为作者，我已对原文进行过多处修改，但公众号页面无法更新，读者只能看到旧貌，因此，“虚拟访谈”的定稿以本书为准。孔慈篇未能付梓，这一章节遭受了与孔慈第三部回忆录相同的命运。

本书之于受访者的思想或许起到一定的大众普及作用，但实质并不具有相类书籍的主流性、权威性、全面性，内容全部形成于笔者个人的关注点，甚至由于对谈的形式，主题性也因之弱化。有的部分确实关涉哲学家的核心思想，有的部分则属于某一个观念体系中如梅洛－庞蒂所言的“不经停的小站”，另有一些可能还算不上小站，而只是一座思想城市的幽僻小巷、废弃工地、无人公寓……

本书援引的专著或期刊以MLA格式列于篇末“参考书目”一栏。受访者部分的引文，均以“标题缩写＋页码”的方式标注于其后的括号内。标注为汉字，表明引自中文译著，如“科耶夫访谈”中的（黑 233），即《黑格尔导读》第 233 页；标注为字母，表明译自英文原著或英译本，缩写代号为书名中第一个实词的首字母；若多部著作首字母相同，则选取最前两个实词的首字母作为区别，如“梅洛-庞蒂访谈”中的（PP139），即 Phenomenonolgy of Perception，第 139 页。需要说明的是，出于适应体例和方便理解的考虑，极少部分引文依据上下文原意进行了概括性调整及主语添加。

笔者本人对话中的引文，以“作者名 + 页码”的方式标注。黑格尔和罗蛋塔例外，黑格尔著作的标注方式同受访者部分。由于罗蛋塔尚未出版论著，“意行”仅刊布于微信公众号，因此“意行”的引文，标注为“意 + 段落号”，章节题目在“参考书目”中以期刊形式列出。如（意 48），参考书目列入“罗蛋塔《意行｜意识、语言、诗与 AlphaGo》，一千减 17(2016)”，即选自“意行”总第 48 节，《意识、语言、诗与 AlphaGo》一文，发布于公众号“一千减”2016 年总第 17 期。

关于古籍，如《圣经》、佛典，以及《易经》《论语》《史记》《五灯会元》等中国古籍，仅标注章节，《圣经》章节以和合本缩写名录为准。柏拉图与亚里士多德著作则依据学界惯例，前者以史蒂芬标页法（Stephanus pagination）标注，后者以贝克尔页码（Bekker numbering）标注。

我与访谈对象之间，既有生死之隔，又有语言壁垒。除了孔慈和阿伦特，其他作者的原著均非英语，而我只能以英语、日语和基本的拉丁语进行研究。在中文译著和英文译著之间，我多数选择了后者。有些汉译本的确已达令人汗颜的地步：黑格尔执教于“体育馆”、海德格尔担任“教区长”、将 a cubic foot（一立方英尺）译为“立方体的脚”……这些译文使我确定：应该将某些内容重新译出。部分书籍同时援引汉英两种版本，多是因为汉译本虽整体表达准确，但本书某些段落为统一译名或进一步厘清语义而需要局部重译。

作为一种实验性的体例，是否具有它的正当性，也许德里达的这段文字可以为之辩护：“通过文学文本对伟大的哲学话语，若干准则，或各种文体进行混装，往往被看作诽谤或离经叛道，可能被看作一种‘页面排版’暴力。但它也使一个古老的传统得以复苏并重新加入。页面不仅由文本构成，还包括注释与边栏，由此产生出另一个空间，另一种解读、写作、阐释的实践。”[①]

黑格尔和罗蛋塔一直作为“嘉宾”贯穿于“虚拟访谈”全程，其相关论述当属本书重要构成。黑格尔的主奴辩证令我重审身心关系，精神现象学作为衡量意识发展的坐标，使我得及哲学门牖。诗人兼独立学者罗蛋塔，是我另一个思想来源，他的进化神论将我从历史终结说与时间循环说中解放出来，意识神学重构了我的认知维度。我自认为，在黑格尔的框架下，我从罗蛋塔那里获得了一种关于人的真值意义。意识神学探及精神与物质的转化界面，认为物质产生于意识对自身的遗弃，“是依据意识形态而凝固的能量”，“能量服从意识遗弃自身的形式，又以意识的重现获得解放”。而在生命之中，“被无限级压抑的潜意识，会穿过精神与肉身的界面，将自身刻写进后者的属地，异化为一种身体的本能－直觉”。尽管其思想体系尚未以作品形式完成，但已在持续更新的哲学笔记中初现面貌。

“虚拟访谈”本是个人公众号的产物。意想不到，陈卓先生对这部体例奇特、内容奥僻的书稿颇感兴趣，及早签约，又从不催稿，容我写写停停，缓慢成文。他不是业界操盘手，紧追行业热点，也不是那种文青编辑，只想成就某种小众趣味。在他身上，我看到了出版人的本貌——独立面对作品，尽心以书籍传递精神。

于本书所涉论题而言，三年时间还是略显仓促，其间笔者又经历生活状态的诸多变动，琐事与亟务往复掣肘，致使书写只能断续相接地进行。出于种种限制，我所引用的文献资料，尽管尽己所能，某些部分依然未能及时获得最佳版本，殊为遗憾。多位朋友对此有所助益：刘力纬教授帮我在斯坦福大学图书馆借阅孔慈论文，再扫描回传；胡鹏林教授予我共享《钦契》剧本资料；耿军导演通过外国友人为我借到阿尔托全集；秦庆林先生允我使用他待出版的波米耶著作译文……在此一并致谢。同时，特别感谢我在中国人民大学攻读学位时的导师刁克利教授和代显梅教授，两位老师的鼓励推动了我的求知之路。

最后，还要感谢本书封面的设计者周伟伟先生。“万绝”使用了 10 位受访哲学家以及黑格尔、罗蛋塔的文本作为底图，计有中、英、法、德、罗马尼亚等五种语言的 12 种著述片段，折手页分别为希腊文和拉丁文的《圣经》节选。用对话

① 选自德里达 *Points…Interviews* 一书第 350 页，Stanford University Press, 1995 年版。